2022年北京市教育委员会科学研究计划项目：语言国情视野下的地理语言学理论与实践研究【项目编号：SM202210853001】

# 语言国情视野下的
# 贵州西南地区布依语地理语言学研究

*Yuyan Guoqing Shiyexia De*
*Guizhou Xinan Diqu Buyiyu Dili Yuyanxue Yanjiu*

葛东雷 著

中央民族大学出版社
China Minzu University Press

## 图书在版编目（CIP）数据

语言国情视野下的贵州西南地区布依语地理语言学研究 / 葛东雷著 . —北京：中央民族大学出版社，2023.6

ISBN 978-7-5660-2229-5

Ⅰ．①语… Ⅱ．①葛… Ⅲ．①布依语—地理语言学—研究—贵州 Ⅳ．① H268

中国国家版本馆 CIP 数据核字（2023）第 101997 号

### 语言国情视野下的贵州西南地区布依语地理语言学研究

| 著　　者 | 葛东雷 |
|---|---|
| 责任编辑 | 戴佩丽 |
| 封面设计 | 舒刚卫 |
| 出版发行 | 中央民族大学出版社 |
| | 北京市海淀区中关村南大街 27 号　邮编：100081 |
| | 电话：（010）68472815（发行部）　传真：（010）68933757（发行部） |
| | （010）68932218（总编室）　（010）68932447（办公室） |
| 经 销 者 | 全国各地新华书店 |
| 印 刷 厂 | 北京鑫宇图源印刷科技有限公司 |
| 开　　本 | 787×1092　1/16　印张：22 |
| 字　　数 | 330 千字 |
| 版　　次 | 2023 年 6 月第 1 版　2023 年 6 月第 1 次印刷 |
| 书　　号 | ISBN 978-7-5660-2229-5 |
| 定　　价 | 109.00 元 |

**版权所有　翻印必究**

# 序　言

　　近些年来，汉语方言学界有关地理语言学的研究成果较多，少数民族语言学界则为数较少。布依语是汉藏语系侗台语族壮傣语支的一种语言，分布在贵州省南部和西南部的多个县市区，其中黔西南布依族苗族自治州布依族分布相对集中，语言也保持得比较好。此前，学者们从不同视角对布依语进行了研究，但从地理语言学视角开展的研究相对较少。葛东雷博士在充分调查获取丰富语料的基础上，从地理语言学视角出发，对贵州省黔西南布依族苗族自治州以及邻近的安顺市多个县的布依语为研究对象，从语音和词汇入手，揭示该地区布依语在地理分布上的规律和特征，并运用地理语言学的理论和方法，进行全面、系统的阐释，具有重要的理论研究意义和应用价值。

　　首先，该书的出版对于深化少数民族语言地理语言学研究具有重要的推动作用。就少数民族语言研究而言，地理语言学理论和方法是一种较为新颖的研究视角，目前使用地理语言学研究方法研究少数民族语言的成果较少，以该方法系统、全面地研究布依语更属首创。该书在通过田野调查获取丰富的第一手语料的基础上，运用地理语言学的理论和方法，系统分析了贵州省黔西南地区布依语地理分布特征和规律，探讨布依语语言演变的轨迹，同时对影响其语音、词汇发展演变和传播的诸多因素进行了深入的阐释。

其次，该书的出版有助于深化布依语本体的研究，探讨布依语内部不同方言土语之间的共时差异和历时演变。地理语言学理论和方法引入中国后，学界首先将其运用到汉语方言研究上，随后才逐步引入到少数民族语言研究领域。运用地理语言学的理论和方法对贵州省黔西南地区布依语进行田野调查、画图、数据分析，有助于进一步比较布依语不同地域和不同土语之间的共时差异。语言共时分布差异是划分布依语土语的重要依据，也是地理语言学研究的意义所在，全面梳理语言共时差异并对其特点进行分析，有助于揭示影响布依语语音、词汇发展演变的语内和语外因素，以及语音词汇在地域间传播的规律。

第三，该书的出版有助于促进布依语与相关亲属语言之间的比较研究。布依语属汉藏语系侗台语族壮傣语支，与同语族、同语支语言具有密切的亲缘关系，尤其与同语支的壮语北部方言关系最为密切。该书一方面揭示了布依语内部不同土语之间语音和词汇在地理分布上的特点以及语音、词汇在不同土语和区域间扩散和传播的规律，同时通过与同语支、语族语言之间的比较，并借鉴前人研究成果，探讨了原始侗台语、原始台语时期的语音特征，以及历史上布依语与邻近地区同语族、语支语言之间的接触关系。

该书具有以下几个显著特点：

首先，该书以语言地图的形式呈现了不同方言点之间的共时差异。作者通过田野调查获取丰富的第一手语料，并在此基础上，以语言地图的形式呈现了贵州省黔西南布依族苗族自治州以及邻近的安顺市部分县（市）不同土语区不同方言点布依语语音、词汇和语法多个语言项目的异同关系，并进行较为深入的分析研究。从语料的搜集、整理到对语言现象的描写、分析以及对语言特征和规律的阐释，作者综合运用了田野调查、描写语言学、历史比较语言学以及地理语言学的研究方法。

其次，该书从共时对比与历时比较两方面分析语言的地理差异。以地理语言学理论和方法为基础，重点分析不同地理区域布依语语音、词汇、语法差异，从共时和历时两方面分析其特征，并结合历史语言学中的链式音变理论、波浪理论、词汇扩散理论以及文化语言学、浑沌学理论分析其地理分布差异，探索其来源及其演变过程，最后揭示贵州省西南州及其邻近地区布依语第一和第三土语在语音、词汇及语法方面存在地理差异。

第三，该书从语音、词汇、语法三个维度探讨布依语的地理差异。该书首先从描写语言学的角度出发，对贵州省西南州及其邻近地区布依语声、韵、声、核心词、基本词以及语法特征及地域差异进行了细致的描写，然后从地理语言学的角度，系统分析各土语间所存在的地理分布差异的来源和成因。作者通过研究发现，贵州省西南地区南、北盘江流域布依语第一土语和第三土语在语音、词汇、语法方面存在着地理差异，包括语音上塞音、塞擦音声母送气特征的有无，先喉塞音是否弱化，塞音、塞擦音、擦音的对应分布，鼻音韵尾、塞音韵尾的弱化与脱落、声调的合并等；词汇方面，核心词与基本词的地理差异分布、义域的变化等，语法上个体量词、副词、语法标记地理分布等。

该书研究扎实而有序，作者熟练运用多种理论和方法，在语言调查中取得了较为系统的成果。从总体上看，该书材料翔实、论述充分、框架结构合理、理论和方法运用得当、行文规范，语言通畅。充分显示了作者在专业领域内对相关理论的掌握和熟练运用。

葛东雷博士于2018至2021年在中央民族大学语言学及应用语言学专业跟随我攻读博士学位。其实自从2016年9月份后，他就经常来听我的课，跟着我学习国际音标、学习布依语语音、词汇、语法知识等，在他硕士阶段，王世凯教授、夏中华教授给了他严格的学术训练和扎实的学术指导，这些都为他后来成功考取中央民族大学博士研究生和博士毕业论文写作奠定了坚实基础。他博士在读期间先后多次跟随我到贵州多地参加田野调查和中国语言资源保护工程，获得了大量的语言材料，是真正把论文写在了祖国的大地上，为后来的博士论文撰写奠定了田野调查基础，该书也是在其博士毕业基础上修改而成的。目前学界地理语言学研究还多停留在描写层面上，在地理语言学的理论方面还有很大探索空间，希望葛东雷博士牢记毕业前我的嘱托，在教学上永不满足，在学术上永不止步，不忘初心，继续探索，再攀高峰！

是为序。

周国炎

于中央民族大学文东907

2023年6月18日

# 摘 要

贵州西南地区南盘江和北盘江流域主要包括黔西南布依族苗族自治州和安顺市的镇宁布依族苗族自治县、关岭布依族苗族自治县、紫云苗族布依族自治县。本文在语言田野调查的基础上，以地理语言学理论和方法为基础，重点分析不同地理区域语音、词汇、语法差异，从共时比较与历时演变两方面分析其特征，并结合历史语言学中的链式音变理论、波浪理论、词汇扩散理论以及文化语言学、浑沌学理论分析其地理分布差异，探索其来源及演变过程。

第一章论述贵州西南地区布依语声母方面的地理分布差异及来源等。声母部分讨论送气清塞音、先喉塞音、塞擦音、擦音、腭化音的地理分布差异及其来源。声母部分的主要结论是送气清塞音主要分布在第三土语区和地理位置与其邻近的其他土语区语言点，不送气清塞音主要分布在第一土语区；先喉塞音的发音特征有弱化趋势；塞音、塞擦音、擦音存在不同程度的对应分布；唇齿擦音和舌根音都有清浊对立分布；第一土语区的腭化音声母较第三土语区丰富。

第二章论述贵州西南地区布依语韵母方面的地理分布差异及来源等。韵母部分讨论单元音韵母、复元音韵母、鼻音韵尾、塞音韵尾的地理分布及其来源。韵母部分的主要结论是第三土语区单元音数量较第一土语区丰富；单元音/a/存在多种变体形式；单元音/ɯ/呈现舌尖化和央化的特点；鼻音韵尾中的/-m/尾韵弱化和脱落最为严重，/-n/尾韵和/-ŋ/尾韵则相对稳定；第三土语区塞音韵尾存在不同程度的弱化和脱落，尤其是塞音韵尾/-k/。

第三章论述贵州西南地区布依语声调方面的地理分布差异。声调部分讨论布依语的声调系统、调类与调值、声调与声母的关系。声调部分的主要结论是第三土语出现调类合并现象。通常情况下，第3调和第4调合并，第3调和第5调合并，以及第5调和第6调合并。布依语语音差异形成的内部原因是音韵调内部结构的演变需要，外部原因是在语言接触过程中，其他语言语音、声调的借入，但这只是助推因素。

第四章论述贵州西南地区布依语部分核心词的地理分布差异及其成因与来源。核心词部分按照名词、动词、形容词的顺序描写分析，名词按照自然界名词、人类名词、动物名词、植物名词的顺序描写分析；动词选取了最为常见的部分行为词汇；形容词为部分基础的度量衡词汇。

第五章论述贵州西南地区布依语部分基本词的地理分布差异及其成因与来源。基本词汇分别是人体器官及行为词、动物词、植物词，并对其词汇共时分布差异和历时变化以及来源进行探讨。词汇部分的主要结论是：布依语核心词汇内部差异不大且与同语族词汇同源关系明显；部分词汇在不同土语区存在一定差异，有些是非同源成分，有些则是同源词的不同语音形式；在义域方面呈现出词义扩大、词义转移、词义混淆、词义缺失等特点；词汇反映民族的文化与历史，与一个民族的生产生活方式存在着密切的联系。词汇地理差异的内部原因主要是语音、语义、词汇、语法之间既相适应又相矛盾，外部原因主要与民族之间的语言接触、词汇借贷、社会文化发展等有关。

第六章论述贵州西南地区布依语语法方面的地理分布差异，分别从词类与语法标记两方面讨论。词类部分主要讨论布依语指称青少年女性个体量词"个"、频度副词"再"、程度副词"太"、连词"跟"的地理分布差异。语法标记部分主要讨论了处置标记、经历体标记、被动标记、否定比较标记的地理分布差异特征。此部分的主要结论是：布依语各土语之间语法差别不大，在不同程度上均有借用汉语词汇和句法形式的现象，第三土语区尤为明显；副词存在共现现象；处置标记词主要有动词虚化和汉语借词两种方式。语法标记词有不同的来源，句式上不同程度受到了汉语的影响。布依语语法差异形成的原因一方面是非同源词的存在，另一方面是在语言接触中借用汉语词类和句式。

研究认为，贵州西南地区南盘江和北盘江流域布依语第一土语和第三土语在语音、词汇、语法方面存在着地理差异。语音的差异主要体现在送气音的有无，先喉塞音是否弱化，塞音、塞擦音、擦音的对应分布，鼻音韵尾、塞音韵尾的弱化与脱落、声调的合并等方面。词汇的差异主要体现在核心词与基本词的地理差异分布、义域的变化等方面。语法方面的差异主要体现在个体量词、副词、语法标记地理分布等方面。导致布依语不同土语之间语音、词汇、语法地理分布差异的原因有内部和外部之分，内部原因主要是布依语语音、语义、语法之间既相适应又相矛盾的运动，外部原因主要是语言接触、人口迁徙、社会文化发展等。

关键词：布依语；地理语言学；共时地理分布；历时演变；贵州西南地区

# 目　录

绪　论 ·················································································· 1
　第一节　选题缘起及意义 ······················································· 1
　　一、选题缘起 ···································································· 1
　　二、选题意义 ···································································· 2
　第二节　地理语言学与布依语研究综述 ····································· 6
　　一、地理语言学研究概述 ···················································· 6
　　二、地理语言学视角下的布依语研究概述 ····························· 17
　　三、贵州西南地区概况 ······················································ 22
　第三节　研究方法、创新及语料来源 ······································ 25
　　一、研究方法 ·································································· 25
　　二、创新之处 ·································································· 27
　　三、语料来源 ·································································· 28

第一章　贵州西南地区布依语声母地理分布 ···························· 32
　第一节　塞音 ········································································ 33
　　一、送气清塞音 ······························································· 33

二、先喉塞音 ………………………………………………… 40
第二节　塞擦音 ………………………………………………………… 42
　　一、塞擦音的地理分布 ……………………………………… 42
　　二、塞擦音的来源探讨 ……………………………………… 46
第三节　擦音 …………………………………………………………… 52
　　一、唇齿擦音 ………………………………………………… 55
　　二、齿间及舌尖前清擦音 …………………………………… 59
　　三、齿间和舌尖前浊擦音 …………………………………… 63
　　四、舌面擦音 ………………………………………………… 66
　　五、舌根擦音 ………………………………………………… 69
第四节　腭化音与唇化音 ……………………………………………… 73
　　一、腭化音 …………………………………………………… 73
　　二、唇化音 …………………………………………………… 80

## 第二章　贵州西南地区布依语韵母地理分布 …………………………… 82
第一节　单元音韵母 …………………………………………………… 82
　　一、单元音 /a/ 及其变体 …………………………………… 85
　　二、单元音 /ɯ/ 的舌尖化与央化 …………………………… 88
第二节　复元音韵母 …………………………………………………… 92
　　一、复元音韵母中 /a/ 的长短对立 ………………………… 93
　　二、复元音 /aɯ/ ……………………………………………… 96
第三节　鼻音韵尾 ……………………………………………………… 98
　　一、/-m/ 尾韵 ………………………………………………… 100
　　二、/-n/ 尾韵 ………………………………………………… 103
　　三、/-ŋ/ 尾韵 ………………………………………………… 108

第四节　塞音韵尾 ………………………………………… 110
　　一、/-p/ 尾韵 …………………………………………… 112
　　二、/-t/ 尾韵 …………………………………………… 114
　　三、/-k/ 尾韵 …………………………………………… 118

**第三章　贵州西南地区布依语声调地理分布** …………… 122
第一节　声调系统 ………………………………………… 122
第二节　调类与调值 ……………………………………… 125
　　一、舒声调调值的分布 ………………………………… 125
　　二、促声调调值的分布 ………………………………… 131
第三节　声调与声母的关系 ……………………………… 136
　　一、带喉塞音的声母 …………………………………… 136
　　二、清塞音声母 ………………………………………… 138

**第四章　贵州西南地区布依语部分核心词汇地理分布** … 142
第一节　名词 ……………………………………………… 143
　　一、太阳 ………………………………………………… 144
　　二、女 …………………………………………………… 149
　　三、男 …………………………………………………… 152
　　四、鱼 …………………………………………………… 157
　　五、狗 …………………………………………………… 161
　　六、根 …………………………………………………… 165
第二节　动词 ……………………………………………… 170
　　一、喝 …………………………………………………… 170
　　二、咬 …………………………………………………… 175

三、听 ……………………………………………… 180
　第三节　形容词 …………………………………………… 185
　　一、多 ……………………………………………… 185
　　二、长 ……………………………………………… 189
　　三、小 ……………………………………………… 192

**第五章　贵州西南地区布依语部分基本词汇地理分布** ……… 198
　第一节　人体器官及行为词 ………………………………… 198
　　一、心脏 …………………………………………… 199
　　二、太阳穴 ………………………………………… 203
　　三、骂 ……………………………………………… 205
　第二节　动物词 …………………………………………… 210
　　一、蜻蜓 …………………………………………… 210
　　二、蝴蝶 …………………………………………… 213
　　三、秧鸡 …………………………………………… 218
　第三节　植物词 …………………………………………… 222
　　一、蕨菜 …………………………………………… 222
　　二、花 ……………………………………………… 226
　　三、玉米棒子 ……………………………………… 230

**第六章　贵州西南地区布依语部分语法特征地理分布** ……… 234
　第一节　部分词类 ………………………………………… 235
　　一、指称青少年女性的个体量词 ………………… 236
　　二、副词 …………………………………………… 240
　　三、连词 …………………………………………… 252

第二节 部分语法标记 …………………………………… 256
　一、处置标记 …………………………………………… 257
　二、经历体标记 ………………………………………… 259
　三、被动标记 …………………………………………… 263
　四、否定比较标记 ……………………………………… 268

结　　语 …………………………………………………… 273
参考文献 …………………………………………………… 277
附　　录 …………………………………………………… 290
致　　谢 …………………………………………………… 325

# 地图索引

图 0-1： 贵州西南地区南北盘江流域调研语言点分布图 …………… 31
图 1-1： 送气塞音的地理分布 ………………………………………… 34
图 1-2： 先喉塞音的地理分布 ………………………………………… 40
图 1-3： 布依语塞擦音地理分布图 …………………………………… 43
图 1-4： 擦音地理分布 ………………………………………………… 53
图 1-5： 腭化音的地理分布 …………………………………………… 74
图 2-1： 单元音韵母地理分布 ………………………………………… 83
图 2-2： 单元音 /a/ 及其变体的地理分布 …………………………… 85
图 2-3： 单元音 /ɯ/ 舌尖化与央元音化地理分布 …………………… 88
图 2-4： 复元音韵母含 /a/ 的长短对立地理分布 …………………… 93
图 2-5： 复元音 /aɯ/ 的地理分布 …………………………………… 96
图 3-1： 布依语第一调类调值地理分布 ……………………………… 126
图 3-2： 布依语第二调类调值地理分布 ……………………………… 127
图 3-3： 布依语第三调类调值地理分布 ……………………………… 128
图 3-4： 布依语第四调类调值地理分布 ……………………………… 129
图 3-5： 布依语第五调类调值地理分布 ……………………………… 130
图 3-6： 布依语第六调类调值地理分布 ……………………………… 131

图 3-7：布依语第七调类调值地理分布 …………………………… 132

图 3-8：布依语第八调类调值地理分布 …………………………… 133

图 3-9：C/D 调的调值相同与差异地理分布 ……………………… 135

图 4-1：布依语"太阳"的语音形式与地理分布 ………………… 145

图 4-2：布依语"女"的语音形式与地理分布 …………………… 150

图 4-3：布依语"男"的语音形式与地理分布 …………………… 153

图 4-4：布依语"鱼"的语音形式与地理分布 …………………… 158

图 4-5：布依语"狗"的语音形式与地理分布 …………………… 162

图 4-6：布依语"根"的语音形式与地理分布 …………………… 166

图 4-7：布依语"喝"的语音形式与地理分布 …………………… 171

图 4-8：布依语"咬"的语音形式与地理分布 …………………… 176

图 4-9：布依语"听"的语音形式与地理分布 …………………… 181

图 4-10：布依语"多"的语音形式与地理分布 ………………… 186

图 4-11：布依语"长"的语音形式与地理分布 ………………… 190

图 4-12：布依语"小"的语音形式与地理分布 ………………… 194

图 5-1：布依语"心脏"的语音形式与地理分布 ………………… 200

图 5-2：布依语"太阳穴"的语音形式与地理分布 ……………… 204

图 5-3：布依语"骂"的语音形式与地理分布 …………………… 206

图 5-4：布依语"蜻蜓"的语音形式与地理分布 ………………… 211

图 5-5：布依语"蝴蝶"的语音形式与地理分布 ………………… 214

图 5-6：布依语"秧鸡"的语音形式与地理分布 ………………… 219

图 5-7：布依语"蕨菜"的语音形式与地理分布 ………………… 223

图 5-8：布依语"花"的语音形式与地理分布 …………………… 227

图 5-9：布依语"玉米棒子"的语音形式与地理分布 …………… 231

图 6-1：量词"个"的地理分布 …………………………………… 237

图 6-2：频度副词"再"的地理分布 …………………………… 242

图 6-3：程度副词"太"的地理分布 …………………………… 247

图 6-4：布依语并列连词的地理分布 ………………………… 253

图 6-5：布依语处置标记的地理分布 ………………………… 258

图 6-6：布依语经历体标记的地理分布 ……………………… 261

图 6-7：布依语被动标记的地理分布 ………………………… 265

图 6-8：布依语否定比较标记的地理分布 …………………… 270

# 表格索引

表 0-1：贵州西南地区南北盘江流域调研语言点汇总表 …………29
表 2-1：布依语复元音韵母表………………………………………92
表 4-1：布依语"太阳"的语音形式……………………………… 144
表 4-2：布依语"女"的语音形式………………………………… 149
表 4-3：布依语"男"的语音形式………………………………… 153
表 4-4：布依语"根"的语音形式………………………………… 165
表 4-5：布依语"喝"的语音形式………………………………… 171
表 4-6：布依语"咬"的语音形式………………………………… 176
表 4-7：布依语"听"的语音形式………………………………… 180
表 4-8：布依语"多"的语音形式………………………………… 186
表 4-9：布依语"长"的语音形式与地理分布…………………… 189
表 4-10：布依语"小"的语音形式……………………………… 193
表 5-1：布依语"心脏"的语音形式……………………………… 199
表 5-2：布依语"太阳穴"的语音形式与地理分布 ……………… 203
表 5-3：布依语"骂"的语音形式………………………………… 206
表 5-4：布依语"蜻蜓"的语音形式……………………………… 210
表 5-5：布依语"蝴蝶"的语音形式……………………………… 214

表 5-6：布依语"秧鸡"的语音形式 …………………………… 218
表 5-7：壮语"秧鸡"的语音形式 ……………………………… 221
表 5-8：布依语"蕨菜"的语音形式 …………………………… 222
表 5-9：布依语"花"的语音形式 ……………………………… 226
表 5-10：布依语"玉米棒子"的语音形式 …………………… 231
表 6-1：量词"个"的句子形式 ………………………………… 236
表 6-2：频度副词"再"的句子形式 …………………………… 241
表 6-3：程度副词"太"的句子形式 …………………………… 246
表 6-4：布依语连词的句子形式 ……………………………… 252
表 6-5：布依语处置标记的句子形式 ………………………… 257
表 6-6：布依语经历体标记的句子形式 ……………………… 260
表 6-7：布依语被动标记的语音形式 ………………………… 264
表 6-8：布依语否定比较标记的句子形式 …………………… 269

# 绪　论

## 第一节　选题缘起及意义

地理语言学（Linguistic geography）也称语言地理学或方言地理学。地理语言学强调在语言材料的基础上绘制语言地图来研究不同区域间方言的地理分布，其中最重要的是研究其历史成因、演变和发展等情况，地理语言学同时也注重研究语言分布的地理、文化、社会等因素。

### 一、选题缘起

地理语言学研究最早于19世纪80年代在欧洲兴起，青年语法学派学者温克（G.Wenker）是地理语言学的开创者，他想通过语言地图的方式来证实语音规律无例外的观点，但通过调查后发现每个词的同言线都是有差异的，由此产生了地理语言学的研究方法。这一时期地理语言学研究的理论基础是施密特（J.Schmit）的波浪理论和舒哈特的地理变异论。对我国地理语言学研究影响较为广泛的是比利时学者贺登崧（W.A.Grootaers）。贺登崧利用到中国传教的机会，搜集整理语言材料，利用地理语言研究方法研究华北地区的语言情况。对我国地理语言学研究影响较大的还有日本学者柴田武、桥本万太郎、岩田礼、远藤光晓等。近些年我国学者开始关注并运用地理语言学方法研究汉语方言和少数民族语言，地理语言学视角下的汉语方言不断发展，但地理语言学视角下的布依语研究成果较少，这是选题的重要因素之一。

我们的调研范围为贵州省西南地区，是南盘江、北盘江流经的主要区域，主要包括黔西南布依族苗族自治州和安顺市的镇宁布依族苗族自治县、关岭布依族苗族自治县、紫云苗族布依族自治县。黔西南布依族苗族自治州地处黔、滇、桂三省交界处，位于贵州省西南部，云贵高原东南端。东面与黔南布依族苗族自治州的罗甸县相连，南面与广西壮族自治区的西林、隆林、田林、乐业县以南盘江为地理分界线，西面与云南省的富源、罗平两县和六盘水市盘县接壤，北面与安顺市的紫云、关岭、镇宁和六盘水市的六枝、水城毗邻，以北盘江为地理分界线。安顺市的紫云、关岭、镇宁三个自治县相邻，其中紫云与黔西南布依族苗族自治州和黔南布依族苗族自治州相邻，关岭与黔西南布依族苗族自治州和六盘水市相邻，镇宁与六盘水市相邻。

## 二、选题意义

布依族地区地貌类型丰富，群山环绕，自然环境复杂，地势起伏大，山川与河流的走向对语言分布存在一定影响。地理语言学视角下布依语研究成果少，通过语言地图来体现语言的共时差异，尝试从人文地理和自然地理等角度解释其形成、分布格局等，具有学术价值和应用价值，具体体现为以下几个方面。

## （一）学术价值与意义

地理语言学是以地理学为视角，充分分析地理语言信息数据，解释地理信息数据的共时差异并进行历时比较。地理语言学的研究理论和方法产生以后，得到了众多学者的积极推广。地理语言学在我国萌芽较早，但发展缓慢，近些年来才得到我国学者的重视。地理语言学研究有助于进一步深化少数民族地理语言学的研究，丰富共时与历时比较、亲属语言比较的研究成果。

### 1.有助于深化少数民族语言地理语言学及相关理论研究

就少数民族语言研究而言，地理语言学理论是一种较为新颖的研究视角，在田野调查的基础上，运用地理语言学的理论和方法研究布依语语言演变轨迹，解释其语音、地理、文化等多方面影响因素。运用地理语言学视角研究少数民族语言能够为语言接触、语法化、语音和词汇等方面的研究提供语言材料。根据国家哲学社会科学工作办公室网站显示，截止到2019年语言学类共批准设立以"地理语言学"为研究视角的项目37项，其中汉语方言项目31项，少数民族语言项目6项，分别是"撒拉语的地理语言学研究""基于地理信息平台的藏语方言数据库建设""基于地理信息平台的青海境内藏语方言数据库建设""地理语言学视角下的广西左右江流域壮语方言研究""布依语方言地理学研究""云南民族古文字接触的地理类型学研究"。但目前还少有相关研究成果出版，少数民族语言地理语言学研究仍处于发展阶段。

### 2.有助于研究布依语不同方言土语之间的共时差异和历时演变

地理语言学理论和方法引入中国后，首先应用在汉语方言研究上，以地理语言学视角研究少数民族语言成果不多。运用地理语言学的理论和方法对贵州西南地区布依语进行田野调查、画图、数据分析，有助于进一步比较布依语不同地域和不同土语之间的共时差异。语言共时分布差异是划分布依语土语的重要依据，是地理语言学研究的意义所在，全面梳理语言共时差异，有助于发现语言差异产生的原因。一般情况下，语言共时层面所体现的差异性，不仅仅是一种表面差异而已，往往是历时差异的共时表征，可能是不同历史时期的语言接触所致，也可能是语言内部自身原因导致的差异性，所以共时差异往往隐含着历时表征，通过分析共时差异进而构拟其演变路径。历史文献在语言历时演变中最为重要，侗台语族研究中最重要的是泰文资料。① 布依语缺少历史文献记载，这是语言历时演变研究困难所在，但可以尝试从侗台语族其他同源语言中寻找突破点。

**3.有助于促进布依语与相关亲属语言的对比研究**

就语言系属分类而言，布依语属汉藏语系壮侗语族壮傣语支。② 壮侗语族分为壮傣语支、侗水语支、黎语支、仡央语支，其中壮傣语支包括壮语、傣语、布依语，侗水语支包括侗语、水语、茶洞语、毛南语、莫语、佯僙语、拉珈语、仫佬语，黎语支包括黎语，仡央语支包括仡佬语、拉基语、普标语、布央语。③ 布依语与同语族的壮语、傣语在语音、词汇、语法方面有很多相同之处，但又有各自的特点。本研究以贵州西南地区布依语不同土语中的代表点为主要调查对象，具体以黔西南布依族苗族自治州和安顺市的部分县为调查点，在调研的基础上注重布依语与附近亲属语言的语言接触问题，尝试使用地理语言学研究方法对布依语及其亲属语言进行对比研究，探讨其同源关系和演变情况，尤其是布依语与壮语北部方言之间的对比研究。

**（二）应用价值与意义**

地理语言学研究除了具有学术价值与意义，还具有应用价值与意义。

---

① 吴安其：《历史语言学》，上海：上海教育出版社，2006年，第161页。
② 周国炎、刘朝华：《布依语参考语法》，北京：中国社会科学出版社，2018年，第2页。
③ 戴庆厦主编：《语言国情调查概论》，北京：中国社会科学出版社，2017年，第265页。

地理语言学研究能够发现同一语言不同地区的差异特点，为民族语言教学提供了重要参考依据。有些地区将民族语言作为校本课程，有些作为选修课程，如果将地理语言学研究成果及时吸纳到民族语言教学中，将拓展教学深度和广度。对比学习更能体现民族语言文化全貌，进一步保护民族语言文化资源，促进语言使用地图绘制等。

**1.有助于进一步保护布依族语言文化资源**

布依族与其他民族交流交往日益增多，在一定程度上也影响了布依语的语言使用，有些地区青少年呈现母语保持能力弱化等现象。通过对布依语的广泛调查能够进一步掌握语言国情，进一步保护和保存布依族语言和文化资源。布依族语言地图集的绘制能够为相关部门语言资源调查、语言资源保护和语言资源规划提供参考，可根据使用频率和使用范围的不同对布依语活力程度进一步划分，活力较弱地区亟需多种方式的语言文化保护措施。

**2.为进一步绘制语言使用地图提供参考**

近年来，语言使用地图这一研究方向受到学者广泛关注，以地理语言学为研究视角，将语言使用情况、语言活力程度、语言濒危程度通过语言使用地图的方式展现出来，是了解和掌握中国少数民族语言文字使用情况的重要形式。语言使用地图聚焦语言使用，前提同样是语言田野调查数据库。语言使用地图可以呈现特定时期范围内语言使用情况走势的全貌，及时跟踪调查语言国情，服务于国家语言治理现代化建设。

**3.有助于为布依语教育教学提供参考资料**

学术研究来源于教学实践，又要服务于教学实践。地理语言学视角下的布依语研究首先要进行大量的田野调查工作，在田野调查工作的基础上对数据进行分析、画图，从而进行解释。运用地理语言学方法研究布依语，可以将布依语不同土语之间的差异清晰表现出来，为少数民族语言研究和教育教学提供重要参考资料。在义务教育和高等学校民族语言文化教材中可以考虑引入地理语言学研究成果，促进语言对比学习。

## 第二节　地理语言学与布依语研究综述

地理语言学研究于19世纪在欧洲兴起，在德国、法国等国家得到充分发展，亚洲最早开展地理语言学研究的是日本。布依语国外研究成果较少，外国传教士曾为方便传教编印了《布法试用词典》，这是迄今所能见到的最早的外国人关于布依语的调查研究成果。国内最早运用地理语言学思想研究语言问题可追溯到东汉时期扬雄的《方言》，21世纪中国地理语言学研究逐渐走向成熟。在布依语研究方面，1959年出版的《布依语调查报告》融入了地理语言学思维，此外还出版了《布依语简志》《贵阳布依语》《布依语语法研究》等成果，分别在语音、词汇和语法方面对布依语作了深入研究。

### 一、地理语言学研究概述

地理语言学研究在欧洲兴起后，在德国、法国、美国、加拿大、日本等国家不断发展，国外地理语言学研究成果较为丰富。我国地理语言学的开创者是比利时学者贺登崧（W. A. Grootaers），但由于当时我国正处于战争年代，地理语言学的研究理论和方法没有受到足够的重视，地理语言学在中国没有得到发展。二十世纪三十年代后地理语言学的研究方法逐渐运用到语言研究中，如今在汉语方言和少数民族语言研究中，地理语言学的运用日益增多。

**（一）国外相关研究动态**

**1. 国外地理语言学研究综述**

德国语言学家文克尔（Georg Wenker）最早运用地理语言学视角研究语言问题，开展了第一次具有方言地理学性质的调查，在大量语言调查的基础上于1881年出版了《德国语言地图》，其中包含6幅德国北部和中部的方言地图。1902—1914年和1920年，瑞士语言学家吉叶龙（Jules Gilliéron）受其德国老师舒哈尔德（Hugo Schuchardt）影响，反对新语法学派提出的"语音演变无例外"观点，并用艾德蒙（E.Edmond）的调查数据出版了《法国语言地图集》12册，同时提出了"每个词都有它自己的历史"的观点。1922年，法国语言学家多扎特（A. Dauzat）出版了《方言地理学》一书，奠定了地理语言学研究的理论基础。1926年，芮德（F. Wrede）出版《德国语言地图集》6册。1928年雅伯尔格（K. Jaberg）和俅德（J. Jud）编制出版《意大利瑞士语言地图集》。20世纪60年代，美国著名语言学家拉波夫（W.Labov）出版了《北美语言地图集》。

在外国译著方面，1956年出版了由契科巴瓦著，高名凯等译的《语言学概论》，书中第二章第十九节为"语言地理学"部分，作者认为语言地理学的价值在于开拓了研究方言的新方法，地理语言学和历史比较语言学不是相互对立的，而应该是相互促进的作用，可以使用语言地理学的方法来研究语言的历史。[①] 20世纪六七十年代以后，国外语言学领域还发表和出版了一些方言地理学方面的著述，最主要的是加拿大语言学者杰克·钱伯斯（Chambers J.K）和瑞士学者彼得·德鲁吉尔（Peter Trudgill）合著的《方言学教程》，第二章方言地理学详细论述了方言地理学兴起的

---

① （苏）契科巴瓦著：《语言学概论》，高名凯译，北京：高等教育出版社，1955年，第53页。

动力、方言地理学发展的历史和方言地理学问卷调查、语言地图、调查对象的选择三种基本方法。第七章论述了同言线、同言线的模式、等级排序、同言线与文化的关联以及同言线和方言变异。① 1980年出版了由索绪尔著，高名凯译的《普通语言学教程》，第四编为地理语言学，系统介绍了语言差异、语言差异的复杂性、地理差异的原因、语言波浪的传播。② 1986年由霍凯特著，索振羽、叶蜚声译的《现代语言学教程》出版，其中第五十六章为"方言地理学"，作者主要阐述了方言地图的绘制程序、方言地图的类型、历史推断的根据、对定居地区的推断等，认为方言地理学是构拟过去的一种方法，当然也存在局限性。③

在亚洲最早开展地理语言学研究的是日本，曾在德国留学的日本学者上田万年最早将地理语言学引入日本。1905年，日本国语调查委员会就已发表《音韵分布图》，1906年发表《口语法分布图》，分别包含29张"音韵分布图"和37张"口语语法分布图"，这是日本最早的地理语言学成果。1930年，柳田国男出版《蜗牛考》，通过对"蜗牛"分布的考察，阐述了语言演变的时空观点，认为由中心向四周扩散，外侧保留更多古音。1969年柴田武出版了《语言地理学方法》，日本地理语言学开始走向成熟。④ 1966—1974年，国立国语研究所编制出版《日本言语地图》6卷，涉及300幅地图，2400个地点。1989—1999年，国立国语研究所编制出版《方言文法全国地图》4卷。日本学者出版了一系列中国方言地理语言

---

① （加）杰克·钱伯斯，（瑞士）彼得·德鲁吉尔著：《方言学教程》，（加）吴可颖译，北京：北京大学出版社，2016年，第18-41、121-141页。

② （瑞士）费尔迪南·德·索绪尔著：《普通语言学教程》，高名凯译，北京：商务印书馆，1980年，第266-291页。

③ （美）霍凯特著：《现代语言学教程》，叶蜚声，索振羽译，北京：北京大学出版社，1986年，第500-519页。

④ （日）柴田武著：《语言地理学方法》，崔蒙译，北京：商务印书馆，2018年。

学相关著作，主要有日本学者岩田礼出版的《中国江苏、安徽、上海两省一市境内亲属称谓词的地理分布》，9幅地图，210多个地点。① 此外，还有日本学者桥本万太郎的《语言地理类型学》、1992年岩田礼等以研究报告形式出版的《汉语方言地图》、1995年平田昌司等《汉语方言地图集》、1999年远藤光晓等《汉语方言地图集》、1999年松江崇《扬雄〈方言〉逐条地图集》等。

**2. 国外布依语的相关研究**

国外对布依语研究的可查阅资料比较匮乏。鸦片战争之前，中国处于闭关锁国状态，国外学界基本没有人对布依语做专门研究和调查。1840年鸦片战争打开中国大门，外国传教士纷纷到中国各地传教。20世纪初，法国传教士古斯塔夫·卫利亚和约瑟·方义仁在贵州省黔西南一带布依族地区传教时，为方便与当地布依族进行交流，曾以拉丁字母作为记音符号，记录了当地的布依语，并编纂了一本布依语和法语对照的工具书——《布法试用词典》，这是迄今所能见到的最早的布依语调查研究成果。

**（二）国内相关研究动态**

**1. 国内方言地理学研究综述**

我国东汉时期的扬雄是最早注意到不同方言之间差异的学者，并出版了《方言》一书。中国最早真正意义上的方言地图是1934年上海申报馆出版的《中华民国新地图》，其中有一幅"语言区域图"，这是语言分区图，并不是语言特征图。② 随后在1939年和1948年出版的《中国分省地图》里有一幅"语言区域图"。之后李方桂于1936—1937年出版了

---

① 曹志耘：《老枝新芽：中国地理语言学研究展望》，《语言教学与研究》2002年第3期，第2页。

② 丁文江、翁文灏、曾世英编：《中华民国新地图》，上海：申报馆，1934年。

《中国的语言和方言》、赵元任于1943年出版《中国的语言和方言》里有一幅语言和方言简图。赵元任先生主持了多次大规模的方言调查，并首次在《湖北方言调查报告》里收入66幅方言地图，该书于1948年出版，是最早的汉语方言特征图。20世纪40年代后比利时学者贺登崧（W. A. Grootaers）在中国传教的同时对大同、宣化等地进行方言和文化情况调查，先后发表了《中国语言学及民俗学之地理的研究》等论文，出版了《论中国方言地理学》，后由石汝杰等翻译成汉语，书名是《汉语方言地理学》。与此同时，中国学者也开启了地理语言学的探索之路。贺登崧的学生王辅世撰写的硕士学位论文《宣化方言地图》中有34幅地图。当时的中央研究院历史语言研究所赵元任等学者开展了全国性的方言调查，后来出版的《湖北方言调查报告》中有66幅方言地图，是最早的汉语方言特征地图，属于典型的地理语言学成果。① 以上是国内地理语言学在中国的萌芽阶段，贺登崧是中国地理语言学的开拓者。

  20世纪50年代后，由"中央研究院历史语言研究所"学者白涤洲调查、经喻世长整理后出版了《关中方音调查报告》，有23幅地图。1960年河北省昌黎县县志编纂委员会、中国科学院语言研究所出版《昌黎方言志》。② 四川大学方言调查工作组《四川方言音系》和《江苏省和上海市方言概况》等相继出版。③ 杨时逢将调查成果带到台湾后，先后出版了《云南方言调查报告》（1969年出版，65幅地图）、《湖南方言调查报告》（1974年出版，53幅地图）、《四川方言调查报告》（1984年出版，47幅

---

  ① 彭泽润著：《地理语言学和衡山南岳方言地理研究》，北京：商务印书馆，2017年，第7-8页。
  ② 河北省昌黎县县志编纂委员会、中国科学院语言研究所编：《昌黎方言志》，北京：科学出版社，1960年。
  ③ 江苏省上海市方言调查指导组编：《江苏省和上海市方言概况》，南京：江苏人民出版社，1960年。

地图）。①

20世纪八九十年代以后，国内出版了许多方言学著作，多数附有方言地图，其中较为重要的主要有：1990年詹伯慧、张日升主编的《珠江三角洲方言综述》，42幅地图。② 1992年钱乃荣《当代吴语研究》，50幅地图，33个地点，系统论述了吴语的声母、韵母和声调，词汇系统、语法特征等。③ 1993年侯精一、温端政主编《山西方言调查研究报告》，50幅地图，主要介绍了山西方言声母、韵母、声调特点，以及历史音韵、词汇、语法特点等。④ 1993年殷焕先主编《山东省志·方言志》，共计25幅地图。⑤ 1994年詹伯慧、张日升主编《粤北十县市粤方言调查报告》，45幅地图，主要介绍了粤北地区十县市粤方言特征分布情况。⑥ 1997年陈章太、李行健主编《普通话基础方言基本词汇集》，63幅地图，93个地点，列举了饮食起居、房舍建筑、服饰穿戴等多方面的词汇地图。⑦ 1998年詹伯慧、张日升主编《粤西十县市粤方言调查报告》，68幅地图，第五章为粤西地区十县市方言特征分布地图。⑧ 1998年鲍明炜主编《江苏省志·方言志》，55幅地图，第八章为江苏省方言地图。⑨ 1999年刘纶鑫主编《客

---

① 曹志耘：《老枝新芽：中国地理语言学研究展望》，《语言教学与研究》2002年第3期。
② 詹伯慧主编；张日升，甘于恩等编纂：《珠江三角洲方言综述》，广州：新世纪出版社，1987年。
③ 钱乃荣著：《当代吴语研究》，上海：上海教育出版社，1992年。
④ 侯精一、温端政主编：《山西方言调查研究报告》，太原：山西高校联合出版社，1993年。
⑤ 山东省地方史志编纂委员会编：《山东省志 方言志》，济南：山东人民出版社，1993年。
⑥ 詹伯慧、张日升主编；甘于恩，伍巍，邵宜等编纂：《粤北十县市粤方言调查报告》，广州：暨南大学出版社，1994年。
⑦ 陈章太、李行健主编：《普通话基础方言基本词汇集》，北京：语文出版社，1996年。
⑧ 詹伯慧、张日升主编：《粤西十县市粤方言调查报告》，广州：暨南大学出版社，1998年。
⑨ 江苏省地方志编纂委员会：《江苏省志方言志》，南京：南京大学出版社，1998年。

赣方言比较研究》，36幅地图，系统介绍了客赣方言语音比较研究、词汇比较研究、语法比较研究。①

21世纪中国地理语言学研究逐渐走向成熟。2001年钱曾怡主编《山东方言研究》，24幅地图，主要介绍了山东方言语音的声母、韵母和声调概况。②2002年曹志耘《南部吴语语音研究》出版，使用了一些方言地图。③曹志耘发表的《老枝新芽：中国地理语言学研究展望》对地理语言学在国外和国内的发展情况作了系统梳理。④2003年后陆续出现了多篇地理语言学方面的博士论文，如2003年彭泽润的博士论文《衡山南岳方言的地理研究》以县为单位，数据覆盖县内的354个行政村，包含90幅地图。⑤2004年王文胜的博士论文《处州方言的地理语言学研究》选取了28个鉴别词、近90幅方言地图，从地理分类、历史比较、非语言因素演变等方面对处州方言进行分析。⑥2005年郭风岚的博士论文《宣化方言变异与变化研究》，⑦2006年蔡燕华的《中山粤方言的地理语言学研究》等。⑧2010年甘于恩发表《潮汕方言地理类型学研究的一些设想》等三篇文章，阐述广东等地地理语言学研究设想。⑨具有标志性的地理语言学成果应该是2008年由曹志耘主编的《汉语方言地图集》，这是第一部包含全国范围方言特征的地理语言学研究成果，包含语音、词汇、语法等方面，

---

① 刘纶鑫主编：《客赣方言比较研究》，北京：中国社会科学出版社，1999年。
② 钱曾怡主编：《山东方言研究》，济南：齐鲁书社，2001年。
③ 曹志耘著：《南部吴语语音研究》，北京：商务印书馆，2002年。
④ 曹志耘：《老枝新芽：中国地理语言学研究展望》，《语言教学与研究》2002年第3期。
⑤ 彭泽润：《衡山南岳方言的地理研究》，博士学位论文，湖南师范大学，2003年。
⑥ 王文胜：《处州方言的地理语言学研究》，博士学位论文，北京语言大学，2004年。
⑦ 郭风岚：《宣化方言变异与变化研究》，博士学位论文，北京语言大学，2005年。
⑧ 蔡燕华：《中山粤方言的地理语言学研究》，硕士学位论文，暨南大学，2006年。
⑨ 甘于恩：《潮汕方言地理类型学研究的一些设想》，《韩山师范学院学报》2010年第1期。

是中国地理语言学走向成熟的重要标志。① 2013年，项梦冰、曹晖出版了《汉语方言地理学——入门与实践》，使用同言线理论对一些区别词进行了说明，例如对"下雨"一词进行分析，认为"下雨"同言线以北只能说"下雨"，以南则说"落雨""落水""遏雨"或兼说"下雨"和"落雨"（成都、武汉、贵阳）、"落雨"和"落水"（梅州）。分尖团同言线以北不分尖团，以南分尖团；圈内分尖团，圈外不分尖团。② 2015年王贵生、张雄等出版的《黔东南方言地理学研究》对黔东南方言形成的自然地理背景、方言分区、历史沿革等方面进行了分析。③ 此后发表了一系列相关论文，地理语言学研究更加走向深入。

**2. 相关少数民族地理语言学研究综述**

第一部少数民族语言地图集是金有景（1992）的《中国拉祜语方言地图集》，该书是目前唯一针对少数民族语言绘制的方言地图集。④

梁敏、张均如（1996）《侗台语族概论》论述了侗台语族语言的分类、地理及人口情况，系统阐述了各语支语言的关系及其发展的大致过程，从声母、韵母、声调方面论述了侗台语语音的基本情况。其著作对原始侗台语语音进行了构拟，并从语序、词序和量词等相关方面构拟其语法发展过程，其对侗台语的发展与演变历史与过程做了一些构拟和阐述，从语言学史的角度对侗台语进行分析。⑤

张均如、梁敏（1999）《壮语方言研究》分别从语音、词汇、语法等方面系统梳理了36个壮语方言调查点的基本特点，语音方面主要包括音系特点、各地壮语声母、韵母、声调的对应关系并绘制了18幅壮语方言

---

① 曹志耘主编：《汉语方言地图集》，北京：商务印书馆，2008年。
② 项梦冰、曹晖编著：《汉语方言地理学》，北京：中国书籍出版社，2013年。
③ 王贵生、张雄著：《黔东南方言地理学研究》，北京：中央民族大学出版社，2015年。
④ 金有景主编：《中国拉祜语方言地图集》，天津：天津社会科学院出版社，1992年。
⑤ 梁敏、张均如著：《侗台语族概论》，北京：中国社会科学出版社，1996年。

分布图；词汇方面分析了壮语与同语族诸语言在词汇方面的关系、各地壮语的异同情况、构词法及汉语借词情况并绘制了多幅方言和土语词分布图；语法方面从词类、句子成分和语序等方面梳理了壮语的语言特点。①

周耀文、罗美珍（2001）《傣语方言研究》以24个调查点的语言材料为依据，分析了方言土语代表点的语音系统和语音对应规律；词汇方面分析了傣语词汇的特点、构词方式、词汇的异同比较等，此外还分析了汉语和巴利语对傣语的影响。②

李方桂（2011）《比较台语手册》系统阐述了原始台语的声调系统、辅音系统、唇音、唇音复辅音、舌尖音、舌尖复辅音、流音、塞擦音、舌根音、舌根复辅音、圆唇舌根音、喉音等，最后分析得出了原始台语的元音系统，其是从语言学史的角度构拟台语的来源与演变。③

陈孝玲（2011）《侗台语核心词研究》分别从名词、动词、形容词、数词、副词、代词方面对侗台语核心词进行描写与分析，并通过语言材料构拟其来源，对侗台语的早期面貌、历史演变、文化内涵方面进行了系统论述。其著作从类型学、语言学史、地理语言学视角分析了侗台语的核心词。④

仁增旺姆（2012）《藏语存在动词的地理分布调查》共分析了12种藏语的存在动词词形，其中只在书面语中使用的有5种，在各地方言口语中使用的有7种。不同地域有不同的存在动词分布，其词形也存在着差异，这也反映了不同地理区域语音上的差异。藏语存在动词的使用与发展同藏族社会发展、文字改革政策有着密切关系，随着藏族部落迁徙，存在动词

---

① 张均如、梁敏等著：《壮语方言研究》，成都：四川民族出版社，1999年。
② 罗美珍：《傣语方言研究》，北京：民族出版社，2008年。
③ （美）李方桂著：《比较台语手册》，北京：清华大学出版社，2011年。
④ 陈孝玲著：《侗台语核心词研究》，成都：巴蜀书社，2011年。

的使用范围不断扩大。文章认为藏语书面语中的存在动词是经过历史发展保留下来的词形,具有较强生命力,口语中的存在动词则是在社会变迁和语言演变中缺乏竞争力的词语。①

金理新(2012)《汉藏语系核心词》分别从名词、动词、代词方面对汉藏语系核心词进行了描写,并通过大量的语言材料构拟其来源,此外系统论述了借词的鉴别、同源词的鉴别、苗瑶语的阴声韵母系统、侗台语的舌尖后音。②

铃木博之(2016)《藏语方言学研究与语言地图:如何看待"康方言"》认为方言学的研究需要语言地图的辅助并将地理语言学的研究方法运用在少数民族语言方言研究中。文章分析了藏语"康方言"的一些语言现象,并认为"康方言"的提出缺乏理据性,应理解为"语言复合体"。文章认为语言本体研究立足于语言本体自身,还需要考虑地理关系和历史演变因素,并在此基础上绘制语言地图,综合考虑地理、历史、文化等因素来进一步确定方言分类。③

和智利(2016)《纳系族群亲属称谓系统的语言地理研究》运用地理语言学的理论和方法对纳系族群的亲属称谓系统进行了研究,认为不同地区纳系族群的亲属称谓存在差异,差异是由于不同地区家庭、婚姻、社会发展不平衡导致的。亲属称谓的差异还与地理上的山川河流走向有着密切关联,山川河流的阻隔会影响语言的传播,影响不同地区的语言使用情况。文章认为语言的差异会在地理上有所体现,地理的差异也会导致语言的不同,二者是相互影响的。不同地区的婚姻制度直接导致了不同的亲属

---

① 仁增旺姆:《藏语存在动词的地理分布调查》,《中央民族大学学报(哲学社会科学版)》,2012年第6期。

② 金理新著:《汉藏语系核心词》,北京:民族出版社,2012年。

③ 铃木博之:《藏语方言学研究与语言地图:如何看待"康方言"》,《民族学刊》,2016年第2期。

称谓，文化上的差异和变化在亲属称谓中能够得到充分体现。①

和智利、赵文英（2016）《纳系族群父辈女性亲属称谓的类型及地理分布》集中选取了35个调查点的语言材料，对纳系族群父辈女性亲属称谓的类型和地理分布进行了系统的考察，认为父辈女性亲属称谓的发展具有不平衡性，导致这种不平衡性的原因主要是纳系族群内部发展的不平衡。文章还发现父辈单个女性亲属称谓的同言线与分合类型的同言线一致，这些同言线与金沙江河流流向及政区分界线一致，这也说明了行政区划、地理因素是亲属称谓差异的重要原因。②

韦景云（2018）《壮语"玉米"方言词分布及其传播》认为壮语"玉米"方言词数量较多，但是以"皇帝"和"御米"为主，其传播和扩散与土地政策、山川地理走向、支系分布和行政区划设置等因素有关，方言词传播力度不均衡，呈现北强南弱的态势。③

鄢卓、曾晓渝（2019）发表了《壮语"太阳"的地理语言学分析》，文章通过绘制壮语"太阳"的词性分布图，将不同地区壮语"太阳"一词的词形分类并进行分析，并解释其演变规律和生成过程，认为壮语"太阳"词形先从单音节词再演变为双音节词。文章通过对清代壮汉文献以及广西旧志中所记载的"太阳"相关词条进行分析，认为壮语"太阳"从清朝至今词形变化不大。④

---

① 和智利：《纳系族群亲属称谓系统的语言地理研究》，博士学位论文，云南师范大学，2016年。
② 和智利、赵文英：《纳系族群父辈女性亲属称谓的类型及地理分布》，《云南师范大学学报（哲学社会科学版）》，2016年第4期。
③ 韦景云：《壮语"玉米"方言词分布及其传播》，《中央民族大学学报（哲学社会科学版）》，2018第5期。
④ 鄢卓、曾晓渝：《壮语"太阳"的地理语言学分析》，《民族语文》，2019年第4期。

## 二、地理语言学视角下的布依语研究概述

中国社会科学院的《中国语言地图集》(少数民族语言卷)从宏观上表现了我国少数民族语言分布情况及各民族语言的基本特征,其中也涉及布依族语言,但就语言特征描写而言,还有很大提升空间。[①]

与汉语方言相比,少数民族语言的地理语言学研究相对迟缓。1942年,邢公畹先生调查了贵州省惠水县远羊寨的布依语,以田野调查的方式搜集当地的民歌并对其音系和词汇做了进一步梳理,发表了其研究生论文《远羊寨仲歌记音》,这是目前较早的布依语研究资料之一。1971年李方桂先生发表了《独山话的塞音韵尾》,这篇文章以其20世纪30—40年代的语言调查为基础,调查对象主要是贵州南部的水语和莫话,也曾接触过独山一带的布依语。[②]

20世纪50年代初,在全国民族大调查的历史背景下,中国少数民族语言调查第一工作队全面调查了贵州省境内40个布依语方言点,收集到的语料全部汇集于1959年出版的《布依语调查报告》中。该书采用现代语言学中音系学、音位学的理论,并结合汉语传统的音韵学研究方法,整理出了40个语言点的音系,同时还绘制了70幅语言地图(简略图),其中语音特征图34幅,语法特征图8幅,词汇特征图28幅,这些地图直观地展现了不同地区布依语在语音、词汇和语法上的差异。《布依语调查报告》在此基础上将布依语划分为三个土语区,其中主要依据的是各地布依语在语音方面的特征。该书还对布依语词汇和语法进行了全面的梳理,使

---

[①] 中国社会科学院语言研究所编:《中国语言地图集 第2版 少数民族语言卷》,北京:商务印书馆,2012年。

[②] 中国社会科学院民族研究所语言研究室等编:《汉藏语系语言学论文选译》,中国民族语言学术讨论会秘书处,1980年,第130页。

读者对布依语的基本面貌有了初步的认识。依据《布依语调查报告》，从语音上看，第一、第二土语的差别比较小，而第三土语与第一、二土语之间的差别比较大。依据40个点语音对应情况，报告给出了辅音表和元音表及说明。在语法上，各地区的布依语大体上是一致的，报告列举了34个点相同的30条语法（主要是句法）基本条例。各地不同的语法现象列举了8条，并绘制了8幅语法特征图。从地图上看，各地歧异的语法现象是很少有共性的，也就是说布依语各方言土语在语法上没有显著的差别，细微的差别主要是汉语借词的借入与本族固有词的对立使用造成的。从词汇上看，方言土语很容易产生歧异现象。《布依语调查报告》中例举了100个各地歧异的词，并从中抽取了28个词，按照各地不同的情况，绘制了28幅方言地图，但他们的异同分界线很不一致。在同语音的异同合起来看时，有一些相当的关系，如"绿"有三种说法，大体上这三种说法的分界线与三个土语的分界线基本相当。①

喻翠容（1980）出版了《布依语简志》。该书以贵州省龙里县羊场布依语语料为基础，从语音、词汇、语法、方言土语、文字等方面展开论述，并通过语音、词汇的对比，分析了布依语三个土语的基本特征。②

曹广衢（1984）的《从布依语的方音对比研究考察布依语声母和声调相互制约的关系》以《布依语调查报告》数据为依据，对比不同调查地点的声母和声调的分布来论述布依语的声母和声调之间是有相互制约的关系。③

吴启禄（1992）的《贵阳布依语》以贵阳市郊区的布依语为调查对象，

---

① 中国科学院少数民族语言研究所编：《布依语调查报告》，北京：科学出版社，1959年。
② 喻翠容编著：《布依语简志》，北京：民族出版社，1980年。
③ 曹广衢：《从布依语的方音对比研究考察布依语声母和声调相互制约的关系》，《贵州民族研究》，1984年第3期，第74—85页。

系统介绍了作为布依语第二土语代表点之一的贵阳布依语的主要特征，分别从语音、词汇、语法、文字、诗歌韵律等方面论述，认为贵阳市各地布依语的细微差别，一是行政地理区划不同导致，二是不同土语区迁入导致，并与标准音点的贵州省望谟县复兴镇布依语进行了对比。①

王伟（1993）的《布依语五个代表点的语音比较》对望谟话、羊场话、普安话、宁南话、罗家寨话语音进行对比，进而分析了三个土语的语音特点和对应关系，系统梳理了五个代表点的语音特点。②

占升平（2009）在《镇宁布依语语音研究》中，描写了镇宁三个点，即第一土语点六马、第二土语点马厂、第三土语点城关的语音系统，从声母、韵母、声调等方面比较了镇宁三个土语点的差异情况，并引入望谟标准布依语（属于第一土语）、贵阳布依语（属于第二土语），分别与第一土语点六马、第二土语点马厂的语音系统进行比较，而后从语音上提出了镇宁布依语三个土语的划分标准，最后在附录中附上了其制作的镇宁布依语方言地图三幅，分别是镇宁三个土语的分布图、部分声母对应图和部分韵母对应图。③

2010年世界少数民族语文研究院和中国贵州民族研究所共同合作课题项目，伍文义、辛维、梁永枢著《中国布依语对比研究》，选择了布依语24个调查点，在语言田野调查的基础上，比较调查点20世纪90年代老年人和90年代青年人的发音情况，并通过与50年代《布依语调查报告》中相同的20个调查点调查数据对比，分析布依语40年间的语音和词汇变化情况。④

---

① 吴启禄编著：《贵阳布依语》，贵阳：贵州民族出版社，1992年。
② 孙若兰主编，贵州省民委民族语文办公室编：《布依语文集》，贵阳：贵州民族出版社，1993年，第130页。
③ 占升平：《镇宁布依语语音研究》，博士学位论文，南开大学，2009年。
④ 伍文义等著：《中国布依语对比研究》，贵阳：贵州人民出版社，2000年。

龙海燕（2013）《布依语标准音四十年音变》是基于《中国布依语对比研究》的"词汇材料"，指出了望谟县复兴镇布依语1990年代的发音同1950年代的发音相比，声母系统有所简化，其中擦音变化最快，塞擦音次之，鼻音、塞音、边音最稳定；韵母的变化主要表现在元音上，元音变化既有低化、高化，亦有前化、央化，辅音韵尾则很稳定；声调调类未变，调值有所变化。①

卢芳（2013）《望谟布依语与普定布依语的语音比较》指出普定布依语与望谟布依语声母有所不同，其没有腭化声母/pj/、/mj/，却有送气声母/ph/、/th/、/kh/、/tɕh/、/tsh/，且大都出现在第三调。韵母较望谟布依语较少，没有韵尾/-m/。在声调上，普定布依语只有七个声调（五个舒声调、两个促声调），望谟话的第三、四调在普定合并为第三调。②

梁朝文（2014）的《贵阳布依语与布依语标准音差异对照研究》指出贵阳地区的布依语在声母、韵母、韵尾、声调等方面与标准音点的差异及其对应规律。此外，文中还列举出了两地在部分冠词使用上的不同之处以及两地的方言词对比，如"碗"在标准音点是"diox"，贵阳布依语用"zal"。③

周国炎、卢晓琳（2018）《从通解度看布依族方言土语的划分》一文在全面分析了依据地区间语言结构差异划分布依语方言土语的基础上，对影响布依语方言土语差异的社会因素和交际因素进行了探索，提出了依据通解度来划分布依语方言土语的设想。④

---

① 龙海燕：《布依语标准音四十年音变》，《黔南民族师范学院学报》，2013第3期。

② 卢芳：《望谟布依语与普定布依语的语音比较》《三峡论坛（三峡文学.理论版）》，2013年第3期。

③ 梁朝文：《贵阳布依语与布依语标准音差异对照研究》，《贵州民族报》，2014年11月17日。

④ 周国炎：《从通解度看布依族方言土语的划分》，《贵州民族报》，2017年06月20日。

周国炎、王跃杭（2020）《布依语"鼠"义词的方言地理学研究》一文以各地布依语中"鼠"一词作为研究对象，旨在探讨该词在各地布依语中的语音和词形差异及其地理分布特征，并通过与同语支亲属语言进行对比，分析这种差异的成因及其发展演变途径。这将有助于布依语，乃至整个侗台语族语言词汇方言变异、语言发展演变以及语言间的相互接触和影响。①

黄保丹、田如云（2020年）《布依语地理语言学的研究意义》一文注意到了当前布依语地理语言学研究方面的欠缺，在综述布依语研究现状的基础上，探讨了从地理语言学角度研究布依语的学术意义及价值。②

布依语研究主要集中在国内，20世纪专家学者对布依语进行了大范围的调查并有系列成果发表，其中《布依语调查报告》融入了地理语言学思维，此外还出版了《布依语简志》《贵阳布依语》《布依语语法研究》等成果，在语音、词汇和语法方面都取得了成绩。21世纪以来，学界开始运用认知语言学、语言类型学、浑沌学、地理语言学视角研究布依语，布依语本体、双语教学等方面成果丰硕。目前立足于地理语言学理论和方法的布依语研究处于起步阶段，立足于方言土语的研究成果数量有限，且多集中在语音方面。地理语言学视角下的布依语研究是一个全新课题，需要在田野调查的基础上，客观分析数据，构拟其演变路径及影响因素等。

---

① 周国炎、王跃杭：《布依语"鼠"义词的方言地理学研究》，《贵州工程应用技术学院学报》，2020年第5期。

② 黄保丹、田如云：《布依语地理语言学研究意义》，《长江丛刊》，2020年第25期。

## 三、贵州西南地区概况

### （一）地理

贵州省西南地区，在水系上是南盘江、北盘江流经的主要区域，从行政区划上主要包括黔西南布依族苗族自治州和安顺市的镇宁布依族苗族自治县、关岭布依族苗族自治县、紫云苗族布依族自治县。黔西南布依族苗族自治州包括兴义市、义龙新区、兴仁市、普安县、晴隆县、贞丰县、望谟县、册亨县、安龙县共9个县级行政单位。贵州西南地区位于贵州省西南部，地处云贵高原东南端，位于东经104°35′～106°32′，北纬24°38′～26°11′之间。南与广西壮族自治区和云南省相毗邻，黔西南布依族苗族自治州的册亨县、安龙县、望谟县与广西壮族自治区以南盘江为界，晴隆县、兴仁市、贞丰县与镇宁布依族苗族自治县、关岭布依族苗族自治县以北盘江为界。

就地质而言，黔西南州在大地构造单元上，属黔桂台向斜之黔西南凹陷的主体部分。包括普威弧形皱褶带、盘县皱褶带和贞丰凹陷等三个次一级构造单元。盖层沉积厚，出露地层以三叠系和二叠系为主。[①] 就地貌和地势而言，贵州西南地区地貌丰富，包含高原、山地、丘陵等多种类型的地貌，以高原和山地为主，盆地、河流阶地以及河谷平原面积较少。地势总体呈现西高东低，北高南低走势，山岭纵横，群山耸立，河流阶地以及河谷平原成为居民居住、农业生产的重要场所。乌蒙山是云贵高原的主要山脉之一，山脉跨越云南省和贵州省部分地区，乌蒙山及其分支山脉是南、北盘江的分水岭。南盘江、北盘江流域附近地貌类型多以低山、丘陵

---

[①] 班成农、陈鸣明：《贵州黔西南布依族苗族自治州概况》，北京：民族出版社，2007年，第2页。

和河谷平原为主，在打易、六马等地分布侵蚀低山、中山。①

南盘江、北盘江、红水河均属于珠江水系，流域范围内以农业为主，水田和旱田相结合。南盘江发源于云南马雄山，流至蔗香后与北盘江汇合后统称为红水河。南盘江在贵州流经兴义、安龙、册亨、普安等地。南盘江下游流经贵州西南部，是贵州省和广西省的界河，南盘江在贵州省内的支流主要有黄泥河、马别河、白水河、百口河等。②北盘江发源于云南，是红水河最大的支流之一，是贵州和云南的界河，主要流经普安、晴隆、兴仁、贞丰、册亨、望谟、紫云、镇宁、关岭等县市，北盘江流域多峡谷，多悬崖陡壁。北盘江的支流主要有拖长江、乌都河、可渡河、月亮河、打帮河、望谟河等多条河流。③

### （二）历史

布依族很早以前就生活在南盘江、北盘江、红水河流域，考古发现的水城人文化遗址、穿洞人文化遗址等古迹也印证了早在十多万年前布依族便在这里繁衍生息。布依族自称"布依"是建国后民族识别时经多方协商一致后确定的民族名称，由于方言和语音的差异，各地布依族对本民族的称呼有所不同，各地有"布雅依""布约依""褒依"等多种称谓。在历史上布依族还以"仲家""夷家"等自称。目前学界有多种不同的布依族族源学说，但是学界普遍倾向于布依族起源于古越人，随着历史变迁与发展，与周边其他民族不断融合形成了布依族。"越"是中国古代的族群之一，同时具有多个支系，秦汉时期就生活在我国南方，也称为"百越"或

---

① 贵州省地方志编纂委员会编：《贵州省志地理志下》，贵阳：贵州人民出版社，1988年，第711–723页。

② 贵州省地方志编纂委员会编：《贵州省志地理志下》，贵阳：贵州人民出版社，1988年，第911页。

③ 贵州省地方志编纂委员会编：《贵州省志地理志下》，贵阳：贵州人民出版社，1988年，第921页。

"骆越"等，在广西和贵州一带分布较为集中。战国晚期到西汉，贵州一带先后出现了"夜郎"等政权，布依族隶属于"夜郎"统治范畴内。汉以后被称为"僚"或"俚"，"越"等称呼在文献中逐渐消失。隋唐代后布依族被划分到"蛮"这一名称中，宋元以后，布依族地区被称为"蕃"，其政权统治者则称为"蕃主"，元代称布依族为"仲家"，还有"仲苗""仲蛮"等支系名称，这一名称延续使用到20世纪50年代。[①] 调研中民间也有传说布依族是从江西、湖广、山东等地搬迁而来，这也多是战争和移民的原因。在不断发展过程中，不同民族与布依族交往交融，有的成为布依族的一部分。这仅是布依族发展过程中的某一方面，并非布依族源流的主体构成。

据史料记载，贵州西南地区在殷商时期为荆州西南裔，称为"鬼方"。周朝时属于越国领地。春秋时期属牂牁国。战国时期属于夜郎国。秦朝建立后，归属象郡，秦朝末年再次归属夜郎国。西汉时期，安龙、册亨部分地区等属于夜郎国，普安、晴隆等地属于牂牁郡。东汉时归益州，属牂牁郡。三国时期分别属于牂牁郡和兴古郡。西晋与东晋时期分别属于夜郎郡和西平郡。南北朝时期属于"乌蛮"地。唐朝早期，属于黔中道、剑南道及牂牁国，唐朝中、晚期属于矢部和罗甸国。宋元时期分属于自杞国、罗甸国，元代时属于云南行省。明朝时分属于贵州安顺军民府和广西布政司。清朝时设置贵州行省，设置兴义府、南笼府、永丰州、普安县等，后改南笼府为兴义府，首府设在安龙县，包含贞丰州、册亨州、普安县等。民国先后经历多次行政区划变化，民国初黔西南地区行政设置基本延续清末的格局未变。民国三年设置贵西道，民国九年各县直属贵州省。民国二十四年，贵州设置11个行政督察区。新中国成立后先后设置兴仁专署，

---

① 李德洙、梁庭望主编：《中国民族百科全书11》，西安：世界图书出版西安有限公司，2015年，第3-4页。

含兴义、兴仁、普安、盘县、晴隆、关岭、安龙、贞丰、册亨、望谟10个县。1956年设置黔南布依族苗族自治州，安龙、册亨、望谟、贞丰归属黔南州，后撤销兴义专署，将所辖兴义、兴仁、盘县、普安、关岭、晴隆六县划归安顺专署。① 1963年成立安顺市镇宁布依族苗族自治县。② 1965年恢复兴义专署，设立贞丰、望谟、安龙、册亨布依族苗族自治县。1966年建立紫云苗族布依族自治县。③ 1981年设置安顺市关岭布依族苗族自治县。④ 1981年设立黔西南布依族苗族自治州，设置贞丰、望谟、安龙、册亨县，撤销其民族自治县。1982年，黔西南布依族苗族自治州成立，行政区划主体设置延续至今。⑤

## 第三节　研究方法、创新及语料来源

### 一、研究方法

#### （一）地理语言学研究方法

地理语言学是语言学的分支学科之一，地理语言学形成了独特的研究

---

① 班成农、陈鸣明：《贵州黔西南布依族苗族自治州概况》，北京：民族出版社，2007年，第55—57页。
② 狄安臣主编：《贵州镇宁布依族苗族自治县概况》，北京：民族出版社，2008年，第31页。
③ 罗桂荣主编：《紫云苗族布依族自治县概况》，北京：民族出版社，2007年，第36页。
④ 关岭布依族苗族自治县概况编写组：《关岭布依族苗族自治县概况》，北京：民族出版社，2008年，第43页。
⑤ 班成农、陈鸣明：《贵州黔西南布依族苗族自治州概况》，北京：民族出版社，2007年，第55—57页。

方法，其研究步骤大致分为三部分：其一是语言调查，针对某种语言的语音、词汇、语法特征进行语言调查；其二是绘制语言地图，根据语言调查结果绘制语言地图，并运用同言线理论画图；其三是进行共时比较和历时分析，构拟其来源或演变轨迹及其地理、历史、文化等影响因素。地理语言学研究方法是研究语言学共时差异和语言学史的重要方法之一，地理语言研究方法的目的在于阐释语言的发展与演变。就布依语而言，地理语言学方法是研究布依语不同土语语音、词汇差异和演变的有效研究方法。布依语有第一土语、第二土语、第三土语之分，不同土语之间在语音和词汇上存在着不同程度的差异，不同区域之间的差异是地理语言学研究的重要内容，为其地理语言学研究提供了理据。

### （二）文献研究法

文献研究是学术研究的重要方法，首先要系统梳理国外地理语言学相关研究成果，其次要系统梳理国内汉语方言和其他少数民族地理语言学研究成果。严格意义上的布依语地理语言学研究成果较少，《布依语调查报告》是为数不多的布依语地理语言学研究的历史文献之一，其形成时间是20世纪50年代，是布依语地理语言学研究的重要历史文献之一。其他不同布依语方言土语之间差异比较研究的相关文章也是布依语地理语言学研究的重要参考文献。

### （三）田野调查法

田野调查法是语言研究的基础方法之一。田野调查要求调查者观察和记录被调查对象的实际语言使用情况，并及时整理语言调查数据。田野调查主要分为准备阶段、开始阶段、调查阶段、撰写调查研究报告阶段、补充调查阶段。准备阶段是确定布依语调查词表，确定选词原则。以《布依语调查报告》中所列的五类词汇为依据，其中，第一类词一般词汇的筛选条件是声母的差别项在5个以上，韵母的差别项在3个以上，有10个点以上缺项；第二类词汇（即古代汉语借词）仅选少量土语差异较大或缺项较多的词；第三类词汇仅列少量虚词；第四、五两类词汇只要出现差异项即入选。调查阶段主要是确定调查地点，选定调查发音人，及时记录词汇。撰写调查研究报告阶段主要是将调查数据进行处理，并采用地理语言学制图方法绘制语言地图。在初步研究的基础上，再根据数据情况进行补充调查。

（四）比较分析法

比较的研究方法是语言学研究的基本方法之一。从比较的内容上来讲，布依语地理语言学研究中的比较具体体现在语音、词汇和语法方面。从比较的空间位置上来讲，比较对象集中在不同方言土语区和不同行政区划范围内。从比较的形式上来讲，既要注重共时层面布依语的差异性，又要注重历时的演变与发展，构拟其演变路径。在比较的过程中寻找差异是地理语言学研究的重要方法，通过比较可以更好地掌握布依语的方言特征，探索其语言变化的影响因素。

## 二、创新之处

第一，系统梳理布依语调查条目在地理上的共时分布特征。本书系统梳理了前人关于地理语言学、汉语方言地理学、少数民族地理语言学和地理语言学视角下的布依语研究成果，在《布依语调查报告》的基础上选择调查条目，根据差异度的大小确定新的调查词表，共统计了贵州西南地区南、北盘江流域的46个调查点，涵盖布依语不同土语，重点分析其地理上的共时分布特征，归纳布依语不同土语的区别性特征，尝试进行地理分类。

第二，在共时研究的基础上，运用语言学理论进一步分析解释布依语的发展演变过程。并不是所有词汇都能够找到足够的语言史证据去构拟其原始形式和演变路径，我们将对一些有语言史理据的词汇进行历时解释，试图分析其历时演变路径。语言产生后会因为受到语言内部因素和语言外部因素的影响产生语言变异现象，语言发展演变也会受到年龄、性别、其他语言等影响，发生语体变异和语体分化（style differentiation）。地理语言学研究方法来源于历史比较语言学研究，是研究语言学史的重要方法之一，其强调通过语言比较来研究语言或方言之间的亲属关系和差异，但前提是需要有历史文献作为比较的基础条件，缺少历史文献的语言比较研究则存在一定局限。

第三，充分结合地理、历史、人文等非语言因素对语言现象进行分析。目前布依语研究还很少涉及地理语言学视角，也较少出现从自然地理、人文地理方面对语言进行解释。自然地理主要包括山川、河流、地形、地貌、地势等；人文地理主要包括行政区划、人口迁移、经济文化等。本文尝试从自然地理和人文地理等非语言因素对语言变化进行分析和解释。

第四，以文化语言学视角、历史语言学理论和浑沌学理论解释语言地理分布现象。语言与文化密切相关，语言是文化的外在表现形式，一个民族的语言就是这个民族的文化史。布依族是农耕民族，其农业生产等方面的词汇较为发达。浑沌学理论体系主要包含语言系统的非线性分布、语言规则的有序和无序、语言系统确定性与随机性、语言与文化的层次自相似性等方面。此外还通过历史语言学中的链式音变理论、波浪理论、词汇扩散等理论分析解决问题。

### 三、语料来源

本文的语料是田野调查和访谈获得的语言材料。此外在历时比较和来源探讨等方面的语料主要来自布依语研究文献。

布依语研究文献主要包括1959年由中国科学院少数民族语言研究所主编、科学出版社出版的《布依语调查报告》；1996年由梁敏、张均如著，中国社会科学出版社出版的《侗台语族概论》；2000年由伍文义等著、贵州人民出版社出版的《中国布依语对比研究》；2011年李方桂著、清华大学出版社出版的《比较台语手册》等。此外还有一些布依语相关研究学位论文、期刊等文章。

田野调查和访谈语料来自我们对贵州西南地区和南、北盘江流域布依族不同土语语言调查，田野调查的语料由提问、数据记录、确认、校对等环节组成，以保证田野调查材料的真实性、准确性。本文涉及到的田野调查地点情况如下：

表 0-1：贵州西南地区南北盘江流域调研语言点汇总表

| 序号 | 土语 | 调查点 | 村 | 乡（镇） | 县（市） |
|---|---|---|---|---|---|
| 1 | 第一 | 平光森 | 一心 | 洛万 | 兴义市 |
| 2 | 第一 | 南龙古寨 | 南龙 | 南盘江 | |
| 3 | 第一 | 下寨 | 下寨 | 仓更 | |
| 4 | 第一 | 拉聋 | 铜鼓 | 屯脚 | 兴仁市 |
| 5 | 第三 | 细寨 | 细寨 | 茶源 | 普安县 |
| 6 | 第三 | 罗寨 | 石古 | 龙吟 | |
| 7 | 第三 | 中二组 | 新寨 | 花贡 | 晴隆县 |
| 8 | 第三 | 小紫塘 | 紫塘 | 鸡场 | |
| 9 | 第一① | 下岩 | 顶岸 | 平街 | 贞丰县 |

---

① 说明：周国炎教授后经过调查，认为此调查点应为第三土语，特此说明。

续表

| 序号 | 土语 | 调查点 | 村 | 乡（镇） | 县（市） |
|---|---|---|---|---|---|
| 10 | 第一 | 郎所 | 瓦铺 | 长田 | 贞丰县 |
| 11 | 第一 | 坪寨 | 瓦厂 | 长田 | 贞丰县 |
| 12 | 第一 | 打嫩 | 打嫩 | 鲁贡 | 贞丰县 |
| 13 | 第二 | 烂田湾 | 鲁贡 | 鲁贡 | 贞丰县 |
| 14 | 第一 | 尾列 | 尾列 | 沙坪 | 贞丰县 |
| 15 | 第一 | 者丫 | 者坎 | 沙坪 | 贞丰县 |
| 16 | 第一 | 纳核 | 岩鱼 | 岩鱼 | 贞丰县 |
| 17 | 第一 | 岜饶 | 岜饶 | 边饶 | 望谟县 |
| 18 | 第一 | 新寨 | 新寨 | 蔗香 | 望谟县 |
| 19 | 第一 | 渡邑 | 渡邑 | 昂武 | 望谟县 |
| 20 | 第一 | 桑郎 | 桑郎 | 桑郎 | 望谟县 |
| 21 | 第三 | 长田 | 长田 | 打易 | 望谟县 |
| 22 | 第一 | 洛郎 | 洛郎 | 平洞 | 望谟县 |
| 23 | 第一 | 秧佑 | 秧佑 | 弼佑 | 册亨县 |
| 24 | 第一 | 王家寨 | 威旁 | 冗渡 | 册亨县 |
| 25 | 第一 | 平安 | 沿江 | 巧马 | 册亨县 |
| 26 | 第一 | 百口 | 弄丁 | 百口 | 册亨县 |
| 27 | 第一 | 大伟 | 大伟 | 秧坝 | 册亨县 |
| 28 | 第一 | 阿伦 | 顶庙 | 招堤 | 安龙县 |
| 29 | 第一 | 纳定 | 肖家桥 | 龙山 | 安龙县 |
| 30 | 第一 | 老寨 | 者干 | 坡脚 | 安龙县 |
| 31 | 第一 | 港湾 | 港湾 | 万峰湖 | 安龙县 |
| 32 | 第一 | 排拢 | 排拢 | 兴隆 | 安龙县 |
| 33 | 第一 | 翁解 | 翁解 | 简嘎 | 镇宁布依族苗族自治县 |
| 34 | 第一 | 板腰 | 板腰 | 六马 | 镇宁布依族苗族自治县 |
| 35 | 第二 | 弄染 | 弄染 | 沙子 | 镇宁布依族苗族自治县 |

续表

| 序号 | 土语 | 调查点 | 村 | 乡（镇） | 县（市） |
|---|---|---|---|---|---|
| 36 | 第三 | 下打鱼 | 发恰 | 募役 | 镇宁布依族苗族自治县 |
| 37 | 第三 | 朵卜陇 | 朵卜陇 | 江龙 | |
| 38 | 第三 | 革佬坟 | 革佬坟 | 扁担山 | |
| 39 | 第三 | 董立 | 杨柳 | 丁旗 | |
| 40 | 第三 | 簸箩寨 | 簸箩 | 双龙山 | |
| 41 | 第二 | 凉水井 | 木城 | 断桥 | 关岭布依族苗族自治县 |
| 42 | 第三 | 二组 | 大盘江 | 新铺 | |
| 43 | 第一 | 下院 | 龙头 | 火花 | 紫云苗族布依族自治县 |
| 44 | 第二 | 二组 | 岩上 | 白石岩 | |
| 45 | 第一 | 大田 | 大田 | 猴场 | |
| 46 | 第一 | 打嘎 | 喜档 | 四大寨 | |

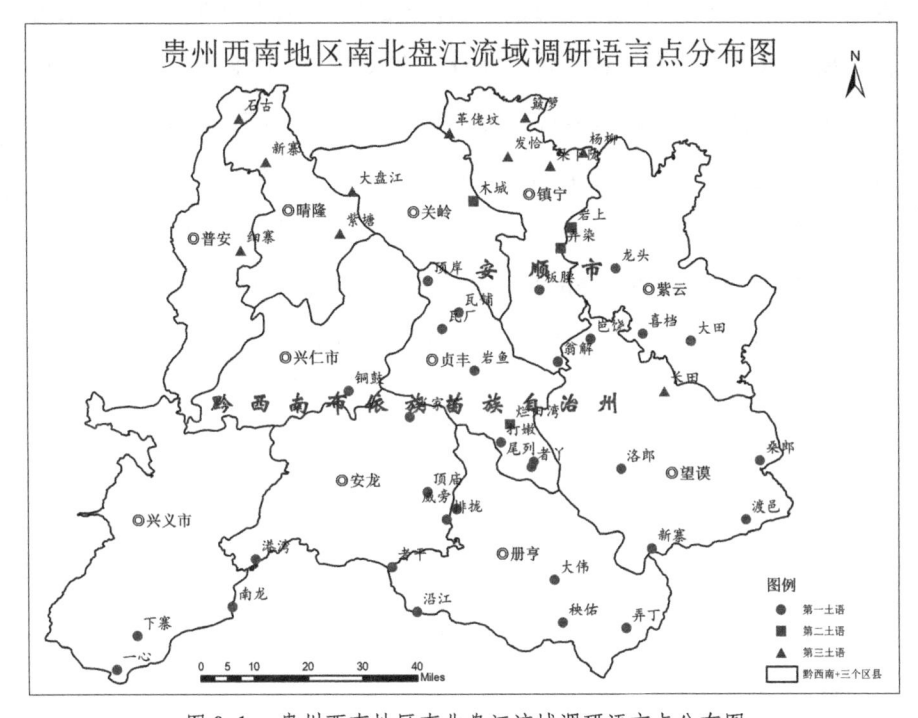

图 0-1：贵州西南地区南北盘江流域调研语言点分布图

# 第一章　贵州西南地区布依语声母地理分布

布依语音节结构主要由声母、韵母、声调组成，声调具有区别意义的功能，三者之间有着密切的关联。布依语声母从发音方法上来看主要有不送气清塞音、送气清塞音、浊塞音、不送气清塞擦音、送气清塞擦音、鼻音（浊）、清擦音、浊擦音，此外还有腭化音、唇化音和半元音；发音部位主要有双唇音、唇齿音、舌尖前音、舌尖中音、舌面音、舌根音和喉音。布依语韵母系统较为丰富，其中单元音韵母主要有 /a/、/e/、/o/、/i/、/u/、/ɯ/，复元音主要有带 /i/、/u/、/ɯ/ 尾韵母，带鼻音 /-m/、/-n/、/-ŋ/ 尾韵母和塞音 /-p/、/-t/、/-k/ 尾韵母。布依语固有声调通常为8个，其中6个舒声调和2个促声调，舒声调所附着的音节以元音或鼻音结尾，声音比较舒长；促声调是以塞音作为韵尾，声调比较短促。①

---

① 周国炎、刘朝华：《布依语参考语法》，北京：中国社会科学出版社，2018年，第27页。

## 第一节 塞音

塞音是指在发音时构成阻碍的发音部位形成完全闭塞，软腭上升堵塞通往鼻腔的通路，气流经过口腔时冲破阻碍迸裂成声。本部分主要探讨布依语送气清塞音、先喉塞音、塞音的唇化和腭化、清塞音浊化现象的地理分布。

### 一、送气清塞音

布依语送气清塞音主要分布在第三土语区和与其较近的第一土语区，不送气清塞音主要分布在第一土语区。布依语送气音的形成分为内部原因和外部原因，内部原因是布依语音韵调的内部结构演变需要所导致的，外部原因是指在语言接触过程中，其他语言语音、声调的借入，这是其形成的助推因素，但不是主要原因，所以我们认为送气音与非送气音是非线性分布的。

布依语各土语中均有不送气清塞音 /p/、/t/、/k/，布依语中的送气清塞音主要有 /ph/、/th/、/kh/，调研中暂未发现浊送气塞音。在我们调查点范围内，就共时层面而言，同时有送气清塞音 /ph/、/th/、/kh/ 分布的语言点有四处，均在第三土语区，分别是镇宁丁旗杨柳、双龙山簸箩；望谟打易长田；普安茶源细寨。含有送气清塞音 /ph/、/kh/ 的语言点有四处，均在第三土语区，分别是镇宁扁担山革佬坟、镇宁募役发恰、晴隆鸡场紫塘、普安龙吟石古。含有送气清塞音 /th/ 的语言点有五处，分别是第一土语区的贞丰沙坪者坎、贞丰岩鱼、贞丰长田瓦铺、贞丰平街顶岸和第二土语区的镇宁沙子弄染。送气清塞音 /kh/ 分布在第三土语区关岭新铺大盘江和第二土语区紫云白石岩岩上。送气清塞音/ph/分布在贞丰长田瓦厂和镇宁江龙朵卜陇,为与第三土语邻近的第一土语区和第三土语区。其余29个调查点无送气塞音,大部分分布在第一土语区和部分第三土语区。

图 1-1：送气塞音的地理分布

由布依语送气塞音地理分布图我们可以分析出,布依语第三土语送气清塞音较为丰富,主要分布在北盘江流域附近,第一土语中较少出现送气清塞音,个别情况下,在现代汉语借词中出现送气清塞音。那么布依语中的送气清塞音是本族固有词还是受语言接触等其他因素影响才产生的呢？针对包含布依语在内的壮侗语族语言送气清塞音的来源问题,目前学界主要存在两种不同的观点,一种观点认为送气清塞音是侗台语族固有的辅音声母,以李方桂等为代表,另一种则认为原始侗台语中没有送气清塞音,以梁敏、张均如为代表。

李方桂（2011）构拟了原始侗台语的辅音系统，并将原始台语中的单辅音声母分为六组，送气清塞音就是其中一组，原始台语的送气清塞音的正常情形在北支变为不送气。① 倪大白（2010）认为侗台语内部多数语言有送气声母而另一部分无送气音，可能在早期共同语时期就已经出现了，这样的假设可能符合历史的真实。② 吴安其（2002）认为"客"这个词的声母与"姜""白"等台语方言中的对应关系表明是台语分化前借入的，借入时方言中有 *kh- 声母，而原始侗台语的 *kh- 到不同的语支中演变的情况不尽相同。③ 以上观点均在不同程度上认为原始侗台语存在送气清塞音，但是对于产生送气清塞音的历史层次还存在不同观点，无论是原始侗台语最初就有送气送塞音还是共同语时期就存在送气清塞音的观点，都具有一些证据支撑。比较原始侗台语词汇后能够发现一些同源词存在送气清塞音，但这也是从共时的语言材料中去构拟原始侗台语的语音系统，还需要深入的科学论证。

　　梁敏、张均如（1993）认为原始台语没有送气清塞音，目前一些语言中的送气清塞音声母是在各语支、语言，有些甚至是方言分离之后才独自或一片片地产生和发展起来的。产生的原因和时间的先后也不尽相同，这可以从各语言和方言中送气清塞音声母对应的严重参差情况中得到证明。④ 石林（1997）认为侗语的送气声母大都不能与台语的送气声母对应，也就是说侗语现在的送气声母很可能是从台语分化出来以后发展的，并因此形成了自己的送气声调。⑤ 韦树关（1998）认为壮侗语族语言本无送气

---

① （美）李方桂：《比较台语手册》，北京：清华大学出版社，2011年，第52-57页。
② 倪大白：《侗台语概论》，北京：民族出版社，2010年，第132页。
③ 吴安其：《汉藏语同源研究》，北京：中央民族大学出版社，2002年，第193页。
④ 梁敏、张均如：《侗台语族送气清塞音声母的产生和发展》，《民族语文》，1993年第5期，第10页。
⑤ 石林：《侗台语比较研究》，天津：天津古籍出版社，1997年，第163页。

音，壮侗语族语言送气音声母产生的原因主要是吸收汉语语词时"音从主人"而出现送气音声母；汉语借词送气音声母的类化作用而产生送气音；浊音清化而产生送气音。① 以上两种观点相互对立，均是从现有语言调查材料出发，对语音历史进行的构拟，各有证据和道理。下面我们逐步探讨布依语送气清塞音的构拟假说和产生原因。

### （一）布依语送气清塞音地理分布差异来源构拟

布依语送气清塞音主要分布在第三土语区，而第一、第二土语区则较少分布，我们试图从文献资料中探索送气清塞音地理分布差异的来源与产生原因。布依语送气清塞音的来源主要分为两种构拟模式，其一认为送气清塞音是布依语固有辅音声母，其二认为原始布依语没有送气清塞音。

其一，送气清塞音是布依语固有的辅音声母。如果认为送气清塞音是布依语固有的辅音声母，主要证据是布依语第三土语存在着送气清塞音，从壮侗语族整体来看，壮语南部方言及其同一语支的傣语等其他语言也存在着送气塞音。李方桂（2011）认为原始台语中的送气清塞音 *ph 存在于侗台语西南支和中支，*ph 这个声母的词类在正常情形下都是阴调类1，虽然在北支台语中意外地有些词是阳声调2，显示来自原始台语的 *b-。对于这些词类，我们必须要假设在原始台语的时候就有 *p- 跟 *b- 的交替。② 原始台语 *th-，这个辅音在西南及中支方言里是规则性的送气舌尖塞音，在北支方言中失去送气。显示这种演变的例子比较少，大部分的例子在西南及中支方言里具有第1类阴调，显示从原始台语 *th- 来的演变；而北支方言就具有第2类阳调，显示从原始台语 *d- 来的演变。③ 原始台语 *kh-，这个送气的塞音在西南方言里一般都读送气的舌根塞音 /kh-/；在中支方言

---

① 韦树关：《壮侗语族语言送气音声母来源论》，《广西民族学院学报（哲学社会科学版）》，1998年第1期，第107–109页。

② （美）李方桂：《比较台语手册》，北京：清华大学出版社，2011年，第57页。

③ （美）李方桂：《比较台语手册》，北京：清华大学出版社，2011年，第90页。

一般读/kh-/，在北支方言里规则性地读不送气的/k-/。① 以上是李方桂对侗台语送气清塞音的构拟，并认为原始台语中存在送气清塞音，我们认为这一观点有其存在的价值。如果原始台语中皆存在送气清塞音，那么为什么布依语第一土语和第二土语的送气清塞音会消失，又是什么原因导致送气音消失的，目前学界还没有就此给出合理的解释。因为缺少必要的古文献资料，所以原始布依语是否全部具有送气清塞音还不能够下定论，但就共时层面而言，壮语北部方言和布依语黔南土语、黔中土语没有送气音，可以说明这一地区的布依语从共同语逐步分化出来至今是没有送气音的。

其二，原始布依语没有送气清塞音。如果构拟原始布依语没有送气清塞音，解决这一构拟的关键在于如何解释现在布依语中存在的送气清塞音来源问题。首先我们构拟布依语中的送气清塞音是受到汉语影响而出现的。汉语固有词中是存在送气音的。从古代以来，汉族与布依族等少数民族交往不断加深，经济贸易往来越加频繁，汉族的词汇和发音方式对布依语会产生一定影响，导致布依族使用了一些含有送气清塞音的汉语借词。在长期交流中汉语的语音系统可能会影响侗台语的语音系统发音方式。语言接触是影响语音产生变化的外部动力，通过长期的交往，相互接触的语言之间会相互影响，汉语固有的送气塞音可能会对布依语的送气塞音发展产生一定的助推作用。但我们认为这不是布依语后产生送气清塞音的主要原因，因为这属于语言的外部条件，而语音的产生和演变是内部原因和外部原因共同作用的结果，是一个复杂而长期的演变过程。所以我们认为这种观点可信度较低，原因是汉族从长江流域发源并逐步向周围发展，在汉族南下过程中布依族与汉族交流交往的概率基本是均等的，任何地方的布依族均与汉族存在交流交往，但有些地方有送气音的存在，有些地方没有

---

① （美）李方桂：《比较台语手册》，北京：清华大学出版社，2011年，第167页。

送气音的存在。如果是因为受到汉语的影响，那么应该都具有送气清塞音，而不是只有部分地区有送气音，所以断定布依语的送气清塞音是受汉语影响产生的观点仍有待商榷，但汉语对送气音的发展可能有一定的推动作用。其次我们构拟布依语中的送气清塞音是由浊音清化产生的。梁敏，张均如（1996）认为侗台语中的送气清塞音一部分是由浊音清化产生的。①占升平（2012）认为布依语黔西土语中的送气音是由浊音清化产生的可能性不大。②梁敏，张均如（1996）和韦树关（1998）等都对这一问题进行了探讨，他们是立足于壮侗语族语言进行构拟和推测。就布依语而言，目前可参考的文献为《布依语调查报告》，我们未发现送气清塞音是浊音清化转变而来的有力证据。古汉语中是存在浊音声母的，后来演变为平声调送气和仄声调不送气，有些地方的汉语方言中依然保留着浊音声母，所以布依语送气清塞音是由于浊音清化而产生的可能性较小，虽然在壮侗语族其他语言中存在浊音清化的例子，但就目前的材料而言，还不能证明布依语中的送气清塞音是浊音清化而来的。

### （二）布依语送气清塞音产生原因探讨

布依语送气音的分布类型大致可分为三种：一是本族固有词和汉语借词中均出现送气清塞音；二是只有在汉语借词中出现送气清塞音；三是本族固有词和汉语借词中均未出现送气清塞音，此部分详细说明可见音系说明。上面我们构拟了布依语送气清塞音来源，各自都有一定道理，但仔细分析也有不足之处，语言的产生和演变有着复杂的内部和外部因素。占升平（2012）认为布依语中出现送气音的主要原因是语音系统的过度简化导致音系结构不平衡而出现的一种补偿手段。③侗台语族各语言存在有送气

---

① 梁敏、张均如：《侗台语族概论》，北京：中国社会科学出版社，1996年，第77页。
② 占升平：《布依语语音研究》，桂林：广西师范大学出版社，2012年，第292页。
③ 占升平：《布依语语音研究》，桂林：广西师范大学出版社，2012年，第299页。

清塞音和无送气清塞音的差别，这一差别的形成既有语言内部动力的推动作用，同时也有外部因素的推动作用。至于送气清塞音产生的时间目前还没有定论，一种可能性是在原始共同语时期，各语言各方言没有分化之前就已经各自存在送气清塞音和不送气清塞音的差别了；另一种可能是在各语言和方言从共同语时期分化后，由于受到不同因素的影响而逐渐产生了送气清塞音和不送气清塞音的对立现象。张公瑾、丁石庆（2004）认为语音和语法结构在共时系统内多数情况是线性的，而从分布和演化的角度看，多数情况是非线性的。① 在以往的语言学研究中，我们经常以线性思维看待语言研究的各个方面，认为语言的语音、词汇、语法等方面都是线性分布的，都是具有普遍规律的，其实这是片面地看待语言问题。语言既是一种线性分布又是一种非线性分布。如果从共时层面去探求布依语送气清塞音的分布，我们可以得出送气清塞音主要分布在黔西土语区，不送气清塞音主要分布在黔南和黔中土语区，可以认为这种语音分布现象是线性分布的，规律性较为明显。从历时分布和演化的角度来看，布依语送气清塞音的分布又是非线性分布的，我们很难准确构拟古代至今布依语送气音的演变情况，而在语言的发展演变过程中又会受到多种内外因素的影响，所以这是一种非线性分布。从非线性的视角来看待语言地理分布的历时演变问题似乎能够较好解决目前的困惑，我们一方面正确看待地理语言学中的线性分布，梳理掌握其中的规律；另一方面接受其中的非线性分布现象，并从多维视角解读和研究。

综上所述，我们认为布依语存在送气清塞音和不送气清塞音这一现象的内部原因是布依语音韵调的内部结构演变需要，是多条件下多种因素所造成的。此外应该还有语言接触所导致的外部原因，在语言接触过程中，

---

① 张公瑾、丁石庆：《文化语言学教程》，北京：教育科学出版社，2004年，第103页。

其他语言语音、声调的借入是语言演变的助推因素，但不是主要原因，所以我们认为送气音与非送气音是非线性分布的。波浪理论认为方言点中心受到的影响最小，边缘地带受到的影响最大，所以相邻地点的读音最为错综复杂，在布依语第一土语和第三土语的相邻地带，送气音的有无情况就比较复杂。

## 二、先喉塞音

先喉塞音 /ʔb/、/ʔd/ 是普遍存在于壮侗语族语言中的辅音声母，在中、老年人中发音较为稳定，在调研的46个地点中均有分布。但在一些青少年的日常用语中，先喉塞音的发音特征正在走向弱化，先喉塞音 /ʔb/ 变读为不送气清塞音 /p/ 或鼻音 /m/，先喉塞音 /ʔd/ 变读为舌尖中不送气清塞音 /t/ 或鼻音 /n/ 或边音 /l/。

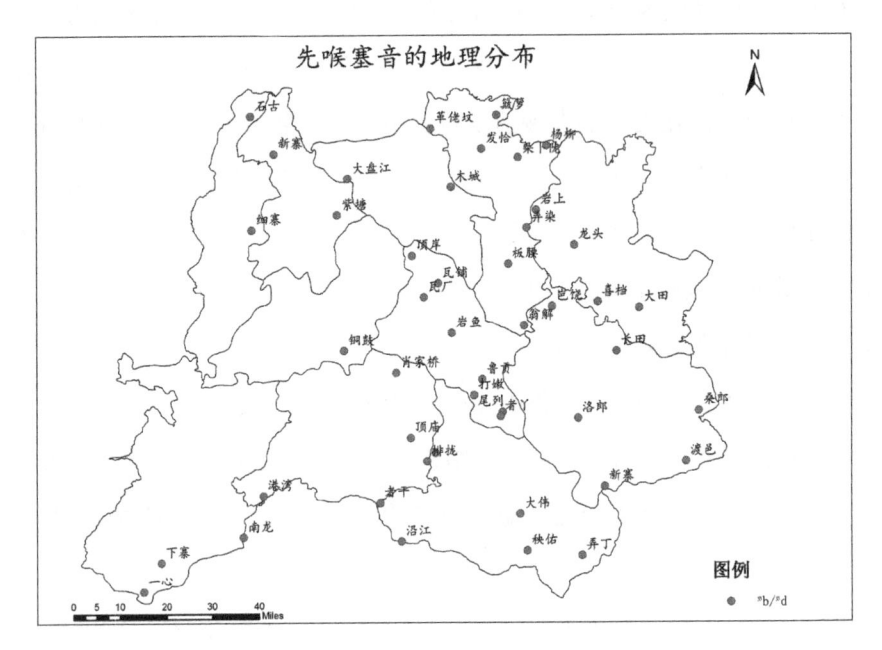

图 1-2：先喉塞音的地理分布

先喉塞音由李方桂提出并被学界所接受使用至今，也称内爆音。曾有学者将此类音称为缩气音、清软音，后来李方桂提出不同意见并提出了先喉塞音的说法。先喉塞音的显著特点是紧喉，属于次浊音。周学文（2010）通过实验语言学方法分析否定了前人关于内爆音是非肺部音的观点，认为塞音除阻前声门下气压和气流不断增大是内爆音的主要原因。①李方桂（2011）构拟了原始台语中的先喉塞音 /ʔb/、/ʔd/ 等，认为这一类音在发声时通常是喉头紧束并伴有下降。② 占升平（2012）系统论述了李方桂、梁敏、张均如、邢凯对先喉塞音的构拟情况。以上各家均认为原始侗台语中存在先紧喉音。③ 邢凯（1999）称先紧喉音为前置紧喉音，分别从性质和演变等方面比较了汉语和侗台语前置喉塞音的分布，并认为这是原始就存在的语音系统。④

先喉塞音在布依语三个土语中均有分布且较为稳定，是布依语较具特色的一类声母，发音难度较大，并在部分青年人的口语使用中有逐渐弱化的趋势。先喉塞音发音部位主要为双唇和舌尖，这组音发生变化时往往是同时转化。在《布依语调查报告》中收录了五个先喉塞音，分别是 /ʔb/、/ʔd/、/ʔdz/、/ʔj/、/ʔv/，学界对这组音的生理发音机制还存在争议，但发音主体过程是口腔构成阻塞，形成紧喉状态，气流冲破声门到达口腔，在破除阻碍过程中发出破裂音，形成了以紧喉音为前导的先喉塞音。

---

① 周学文：《内爆音发音机理的声学表现》，《南开语言学刊》，2010年，第43页。
② （美）李方桂：《比较台语手册》，北京：清华大学出版社，2011年，第95页。
③ 占升平：《布依语语音研究》，桂林：广西师范大学出版社，2012年，第151页。
④ 邢凯：《侗台语族带前置喉塞音的声母》，《民族语文》，1999年，第11页。

## 第二节 塞擦音

舌尖前、清、不送气塞擦音 /ts/ 与 /s/、/tɕ/、/ɕ/ 存在对应关系；舌面前、清、不送气塞擦音 /tɕ/ 与 /k/、/kh/ 存在对应关系；舌尖前、清、送气塞擦音 /tsh/ 与 /ɕ/、/s/、/t/ 存在对应关系；舌面前、清、送气塞擦音 /tɕh/ 与 /tɕ/、/kw/、/k/ 存在对应关系。布依语塞擦音主要有三类来源，分别是原始台语复辅音及其演变、原始台语舌根音、原始台语擦音的相关变体。

### 一、塞擦音的地理分布

布依语塞擦音主要有舌尖前不送气清塞擦音 /ts/ 和舌尖前清送气塞擦音 /tsh/，此外还有舌面前清不送气塞擦音 /tɕ/ 和舌面前清送气塞擦音 /tɕh/，主要分布数量如下：

| 塞擦音 | 地点数量 | 例词1 | 语言点 | 例词2 | 语言点 |
| --- | --- | --- | --- | --- | --- |
| ts | 39 | tsaŋ³ʔdeu¹ 中间 | 贞丰沙坪尾列 | tsuɯn²⁴ 撑 | 安龙龙山 |
| tsh | 25 | tsha³ 等候 | 镇宁扁担山 | tshaŋ³ 戴 | 镇宁双龙山 |
| tɕ | 46 | tɕem³kum² 酒窝 | 望谟平洞 | tɕa:ŋ⁶xat⁷ 早晨 | 望谟平洞 |
| tɕh | 13 | tɕhin²⁴ 浸 | 贞丰鲁贡打嫩 | tɕhe² 割 | 贞丰鲁贡烂田湾 |

从地理空间分布方面来看，同时分布 /ts/、/tsh/、/tɕ/、/tɕh/ 的共有12个点，主要分布在镇宁、贞丰、普安一带，多数位于第三土语区，共时分布特点是同时存在舌尖前、舌面前送气音与不送气音的对立分布。同时分布 /ts/、/tɕ/ 的有12个点，包括望谟、册亨、安龙、贞丰、紫云、兴

义、兴仁等地，多位于第一土语区，共时分布特点是只有舌尖前、舌面前不送气音的分布。同时分布/ts/、/tsh/、/tɕ/的地点有11个，包括贞丰、紫云、兴义、安龙、镇宁、晴隆、关岭一带，特点是这些地区有舌尖前送气音和不送气音的对立，但缺少舌面前送气音与不送气音的对立。塞擦音声母/tɕ/分布地点有8个，包括望谟平洞洛郎、蔗香新寨、桑郎；册亨百口弄丁、弼佑秧佑、冗渡威旁；紫云火花龙头；镇宁简嘎翁解。塞擦音声母/tsh/、/tɕ/共同分布的地点有2个，包括册亨秧坝大伟和贞丰岩鱼。塞擦音声母/ts/、/tɕ/、/tɕh/共同分布的特点有1个，在贞丰鲁贡打嫩，特点是同时存在舌面前送气音和不送气音的对立分布。

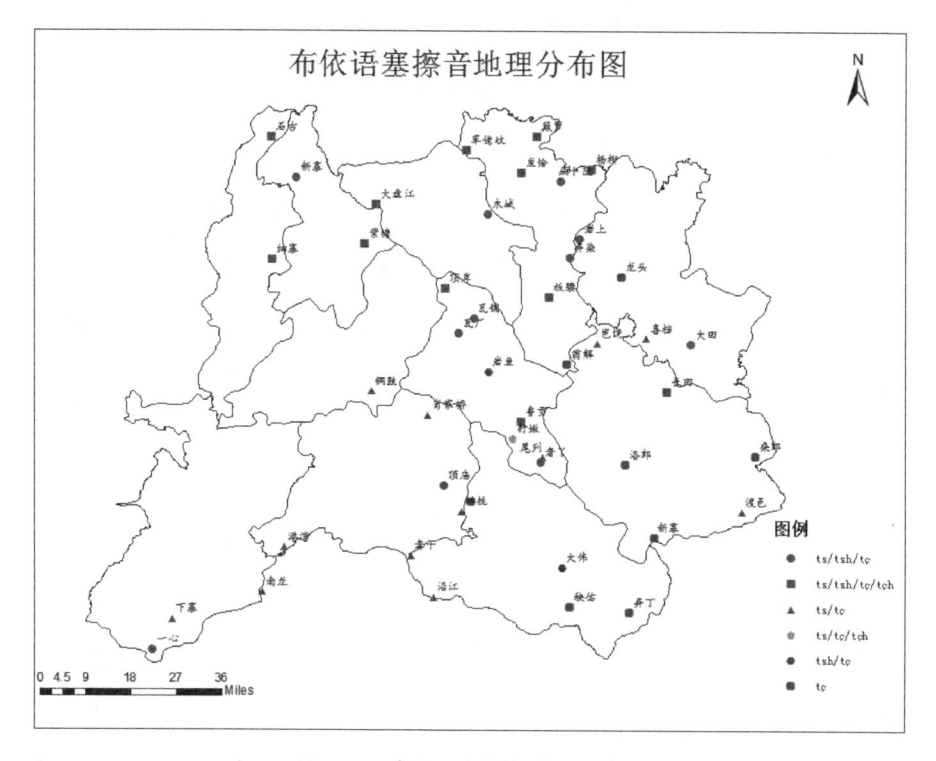

图 1-3：布依语塞擦音地理分布图

布依语塞擦音分布存在差异，我们首先来分析舌尖擦音的分布差异与对应关系。

| 土语 | 地点 | 丈 | 头 | 等候 | 割（肉） |
| --- | --- | --- | --- | --- | --- |
| 一 | 望谟蔗香新寨 | ɕaŋ⁶ | tɕau³ | ɕa³ | — |
| 一 | 册亨秧坝大伟 | tɕa:ŋ⁶ | tɕau³ | ɕa³ | kwe³ |
| 二 | 紫云白石岩岩上 | saŋ⁶ | tɕau³ | sa³ | kwe³ |
| 三 | 晴隆花贡新寨 | tsaŋ⁶ | kau³ | ta³ | tɕe³ |
| 三 | 晴隆鸡场紫塘 | tsaŋ⁶ | kau³ | tsa³ | tɕe³ |
| 三 | 普安茶源细寨 | tsaŋ⁶ | khau³ | tsha³ | tɕhe³ |
| 三 | 普安龙吟石古 | tsaŋ⁶ | kau³ | ta³ | kan³ |

以例词"丈"为例，读作舌尖前塞擦音/ts/的有26个调查点，第一土语分布12个点，第三土语分布14个点，例如tsa:ŋ⁶。读作擦音/ɕ/的有9个调查点，均在第一土语，例如ɕaŋ⁶。读作舌尖前擦音/s/的有5个调查点，第一土语分布4个，第二土语分布1个，例如sa:ŋ⁶。读作舌面前塞擦音/tɕ/有6个调查点，均分布在第一土语，例如tɕa:ŋ⁶。由此可见塞擦音/ts/呈现/ts/（一、三）—/s/（一、二）—/tɕ/（一）—/ɕ/（一）的对应关系。

以例词"头"为例，读作舌面塞擦音/tɕ/的有24个调查点，第一土语分布23个点，第三土语分布1个点为镇宁江龙，例如tɕau³。同样在声母中读作/tɕ/的有15个点，其中第一土语7个，第三土语7个，第二土语1个，例如（mau²）tɕau³。值得注意的是有些调查点读作mau²tɕau³，其中的mau²有"山丘"这一实词含义，同时也是名词前缀，具有凸起的含义，在这个词中的成分是名词前缀，并无实际含义。mau²多表示"人体凸出来部分"的含义，作为前缀时语义已经虚化。读作舌面不送气清塞音/k/的有2个调查点，分布在第三土语区，例如kau³。读作舌面送气清塞音

/kh/ 的有 2 个调查点，分布在第三土语区，例如 khau³。由此可见舌面塞擦音 /tɕ/ 呈现 /tɕ/（一、二、三）— /k/（三）— /kh/（三）的对应关系。

以例词"等候"为例，读作舌尖清送气塞擦音 /tsh/ 的有 5 个调查点，均分布在第三土语区，例如 tsha³。读作擦音 /ɕ/ 的有 24 个调查点，均分布在第一土语，例如 ɕa³。读作舌尖前擦音 /s/ 的有 10 个点，分布在第一土语区和第二、三土语区，例如 sa³。读作塞音 /t/ 的有 2 个点，分布在第三土语区，例如 ta³。读作舌尖前清不送气塞擦音 /ts/ 的有 5 个调查点，均分布在第三土语区，例如 tsa³。由此可见舌尖前塞擦音 /tsh/ 呈现 /tsh/（三）— /ɕ/（一）— /s/（一、二、三）— /t/（三）的对应关系。

以例词"割（肉）"为例，声母读作舌面送气清塞擦音 /tɕh/ 的有 5 个调查点，集中分布在第三土语区，例如 tɕhe³。声母读作舌面不送气清塞音 /tɕ/ 的有 4 个，分布在第三土语区，晴隆鸡场调查点也有被调查对象读送气塞擦音的情况，但数量较少，例如 tɕe³。声母读作唇化音 /kw/ 的有 35 个调查点，第一土语区和部分第三土语区，例如 kwe³。声母读作舌面不送气清塞音 k 的有 1 个调查点，分布在第三土语区普安龙吟，例如 kan³。就共时层面而言，塞擦音 /tɕh/ 呈现 /tɕh/（三）— /tɕ/（三）— /kw/（一、三）— /k/（三）的对应关系，尤其是在第一土语区出现了唇化音 /kw/ 的现象。

综上所述，舌尖前、清、不送气塞擦音 /ts/ 与 /s/、/tɕ/、/ɕ/ 存在对应关系；舌面前、清、不送气塞擦音 /tɕ/ 与 /k/、/kh/ 存在对应关系；舌尖前、清、送气塞擦音 /tsh/ 与 /ɕ/、/s/、/t/ 存在对应关系；舌面前、清、送气塞擦音 /tɕh/ 与 /tɕ/、/kw/、/k/ 存在对应关系。

## 二、塞擦音的来源探讨

布依语塞擦音/ts/、/tsh/、/tɕ/、/tɕh/的来源途径是多样化的，其中有多方面原因。李方桂（2011）认为原始台语中存在塞擦音，并构拟了原始台语中的清不送气塞擦音*č（现写作/tɕ/）和清送气塞擦音*čh（现写作/tɕh/）。① 李认为原始台语中存在塞擦音的原因是在台语西南及中部地区存在塞擦音č，现写作/tɕ/，通常在台语北部方言读作擦音š，现写作/ɕ/，在部分布依语中读č（现写作/tɕ/）和ts。原始台语*čh（现写作/tɕh/）在现代方言中能够对应的词汇较少，但是也存在一定数量例词，例如"撕破"暹罗语为čhi：k D1L，剥隘话为ɬik D1L，为第7调，册亨为sik⁷，《布依-汉词典》收录的为θik⁷，推测原始台语存在塞擦音*čh主要依据就是在暹罗语一些词汇中存在着送气塞擦音/tɕh/，但与之相对应的布依语例词中暂未发现送气擦音，而是演变为擦音/s/和/θ/。② 张均如（1983）认为原始侗台语中没有塞擦音，布依语早期也没有塞擦音，现在分化为一部分存在塞擦音，一部分不存在塞擦音。③ 张均如构拟了原始台语清擦音和*ɕ和浊擦音*ʑ，后来经过浊音清化和合流，演变成为了/ts/或/tɕ/。

舌尖塞擦音/ts/、/tsh/的来源。/ts/在本民族固有词里多分布在第二、三土语区，对应第一土语区的/ɕ/，在布依族大部地区/ts/和/ɕ/是对立分布的，音系中有/ts/则无/ɕ/，有/ɕ/则无/ts/，二者是相互替代的关系，舌尖塞擦音/ts/在第一土语区使用时多用在汉语借词中。

---

① （美）李方桂：《比较台语手册》，北京：清华大学出版社，2011年，第134页。
② 说明：例词引自《比较台语手册》第146页。
③ 张均如：《壮侗语族塞擦音的产生和发展》，《民族语文》，1983年第1期，第29页。

| 汉语 | 构拟声母 | 构拟例词① | 布依语 | | | |
|---|---|---|---|---|---|---|
| | | | 望谟平洞 | 册亨百口 | 镇宁丁旗 | 普安茶源 |
| | | 剥隘 | | | | |
| 梨（地）| *thl | šaiA1 | ɕai¹ | ɕai¹ | tsai¹ | tsai¹ |
| 等待 | *thl | ša:C1 | ɕa³ | ɕa³ | tsha³ | tsha⁵ |

以"梨（地）"为例，第一土语中的擦音/ɕ/与第三土语中的舌尖塞擦音/ts/呈现整齐的对应关系，在剥隘话中为šaiA1，即为ɕai¹，同样也是来源于原始台语舌尖复辅音*thl。以"等待"一词为例，在第一土语读作擦音/ɕ/，与之相对应的在第三土语读作舌尖塞擦音/tsh/，在台语北部剥隘话中"等待"一词为ša:C1（š现写作/ɕ/）即为ɕa:³，而这一例词来源于原始台语舌尖复辅音*thl。在原始台语北部方言中就有舌尖复辅音*thl，后来演变为čh（现写作/tɕh/）和š（现写作/ɕ/）。以上两个例词说明了第三土语中的舌尖不送气塞擦音/ts/和舌尖送气塞擦音/tsh/与第一土语区的擦音/ɕ/存在对应关系。综上分析我们认为舌尖塞擦音/ts/、/tsh/与/ɕ/对立分布，其来源之一是与/ɕ/呈现对应关系的相关变体，另外还来源于舌尖复辅音*thl。

第二，舌面塞擦音/tɕ/、/tɕh/的来源。舌面不送气塞擦音/tɕ/分布在贵州西南地区全部语言调查点，而送气塞擦音/tɕh/则主要分布在第三土语区。李方桂所构拟的原始台语是存在清不送气塞擦音*č（现写作/tɕ/）和清送气塞擦音*čh（现写作/tɕh/）的，*č在一些布依语地区读tɕ或/ts/，而*čh读作/tɕh/或/ɕ/。下面我们来分析不送气塞擦音/tɕ/的来源分布：

---

① 说明：例词引自《比较台语手册》第106页。

| 汉语 | 构拟声母 | 例词① | 布依语 | | | |
|---|---|---|---|---|---|---|
| | | 剥隘 | 望谟平洞 | 册亨威旁 | 镇宁丁旗 | 普安龙吟 |
| 头 | *thr | lauA1 | tɕau³ | tɕau³ | khau³ | kau³ |
| 近 | *kr | čaïC1 | tɕaɯ³ | tɕai³ | kɑ³ | ka³ |
| 鱼鳞 | *kl | čɛtD1S | tɕiət⁵ | tɕet⁷ | tik⁷ | tɕat⁷ |

以词"头"为例，在第一土语区读作不送气塞擦音/tɕ/，在第三土语对应读作/k/或/kh/，在剥隘话中读为lauA1，即lau¹，来源于原始台语复辅音*thr。例词"近"，在第一土语区读作不送气塞擦音/tɕ/，在第三土语区对应读作/k/，呈现整齐的对应关系，在剥隘话中读作čaïC1，即tɕaɯ³，来源于原始台语复辅音*kr。例词"鱼鳞"，在第一土语区读作不送气塞擦音/tɕ/，在第三土语部分地区读作/t/，在剥隘话中读作čɛtD1S，即tɕet⁷，来源于原始台语复辅音*kl。综上分析我们认为不送气塞擦音/tɕ/来自原始台语复辅音*thr、*kr和*kl。

送气塞擦音/tɕh/在46个调查点中仅分布13处。第三土语分布9处，分别为镇宁扁担山革佬坟、丁旗杨柳、双龙山簸箩、募役发恰；望谟打易长田；关岭新铺大盘江；晴隆鸡场紫塘；普安茶源细寨和龙吟石古。第一土语分布3处，分别为贞丰鲁贡打嫩、平街顶岸和镇宁六马板腰，这三个语言点送气塞擦音/tɕh/都是汉语借词。第二土语区分布1处，为贞丰鲁贡烂田湾。由于例词较少，我们以第三土语"小青蛙"和"割"为例分析送气塞擦音/tɕh/的来源。

---

① 说明：例词引自《比较台语手册》第107、194、191页。

| 汉语 | 构拟声母 | 例词① | 布依语 | | | |
|---|---|---|---|---|---|---|
| | | 剥隘 | 镇宁扁担山 | 镇宁双龙山 | 望谟打易 | 普安茶源 |
| 小青蛙 | *kw | kwɛ:C1 | tu²tɕhe³ | tu²tɕhe³ | tu²tɕhe³ | tu²tɕhe³ |
| | | 剥隘 | 镇宁双龙山 | 望谟打易 | 贞丰尾列 | 册亨弼佑 |
| 割 | *kw | kwɛ:C1 | tɕhe³ | tɕhe³ | kwe³ | kwe³ |

以"割"一词为例，在第三土语区的镇宁双龙山和望谟打易声母读作送气塞擦音/tɕh/，与第一土语的k相对应，剥隘话读作kwɛ：C1，即kwɛ:³，来源于原始台语舌根音*kw。综上分析我们认为送气塞擦音/tɕh/可能来自原始台语舌根音*kw。

以上我们分析了塞擦音的共时地理分布并对共时材料与原始台语相比较，逐步分析了舌尖擦音和舌面擦音的来源，总体来看贵州西南地区布依语塞擦音来源共有三类。

第一，塞擦音来源于原始台语复辅音及其演变。通过对例词tsai¹（犁地）和tsha³（等待）的分析，我们认为舌尖塞擦音/ts/和/tsh/其来源之一是舌尖复辅音*thl。通过对例词tɕau³（头）、tɕaɯ³（近）和tɕiət⁵（鱼鳞）的分析，我们认为不送气塞擦音/tɕ/来自原始台语复辅音*thr、*kr和*kl。占升平（2012）认为原始台语复辅音经历了后一个辅音弱化为腭化音后导致第一个辅音腭化，进而形成了舌面塞擦音。②

第二，塞擦音来源于原始台语舌根音。通过分析例词"割"我们发现第三土语送气塞擦音/tɕh/与第一土语的/k/相对应，而这一词来源于原始台语舌根音*kw。也就是说舌根音/k/也是促使塞擦音产生的重要因素，舌根音促使音节中辅音声母产生腭化效应，变成/tɕ/或/tɕh/。

---

① 说明：例词引自《比较台语手册》第144、204页。
② 占升平：《布依语语音研究》，桂林：广西师范大学出版社，2012年，第157页。

第三，塞擦音来源于原始台语擦音的相关变体。原始台语中是否存在塞擦音目前学界还存在争议，如果要证明原始台语没有塞擦音，要比较侗台语族各语言塞擦音的对应情况，如果不能呈现整齐的对应关系，又无法确定是否为同源词，那么就可以推测认为原始侗台语是没有塞擦音的。如果要证明原始台语就有塞擦音，要通过不同历史时期的侗台语的塞擦音情况来构拟其存在的可能性。从语料分析来看，贵州西南地区布依语的塞擦音来源于原始台语擦音 *ɕ 及其变体，属于擦音的塞擦音化。

布依语塞擦音的来源是多样化的，布依语塞擦音的产生和演变也是复杂的，既有语言内部因素的推动，同时也与语言接触和语言外部因素影响有着密不可分的联系。张均如（1983）认为布依语等台语支语言中的早期形式含 *ɕ 和 *z 原始声母，历经合并和浊音清化读作 /ɕ/ 或 /s/，清声一类的出现在阴声调，浊声一类的出现在阳声调，此后一些地方的擦音 /ɕ/ 变成了塞擦音 /ts/ 或 /tɕ/。① 贵州西南地区南北盘江流域的布依语塞擦音分布有一定差异，总体来看第三土语区送气的塞擦音较为丰富。我们通过分析例词发现布依语塞擦音 /ts/ 和擦音 /ɕ/ 呈现对应关系，这说明有些地区仍然使用擦音 /ɕ/，但是有些地区则使用塞擦音 /ts/，而这些例词又是同源词。综合侗台语族整体情况来看，我们判定布依语中是存在擦音变塞擦音这一演变趋势的，擦音可能是更为古老的形式。布依语很多地区呈现舌尖塞擦音和舌面塞擦音混用的情况，较少有清晰明确的判别意识，我们在地理共时分布部分已经对舌尖塞擦音和舌面塞擦音进行了对应关系梳理。占升平（2012）认为布依语塞擦音的产生有内部因素和外部因素，语言结构内部优化，擦音 /ɕ/ 助力塞擦音的出现是其内因；布依语与汉语的语言接触而导致的借贷发生关系是其外因。② 我们认为塞擦音的产生是多种原因导致

---

① 张均如：《壮侗语族塞擦音的产生和发展》，《民族语文》，1983年第1期，第29页。

② 占升平：《布依语语音研究》，桂林：广西师范大学出版社，2012年，第159页。

的，布依语塞擦音可能是在原始共同语分化后逐渐产生和演变的，语言内部因素是主要原因，语言接触是次要原因。语言内部因素主要是擦音的塞擦音化、舌根音擦音化和复辅音演变为擦音等形式。布依语塞擦音与原始台语中的擦音呈现来源对应关系，在长期的语言接触过程中，汉语的塞擦音发展较为稳定，会在一定程度上影响布依语塞擦音的发展。在语言接触的过程中，布依语内部开始出现塞擦音的演变倾向，有些地区形成了擦音和塞擦音的对立局面，有相当一部分的塞擦音由复辅音发展而来，还有通过舌根音腭化等形式发展而来，这是布依语塞擦音演变的内部推动因素。关于语言演变的外部影响因素，学界有语言接触有界论和语言接触无界论两种观点。历史比较语言学派认为语言接触是有界的。其实对于有界的概念是很难清晰断定的，因为"界"存在一定的模糊性。语言接触可以导致语音形式的变化或者语音结构的变化，在语音结构变化的基础上可能会对词汇产生一定的影响，所以语言接触的"界"可能在语音形式或语音结构上，也可能在汉语借词或核心词上。我们认为语言接触是无界的，而且是相互借贷的，在布依语聚居地区的汉族人也同样会使用布依语与布依族或汉族交流，而布依族也会在一些场合使用汉语方言、普通话交流，所以在布依语塞擦音的产生和发展中也会受到汉语的影响。随着语言接触的频度增加，汉语中的塞擦音、送气音语音现象会在不同程度上影响布依语塞擦音的产生和发展，甚至影响布依语的语音格局。

## 第三节　擦音

贵州西南地区南北盘江流域布依语共有擦音10个，其中唇齿擦音2个，分别是/f/和/v/；舌尖前擦音两个，分别是/s/和/z/；齿间擦音2个，分别是/θ/和/ð/；舌面擦音1个，为/ɕ/；舌根擦音两个，分别是/x/和/ɣ/；舌面浊擦音/j/。其中清擦音5个，分别是/f/、/s/、/θ/、/ɕ/、/x/，浊擦音5个，分别是/v/、/z/、/ð/、/j/、/ɣ/。布依语擦音在贵州西南地区的具体数量分布如下：

| 擦音 | 地点数量 | 例词1 | 例词2 |
| --- | --- | --- | --- |
| f | 40 | fin⁵ 缺 | fan¹ 种子 |
| v | 46 | vu² 荒 | vai³ 吊挂 |
| s | 46 | sau¹ 牙齿 | sau¹ 绿色 |
| z | 36 | zuŋ² 风 | zaŋ⁴ 水 |
| θ | 25 | θiət⁷ 啄 | θam¹ 心 |
| ð | 26 | ðiaŋ¹ 尾巴 | ðam³ 砍伐 |
| ɕ | 46 | ɕa:n³ 杯子 | ɕo² 年轻 |
| j | 46 | jiet¹ 勒 | ja⁶ 妻 |
| x | 44 | xa:n⁶ 汗 | xun² 人 |
| ɣ | 46 | ɣɯən² 爬行 | ɣut⁵ 腰 |

唇齿擦音/f/和/v/在大部分地区呈现清浊对立分布，清擦音/f/在贞丰长田郎所、长田坪寨、平街和镇宁江龙、沙子、关岭断桥没有分布，/v/在

所有的调查地点均有分布。清擦音/f/一般出现在双数调，如fin⁵"缺"、fan¹"种子"。浊擦音/v/在单数调和双数调均有分布，如vu²"荒"、vai³"吊挂"。在望谟等地的布依语中，浊擦音/v/与半元音/w/在使用上没有严格的界限。半元音/w/在展唇前读[v]，在圆唇元音前读[w]。① 有些调查点只有舌尖前清擦音/s/，没有对应的浊擦音/z/，如册亨百口弄丁、秧坝大伟；贞丰沙坪尾列、沙坪者坎；紫云四大寨喜档；贞丰岩鱼、长田瓦厂；晴隆花贡新寨关岭断桥木城；紫云白石岩岩上。有些调查点唇齿擦音只有浊擦音/ð/，没有对应的清擦音/θ/，如贞丰平街顶岸。舌面擦音/ɕ/没有对应的浊音/ʑ/，半元音/j/与/ʑ/发音部位存在差别。舌根清擦音/x/与舌根浊擦音/ɣ/基本呈现对立分布格局。下面为46个语言调查点中各地点的擦音地理分布图：

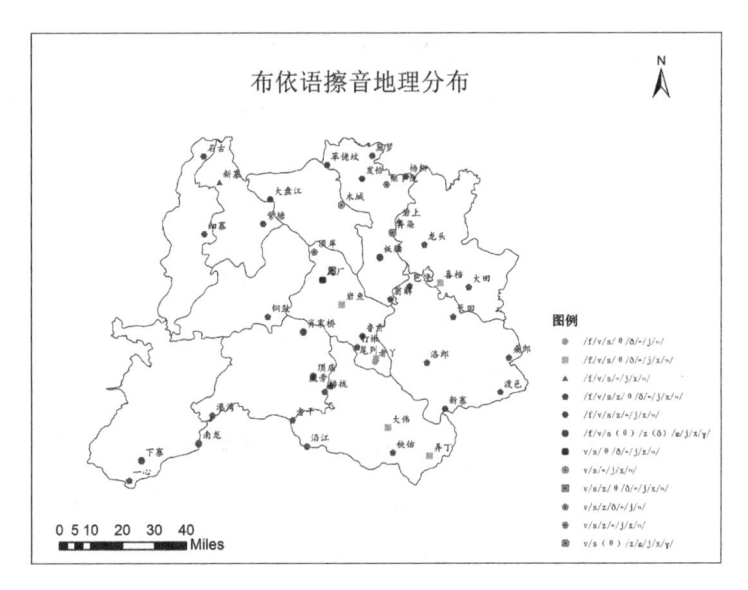

图 1-4：擦音地理分布

---

① 周国炎：《布依语基础教程（2015修订版）》，北京：中央民族大学出版社，2016年，第6页。

从地理空间分布来看，同时含有塞擦音/f/、/v/、/s/、/z/、/θ/、/ð/、/ɕ/、/j/、/x/、/ɣ/的有17个语言调查点，主要分布在第一土语区的望谟平洞洛郎、望谟桑郎、边饶邑饶、昂武渡邑；册亨弼佑秧佑、冗渡威旁、巧马沿江；安龙坡脚者干；贞丰鲁贡打嫩；紫云火花龙头、猴场大田；安龙万峰湖港湾；兴义洛万一心；镇宁简嘎翁解；安龙兴隆排拢；兴仁屯脚铜鼓和第三土语区的望谟打易长田。同时含有/f/、/v/、/s/、/z/、/ɕ/、/j/、/x/、/ɣ/的有10个调查点，主要分布在第三土语区的望谟蔗香新寨；镇宁扁担山革佬坟、丁旗杨柳、双龙山簸箩、募役发恰；关岭新铺大盘江；晴隆鸡场紫塘；普安茶源细寨、龙吟石古和第二土语区的贞丰鲁贡烂田湾。同时分布塞擦音/f/、/v/、/s/、/θ/、/ð/、/ɕ/、/j/、/x/、/ɣ/的有5个语言调查点，分别是第一土语区的册亨百口弄丁、秧坝大伟；贞丰沙坪尾列、岩鱼和紫云四大寨喜档。同时含有塞擦音/f/、/v/、/s/（θ）、/z/（ð）、/ɕ/、/j/、/x/、/ɣ/分布的有5个语言调查点，分别是第一土语区的兴义仓更下寨、南盘江南龙；安龙招堤顶庙、龙山肖家桥和镇宁六马板腰。同时含有塞擦音/f/、/v/、/s/、/ɕ/、/j/、/x/、/ɣ/的有2个语言调查点，分别是第三土语的晴隆花贡新寨和第二土语区的紫云白石岩岩上。塞擦音/f/、/v/、/s/、/θ/、/ð/、/ɕ/、/j/、/ɣ/分布在第一土语区的贞丰沙坪者坎。塞擦音/v/、/s/、/z/、/θ/、/ð/、/ɕ/、/j/、/x/、/ɣ/分布在第一土语区的贞丰长田瓦铺。塞擦音/v/、/s/、/θ/、/ð/、/ɕ/、/j/、/x/、/ɣ/分布在第一土语区的贞丰长田瓦厂。塞擦音/v/、/s/、/z/、/ð/、/ɕ/、/j/、/x/、/ɣ/分布在第一土语区的贞丰平街顶岸。塞擦音/v/、/s/、/z/、/ɕ/、/j/、/x/、/ɣ/分布在第三土语区的镇宁江龙朵卜陇。塞擦音/v/、/s/、/ɕ/、/j/、/x/、/ɣ/分布在第二土语区的关岭断桥木城。塞擦音/v/、/s/（θ）、/z/、/ɕ/、/j/、/x/、/ɣ/分布在第二土语区的镇宁沙子弄染。

## 一、唇齿擦音

唇齿清擦音/f-/和唇齿浊擦音/v-/在多数地区呈现清浊对立的分布特点，在少数地区有/v-/无/f-/，唇齿擦音/f-/和/v-/与舌根音/ɣ-/和/x-/是存在对应关系的，唇齿擦音/f-/和/v-/与鼻音/m-/存在对应关系，浊擦音/v-/在一些调查点有半元音/w-/的趋势，有些地区也存在/v-/和/w-/混用的情况。侗台语中的/f-/和/v-/来源是多样的，它们均是共同语分化之后各自产生的，在不同语言中对应情况和发展速度也存在差异。

唇齿擦音/f-/和/v-/是一组清浊对立分布的唇齿擦音，在46个语言调查点中均有唇齿浊擦音/v-/分布，有40个调查点分布唇齿清擦音/f-/。其中第一土语区的贞丰长田瓦铺、瓦厂、平街顶岸，第二土语区的关岭断桥木城、镇宁沙子弄染，第三土语区的镇宁江龙朵卜陇有/v-/无/f-/。下面来分析唇齿擦音/f-/和/v-/的共时分布特征：

| 土语 | 地点 | 种子 | 歌 | 树 | 吊挂 |
| --- | --- | --- | --- | --- | --- |
| 一 | 望谟边饶邑饶 | wan¹ | wuɯn¹ | fai⁴ | wai³ |
| 一 | 册亨百口弄丁 | xɔn¹ | wuɯən¹ | fai⁴ | ven¹ |
| 一 | 兴义南盘江南龙 | wan¹ | wuɯn¹ | mai⁴ | ven¹ |
| 一 | 镇宁简嘎翁解 | ɣɔn¹ | vuɯən¹ | fai⁴ | ven¹ |
| 一 | 安龙兴隆排拢 | wan¹ | wan¹ | fai⁴ | wen¹ |
| 一 | 镇宁六马板腰 | van¹ | vuɯn¹ | vai⁴ | ven¹ |
| 二 | 关岭断桥木城 | wan¹ | vuɯn¹ | wai⁴ | vien¹ |
| 三 | 镇宁扁担山革佬坟 | fan¹ | fuɯn¹ | vai⁴ | fian¹ |

以词"种子"为例，在第三土语镇宁扁担山、丁旗、双龙山、望谟打易和普安茶源等5个调查点辅音声母读作清擦音/f-/，如faŋ¹。在第一土

语区安龙坡脚者干、兴义洛万、贞丰长田坪寨、贞丰平街和镇宁六马等8个调查点辅音声母读作浊擦音/v-/，如van¹。在第一土语区的望谟边饶、册亨冗渡威旁、册亨巧马平安、贞丰沙坪者坎、紫云火花、紫云四大寨、紫云猴场、安龙万峰湖港湾、兴义仓更、兴义南盘江、安龙平乐、安龙兴隆排拢、安龙龙山、兴仁屯脚、贞丰岩鱼、贞丰长田郎所和第二土语区的贞丰鲁贡烂田湾、紫云白石岩岩上、关岭断桥木城、镇宁沙子弄染及第三土语区镇宁募役、镇宁江龙、普安龙吟等23个调查点辅音声母读作半元音/w-/，如wan¹。在望谟昂武渡邑、贞丰沙坪尾列、贞丰鲁贡打嫩、镇宁简嘎翁解4个调查点辅音声母读作舌根浊擦音/ɣ/，如ɣɔn¹。在第一土语区的望谟和册亨6个调查点辅音声母读作舌根轻擦音/x/，如xɔn¹。

以词"歌"为例，在第三土语区的镇宁扁担山、丁旗、双龙山、望谟打易、普安茶源5个调查点辅音声母读作清擦音/f-/，如fɯn¹。在第一土语区的册亨冗渡威旁、镇宁简嘎、六马、贞丰长田坪寨和第二土语区的关岭断桥木城、贞丰鲁贡烂田湾、镇宁沙子弄染以及第三土语区的关岭新铺晴隆花贡、鸡场、普安龙吟共10个调查点辅音声母读作浊擦音/v-/，如vɯn¹。在其余第一土语区的和第二土语区的紫云白石岩22个调查点辅音声母读作半元音/w-/，如wɯn¹。

以词"树"为例，第一土语区的望谟平洞洛郎、望谟蔗香新寨、望谟桑郎、望谟边饶岜饶、望谟昂武渡邑、册亨百口弄丁、册亨秧坝大伟、册亨弼佑秧佑、册亨冗渡威旁、贞丰沙坪尾列、贞丰沙坪者坎、贞丰鲁贡打嫩、紫云火花龙头、紫云四大寨喜档、镇宁简嘎翁解、安龙招堤顶庙、安龙兴隆排拢、安龙龙山肖家桥、贞丰岩鱼19个调查点辅音声母读作清擦音/f-/，如fai⁴。第一土语区的紫云猴场、兴仁屯脚、贞丰长田、镇宁六马和第二土语区的贞丰鲁贡烂田湾、紫云白石岩岩上及第三土语区的镇宁丁旗杨柳、镇宁双龙山簸箩、镇宁募役发恰、望谟打易长田、关岭新铺大盘江、晴隆花贡新寨、普安茶源细寨、普安龙吟石古共14个语言调查点辅音声母读作清擦音/v-/，如vai[4]。第二土语区的关岭断桥、镇宁沙子弄染和第三土语区的镇宁江龙、晴隆鸡场4个调查点辅音声母读作半元音/w-/，如wai[4]。此外第一土语区的册亨巧马沿江、安龙坡脚者干、安龙万峰湖港湾、兴义仓更下寨、兴义洛万一心、兴义南盘江南龙6个调查点辅音声母读作鼻音/m-/，如mai[4]。

以词"吊挂"为例，第三土语区的镇宁扁担山、丁旗、双龙山3个调查点辅音声母读作/f-/，如fian[1]。第一土语的望谟平洞、望谟蔗香、望谟桑郎、望谟渡邑、册亨百口、册亨秧坝大伟、册亨弼佑秧佑、册亨冗渡威旁、册亨巧马平安、安龙坡脚者干、贞丰沙坪尾列、贞丰沙坪者坎、贞丰鲁贡打嫩、紫云火花、紫云四大寨、安龙万峰湖港湾、兴义仓更、兴义洛万、兴义南盘江、镇宁简嘎、安龙平乐、贞丰岩鱼、贞丰长田坪寨、贞丰平街、镇宁六马和第二土语的紫云白石岩岩上、贞丰鲁贡烂田湾、关岭断桥木城及第三土语的关岭新铺、晴隆花贡、晴隆鸡场31个调查点辅音声母读作/v-/，如ven[1]。第一土语区的望谟边饶和安龙兴隆排拢辅音声母读作/w-/，如wen[1]。

通过对以上例词的分析，我们认为贵州西南地区南北盘江流域布依语唇齿擦音/f-/和/v-/的共时地理分布特点主要有以下几个方面：一是唇齿清擦音/f-/和唇齿浊擦音/v-/在多数地区呈现清浊对立的分布特点，在少数地区有/v-/无/f-/。二是唇齿擦音与舌根音存在对应关系，如例词"种子"在不同地区分别读作faŋ[1]—van[1]—ɣɔn[1]—xɔn[1]，由此可见唇齿擦音/f-/和/v-/与舌根音/ɣ-/和/x-/是存在对应关系的。三是唇齿擦音与鼻音存在对应关系，如例词"树"在不同区域分别读作fai[4]—vai[4]—mai[4]，所以唇齿擦音/f-/和/v-/与与鼻音/m-/存在对应关系。四是浊擦音/v-/在一些调查点有半元音/w-/的趋势，有些地区也存在/v-/和/w-/混用的情况。

关于布依语唇齿擦音/f-/和/v-/的来源目前学界还存在争议。李方桂（2011）认为原始台语存在唇齿擦音*f-和*v-，并认为*f-类声母都读阴调类，显示原来是轻音；原始台语*v-类声母都读阳调类。[①] 下面我们来分析唇齿擦音/f-/和/v-/的分布与构拟情况：

| 汉语 | 构拟声母 | 例词[②] | 布依语 | | | | |
|---|---|---|---|---|---|---|---|
| | | | 剥隘 | 贞丰打嫩 | 望谟桑郎 | 贞丰烂田湾 | 关岭新铺 |
| 火 | *v- | fi:A2 | fi² | fi² | fi² | vei² | vei² |
| | | | 剥隘 | 望谟平洞 | 册亨冗渡 | 贞丰烂田湾 | 关岭新铺 |
| 甜 | *hw- | va:nA1 | va:n¹ | va:n¹ | va:n¹ | wa:n¹ | ŋa⁵ |

以"火"为例，布依语第一土语大部分辅音声母读作/f-/，第三土语辅音声母读作/v-/，其来源于原始台语*v-，均为双数调。以"甜"为例，辅音声母读作唇齿擦音/v-/或半元音/w-/，其原始台语形式为复辅音*hw-，均为单数调。

梁敏、张均如（1996）认为原始台语没有轻唇音声母/f-/和/v-/，有*pw、*bw等，并认为现在侗台语中的/f-/和/v-/来源是多样的，多是从*pw、*bw演变而来的，它们均是共同语分化之后各自产生的，在不同语言中对应情况和发展速度也存在差异。[③] 占升平（2012）认为第一土语的唇齿擦音来源于原始台语的复辅音，在演变过程中会出现前一个辅音和后一个辅音各自脱落的情况，当前一个辅音脱落时，则留下第二个辅音/-w/，逐渐接近并演化为唇齿擦音/v-/；当第二个辅音/-w/脱落后，则保留了第一个辅音，由于后一个辅音的脱落影响了前一个辅音的发音方法，

---

① （美）李方桂：《比较台语手册》，北京：清华大学出版社，2011年，第69-72页。

② 说明：例词引自《比较台语手册》第71、74页。

③ 梁敏、张均如：《侗台语族概论》，北京：中国社会科学出版社，1996年，第82-83页。

逐渐由重唇演化为清唇。第二土语从原始共同语分化后，形成了自身的发展特点，躲避掉了浊音清化的过程，所以保留了阴声调和阳声调都读浊音的情况。第三土语在阴声调为轻音，阳声调为浊音的分化下，保留了阴声调中/v-/清化和阳声调中/v-/浊化的情况。①

根据以上分析，从地理语言学角度来看，布依语唇齿擦音的演变可能各有不同的来源，并非沿着同一演变轨迹规则变化的。根据地理语言学研究中的周边分布原则，古老的词往往保留在边远地区。梁敏、张均如所构拟的历史层次与李方桂所构拟的层次并不在同一历史时期，梁敏、张均如构拟的历史要更早一些，所以布依语中唇齿擦音的分布是存在历史层次的。我们认同占升平所分析的第二土语为最早的层次，第一土语为第二层次，第三土语则为第三层次。

## 二、齿间及舌尖前清擦音

第一土语舌尖前擦音/s-/和齿间清擦音/θ-/发音不稳定，容易出现混读的情况，第一土语发舌尖前擦音/s-/或齿间清擦音/θ-/的音对应第三土语舌尖前擦音/s-/、边擦音/ɬ-/，或舌面前清擦音/ɕ-/，个别地方也读齿间清擦音。布依语舌尖前擦音/s-/一方面来源于原始台语擦音*s-和*z-，另一方面来源于原始台语塞擦音*č。单数调中的舌尖前擦音/s-/多来源于原始台语擦音*s-。双数调中的舌尖前擦音/s-/多来源于原始台语辅音声母*z-。

布依语语音系统中有齿间清擦音/θ-/和舌尖前清擦音/s-/。齿间清擦音/θ-/用于拼读本民族固有词，舌尖前擦音/s-/用于拼读汉语借词。齿间

---

① 占升平：《布依语语音研究》，桂林：广西师范大学出版社，2012年，第166-167页。

清擦音/θ-/用于拼读本民族固有词时，多数地区读清擦音/θ-/本身，少数词偶尔变读为舌尖前清擦音/s-/。齿间清擦音/θ-/对应情况不同，在部分地区齿间清擦音/θ-/有对应为/ɬ-/的情况。具体见下表：

| 土语 | 地点 | 编 | 左 | 洗涤 | 园子 |
|---|---|---|---|---|---|
| 一 | 贞丰沙坪者坎 | θa:n¹ | ðoi⁴ | θak⁸ | θian¹ |
| 一 | 紫云火花龙头 | sa:n¹ | sui⁴ | sak⁸ | suən¹ |
| 一 | 紫云四大寨喜档 | θa:n¹ | θui⁴ | θak⁸ | θuən¹ |
| 二 | 关岭断桥木城 | sa:n¹ | ɕi⁴ | sak⁸ | sun¹ |
| 三 | 镇宁扁担山革佬坟 | ɬa:n¹ | ɬui⁴ | sak⁸ | sun¹ |
| 三 | 望谟打易长田 | ɬen¹ | θui⁴ | ɬak⁸ | ɬun¹ |
| 三 | 晴隆花贡新寨 | sa:n¹ | — | sak⁸ | ɕun¹ |

以词"编"为例，第一土语区望谟桑郎、望谟渡邑、册亨冗渡威旁、紫云火花、紫云猴场、安龙万峰湖港湾、兴义仓更、兴义南盘江、安龙平乐、安龙龙山、兴仁屯脚、贞丰平街、镇宁六马等13个调查点和第二土语区的紫云白石岩、贞丰鲁贡烂田湾、关岭断桥、镇宁沙子4个语言点以及第三土语区的镇宁募役、镇宁江龙、关岭新铺、晴隆花贡、晴隆鸡场、普安茶源、普安龙吟等7个语言点，总计24个语言点辅音声母读作舌尖前擦音/s-/，如sa:n¹；第一土语区的18个调查点辅音声母读作齿间清擦音/θ-/，如θa:n¹；另有第三土语区的镇宁扁担山、丁旗、双龙山和望谟打易4个语言调查点辅音声母读作边擦音/ɬ-/，如ɬa:n¹。

以词"左"为例，第一土语区的望谟桑郎、望谟边饶岜饶、望谟昂武渡邑、紫云火花龙头、紫云猴场大田、安龙万峰湖港湾、兴义仓更下寨、兴义洛万一心、兴义南盘江南龙、镇宁简嘎翁解、安龙招堤顶庙、安龙龙山肖家桥、兴仁屯脚铜鼓、贞丰平街顶岸14个调查点、第二土语区的贞丰鲁贡烂田湾1个调查点以及第三土语区的关岭新铺、晴隆鸡场、普安茶源、龙吟4个调查点，总计19个调查点辅音声母读作舌尖前擦音/s-/，如sui⁴；第一土语区的望谟平洞洛郎、望谟蔗香新寨、册亨百口弄丁、册亨秧坝大伟、册亨弼佑秧佑、册亨冗渡威旁、册亨巧马沿江、安龙坡脚者干、贞丰沙坪尾列、贞丰鲁贡打嫩、紫云四大寨喜档、安龙兴隆排拢、贞丰岩鱼、贞丰长田瓦铺、贞丰长田瓦厂和第三土语区的望谟打易长田16个语言调查点辅音声母读作齿间清擦音/θ-/，如θui⁴；第三土语区镇宁扁担山、丁旗和双龙山辅音声母读作边擦音/ɬ-/，如ɬui⁴；第二土语区的关岭断桥、镇宁沙子和紫云白石岩和第三土语区的镇宁募役、江龙，辅音声母读作舌面前轻擦音/ɕ-/，如ɕi⁴；另贞丰沙坪者坎调查点出现一例辅音声母读作齿间浊擦音/ð-/的例词，如ðoi⁴。

以词"洗涤"为例，第一土语区的14个调查点和第三土语区的14个调查点，总计28个语言点辅音声母读作舌尖前擦音/s-/，如sak⁸；第一土语区的17个调查点辅音声母读作齿间清擦音/θ-/，如θak⁸；第三土语区的望谟打易1个调查点辅音声母读作边擦音/ɬ-/，如ɬak⁸。

以词"园子"为例，第一土语区的12个调查点和第三土语区的11个调查点，总计23个语言点辅音声母读作舌尖前擦音/s-/，如sun¹；第一土语区的19个语言调查点辅音声母读作齿间清擦音/θ-/，如θian¹；第三土语区的镇宁丁旗、双龙山、望谟打易3个调查点辅音声母读作边擦音/ɬ-/，如ɬun¹；第三土语区的晴隆花贡语言调查点辅音声母读舌面前轻擦音/ɕ-/，如ɕun¹。

通过对以上例词的分析，我们认为齿间清擦音/θ-/和舌尖前清擦音/s-/共时地理分布特征主要有以下两个方面：一是第一土语区舌尖前擦音/s-/和齿间清擦音/θ-/发音不稳定，容易出现混读的情况；二是在第一土语发舌尖前擦音/s-/或齿间清擦音/θ-/的音对应第三土语舌尖前擦音/s-/、边擦音/ɬ-/，或舌面前清擦音/ɕ-/，个别地方也读齿间清擦音，如打易/θ-/。

梁敏，张均如（1996）认为多数情况下，舌尖音/s-/和/z-/与齿间音/θ-/和/ð-/不能同时存在于同一音系中，有些地区将舌尖音/s-/读作齿间音/θ-/，有些地区读成边擦音/ɬ-/，所以可以认为齿间音/θ-/和边擦音/ɬ-/是/s-/声类的方音变体。① 鉴于以上分析，我们重点讨论舌尖前擦音/s-/的来源问题。下面是舌尖前擦音/s-/构拟表。

| 汉语 | 构拟声母 | 例词② | 布依语 | | | | |
|---|---|---|---|---|---|---|---|
| | | 剥隘 | 安龙平乐 | 镇宁六马 | 望谟打易 | 紫云四大寨 |
| 洗 | *z- | ɬak D2S | sak⁸ | sak⁸ | ɬak⁸ | θak⁸ |
| 肠 | *s- | ɬai C1 | sai³ | sai³ | ɬai³ | θai³ |
| 吻 | *č | šup D1S | sup⁷ | ɕut⁷ | θɯp⁷ | ɕup⁷ |

李方桂所构拟的原始台语音系中包含擦音*s-。梁敏，张均如所构拟的原始侗台语中包含擦音*s-。以词"洗"为例，在剥隘话中读作ɬak⁸，为双数调，在布依语不同土语中辅音声母呈现/s-/、/ɬ-/、/θ-/对应的关系，由此我们可以判断在现今布依语中读作双数调的辅音声母s-来源于原始台语辅音声母*z-。以词"肠"为例，在剥隘话中读作ɬai³，声调为单数第三调，在布依语中呈现/s-/、/ɬ-/、/θ-/对应关系，在现今布依语中读作单数调，由此我们可以判断在现今布依语单数调的辅音声母/s-/来源于原始台语辅音声母*s-。此外我们还发现舌尖前擦音/s-/也有来源于原始台语塞擦音*č的例词。

---

① 梁敏、张均如：《侗台语族概论》，北京：中国社会科学出版社，1996年，第50页。
② 说明：例词引自《比较台语手册》第141、134、144页。

综上所述，布依语舌尖前擦音/s-/一方面来源于原始台语擦音*s-和*z-，另一方面来源于原始台语塞擦音*č。单数调中的舌尖前擦音/s-/多来源于原始台语擦音*s-。双数调中的舌尖前擦音/s-/多来源于原始台语辅音声母*z-。

### 三、齿间和舌尖前浊擦音

齿间浊擦音/ð-/多分布在第一土语区，舌尖前浊擦音/z-/分布在第一土语区或第三土语区，齿间浊擦音/ð-/用于拼读本民族固有词，舌尖前浊擦音/z-/拼读汉语借词，但有些地区也有在固有词中使用/z-/拼读的情况，齿间浊擦音/z/的变体形式多样，主要有/ð-/、/j-/、/ɕ-/、/ɾ-/、/s-/等。布依语中舌尖前浊擦音/z-/的来源是多样的，一是来源于原始台语*r-类声母；二是来源于原始台语舌根复辅音*xr-。

布依语语音系统中有齿间浊擦音/ð-/和舌尖前浊擦音/z-/。与清擦音相似，齿间浊擦音/ð-/用于拼读本民族固有词，舌尖前浊擦音/z-/拼读汉语借词。齿间浊擦音/ð-/用于拼读本民族固有词时，多数地区读齿间浊擦音/ð-/，少部分地区变读为舌尖前浊擦音/z-/。齿间浊擦音除变读为/z-/外，在部分地区还变读为舌尖中浊擦音/j-/等。具体情况见下表：

| 土语 | 地点 | 鸟 | 风 | 水 | 笑 |
| --- | --- | --- | --- | --- | --- |
| 一 | 望谟平洞洛郎 | ðɔk⁸ | ðum² | ðam⁴ | ðeu¹ |
| 一 | 安龙龙山肖家桥 | zɔk⁸ | zuɯm² | zam⁴ | zeu¹ |
| 二 | 关岭断桥木城 | jok⁸ | jim² | jam⁴ | jəu¹ |
| 三 | 镇宁扁担山革佬坟 | zok⁸ | zuɯŋ² | zaŋ⁴ | ɕəu¹ |

以词"鸟"为例，在第一土语的19个调查点和第三土语的1个调查点，总计20个语言点辅音声母读作齿间浊擦音/ð-/，如ðok⁸；在第一土语的10个调查点和第三土语的3个调查点，总计13个语言点辅音声母读作舌尖前浊擦音/z-/，如zok⁸；在第三土语的10个调查点和第一、二土语各1个调查点辅音声母读作舌尖中浊擦音/j-/，如jok⁸。

以词"风"为例，在第一土语的21个调查点和第三土语的1个调查点，总计22个语言点辅音声母读作齿间浊擦音/ð-/，如ðum²；在第一土语的9个调查点和第三土语的3个，总计12个语言点辅音声母读作舌尖前浊擦音/z-/，如zuɯŋ²；在第三土语的12个调查点和第一、二土语各1个调查点辅音声母读作舌尖中浊擦音/j-/，如jim²。

以词"水"为例，在第一土语的20个调查点辅音声母读作齿间浊擦音/ð-/，如ðam⁴；在第一土语的9个调查点和第三土语的4个调查点，总计13个语言点辅音声母读作舌尖前浊擦音/z-/，如zaŋ⁴；在第三土语的10个调查点、第一土语2个调查点和第二土语1个调查点，总计13个语言点辅音声母读作舌尖中浊擦音/j-/，如jam⁴。

以词"笑"为例，在第一土语的18个调查点辅音声母读作齿间浊擦音/ð-/，如ðeu¹；在第一土语的10个调查点辅音声母读作舌尖前浊擦音/z-/，如zeu¹；在第三土语的9个调查点、第一土语2个调查点和第二土语1个调查点，总计12个语言点辅音声母读作舌尖中浊擦音/j-/，如jəu¹。在第三土语的镇宁扁担山、丁旗、双龙山、望谟打易、普安茶源5个调查点读作舌尖前轻擦音/ɕ-/，如ɕəu¹。

通过对以上例词的分析，我们认为布依语语音系统中齿间浊擦音/ð-/和舌尖前浊擦音/z-/共时地理分布主要有如下几个特征：一是齿间浊擦音/ð-/多分布在第一土语区，舌尖前浊擦音/z-/分布在第一土语区或第三土语区。二是齿间浊擦音/ð-/用于拼读本民族固有词，舌尖前浊擦音

/z-/拼读汉语借词，但有些地区也有在固有词中使用/z-/拼读的情况。三是齿间浊擦音/z/的变体形式多样，主要有/ð-/、/j-/、/ɕ-/、/ɾ-/、/s-/等。

李方桂（2011）构拟了原始台语浊擦音*z-，这一声母与原始台语*s-相对应，清浊对立分布，具有这个声母的词读第2调类阴调，原始台语*z-与*s-合流，浊擦音*z-具有清化的趋势。① 下面我们分析其来源构拟情况。张均如，梁敏等（1996）认为原始侗台语"*r-"类声母在壮语中有/r/、/ɣ/、/ð/、/z/、/hj/等形式变体，在一些地方还有/j/、/s/等变体形式，包括布依语在内的台语支语言浊擦音/z-/及其变体的重要来源是原始侗台语"*r-"类声。②

| 汉语 | 构拟声母 | 例词③ | 布依语 | | | |
|---|---|---|---|---|---|---|
| | | 剥隘 | 望谟蔗香 | 镇宁丁旗 | 望谟打易 | 普安龙吟 |
| 鸟 | *r- | lɔk D2S | ðɔk⁸ | zok⁸ | ðɔk⁸ | jok⁸ |
| 水 | *r- | lam C2 | ðam⁴ | zaŋ⁴ | zam⁴ | jam⁴ |
| 风 | *dl- | lum A2 | ðum² | zuɯŋ² | ðum² | jiŋ² |
| 笑 | *xr- | li:u A1 | ðeu¹ | ɕiu¹ | ɕiu¹ | jəu¹ |

布依语中舌尖前浊擦音/z-/的来源是多样的，从构拟情况来看，其来源主要有两方面：其一是来源于原始台语*r-类声母，如zok⁸、ðɔk⁸"鸟"；zaŋ⁴、ðam⁴"水"均来源于原始台语*r-类声母；其二是来源于原始台语复辅音，如ðum²"风"来源于原始台语舌尖复辅音*dl-；ðeu¹"笑"来源于原始台语舌根复辅音*xr-。

---

① （美）李方桂：《比较台语手册》，北京：清华大学出版社，2011年，第141页。
② 张均如、梁敏等合著：《壮语方言研究》，北京：民族出版社，1999年，第196-202页。
③ 说明：例词引自《比较台语手册》第116、111、201页。

### 四、舌面擦音

舌面前清擦音/ɕ-/与舌尖前清擦音/s-/呈现对应关系，/ɕ-/集中在第一土语区，/s-/集中在第三土语区。舌面前清擦音/ɕ-/与舌尖前清不送气塞擦音/ts-/呈现对应关系，/ts-/集中在第三土语区。舌面前清擦音/ɕ-/与舌尖前清送气塞擦音/tsh-/呈现对应关系，/tsh-/集中分布在第三土语区，这种情况较少。舌面前清擦音/ɕ-/与舌面前清不送气塞擦音/tɕ-/呈现对应关系。舌面前清擦音/ɕ-/与舌尖中清不送气塞音/t-/呈现对应关系，仅在第三土语区发现一例/t-/声母。舌面前清擦音/ɕ-/主要有三种来源：一是来源于原始台语浊塞擦音 *j-；二是来源于原始台语复辅音 *thl-；三是来源于原始台语复辅音 *vr。

布依语语音系统中有舌面前、清、擦音/ɕ/主要分布在第一土语区，与/s-/、/ts-/、/tsh-/、/tɕ-/、/t-/存在对应关系。

| 土语 | 地点 | 名字 | 等候 |
| --- | --- | --- | --- |
| 一 | 望谟平洞洛郎 | ɕo⁶ | ɕa³ |
| 一 | 望谟蔗香新寨 | ɕo⁶ | ɕa³ |
| 一 | 安龙龙山肖家桥 | so⁶ | sa³ |
| 三 | 镇宁扁担山革佬坟 | tsuə⁶ | tsha³ |
| 三 | 镇宁募役发恰 | tso⁶ | tsa³ |
| 三 | 晴隆花贡新寨 | tɕuə⁶ | ta³ |
| 三 | 普安茶源细寨 | tso⁶ | tsha³ |

以词"名字"为例，第一土语的24个调查点辅音声母读作舌面前清擦音/ɕ-/，占52.1%，如ɕo⁶；第一土语区的贞丰沙坪尾列、者坎、安龙龙山、贞丰岩鱼、长田郎所和坪寨与第二土语的紫云白石岩、关岭断桥、

镇宁沙子，共9个调查点辅音声母读作/s-/，占19.5%，如so⁶；第一土语的贞丰平街1个调查点，第二土语的贞丰鲁贡烂田湾1个调查点，第三土语的11个调查点，总计13个调查点辅音声母读作舌尖前清不送气塞擦音/ts-/，占26%，如tso⁶；另有第三土语晴隆花贡1个调查点辅音声母读作舌面前清不送气塞擦音/tɕ/，占2.1%，如tɕuə⁶。

以词"等候"为例，第一土语的24个调查点辅音声母读作舌面前清擦音/ɕ-/，占52.1%，如ɕa³；第一土语区的贞丰沙坪者坎、贞丰鲁贡打嫩、安龙龙山肖家桥、贞丰岩鱼、贞丰长田瓦铺、贞丰长田瓦厂、贞丰平街顶岸和第二土语的紫云白石岩、关岭断桥、镇宁沙子辅音声母读作/s-/，其中第一土语7个调查点，第二土语3个调查点，共10个调查点，占21.7%，如sa³；第二土语区的贞丰鲁贡烂田湾1个调查点和第三土语区的镇宁募役、江龙、关岭新铺、晴隆鸡场4个调查点，共5个语言点辅音声母读作舌尖前清不送气塞擦音/ts-/，占10.8%，如tsa³；第三土语区的镇宁扁担山、丁旗、双龙山、望谟打易、普安茶源5个调查点辅音声母读作舌尖前清送气塞擦音/tsh-/，占10.7%，如tsha³；另有第三土语晴隆花贡1个调查点辅音声母读作舌尖中清不送气塞音/t-/，占2.1%，如ta³。

根据以上例词的分析，舌面前清擦音/ɕ-/共时地理分布共有以下特征：一是舌面前清擦音/ɕ-/与舌尖前清擦音/s-/呈现对应关系，如ɕo⁶与so⁶对应，/ɕ-/集中在第一土语区，/s-/集中在第二、三土语区；二是舌面前清擦音/ɕ-/与舌尖前清不送气塞擦音/ts-/呈现对应关系，如ɕo⁶与tso⁶对应，/ts-/集中在第二、三土语区；三是舌面前清擦音/ɕ-/与舌尖前清送气塞擦音/tsh-/呈现对应关系，如ɕa³与tsha³对应，/tsh-/集中分布在第三土语区，这种情况较少；四是舌面前清擦音/ɕ-/与舌面前清不送气塞擦音/tɕ-/呈现对应关系，如ɕo⁶与tɕuə⁶对应；五是舌面前清擦音/ɕ-/与舌尖中清不送气塞音/t/呈现对应关系，如ɕa³与ta³对应，不过仅在第三土语区发现一例/t-/声母。

舌面前清擦音/ɕ/主要来源于原始台语*j-、*thl-和*vr声母。详见如下分析：

| 汉语 | 构拟声母 | 例词① | 布依语 | | | |
|---|---|---|---|---|---|---|
| | | | 剥隘 | 望谟蔗香 | 册亨百口 | 望谟打易 | 晴隆鸡场 |
| 名字 | *j- | šīī B2 | ɕo⁶ | ɕo⁶ | tsuə⁶ | tso⁶ |
| 等候 | *thl- | šaa C1 | ɕa³ | ɕa³ | tshæ³ | tsa³ |
| 明天 | *vr | šook D2L | ɕo⁶ | ɕo⁶ | — | — |

李方桂认为原始台语中有擦音*s-、*z-和塞擦音*č-（今写做/tɕ/）、*čh-（今写做/tɕh-/）、*ǰ-（今写做/z-/），未构拟原始台语辅音声母/ɕ-/。在解释原始台语塞擦音*č-时，认为在北支方言中通常将塞擦音*č-变读为擦音š-，或者在一些布依方言中读č-和/ts-/。② 以"名字"一词为例，在剥隘话中读作 šīī B2，今写作ɕɯ:⁶，在现今布依语望谟蔗香等调查点读作ɕo⁶，均是双数调，来源于原始台语浊塞擦音*ǰ-，所以舌面前清擦音/ɕ-/一部分是来源于原始台语浊塞擦音*ǰ-。以"等候"为例，在剥隘话中读作 šaa C1，今写作ɕa:³，在现今布依语望谟蔗香等调查点读作ɕa³，均为单数调，来源于原始台语舌尖复辅音*thl-，可见部分单数调舌面前清擦音ɕ来源于原始台语复辅音*thl-。以"明天"为例，在剥隘话中读作 šook D2L，今写作ɕo:k⁸，在册亨百口、望谟蔗香等调查点读作ɕo⁶，为双数调，来源于原始台语唇音复辅音/vr-/，舌面前清擦音/ɕ-/也来源于原始台语复辅音/vr/。

综上所述，贵州西南地区南北盘江流域布依语舌面前清擦音/ɕ-/主要

---

① 说明：例词引自《比较台语手册》第148、106、85、59、126页。

② （美）李方桂：《比较台语手册》，北京：清华大学出版社，2011年，第143页。

有三种来源：一是来源于原始台语浊塞擦音 *j-，如 ɕo⁶；二是来源于原始台语复辅音 *thl-，如 ɕa³；三是来源于原始台语复辅音 /vr-/，如 ɕo⁶。

## 五、舌根擦音

舌根擦音两个，分别是舌根轻擦音 /x/ 和舌根浊擦音 /ɣ/，在大部分地区呈现清浊对立分布，但在第三土语区出现了变读为唇齿浊擦音 /v-/、唇齿清擦音 /f-/ 的和半元音 /w-/ 的现象。具体分析详见下表。鉴于绝大部分调研地点均有此音的分布，本部分重点讨论其共时分布规律，不再用地图表示。

| 土语 | 地点 | 给 | 扁担 | 腰 | 苦（穷） |
|---|---|---|---|---|---|
| 一 | 望谟平洞洛郎 | xaɯ³ | xa:n² | ɣɯet⁷ | xo³ |
| 一 | 紫云火花龙头 | xɑ³ | ɣa:n² | ɣuɯt⁷ | ɣo³ |
| 一 | 兴仁屯脚铜鼓 | xai³ | xa:n² | ʔat⁷ | ɣo³ |
| 三 | 镇宁募役发恰 | ɣɑ³ | van² | vuɯt⁷ | ɣo³ |
| 三 | 望谟打易长田 | xɑ³ | ɣen² | fut⁷ | — |
| 三 | 镇宁江龙朵卜陇 | ɣɑ³ | ɣan² | wut⁷ | ɣo³ |
| 三 | 关岭新铺大盘江 | xɑ³ | x（æ）an² | xuɯt⁷ | ɣuə³ |
| 三 | 晴隆花贡新寨 | xɑ³ | xan² | xuɯt⁷ | vuə³ |
| 三 | 晴隆鸡场紫塘 | xɑ³ | xa:n² | xuɯt⁷ | vo³ |
| 三 | 普安茶源细寨 | xei³ | xa:n² | xat⁷ | fo³ |

以词"给"为例，共有30个语言调查点辅音声母读作舌根清擦音 /x-/，占65%，如 xɑ³，其中第一土语18个调查点，第二土语3个调查点，第三土语9个调查点；共有16个语言调查点辅音声母读作舌根浊擦音 /ɣ-/，占34.6%，如 ɣɑ³，其中第一土语16个调查点，第二土语1个调查点，第三

土语2个。舌根清擦音/x-/和舌根浊擦音/ɣ-/是一对清浊对立分布的辅音声母，在布依语大部分地区是同时存在的。

以词"扁担"为例，共有24个语言调查点辅音声母读作舌根清擦音/x-/，占52%，如xa:n²，其中第一土语18个调查点，第二土语1个调查点，第三土语5个调查点；共有18个语言调查点辅音声母读作舌根浊擦音/ɣ-/，占38.9%，如ɣa:n²，其中第一土语12个调查点，第二土语3个调查点，第三土语3个调查点；共有4个调查点辅音声母读作唇齿浊擦音/v-/，其中第一土语1个调查点，第三土语3个调查点，如van²，占8.5%。

以词"腰"为例，共有14个语言调查点辅音声母读作舌根清擦音/x-/，占30.2%，如xɯt⁷，其中第一土语8个调查点，第二土语1个调查点，第三土语5个调查点；共有22个语言调查点辅音声母读作舌根清擦音/ɣ-/，占47.4%，如ɣɯət⁷，均在第一土语；共有3个语言调查点辅音声母读作唇齿清擦音/f-/，占6.4%，如fut⁷，均在第三土语，分别是镇宁扁担山、丁旗和望谟打易；共有3个语言调查点辅音声母读作唇齿浊擦音/v-/，占6.5%，如vɯt⁷，分别是第二土语镇宁沙子弄染和第三土语的镇宁双龙山簸箩、镇宁募役发恰；共有3个语言调查点辅音声母读作半元音/w-/，占6.4%，如wɯt⁷，分布在第二土语的关岭断桥木城、紫云白石岩岩上和第三土语的镇宁江龙朵卜陇；第一土语区的兴仁屯脚这一语言调查点辅音声母读作喉音/ʔ-/，占2.1%，如ʔat⁷。

以词"苦（穷）"为例，第一土语的14个调研地点辅音声母读作舌根清擦音/x-/，占30.4%，如xo³；共有24个语言调查点辅音声母读作舌根清擦音/ɣ-/，占52%，如ɣo³，其中第一土语17个，第二土语4个，第三土语3个；第三土语的晴隆花贡、鸡场和普安龙吟3个调研点辅音声母读作唇齿浊擦音/v-/，占6.4%，如vo³；第三土语的普安茶源1个调研地点辅音声母读作齿清擦音/f-/，占2.1%，如fo³。

综上所述，贵州西南地区南北盘江流域布依语舌根擦音地理分布主要有以下四方面特征：一是绝大部分地区舌根清擦音/x-/与舌根清擦音/ɣ-/呈现对立分布的状态；二是有些地区舌根擦音变读为唇齿浊擦音/v-/；三是第三土语区存在舌根擦音变读为唇齿清擦音/f-/的现象；四是第三土语区存在舌根擦音变读为半元音/w-/的现象。此外在第一土语区还出现了舌根擦音变读为喉音/ʔ-/的情况，但是仅发现一例，未形成共性特征。

李方桂（2011）构拟了原始台语舌根清擦音*x-与舌根浊擦音*ɣ-，认为原始台语舌根清擦音*x-在大部分西南及中支方言中跟原始台语的/kh-/合流，但在大部分北支方言中读/h-/，在某些布依语中有时读/ɣ-/或/v-/，因此北支方言在决定原始台语的辅音是*kh-或*x-的时候起关键作用，在北支方言里清浊辅音的替换也有关联，那么清浊辅音的替换就不能仅仅视为北方方言不正常的现象，而跟西南方言有某些关联。① 我们通过贵州西南地区南北盘江流域布依语的共时地理分析可知，现今的布依语中仍然存在舌根清擦音/x-/与舌根清擦音/ɣ-/变读的现象，同时也存在变读为/v-/的现象，由此可见其变化不大，下面我们分析其来源，详见下表。

| 汉语 | 构拟声母 | 例词② | 布依语 | | | |
|---|---|---|---|---|---|---|
| | | 剥隘 | 望谟蔗香 | 册亨百口 | 镇宁募役 | 晴隆鸡场 |
| 膝盖 | *x- | hoo A1 | xo⁵ | xo⁵ | ɣo⁵ | ɣo⁵ |
| 苦 | *x- | ham A1 | xo³ | xo³ | ɣo³ | vo³ |
| 白 | *x- | haau A1 | xa:u¹ | xa:u¹ | ɣo¹ | xa:u¹ |
| 晚上 | *ɣ- | ham B2 | xam⁶ | ɣam⁶ | ɣaŋ⁶ | xaŋ⁶ |
| 扁担 | *ɣ- | haan A2 | xa:n² | xa:n² | van² | xa:n² |
| 给 | *h- | haï C1 | xaɯ³ | xaɯ³ | ɣɑ³ | xɑ³ |
| 腰 | *h- | hïit D1L | xɯət⁷ | xɯət⁷ | vuut⁷ | xɯt⁷ |

---

① （美）李方桂：《比较台语手册》，北京：清华大学出版社，2011年，第180页。
② 说明：例词引自《比较台语手册》第181、186、215页。

贵州西南地区南北盘江流域布依语舌根清擦音/x-/和舌根浊擦音/ɣ-/主要有三类来源，分别是原始台语舌根清擦音*x-、舌根浊擦音*ɣ-和喉音*h-。

舌根清擦音/x-/和舌根浊擦音/ɣ-/来源于原始台语舌根清擦音*x-。这是原始台语辅音声母保留至今的情况，在共时分析时我们已经发现/x-/和/ɣ-/经常发生变读现象，通过xo⁵、xo³、xa:u¹三个例词的分析能够发现其来源于原始台语舌根清擦音*x-。以"膝盖"为例，第一土语读作xo⁵，第三土语读作ɣo⁵，在剥隘话中读作hoo A1，即ho:¹，均属单声调，来源于原始台语*x-。以"苦"为例，在第一土语中读作xo³，在第三土语中分别读为ɣo³和vo³，在剥隘话中读作ham A1，即ham²，均属单声调，来源于原始台语*x-。以"白"为例，在第一土语中读作xa:u¹，第三土语读作xo¹和xa:u¹，在剥隘话中读作haau A1，即ha:u¹，均属单声调，来源于原始台语*x-。

第二，舌根清擦音/x-/和舌根浊擦音/ɣ-/来源于原始台语舌根浊擦音*ɣ-。这属于原始台语保存至今的情况，以"晚上"为例，在第一土语中读作xam⁶，此外还有ɣam⁶和ɣaŋ⁶的形式变体，在剥隘话中读作ham B2，即ham⁶，均属于双声调，来源于原始台语*ɣ-。以"扁担"为例，在第一土语中读作xa:n²，第三土语读作van²，在剥隘话中读作haan A2，即haan²，均属于双声调，来源于原始台语*ɣ-。

第三，舌根清擦音/x-/和舌根浊擦音/ɣ-/来源于原始台语喉音*h-。以"给"为例，在第一土语中读作xaɯ³，在第三土语中变读为ɣɑ³和xɑ³，在剥隘话中读作haï C1，即haɯ³，来源于原始台语喉音*h-。以"腰"为例，在第一土语中读作xɯət⁷，在第三土语中读作vuɯt⁷，在剥隘话中读作hïɯt D1L，即hɯ:t⁸，来源于原始台语喉音*h-。

综上所述，贵州西南地区南北盘江流域布依语舌根清擦音/x-/和舌

根浊擦音 /ɣ-/ 主要有三种来源：一是来源于原始台语舌根清擦音 *x-，如 xo⁵；二是来源原始台语舌根浊擦音 /ɣ-/，如 xam⁶；三是来源于原始台语喉音 *h-，如 xɯət⁷。

## 第四节　腭化音与唇化音

腭化音与唇化音是发辅音时舌面抬高而发出的声音，布依语中通常用辅音后加 /j/ 的方式来表示腭化音，用辅音后加 /w/ 的方式来表示唇化音。

### 一、腭化音

布依语中腭化音覆盖程度较高，主要有 /ʔj/、/pj/、/mj/，少数地区还有 /phj/、/lj/、/kj/、/ʔdj/ 等的分布。在我们调研的地点中，都不同程度上有腭化音的存在。腭化音发音时喉门处于紧闭状态，在喉门打开准备发音时，舌面呈现向硬腭抬高的动作，这是腭化音的发音过程。贵州西南地区布依语腭化音分布情况如下：

| 腭化音 | 地点数量 | 例词1 | 例词2 |
| --- | --- | --- | --- |
| ʔj | 45 | pu⁴ʔjai⁴ 布依 | ʔju⁵ 在 |
| pj | 44 | pjau² 收拾 | pja:i¹ 梢 |
| mj | 8 | mjeu¹ 年 | ɣa:u⁴mja⁴ 稀饭 |
| phj | 4 | phje³ 走 | phjau³ 迁移 |
| lj | 2 | ljəu² 油（动物） | — |
| kj | 1 | neŋ²kjaŋ² 打屁虫 | — |
| ʔdj | 1 | ɣa:u⁴ʔdjai⁴ 粘米 | — |

就共时地理分布而言，同时有腭化音/pj/、/ʔj/的地点有30个，主要集中在第一土语区和第三土语区；同时含有腭化音/pj/、/ʔj/、/mj/的有地点7个，主要分布在贞丰、兴义和紫云；同时含有腭化音/pj/、/ʔj/、/phj/分布的有4个，主要分布在镇宁和望谟，其余分布组合各有1处代表地点。从数量统计上来看，46个调查地点中，腭化音/pj/分布在44个地点，只有晴隆花贡新寨和普安茶源细寨未见这一腭化音的分布。腭化音/ʔj/的分布地点共有45处，限于语料，只有安龙坡脚者干未发现分布，其余地点均有分布。腭化音/mj/的分布地点有8个，主要集中在安龙坡脚者干；紫云火花龙头、猴场大田；兴义洛万一心和贞丰岩鱼、长田瓦铺、长田瓦厂、鲁贡。腭化音/lj/、/ʔdj/、/phj/的分布数量较少，在46个调查地点中/lj/有两处，分布在晴隆花贡新寨、鸡场紫塘，仅发现一个例词ljəu²，意思是"动物的油"。腭化音/ʔdj/目前发现只分布在兴仁屯脚铜鼓，如"ɣa:u⁴ʔdjai⁵粘米"。腭化音/phj/共有四处分布地点，分别是镇宁扁担山革佬坟、丁旗杨柳、双龙山簸箩和望谟打易长田。另在紫云猴场大田发现一例腭化音/kj/的分布，如："neŋ²kjaŋ²打屁虫"。

图1-5：腭化音的地理分布

布依语西南地区南北盘江流域腭化音的共时地理分布主要有以下几个特点：一是分布范围广。在调研的46个地点中，均在不同程度上有腭化音分布，说明腭化音在布依语中分布较为广泛。《布依语调查报告》中也列举了腭化音并对其进行了说明，历经几十年的演变，腭化音没有大范围变化，在布依语语音系统中较为稳定。二是地区间存在差异。腭化音并不像清送气塞音那样分布在全部调研地点上，腭化音地区间存在差异，如/lj/、/ʔdj/、/phj/的数量较少。总体而言第一土语区的腭化音声母较第三土语区丰富。

关于腭化音的历时比较和来源问题目前学界较少有成果呈现。我们拟通过李方桂的《比较台语手册》与《布依语调查报告》《布依汉词典》进行比较来探索布依语腭化音的来源。我们认为布依语腭化音的演变来源主要是原始台语浊音声母、复辅音声母、清塞音声母三种形式。

**（一）腭化音/pj/、/phj/的来源探讨**

布依语腭化音/pj/分布较为广泛，下面我们尝试构拟其形成的路径和来源。我们从李方桂的《比较台语手册》找到了如下例词，试与布依语进行比较。

| 汉语 | 构拟例词① | 布依语 | | | | |
|---|---|---|---|---|---|---|
| | 剥隘 | 望谟平洞 | 册亨百口 | 安龙坡脚 | 贞丰沙坪 |
| 鱼 | pjuk A1 | pja¹ | pja¹ | pja¹ | pja¹ |
| 叫醒 | pjɔk D1S | pjɔk⁷ | pjɔk⁸ | — | pjɔk⁷ |
| 走 | pja:i C1 | pja:i³ | pja:i³ | pja:i³ | pja:i³ |

布依语部分清不送气腭化音/pj/与原始台语*pl呈现出对应关系，原

---

① 说明：以上例词分别引自《比较台语手册》第76、77、79页。

始台语中的*pl是复辅音。在今天布依语中，已经没有复辅音*pl，但是有一定数量的同源词存在，从同源词中我们可以发现布依语腭化音/pj/与原始台语复辅音*pl呈现对应关系，这说明布依语中的腭化音/pj/来源之一很可能是原始侗台语复辅音*pl。

清送气腭化音/phj/在布依语中较少，在我们的调查中仅发现了几个例词，多分布在第三土语，如："phjau⁶收拾"，出现在镇宁双龙山等地；"phjau⁶迁移"，出现在镇宁扁担山调查点；"phje³走"，出现在望谟打易长田调查点。"走"一词在南部台语暹罗话中读作pha:i C1，在中部台语龙州话中读作phja:i C1，在北部台语剥隘话中读作pja:i C1，C1为第三调。依据例词"走"的分析，我们可以判断今天布依语中的唇化音/phj/来源于原始台语复辅音*phl-/phr-，且只分布在第三土语区。这类送气的腭化音在壮语中确有一部分的数量分布，也有研究推测壮语中的腭化音/phj/来自台语原始声母*b、*ʔb、*ʔbl。但就布依语的具体情况来看，腭化音/phj/也有来自浊声母的可能性，但是目前还缺少有力的证据支撑，如果这一腭化音的演变也与浊声母有关系，那么其演变的历史层次可能与壮语存在差异。腭化音/phj/主要分布在第三土语中的几个调查点，而这一地区也正是送气清塞音大量存在的地区。下面是含有腭化音/pj/的例词"鱼"和含有腭化音/phj/的例词"走"的分布情况。

| 土语 | 地点 | 鱼 | 走 |
| --- | --- | --- | --- |
| 一 | 望谟平洞洛郎 | tu²pja¹ | pja:i³ |
| 一 | 兴义仓更下寨 | pja¹ | pja:i³ |
| 二 | 紫云白石岩岩上 | tə²pja¹ | pja:i³ |
| 三 | 望谟打易长田 | tu²pæ¹ | phje³ |

从以上分布情况我们可以看出，第三土语区望谟打易长田调查点"走"读作phje³，声母是清送气腭化音/phj/，在46个调查点中仅出现一例用法。/phj/与其他地区的腭化音/pj/呈现对应关系。综上，我们认为布依语清不送气腭化音/pj/来源可能是原始台语复辅音声母*pl，清送气腭化音/phj/来源可能是原始台语送气清塞音/ph/，布依语腭化音的来源之一是原始台语复辅音。

**（二）腭化音/mj/的来源探讨**

布依语浊鼻音腭化声母/mj/分布较少，在46个调查点中占8个，分别是安龙坡脚者干；紫云火花龙头、猴场大田；兴义洛万一心；贞丰岩鱼、长田瓦铺、长田瓦厂、鲁贡。从目前现有语料中，我们找到以下几处布依语用法与李方桂所构拟的原始侗台语的对应关系。

| 汉语 | 构拟例词① | 布依语 | | | |
|---|---|---|---|---|---|
| | 剥隘 | 贞丰鲁贡 | 安龙平乐 | 紫云猴场 | 紫云火花 |
| 猫 | mɛɛu A2 | mjau² | — | — | — |
| 锈 | naiC2 | mjai⁴ | — | mjai⁴ | mjai⁴ |
| 踩 | jam B2 | — | mja:n⁴ | — | — |

就目前的语言材料看，"猫"是布依语固有词，日常较多的用法是mjau³⁵，有些地方也使用tue²mjau⁵，壮语中有me:u³³和mje:u³³等用法，由此可见腭化音/mj/与原始侗台语浊鼻音声母*m可能呈现对应关系，浊音是腭化音的来源之一，浊鼻音/m/在今天的布依语中仍然使用。②"绣"在布依语中读作mjai⁴，李方桂构拟原始台语是nai⁴，这也验证了腭化声母

---

① 说明：以上例词分别引自《比较台语手册》第76、77、79页。
② 说明：例词分别引自《布依–汉词典》第93页。

/mj/可能是由浊鼻音演变而来的。① "踩"在布依语中读作mja:n⁴，与李方桂所构拟的原始台语读音相比较后可以发现，腭化音/mj/可能来源于浊擦音/j/。

通过以上分析我们可以推断浊鼻音腭化声母/mj/可能是由不同的语音演变而来的，但是他们都有一个比较一致的特征，那就是原始构拟的语音都是浊音，所以我们认为浊音/m/等是腭化声母/mj/的重要演变来源之一。布依语中现在仍存在浊鼻音/m/，但是为什么还会出现由浊鼻音向腭化音转变的情况，我们认为大概是浊音清化后所带来的影响。

### （三）腭化音/ʔj/的来源探讨

布依语腭化音声母/ʔj/分布范围较为广泛，在46个调查点中均有分布。从目前现有语料中，我们找到以下几处布依语与李方桂所构拟的原始侗台语的对应关系。根据李方桂的构拟，原始台语中是存在带前喉塞的腭化音的，但在许多方言中开始跟*j合并使用，但在布依语中却没有合并，而是独立存在下来的。

| 汉语 | 构拟声母 | 构拟例词② | 布依语 | | | |
|---|---|---|---|---|---|---|
| | | 剥隘 | 望谟平洞 | 册亨秧坝 | 贞丰沙坪尾列 | 紫云火花 |
| 步伐 | *g | kaam A2 | ʔjam⁵ | ʔjam⁵ | ʔja:m⁵ | ʔja:m⁵ |
| 举 | *j | joo A1 | jaŋ⁴ | ʔjaŋ⁴ | ʔjo⁴ | ʔjau⁴ |
| 在 | *ʔj | Juu B1 | ʔju⁵ | ʔju⁵ | ʔju⁵ | ʔjəu⁵ |

以上例词中，望谟平洞布依语"步伐"一词中腭化音声母/ʔj/与李方桂所构拟的清不送气塞音/k/相对应，例词较少。望谟平洞布依语"烟"

---

① 说明：例词分别引自《布依-汉词典》第390页。
② 说明：例词分别引自《比较台语手册》第172、156、158页。

一词中的腭化音声母/ʔj/与清送气塞音/kh/相对应，这一观点在关于腭化音/phj/的来源时已经例证过。册亨威旁布依语"举"一词中的腭化音声母/ʔj/与浊擦音/j/相对应。册亨百口布依语"在"一词中的腭化音/ʔj/与呈现出浊擦音/j/相对应的特征。我们认为腭化音/ʔj/主要有两个来源，一是清塞音，二是浊擦音。

| 土语 | 地点 | 步伐 | 举 | 在 |
| --- | --- | --- | --- | --- |
| 一 | 望谟平洞洛郎 | ʔja:m⁵ | jaŋ⁴ | ʔju⁵ |
| 一 | 册亨秧坝大伟 | ʔja:m⁵ | ʔjaŋ⁴ | ʔju⁵ |
| 一 | 安龙坡脚者干 | ja:m⁵ | jau⁴ | jəu⁵ |
| 一 | 兴义仓更下寨 | ʔja:m⁵ | jak⁴ | ʔju⁵ |

布依语腭化音主要有/pj/、/mj/、/ʔj/，少数地区还有/lj/、/ʔdj/、/phj/、/kj/等。我们试对以上腭化音的来源做了探讨并认为布依语清不送气腭化音/pj/来源可能是原始台语复辅音声母*pl，清送气腭化音/phj/来源可能是原始台语送气清塞音/ph/。浊音/m/等是腭化声母/mj/的重要演变来源之一。腭化音/ʔj/主要有两个来源，一是清塞音，二是浊擦音。另外还有/lj/、/ʔdj/、/kj/例词较少，我们尚未进行讨论。

综上所述，布依语腭化音的演变来源主要有三种：一是来自原始台语浊音声母，如/mj/、/ʔj/；二是来源于复辅音声母，如/pj/；三是来源于清塞音声母，如/ʔj/、/phj/。杨芬（2010）认为龙岗壮语腭化音形成的主要原因是浊音清化和语音内部协调机制。[①] 布依语腭化音形成的原因也是复杂多样的。从内部构成形式来看，腭化音在声学发音过程中多与/a/、/o/等韵母组合，这是语言内部语音协调机制所导致的，音韵调的协调机

---

① 杨芬：《龙岗壮语腭化音声母探源》，《语文学刊》，2010年第8期，第43页。

制是腭化音产生的主要原因。

## 二、唇化音

唇化音的发音特征是发音时喉门紧闭，双唇口型为圆形。布依语唇化音较为丰富，在46个调查点中存在16个唇化音，有两个用于拼读汉语借词，分别是/tsw/、/tɕw/，例如"tswa:ŋ³¹床"出现在贞丰平街，"tɕwa³³抓"出现在册亨冗渡威旁和望谟蔗香。

| 唇化音 | 地点数量 | 例词1 | 例词2 |
| --- | --- | --- | --- |
| kw | 46 | kwa⁵ 过 | kwa:i² 迟，晚 |
| ʔw | 32 | ðɔŋ³¹ʔwa³³ 虹 | ʔwa⁵tsei⁶ 除草 |
| ŋw | 23 | tseŋ⁵ŋwa⁴ 橡子 | ŋwi² 骨髓 |
| lw | 20 | lwa⁵ 崩塌 | lwa:n³ 咧皮 |
| ɕw | 20 | ɕwe⁵ 一堆 | —— |
| sw | 15 | swa:u⁶ 拉 | ka:u¹swa² 划船 |
| ʔjw | 10 | ʔjwa⁴ 崩塌 | fa⁶ʔjwa⁵ 锄头 |
| ðw | 8 | ðo²ðwa:ŋ³ 枯瘦 | —— |
| zw | 8 | zwa:m¹（ðw）抬 | zwa:u¹ 估量，测量 |
| jw | 8 | jwa:u⁵（戴）孝 | jwa⁴ 招手 |
| θw | 7 | θwa² 竹筏 | ka:u¹θwa² 划船 |
| tsw | 3 | tswa:ŋ³¹ 床（汉语借词） | —— |
| tɕw | 3 | tɕwa³³ 抓（汉语借词） | —— |
| tw | 2 | twa⁵ 转 | twa:n⁴tɕe¹ 扔 |
| ʔdw | 1 | ʔdwa¹ʔdei⁵ 星星 | —— |
| ŋw | 1 | ŋoŋ⁵ŋwa:ŋ⁶ 紊乱 | —— |

布依语中唇化音声母较为丰富，在壮语南部方言中存在送气的/khw/，但在布依语西南地区调查点中暂未发现送气的唇化音声母，通常也将唇化音声母称为复辅音声母。在望谟蔗香新寨调查点出现了唇化音声母/zw/和/ðw/交替使用的情况，我们尝试构拟其中部分唇化音的来源。唇化音声母/kw/在西南地区布依语中分布最为广泛。

以"迟、晚"为例，李方桂构拟的原始台语是*kwa:i²，在布依语中读作kwa:i²，这个例词来自册亨百口调查点，第二调类的调值是31，第二调主要调值为21，个别词读作33调或31调。李方桂认为kwa:i²在原始台语中的来源是擦音*s-，同时也认为方言声母之后有圆唇成分，北部的读法似乎可以推回到原始台语的*gw-，同时李先生也认为可能没有直接关联的可能性，因为在册亨也存在kouai2的读法。①

布依语"抬"在望谟桑郎等调查点读作zwa:m¹（ðw），出现/zw/和/ðw/互相使用的情况，李方桂将"抬"一词构拟为lɛ:m²⁴，调类为原始台语A1调，也就是第一调，来源于原始台语舌尖复辅音*thr-。② 我们发现贞丰平街调研点"星星"一词为ʔdwa¹ʔdei⁵，贞丰鲁贡烂田湾还读作ʔda:u¹ʔdei⁵，李方桂构拟的"星星"一词为na:u³¹，调类为A1调，也就是第一调，来源于原始侗台语*ʔdl或*ʔdr。可见唇化音/ʔdw/和鼻音/n/相对应，可能来源于原始台语的复辅音*ʔdl或*ʔdr。

综上我们认为布依语唇化音形式丰富，来源多样，产生原因复杂，多为不送气的唇化音，基本没有送气的唇化音。其来源主要有四方面：一是来自擦音，二是来自复辅音。

---

① 说明：例词引自李方桂《比较台语手册》第134页。
② 说明：例词引自李方桂《比较台语手册》第107页。

# 第二章　贵州西南地区布依语韵母地理分布

布依语元音系统从音节构成形式上可分为单元音和复元音，此外还有带鼻音韵尾的韵母和带塞音韵尾的韵母。新创《布依文方案》（修订案）共有韵母87个，其中单元音韵母6个，复元音韵母21个，带鼻音韵尾的韵母32个，带塞音韵尾的韵母28个。

## 第一节　单元音韵母

《布依语调查报告》认为现代布依语大部分地区有六个单元音，分别是 /a/、/o/、/e/、/i/、/u/、/ɯ/。① 就舌位的高低而言，/i/、/u/、/ɯ/ 是高元音，/a/ 是低元音，/o/、/e/ 为次高元音。就舌位的前后而言，/a/、/e/、/i/ 是前元音，/o/、/u/、/ɯ/ 是后元音。就舌位唇形的圆展而言，/o/、/u/ 是圆唇元音，/a/、/e/、/i/、/ɯ/ 是展唇元音。这6个单元音在我们46个调查地点中均有分布。

---

① 中国科学院少数民族语言研究所主编：《布依语调查报告》，北京：科学出版社，1959年，第7页。

地理语言学主要探讨地理差异的分布特征，所以单元音在不同地区还有不同的变体形式。在贵州西南地区南北盘江流域韵母中除了以上6个单元音外，还有以下7个单元音，分别是：/ɑ/、/æ/、/œ/、/ɛ/、/ɣ/、/y/、/ə/，以上13个单元音在贵州西南地区南北盘江流域的地理分布情况如下：

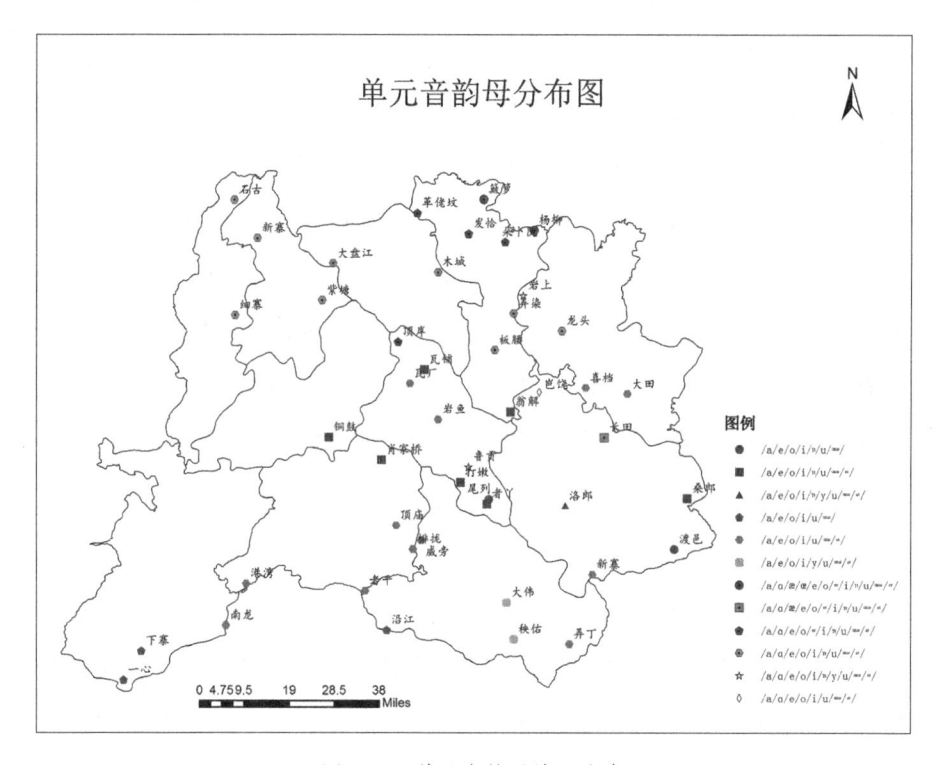

图 2-1：单元音韵母地理分布

从分布图中可以看出，贵州西南地区共有12个单元音组合形式。仅含有6个常见单元音/a/、/o/、/e/、/i/、/u/、/ɯ/的共有3个地点，分别是第一土语区的册亨巧马沿江、兴义仓更下寨和兴义洛万一心调查点，占6.5%。含有7个单元音/a/、/e/、/o/、/i/、/ɣ/、/u/、/ɯ/的共有2个地点，分别是第一土语区的望谟昂武渡邑和贞丰沙坪尾列调查点，占4.3%。含有7

个单元音 /a/、/e/、/o/、/i/、/u/、/ɯ/、/ə/ 的共有12个地点，分布在南盘江流域的沿线，均在第一土语区，占26%。含有8个单元音 /a/、/ɑ/、/e/、/o/、/i/、/u/、/ɯ/、/ə/ 的有1个地点，在第一土语区的望谟边饶邑饶，占2.1%。含有8个单元音 /a/、/e/、/o/、/i/、/ɣ/、/u/、/ɯ/、/ə/ 的有7个地点，在第一土语区的桑郎、者坎、打嫩、翁解、肖家桥、铜鼓、瓦铺调查点，占15.2%。含有8个单元音 /a/、/e/、/o/、/i/、/y/、/u/、/ɯ/、/ə/ 的有2个地点，在第一土语区的册亨秧坝大伟和秧佑，占4.3%。含有9个单元音 /a/、/ɑ/、/e/、/o/、/i/、/ɣ/、/u/、/ɯ/、/ə/ 的有9个地点，分别是第一土语区的紫云火花龙头和镇宁六马板腰以及第三土语区的大盘江、新寨、紫塘、细寨、石古、木城、弄染，占19.5%。含有9个单元音 /a/、/e/、/o/、/i/、/ɣ/、/y/、/u/、/ɯ/、/ə/ 的有1个地点，位于第一土语区的望谟平洞洛郎调查点，占2.1%。含有10个单元音 /a/、/ɑ/、/e/、/o/、/ɛ/、/i/、/ɣ/、/u/、/ɯ/、/ə/ 的有4个地点，分别是第一土语区的贞丰顶岸和第三土语区的革佬坟、发恰、朵卜陇，占8.6%。含有10个单元音 /a/、/ɑ/、/e/、/o/、/i/、/ɣ/、/y/、/u/、/ɯ/、/ə/ 的有2个地点，分别是第二土语的紫云白石岩岩上、贞丰鲁贡烂田湾调查点，占4.3%。含有11个单元音 /a/、/ɑ/、/æ/、/e/、/o/、/ɛ/、/i/、/ɣ/、/u/、/ɯ/、/ə/ 的有1个地点，在第三土语区的望谟打易长田调查点，占2.1%。含有12个单元音 /a/、/ɑ/、/æ/、/œ/、/e/、/o/、/ɛ/、/i/、/ɣ/、/u/、/ɯ/、/ə/ 的有2个地点，在第三土语区的镇宁丁旗杨柳和簸箩，占4.3%。

贵州西南地区布依语单元音分布主要有以下方面特点：一是各地区均具有6个基础单元音 /a/、/o/、/e/、/i/、/u/、/ɯ/；二是从分布数量来看，第三土语单元音数量较第一土语的单元音数量丰富，单元音分布数量超过9个的基本都在第三土语区；三是单元音分布具有区域一致性特征，南盘江流域单元音分布具有一致性，均为6—7个单元音，而第三土语区的单元音分布数量较第一土语多。接下来我们重点探讨前低展唇元音 /a/ 及其变体、后高展唇元音/ɯ/及其舌尖化、后高展唇元音/ɯ/及其央化和前半低圆唇元音/œ/的分布。

### 一、单元音/a/及其变体

舌面前、低、不圆唇元音/a/在贵州西南地区均有分布。从共时地理分布来看，/a/变体是指/a/单独做韵母时读作央元音/A/；在复元音韵母里（包括不带韵尾和带韵尾的复元音韵母），在长复合元音里（长元音如a:i、a:ŋ等），/a/的舌位略高略前，音值接近/æ/；在短复合元音里，/a/的舌位略高略后，音值接近/ɐ/；/a/的舌位略后，接近于舌面后、低、不圆唇元音/ɑ/。具体分布如下：

图 2-2：单元音 /a/ 及其变体的地理分布

从分布图来看，单元音/a/共分布在27个调研点，主要分布在第一土语区的望谟、册亨、安龙、贞丰、紫云、兴义、镇宁、兴仁等地，占58.6%。含有单元音/a/、/ɑ/的共有16个调研点，分布在第一土语的望谟边饶芭饶、紫云火花龙头、贞丰平街顶岸、镇宁六马板腰和第三土语的镇宁、关岭、晴隆、普安、紫云等地，占34.7%。含有单元音/a/、/ɑ/、/æ/的有1个调研点，为第三土语的望谟打易长田，占2.1%。含有单元音/a/、/ɑ/、/æ/、/œ/有2个调研点，为第三土语的镇宁丁旗杨柳和双龙山簸箩，占4.3%。

共时层面的单元音/a/及其相关变体对应情况如下表：

| 元音 | 例词 | 布依语 | | | |
|---|---|---|---|---|---|
| | | 紫云火花 | 望谟边饶 | 贞丰鲁贡 | 镇宁沙子 |
| a | 胯 | tɑ¹ | tɑ¹ | tɑ¹ | tɑ¹ |
| | | 望谟蔗香 | 望谟边饶 | 镇宁丁旗 | 望谟打易 |
| a | 厚 | na¹ | na¹ | næ¹ | næ¹ |
| | | 镇宁丁旗 | 镇宁双龙山 | | |
| a | 大（指物） | lœ⁴ | lœ⁴ | | |

贵州西南地区南北盘江流域布依语单元音/a/存在多种变体形式，且这些变体形式多分布在第三土语区，其主要特点是单元音/a/单独充当韵母时读作央元音/A/，带韵尾时有长短区分，其中长/a/的舌位略高，接近/æ/，但这一现象在一些地方也不稳定。

从共时层面看第一土语区大部分地区分布单元音/a/，而第三土语区则出现了/a/的相关变体，从历时层面看第三土语的元音系统在共同语分化之后又得到了进一步的发展。李方桂（2011）构拟了原始台语*a，认为原始台语*a出现在开、闭两种音节之间，两个位置也都拉长，产生了长

/a/ 和短 /a/ 的对比，这是一个常见的元音。①

布依语各土语中均有单元音 /a/，可能在原始共同语时期就是存在的，并且是最为古老的单元音之一。贵州西南地区南北盘江流域布依语单元音 /a/ 最主要的来源是原始台语的 *a，例如"ma¹ 狗、na¹ 厚、ta¹ 眼睛、ja⁶ 祖母"，构拟情况详见下表：

| 汉语 | 构拟韵母 | 例词② | 布依语 | | | | |
|---|---|---|---|---|---|---|---|
| | | 剥隘 | 安龙平乐 | 镇宁六马 | 望谟打易 | 紫云四大寨 |
| 狗 | *a | maa A1 | ma¹ | ma¹ | mæ¹ | ma¹ |
| 厚 | *a | naa A2 | na¹ | na¹ | næ¹ | na¹ |
| 眼睛 | *a | taa A1 | ta¹ | ta¹ | ta¹ | ta¹ |
| 祖母 | *a | jaa B2 | ja⁶ | ja⁶ | za⁶ | ja⁶ |

占升平（2012）认为镇宁布依语的部分调查点单元音 /a/ 还来自塞音韵尾 /aːk/，如"ma⁵ 果子、ta⁵ 晒"等。③ 在第三土语中存在 /a/ 与 /ɑ/ 共存的分布格局，舌面后、低、不圆唇元音 /ɑ/ 主要分布在第三土语区，与其他土语区的 /aɯ/ 或 /ai/ 呈现对应关系，如 tɑ¹ 对应 taɯ¹。第三土语的单元音低后单元音 /ɑ/ 对应的是第一土语的低前单元音 /a/ 与高后单元音 /ɯ/ 或高前单元音 /i/ 的复元音组合体，这说明原始台语单元音 *a 分化后产生了不同的变体，在单元音的基础上产生了复元音，在语言传播过程中，复元音又在一些地区演变成为了不同发音位置的单元音。

---

① （美）李方桂：《比较台语手册》，北京：清华大学出版社，2011年，第141页。
② 说明：例词引自《比较台语手册》第239页。
③ 占升平：《布依语语音研究》，桂林：广西师范大学出版社，2012年，第187页。

## 二、单元音/ɯ/的舌尖化与央化

舌面后、高、不圆唇元音/ɯ/的舌尖化是指应发/ɯ/，但是却发成/ɿ/的语音现象。单元音/ɯ/的央元音化是指应发/ɯ/，但是却发成/ə/的语音现象。下面是单元音/ɯ/的舌尖化与央化地理分布情况：

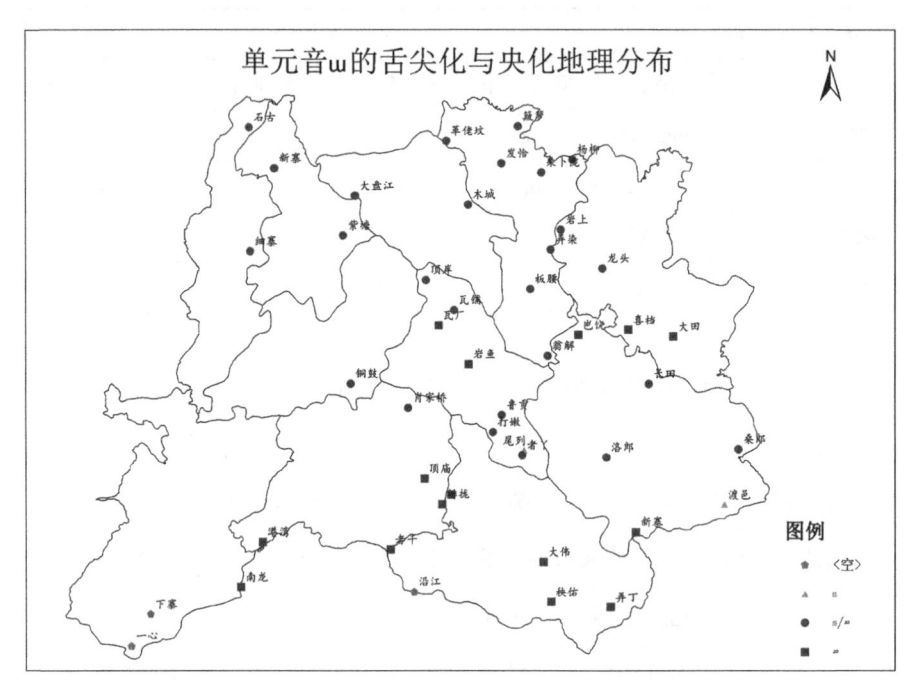

图 2-3：单元音 /ɯ/ 舌尖化与央元音化地理分布

同时有单元音/ɯ/舌尖化和央元音化的共有26个调研点，占56.5%。在调研地点中只有单元音/ɯ/舌尖化的有2个调研点，占4.3%。只有单元音/ɯ/央元音化的有15个地点，占32.6%。不含有单元音/ɯ/舌尖化和央元音化的有3个调研点，占6.5%。

| 土语 | 地点 | 时 | 市（买） | 媒 | 耳朵 |
|---|---|---|---|---|---|
| 一 | 安龙坡脚者干 | ɕɯ² | ɕɯ⁴ | θɯ⁵ | ðɯ² |
| 一 | 紫云猴场大田 | ɕi² | ɕɯ⁴ | sɯ⁵ | zɯ² |
| 一 | 安龙龙山肖家桥 | sʅ² | sʅ⁴ | — | zʅ² |
| 一 | 贞丰长田瓦铺 | sɯ² | sɯ⁴ | θɯ⁵ | ði² |
| 一 | 镇宁六马板腰 | ɕɯ² | ɕɯ⁴ | sʅ⁵ | ji² |
| 二 | 关岭断桥木城 | sʅ² | sʅ⁴ | sʅ⁵ | ji² |
| 三 | 镇宁募役发恰 | tsʅ² | tsʅ⁴ | sʅ⁵ | ji² |
| 三 | 望谟打易长田 | tsə² | tsə⁴ | ɬɯ⁵ | ji² |
| 三 | 镇宁江龙朵卜陇 | tsɯ² | tsɯ⁴ | sɯ⁵ | ji² |

以上我们列举了四个例词，其中例词"时""市（买）"是早期汉语借词，"媒""耳"是布依语本族固有词。以词"时"为例，在不同地区共有10种不同读法，以单元音 /ɯ/ 为韵母的共有3种读法，其中 ɕɯ² 分布在19个调研点，占41.3%；sɯ² 分布在5个调研点，占10.8%；tsɯ² 分布在2个调研点，占4.3%。以单元音 /ʅ/ 为韵母的共有2种读法，其中 sʅ² 分布在5个调研点，占10.8%；tsʅ² 分布在4个调研点，占8.6%。由此可见韵母呈现 /ɯ/ — /ʅ/ — /en/ — /i/ — /ə/ 对应关系，单元音 /ɯ/ 舌尖化后读作 /ʅ/ 可用在早期汉语借词中。

以词"市（买）"为例，共有9种读法，其中 ɕɯ⁴ 分布在22个调研地点，占47.8%；sɯ⁴ 分布在4个调研地点，占8.6%；tsɯ⁴ 分布在5个调研地点，占10.8%。以单元音 /ʅ/ 为韵母的两种读法，其中 sʅ⁴ 分布在6个调研点，占13%；tsʅ⁴ 分布在3个调研点，占6.5%。韵母呈现 /ɯ/ — /ʅ/ — /ei/ — /i/ — /ə/ 对应关系。

以词"媒"为例，共有7种读法，其中 ɬɯ⁵ 分布在望谟打易长田这1个调研点，占2.1%；sɯ⁵ 分布在6个调研点，占13%；θɯ⁵ 分布在16个调研点，占34.7%；sɿ⁵分布在9个调研点，占19.5%。从地理分布看，布依语固有词"媒"的韵母/ɯ/分布在第一土语区和部分第三土语区，而舌尖元音/ɿ/均分布在第三土语区。韵母呈现/ɯ/ — /ɿ/ — /ei/ — /i/ — /ə/对应关系。

以词"耳朵"为例，共有11种读法，其中ðɯ²分布在第一土语的安龙坡脚者干1个调研点，占2.1%；zɯ²分布在第一土语的望谟边饶和紫云猴场2个调研点，占4.3%；zɿ²分布在2个调研点，占4.3%，分别是第一土语的紫云火花和安龙龙山。韵母呈现/ɯ/ — /ɿ/ — /iə/ — /i/对应关系。

根据以上分析，单舌面音/ɯ/的舌尖化共时分布主要有以下几方面特征：一是/ɿ/出现在本族语固有词和早期汉语借词音系中，也出现在现代汉语借词中，且与舌尖擦音和塞擦音结合，不能带韵尾，例如镇宁募役发恰调查点的"sɿ²尝、tsɿ⁴时"等；二是舌尖前元音/ɿ/出现在本族语固有词音系中，但亦只与舌尖擦音和塞擦音结合，不能带韵尾，例如镇宁江龙朵卜陇调研点的"sɿ³ʔɯk³打嗝"等；三是舌尖前元音/ɿ/出现在现代汉语借词中，不能带韵尾，例如镇宁丁旗杨柳调研点的"tshɿ²尺"。舌尖音/ɿ/多数情况下只出现在声母为舌尖擦音或塞擦音的现代汉语借词（音节）中，但在镇宁简嘎翁解语言点，原来读作后高元音/ɯ/的词，在一些年轻人的口语中常常变读为/ɿ/韵母，如"pu⁴sɿ⁵媒人、to⁶sɿ¹读书、ŋon²zɿ²后天"等。

舌尖音/ɿ/主要来源于原始台语 *ï 和 *uu，具体构拟情况如下：

| 汉语 | 构拟韵母 | 例词① |  | 布依语 |  |  |
|---|---|---|---|---|---|---|
|  |  |  | 剥隘 | 册亨秧坝 | 望谟平洞 | 安龙肖家桥 | 镇宁募役发恰 |
| 市（买） | *ï | šïï C2 | ɕɯ⁴ | ɕɯ⁴ | sɿ⁴ | tsɿ⁴ |
| 耳朵 | *uu | lïï A2 | ðɯə² | ðiə² | zɿ² | ji² |

① 说明：例词引自《比较台语手册》第227、231页。

例词"市（买）"，剥隘话为šīī C2，今写作ɕɯ:⁴，来源于原始台语韵母*ï，今写作*ɯ。例词"耳朵"剥隘话为lïïA2，今写作lɯ:²，来源于原始台语韵母*uu，今写作*ɯ:。布依语中存在长短音对立分布是其主要特点之一，舌面音/ɯ/舌尖化为/ɿ/的原因在于与其组合的声母情况，在齿间音/θ/、/ð/之后的舌面音/ɯ/会舌尖化为/ɿ/，且多分布在第三土语。在汉语中也存在这种现象，中古汉语或现代汉语各方言中同样也存在因为所拼读声母的不同而导致舌面音舌尖化的现象，由舌面音向舌尖音的规律性推移表现为舌面音/ɯ/在第三土语的一些地方与齿间音相拼读时向舌尖音链式推移的特点。金理新（2011）认为就侗台语而言，元音长短对立的特征一直处于不断消失中，壮语如此，傣语等也是如此；而一般的演变规则是用不同音质的元音代替原有的元音长短。① 在李方桂所构拟的原始台语中，舌面短元音*ï和舌面长元音*uu（今写作*ɯ:）是共同存在的，但在现今的布依语中长元音/ɯ:/已经消失，这也说明元音的长短对立在语言发展变化中始终呈现不断弱化甚至消失的走势，通常情况下的演变规律则是用其他元音来替换其原有的元音长短对立。

在46个语言调查点中，舌面后元音/ɯ/央元音化为/ə/现象较为普遍，分布在41个语言调查点中，占89.1%。

| 元音 | 例词 | 布依语 | | | | | |
|---|---|---|---|---|---|---|---|
| | | 紫云猴场 | 册亨冗渡 | 普安龙吟 | 贞丰长田 | 兴仁屯脚 | 望谟打易 |
| /ɯ/与/ə/ | 影子 | tə²ŋau² | tɯ²ŋau² | tə²ŋau² | tə²ŋau² | ŋau² | tu²ŋau² |
| | | 安龙龙山 | 望谟蔗香 | 望谟桑郎 | 贞丰长田 | 兴仁屯脚 | 望谟打易 |
| /ɯ/与/ə/ | 处所 | kə² | kə² | kə² | kɯ² | kɯ² | kɯ² |

---

① 金理新：《侗台语的长短元音》，《语言研究》，2011年第4期，第43页。

例词"影子"元音央化之前在册亨冗渡读作 tɯ²ŋau²，元音发生央化之后读作 tə²ŋau²，例如紫云猴场、普安龙吟、贞丰长田等12个语言点已经呈现央化趋势。例词"处所"元音央化之前读作 kɯ²，元音发生央化之后读作 kə²，分布在望谟蔗香、望谟桑郎、安龙龙山等9个语言点。

元音央化的原因主要有两方面：其一，根据Labov的元音链移理论，后元音往往呈现前化的特点，在语音演变过程中，舌面后、展唇元音/ɯ/ 呈现出两种演变路径，分别是舌尖化和央化，都体现了后元音前化的趋势。在/ɯ/前化的过程中，也有可能向前元音/e/演化，但布依语中本来具有前元音/e/，这会造成更多的同音词，为了避免冲突则选择了向央元音前化的演变路径。其二，根据语言经济原则，为了发音时能够更好地节省力气，发元音/ɯ/时舌位较高、位置较后，相对较为费力，而央元音/ə/发音位置为次高，发音部位为舌面中，声带相对接近自然状态，发音时较为省力。

## 第二节 复元音韵母

布依语中复元音韵母主要是指带/-i/、/-u/、/-ɯ/、/-ə/尾的韵母。在贵州西南地区南北盘江流域布依语复元音韵母具体分布情况如下：

表 2-1：布依语复元音韵母表

| 韵母类型 | 韵母 | | | | | | |
|---|---|---|---|---|---|---|---|
| 带 -i 尾韵母 | ai | a:i | oi | ei | ɛi | æi | |
| 带 -u 尾韵母 | au | a:u | | eu | ɛu | æu | əu | iu |

续表

| 韵母类型 | 韵母 |
|---|---|
| 带-ɯ尾韵母 | aɯ　　　　　əɯ |
| 带-ə尾韵母 | iə　　　uə　　　ɯə |
| 汉语借词韵母 | io　ie　ieu　ia　iau　ui　ua　uai　uei　uo |

贵州西南地区南北盘江流域布依语共有复元音韵母28个，以/-i/为韵尾的韵母共有6个，以/-u/为韵尾的韵母共有7个，以/-ɯ/为韵尾的韵母共有2个，以/-ə/为韵尾的韵母共有3个，汉语借词韵母共有10个。我们重点讨论复元音韵母/a/的长短对立地理分布和复元音/aɯ/的地理分布及其与/ai/或/ɑ/的对应关系。

## 一、复元音韵母中/a/的长短对立

复元音中含/a/的长短对立韵母分别为/ai/、/a:i/、/au/、/a:u/，其地理分布情况如下：

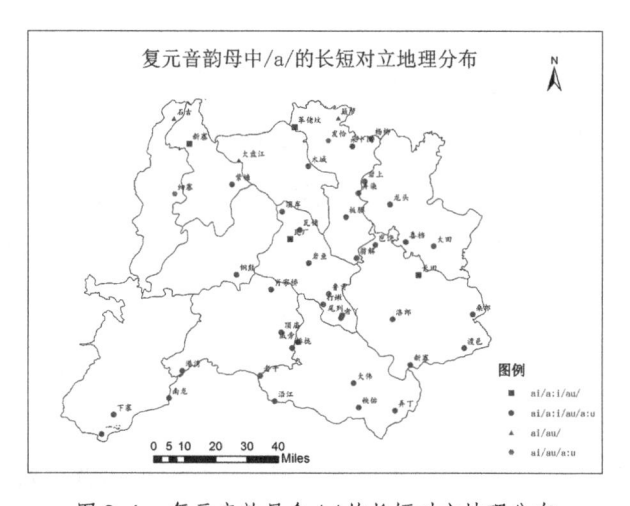

图2-4：复元音韵母含/a/的长短对立地理分布

同时包含/ai/、/a:i/、/au/、/a:u/对立分布的共有37个语言点，占80.4%。同时有/ai/、/a:i/对立分布，且含有/au/的共有4个语言点，占8.6%，分布在第一土语的的贞丰长田坪寨和第三土语的镇宁扁担山、望谟打易、晴隆花贡调查点。同时有/au/、/a:u/对立分布，且含有/ai/的共有两个语言点，占4.3%，分布在第三土语的镇宁募役发恰和普安茶源细寨。仅含有短元音/ai/、/au/，不含有长元音的共有3个语言点，占6.5%，分布在第三土语的镇宁双龙山簸箩、关岭新铺大盘江和普安龙吟石古。其共时分布特征如下：

| 土语 | 地点 | 锈 | 多 | 角 | 话 |
| --- | --- | --- | --- | --- | --- |
| 一 | 望谟平洞洛郎 | nai⁴ | la:i¹ | kau¹ | xa:u⁵ |
| 二 | 关岭断桥木城 | mai⁴ | la:i¹ | kau¹ | ɣa:u⁵ |
| 三 | 镇宁江龙朵卜陇 | mai⁴ | lɛ¹ | kau¹ | ɣo⁵ |
| 三 | 关岭新铺大盘江 | mai⁴ | lai¹ | kau¹ | — |
| 三 | 晴隆花贡新寨 | mai⁴ | le¹ | kau¹ | ɣo⁵ |

布依语中的长短对立音有两对，分别是/ai/与/a:i/对立分布，/au/与/a:u/对立分布，在侗台语族其他语言中也存在长短音对立分布，例如壮语等。长短音地理对立分布主要有以下几方面特征：一是短元音/ai/分布范围最为广泛，变体形式较少，说明其较为稳定；二是长元音/a:i/在发展过程中出现了其他形式的变体，如例词"多"共有/la:i¹/—/lai¹/—/lɛ¹/—/le¹/四种语音形式，在第一土语大部分地区读作/la:i¹/，而在第三土语区则演变为/lɛ¹/、/le¹/，这说明长元音/a:i/在第三土语区演变为了/e/和/ɛ/，这应该是后来形成的语言分化形式；三是短元音/au/分布较为稳定，形式分化少，例词"角"在46个语言调查点中呈现统一的语音形式kau¹；四是

长元音/a:u/在第三土语区出现了变体形式/o/，例词"话"ɣa:u⁵ — ɣo⁵。

综上所述，贵州西南地区南北盘江流域布依语中含/a/的长短对立复元音韵母共有四个，分别是/ai/、/a:i/、/au/、/a:u/，短元音较为稳定，变体形式少，在第三土语区长元音/a:i/演变为/e/和/ɛ/，长元音/a:u/演变为/o/。元音的链式音变理论主要有三条规律：一是长元音高化；二是短元音低化；三是后元音前化。一般情况下，布依语长元音/a:/高化为/e/或/ɛ/。

根据李方桂的构拟，原始台语中含有复元音*ai和*au，这是两个较为常见的复元音韵母，在很多词汇中都有体现，有些方言中也变读为长元音，下面是我们对其来源的分析：

| 汉语 | 构拟韵母 | 例词① | 布依语 | | | | |
|---|---|---|---|---|---|---|---|
| | | | 剥隘 | 望谟平洞 | 关岭新铺 | 镇宁丁旗 | 镇宁募役 |
| 卖 | *ai | kaai A1 | ka:i¹ | kai¹ | kɛ¹ | ke¹ |
| 白色 | *au | haauA1 | xa:u¹ | xau¹ | xo¹ | ɣo¹ |

包括布依语在内的台语支各语言普遍存在长短音对立分布的特点，从构拟情况来看，一般情况下如果同一语族各语言均有元音长短对立分布的情况，那么很大程度上在原始台语时期就存在元音长短对立，但目前学界对这一问题还存在争议。从语料来看，含/a/的短复元音/ai/和/au/分布更为稳定，演变形式较少，而含/a/的长复元音/a:i/和/a:u/在第三土语产生了变体形式，可以看出有单元音替代长复元音的演变趋势。金理新（2011）认为就原始时期的侗台语而言，可能没有元音长短的对立分布，

---

① 说明：例词引自《比较台语手册》第251、257页。

并认为元音长短对立分布与音节减缩有一定关系。①

## 二、复元音/aɯ/

复元音/aɯ/主要分布在贵州西南地区的第一土语区，并与第二、三土语的/ai/或/ɑ/呈现对应关系，其地理分布情况如下：

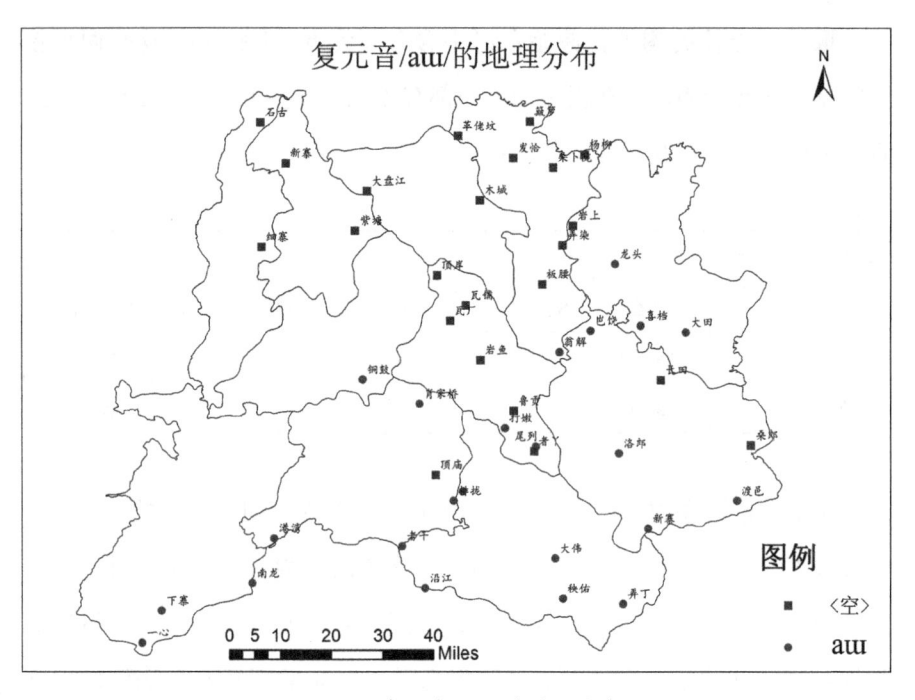

图 2-5：复元音 /aɯ/ 的地理分布

复元音/aɯ/分布在23个语言点，占50%，均在第一土语区。其余23个调研点没有这一复元音的分布，包括第二、三土语的15个语言点，第

---

① 金理新：《侗台语的长短元音》，《语言研究》，2011年第4期，第55页。

一土语区的望谟桑郎、贞丰沙坪者坎、安龙平乐、贞丰岩鱼、贞丰长田郎所、贞丰长田坪寨、贞丰平街、镇宁六马8个语言点。第三土语区一般以/ai/或/ɑ/为/aɯ/的替代形式，接下来我们来具体分析：

| 土语 | 地点 | 媳妇 | 给 | 胯 | 哪，何 |
| --- | --- | --- | --- | --- | --- |
| 一 | 望谟平洞洛郎 | paɯ⁴ | xaɯ3 | taɯ¹ | laɯ² |
| 一 | 紫云火花龙头 | pɑ⁴ | xɑ³ | tɑ¹ | lɑ² |
| 一 | 贞丰岩鱼 | pai⁴ | ɣai³ | tai¹ | lai² |

以词"媳妇"为例，共有paɯ⁴、pai⁴、pɑ⁴三种语音形式。语音形式paɯ⁴分布在21个语言调查点，占45.6%，全部分布在第一土语区；pai⁴分布在7个语言调查点，占15.2%，均在第一土语区；pɑ⁴分布在18个语言调查点，占39.1%，分布在第一土语区3个调查点，第二土语4个语言点，第三土语11个语言点。由此可见复元音/aɯ/主要分布在第一土语区，此外还有/ai/和/ɑ/两种演变形式。

以词"给"为例，以复元音/aɯ/为韵母形式的共有20个，占43.4%，均在第一土语区；以复元音/ai/为韵母形式的共有8个，占17.3%，均在第一土语区；以单元音/ɑ/为韵母形式的共有17个，占36.8%，其中第一土语3个语言点，第二土语4个语言点，第三土语10个语言点。例词"胯""哪，何"两个例词呈现同样的分布规律。

综上所述，复元音/aɯ/的地理分布特点主要有如下几个方面：一是复元音/aɯ/与/ai/或/ɑ/呈现对应关系分布关系；二是复元音/aɯ/与/ai/均分布在第一土语区；三是单元音/ɑ/主要分布在第三土语区和第一土语区的部分地区。元音的链式音变理论中重要的一条是后元音前化，在布依语中，后元音/ɯ/有时前化为/i/。

| 汉语 | 构拟韵母 | 例词① | 布依语 | | | | |
|---|---|---|---|---|---|---|---|
| | | | 剥隘 | 望谟平洞 | 关岭新铺 | 贞丰岩鱼 | 镇宁募役 |
| 媳妇 | *əï | paï C2 | paɯ⁴ | pɑ⁴ | pai⁴ | pɑ⁴ |
| 胀 | *əï | taï A1 | taɯ¹ | tɑ¹ | tai¹ | tɑ¹ |
| 给 | *əï | haï C1 | xaɯ³ | xɑ³ | ɣai³ | ɣɑ³ |

例词"媳妇"在剥隘话中读作paï C2，今写作paɯ⁴；"胀"在剥隘话中读作taï A1，今写作taɯ¹，"给"在剥隘话中读作haï C1，今写作haɯ³。根据李方桂所提供的例词和构拟原则，以上例词均来自原始台语复元音*əï，今写作*əɯ，第一土语区的复元音/aɯ/与所构拟的原始台语复元音更为贴近，而在第三土语区第二个成分演变成为单元音/ɑ/，在第一土语区和第三土语区的地带则为复元音/ai/，由此我们分析认为第一土语的复元音/aɯ/词形可能更为古老，更接近原始台语复元音。

## 第三节　鼻音韵尾

布依语本民族固有词汇中鼻音韵尾有/-m/、/-n/、/-ŋ/，在语言使用中，/-m/在有些地方已经弱化为/-n/或/-ŋ/，在第三土语区和第一土语区北部/-m/已呈现弱化或消失状态。布依语中带鼻音韵母主要是指带/-m/、/-n/、/-ŋ/尾的韵母。从弱化和脱落程度来看，/-m/尾韵弱化和脱落最为严重，/-n/尾韵和/-ŋ/尾韵相对稳定。在贵州西南地区南北盘江流域布依语带鼻音韵母具体分布情况如下：

---

① 说明：例词引自《比较台语手册》第253、254页。

| 带-m 尾韵母 | 带-n 尾韵母 | 带-ŋ 尾韵母 |
|---|---|---|
| am | an | aŋ |
| aːm | aːn | aːŋ |
| om | on | oŋ |
| ɔm | ɔn | ɔŋ |
| em | en | eŋ |
| — | ən | — |
| — | æn | æŋ |
| — | ɛn | ɛŋ |
| — | yn | — |
| — | yɤn | — |
| im | in | iŋ |
| iam | ian | iaŋ |
| iəm | iən | iəŋ |
| — | iɛn | iɛŋ |
| — | ien | — |
| um | un | uŋ |
| uam | uan | uaŋ |
| uəm | uən | uəŋ |
| — | uɛn | — |
| ɯm | ɯn | ɯŋ |
| — | ɯən | ɯəŋ |
| — | — | ɯaŋ |

贵州西南地区南北盘江流域布依语共有带鼻音韵母50个，以 /-m/ 为韵尾的韵母共有12个，以 /-n/ 为韵尾的韵母共有21个，以 /-ŋ/ 为韵尾的韵母共有17个。土语区内部带鼻音韵母数量相差小，第一土语多数地区

带鼻音韵尾韵母的数量为30个左右，数量最多的是兴义南盘江南龙有35个，少数地区带鼻音韵尾韵母的数量为20个左右，如，贞丰岩鱼有26个，贞丰长田郎所有21个，贞丰长田坪寨有19个，镇宁六马板腰26个，贞丰平街顶岸有16个；第三土语仅有少部分地区带鼻音韵尾的韵母数量能达到30个，如，贞丰鲁贡有30个，多数地区带鼻音韵尾的韵母数量为20个左右，带鼻音韵尾的韵母数量最少的是镇宁丁琪杨柳和镇宁募役发恰，仅有16个。接下来我们重点讨论 /–m/、/–n/、/–ŋ/ 韵尾的地理分布及其演变情况。

## 一、/–m/ 尾韵

在贵州西南地区布依语中共有 /–m/ 尾韵母12个，分别为 /am/、/aːm/、/om/、/ɔm/、/em/、/im/、/um/、/uɯm/、/iam/、/iəm/、/uam/、/uəm/，共时地理分布情况如下：

| 土语 | 地点 | 韵母 | | | | | | | | | |
|---|---|---|---|---|---|---|---|---|---|---|---|
| 一 | 望谟平洞洛郎 | am | aːm | om | ɔm | em | im | um | — | iəm | uəm |
| 一 | 望谟蔗香新寨 | am | aːm | om | ɔm | em | im | um | — | iəm | uəm |
| 一 | 望谟桑郎 | am | aːm | om | ɔm | em | im | um | uɯm | iəm | uəm |
| 一 | 望谟边饶邑饶 | am | aːm | — | ɔm | em | im | um | uɯm | — | uam |
| 一 | 望谟昂武渡邑 | am | aːm | om | ɔm | em | im | um | uɯm | — | — |
| 一 | 册亨百口弄丁 | am | aːm | om | ɔm | em | im | um | — | iəm | — |
| 一 | 册亨秧坝大伟 | am | aːm | — | ɔm | em | im | um | — | iəm | uəm |
| 一 | 册亨弼佑秧佑 | am | aːm | om | ɔm | em | im | um | — | iəm | uəm |
| 一 | 册亨冗渡威旁 | am | aːm | — | ɔm | em | im | um | — | — | — |

续表

| 土语 | 地点 | 韵母 | | | | | | | | | |
|---|---|---|---|---|---|---|---|---|---|---|---|
| 一 | 册亨巧马沿江 | am | aːm | om | — | em | im | um | uɯm | — | iəm | — | uəm |
| 一 | 安龙坡脚者干 | am | aːm | om | — | em | im | um | uɯm | — | uam | — |
| 一 | 贞丰沙坪尾列 | am | aːm | om | ɔm | em | im | um | — | — | iəm | — |
| 一 | 贞丰沙坪者坎 | am | aːm | om | — | em | im | um | uɯm | — | — | uəm |
| 一 | 贞丰鲁贡打嫩 | am | aːm | — | — | em | im | um | — | — | iəm | uəm |
| 一 | 紫云火花龙头 | am | aːm | om | ɔm | em | im | um | — | — | iəm | uam |
| 一 | 紫云四大寨喜档 | am | aːm | — | ɔm | em | im | um | — | — | iəm | uam |
| 一 | 紫云猴场大田 | am | aːm | — | — | em | im | — | um | iam | iəm | uam |
| 一 | 安龙万峰湖港湾 | am | aːm | om | — | em | im | um | um | — | — | — |
| 一 | 兴义仓更下寨 | am | aːm | om | ɔm | em | im | um | — | — | iəm | — |
| 一 | 兴义洛万一心 | am | aːm | om | ɔm | em | im | um | um | — | iəm | — |
| 一 | 兴义南盘江南龙 | am | aːm | om | ɔm | em | im | um | um | — | uam | — |
| 一 | 镇宁简嘎翁解 | am | aːm | om | ɔm | em | im | um | — | — | iəm | — |
| 一 | 安龙招堤顶庙 | am | aːm | — | — | em | im | um | — | — | uam | — |
| 一 | 安龙兴隆排拢 | am | aːm | — | — | em | im | um | — | — | — | — |
| 一 | 安龙龙山肖家桥 | am | aːm | — | — | em | im | um | — | — | iəm | uam |
| 一 | 兴仁屯脚铜鼓 | am | — | — | — | em | — | — | um | — | — | uam |
| 一 | 贞丰岩鱼 | am | aːm | — | — | — | — | — | um | iam | — | uam |
| 一 | 贞丰长田瓦铺 | am | aːm | — | — | em | — | — | — | — | — | — |
| 一 | 贞丰长田瓦厂 | — | — | — | — | — | — | — | — | — | — | — |
| 一 | 贞丰平街顶岸 | — | — | — | — | em | — | — | — | — | — | — |
| 一 | 镇宁六马板腰 | am | aːm | om | — | em | im | — | um | — | — | uam |
| 二 | 关岭断桥木城 | am | aːm | om | — | em | im | — | um | — | iəm | uam |

续表

| 土语 | 地点 | 韵母 | | | | | | | | | |
|---|---|---|---|---|---|---|---|---|---|---|---|
| 二 | 贞丰鲁贡烂田湾 | am | aːm | — | — | em | im | — | uɯ | iam | — | uam |
| 二 | 镇宁沙子弄染 | am | aːm | om | — | em | im | — | uɯ | iam | — | uam |
| 二 | 紫云白石岩岩上 | am | aːm | om | ɔm | — | im | — | uɯ | — | iəm | uam |
| 三 | 镇宁扁担山革佬坟 | am | — | — | — | — | — | — | — | — | — | — |
| 三 | 镇宁丁旗杨柳 | — | — | — | — | — | — | — | — | — | — | — |
| 三 | 镇宁双龙山簸箩 | — | — | — | — | — | — | — | — | — | — | — |
| 三 | 镇宁募役发恰 | — | — | — | — | — | — | — | — | — | — | — |
| 三 | 望谟打易长田 | am | — | — | — | em | im | — | — | — | — | uam |
| 三 | 镇宁江龙朵卜陇 | — | — | — | — | — | — | — | — | — | — | — |
| 三 | 关岭新铺大盘江 | am | — | om | — | — | im | — | uɯ | — | iəm | uam |
| 三 | 晴隆花贡新寨 | am | — | — | — | — | im | — | uɯ | — | — | — |
| 三 | 晴隆鸡场紫塘 | am | — | — | — | em | im | — | — | — | — | — |
| 三 | 普安茶源细寨 | am | — | — | — | — | — | — | — | — | — | — |
| 三 | 普安龙吟石古 | am | — | — | — | — | — | — | uɯ | — | — | — |

首先，第一土语区的/-m/尾韵母最为丰富，望谟桑郎和紫云火花龙头语言点分布有10个/-m/尾韵母。其次，第三土语区的/-m/尾韵母分布数量较少，有些语言点甚至已经消失。第三，/-m/尾韵母弱化较为严重，一些已经弱化为/-n/或/-ŋ/，常见的是演变为/-ŋ/，如"水"，望谟平洞为ðam⁴，镇宁丁旗为zaŋ⁴，表现为这种语言演变特征的主要有镇宁丁旗杨柳、镇宁双龙山簸箩、镇宁募役发恰、镇宁江龙朵卜陇等语言点。例如：

| 例词 | 布依语 | | | | | |
|---|---|---|---|---|---|---|
| | 望谟平洞 | 册亨冗渡 | 普安龙吟 | 镇宁丁旗 | 镇宁募役 | 镇宁江龙 |
| 水 | ðam⁴ | ðam⁴ | jam⁴ | zaŋ⁴ | jaŋ⁴ | jaŋ⁴ |
| 步伐 | ʔja:m⁵ | ʔja:m⁵ | ʔjaŋ⁵ | ʔiɛŋ⁵ | ɣaŋ⁵ | ʔjaŋ⁵ |
| 满 | ðim¹ | ðim¹ | ɕiŋ¹ | ɕiŋ¹ | jɯŋ¹ | jiŋ¹ |
| 满 | θɔm¹ | θam¹ | saŋ¹ | ɬaŋ¹ | saŋ¹ | saŋ¹ |

## 二、/-n/尾韵

在贵州西南地区布依语中共有/-n/尾韵母21个，分别为/an/、/a:n/、/on/、/ɔn/、/en/、/ən/、/æn/、/ɛn/、/yn/、/in/、/un/、/ɯn/、/yɛn/、/ian/、/iən/、/iɛn/、/ien/、/uan/、/uən/、/uɛn/、/ɯən/，单元音带/-n/韵尾的地理分布情况如下：

| 土语 | 地点 | 单元音带-n韵尾 | | | | | | | | | | |
|---|---|---|---|---|---|---|---|---|---|---|---|---|
| 一 | 望谟平洞洛郎 | an | a:n | on | ɔn | en | — | — | — | in | un | ɯn |
| 一 | 望谟蔗香新寨 | an | a:n | on | ɔn | — | — | — | — | in | un | ɯn |
| 一 | 望谟桑郎 | an | a:n | on | ɔn | — | — | — | — | in | un | ɯn |
| 一 | 望谟边饶邑饶 | an | a:n | on | — | en | — | — | — | in | un | ɯn |
| 一 | 望谟昂武渡邑 | an | a:n | on | ɔn | — | — | — | — | in | un | — |
| 一 | 册亨百口弄丁 | an | a:n | on | ɔn | en | — | — | ɛn | in | un | ɯn |
| 一 | 册亨秧坝大伟 | an | a:n | on | — | — | — | — | ɛn | in | un | ɯn |
| 一 | 册亨弼佑秧佑 | an | a:n | on | — | — | — | — | ɛn | in | un | ɯn |
| 一 | 册亨冗渡威旁 | an | a:n | on | ɔn | — | — | — | — | in | un | ɯn |
| 一 | 册亨巧马沿江 | an | a:n | on | — | — | — | — | — | in | un | ɯn |
| 一 | 安龙坡脚者干 | an | a:n | on | — | en | — | — | — | in | un | ɯn |

续表

| 土语 | 地点 | 单元音带-n韵尾 ||||||||||
|---|---|---|---|---|---|---|---|---|---|---|---|
| 一 | 贞丰沙坪尾列 | an | aːn | on | ɔn | en | — | — | ɛn | — | in | un | ɯn |
| 一 | 贞丰沙坪者坎 | an | aːn | on | — | en | — | — | — | — | in | un | ɯn |
| 一 | 贞丰鲁贡打嫩 | an | aːn | on | — | en | — | — | — | — | in | un | ɯn |
| 一 | 紫云火花龙头 | an | aːn | on | ɔn | en | — | — | — | — | in | un | ɯn |
| 一 | 紫云四大寨喜档 | an | aːn | on | ɔn | en | — | — | — | — | in | un | ɯn |
| 一 | 紫云猴场大田 | an | aːn | on | ɔn | en | — | — | — | — | in | un | ɯn |
| 一 | 安龙万峰湖港湾 | an | aːn | on | — | en | — | — | — | — | in | un | ɯn |
| 一 | 兴义仓更下寨 | an | aːn | on | — | en | — | — | — | — | in | un | ɯn |
| 一 | 兴义洛万一心 | an | aːn | on | — | en | — | — | — | — | in | un | ɯn |
| 一 | 兴义南盘江南龙 | an | aːn | on | ɔn | en | — | — | — | — | in | un | ɯn |
| 一 | 镇宁简嘎翁解 | an | aːn | on | ɔn | en | — | — | — | — | in | un | ɯn |
| 一 | 安龙招堤顶庙 | an | aːn | — | — | en | — | — | — | — | in | un | ɯn |
| 一 | 安龙兴隆排拢 | an | aːn | on | — | en | — | — | — | — | in | un | ɯn |
| 一 | 安龙龙山肖家桥 | an | aːn | — | — | en | — | — | — | — | in | un | ɯn |
| 一 | 兴仁屯脚铜鼓 | an | aːn | on | — | en | — | — | — | — | in | un | ɯn |
| 一 | 贞丰岩鱼 | an | aːn | — | — | en | — | — | ɛn | — | in | un | ɯn |
| 一 | 贞丰长田瓦铺 | an | aːn | — | — | en | — | — | — | — | in | un | ɯn |
| 一 | 贞丰长田瓦厂 | an | aːn | — | — | en | — | — | ɛn | — | in | un | ɯn |
| 一 | 贞丰平街顶岸 | an | aːn | — | — | en | — | — | ɛn | — | in | un | ɯn |
| 一 | 镇宁六马板腰 | an | aːn | on | — | en | — | — | — | — | in | un | ɯn |
| 二 | 关岭断桥木城 | an | aːn | — | — | en | — | — | — | — | in | un | ɯn |
| 二 | 贞丰鲁贡烂田湾 | an | aːn | on | — | en | — | — | — | — | in | un | ɯn |
| 二 | 镇宁沙子弄染 | an | aːn | — | — | en | — | — | — | — | in | un | ɯn |

续表

| 土语 | 地点 | 单元音带-n韵尾 | | | | | | | | | |
|---|---|---|---|---|---|---|---|---|---|---|---|
| 二 | 紫云白石岩岩上 | an | aːn | on | — | en | — | — | ɛn | — | in | un | ɯn |
| 三 | 镇宁扁担山革佬坟 | an | aːn | — | — | en | — | — | — | — | in | un | ɯn |
| 三 | 镇宁丁旗杨柳 | an | aːn | — | — | — | — | — | — | — | in | un | ɯn |
| 三 | 镇宁双龙山簸箩 | an | aːn | — | — | en | ən | æn | ɛn | — | in | un | ɯn |
| 三 | 镇宁募役发恰 | an | aːn | — | — | — | — | — | ɛn | — | in | un | ɯn |
| 三 | 望谟打易长田 | an | aːn | — | — | en | — | æn | ɛn | — | in | un | ɯn |
| 三 | 镇宁江龙朵卜陇 | an | aːn | — | — | en | — | æn | ɛn | — | in | un | ɯn |
| 三 | 关岭新铺大盘江 | an | aːn | — | — | en | — | — | ɛn | — | in | un | ɯn |
| 三 | 晴隆花贡新寨 | an | aːn | — | — | en | — | — | ɛn | yn | in | un | ɯn |
| 三 | 晴隆鸡场紫塘 | an | aːn | — | — | en | — | — | ɛn | yn | in | un | ɯn |
| 三 | 普安茶源细寨 | an | aːn | — | — | en | — | æn | ɛn | yn | in | un | ɯn |
| 三 | 普安龙吟石古 | an | aːn | — | — | en | — | — | ɛn | — | in | un | ɯn |

含 /-n/ 尾韵母三元音分布情况如下：

| 土语 | 地点 | 复元音 | | | | | | |
|---|---|---|---|---|---|---|---|---|
| 一 | 望谟平洞洛郎 | — | — | iən | — | — | — | uən | — | ɯən |
| 一 | 望谟蔗香新寨 | — | — | iən | — | — | — | uən | — | ɯən |
| 一 | 望谟桑郎 | — | — | iən | — | uan | — | uən | — | ɯən |
| 一 | 望谟边饶岜饶 | — | — | iən | — | ien | uan | uən | — | ɯən |
| 一 | 望谟昂武渡邑 | — | — | iən | — | — | — | uən | uɛn | ɯən |
| 一 | 册亨百口弄丁 | — | ian | iən | — | — | — | uən | — | ɯən |

续表

| 土语 | 地点 | 复元音 | | | | | | |
|---|---|---|---|---|---|---|---|---|
| 一 | 册亨秧坝大伟 | — | ian | iən | — | — | uən | ɯən |
| 一 | 册亨弼佑秧佑 | — | ian | iən | — | — | uən | ɯən |
| 一 | 册亨冗渡威旁 | — | — | iən | — | uan | uən | ɯən |
| 一 | 册亨巧马沿江 | — | ian | iən | — | uan | uən | ɯən |
| 一 | 安龙坡脚者干 | — | ian | iən | iɛn | uan | uən | uɛn | ɯən |
| 一 | 贞丰沙坪尾列 | — | ian | iən | — | uan | uən | — |
| 一 | 贞丰沙坪者坎 | — | ian | iən | iɛn | uan | — | ɯən |
| 一 | 贞丰鲁贡打嫩 | — | — | iən | — | uan | — | — |
| 一 | 紫云火花龙头 | — | ian | iən | iɛn | ien | uan | uən |
| 一 | 紫云四大寨喜档 | — | ian | iən | — | — | uan | uən |
| 一 | 紫云猴场大田 | — | — | — | — | ien | uan | uɛn |
| 一 | 安龙万峰湖港湾 | — | ian | iən | — | — | uan | ɯən |
| 一 | 兴义仓更下寨 | yɛn | — | iən | iɛn | uan | uən | ɯən |
| 一 | 兴义洛万一心 | — | ian | iən | — | uan | uɛn | ɯən |
| 一 | 兴义南盘江南龙 | — | — | iən | — | uan | uɛn | ɯən |
| 一 | 镇宁简嘎翁解 | — | ian | iən | — | — | — | ɯən |
| 一 | 安龙招堤顶庙 | — | ian | iən | — | uan | — | ɯən |
| 一 | 安龙兴隆排拢 | — | ian | iən | iɛn | uan | — | ɯən |
| 一 | 安龙龙山肖家桥 | — | ian | iən | iɛn | uan | uɛn | ɯən |
| 一 | 兴仁屯脚铜鼓 | — | ian | iən | iɛn | uan | uən | — |
| 一 | 贞丰岩鱼 | — | ian | — | iɛn | uan | — | — |
| 一 | 贞丰长田瓦铺 | — | ian | — | — | uan | — | — |
| 一 | 贞丰长田瓦厂 | — | ian | — | — | uan | uɛn | — |
| 一 | 贞丰平街顶岸 | — | ian | — | — | uan | — | — |
| 一 | 镇宁六马板腰 | — | ian | — | — | uan | uən | — |
| 二 | 关岭断桥木城 | — | ian | — | iɛn | ien | uan | uən |

续表

| 土语 | 地点 | 复元音 | | | | | | |
|---|---|---|---|---|---|---|---|---|
| 二 | 贞丰鲁贡烂田湾 | — | ian | — | iɛn | — | uan | — | uɛn |
| 二 | 镇宁沙子弄染 | — | ian | — | — | — | uan | — | — |
| 二 | 紫云白石岩岩上 | — | ian | — | ien | uan | uən | uɛn | |
| 三 | 镇宁扁担山革佬坟 | — | ian | — | iɛn | — | — | — | |
| 三 | 镇宁丁旗杨柳 | — | ian | — | — | — | — | — | |
| 三 | 镇宁双龙山簸箩 | — | ian | — | ien | uan | — | — | |
| 三 | 镇宁募役发恰 | — | ian | — | — | — | — | — | |
| 三 | 望谟打易长田 | — | ian | — | — | — | — | — | |
| 三 | 镇宁江龙朵卜陇 | — | ian | — | iɛn | — | — | — | |
| 三 | 关岭新铺大盘江 | yɛn | ian | — | iɛn | — | — | — | |
| 三 | 晴隆花贡新寨 | yɛn | — | — | — | — | — | — | |
| 三 | 晴隆鸡场紫塘 | — | — | iən | iɛn | ien | — | — | |
| 三 | 普安茶源细寨 | — | ian | — | iɛn | — | — | — | |
| 三 | 普安龙吟石古 | — | — | iən | iɛn | ien | uan | — | |

从以上调研数据可知，/-n/尾韵母在贵州西南地区布依语中分布广泛，数量为三个鼻音韵尾之首。/-n/尾韵母在第一、二、三土语都有分布，/on/、/ɔn/、/uən/、/uɛn/、/ɯən/尾韵母在第一土语区均有分布，但在第三土语区却较少分布。此外/-n/尾呈现向/-ŋ/尾演变的趋势，如"咸"，望谟平洞洛郎为 xan⁵，镇宁丁旗杨柳为 xaŋ⁵；"钻，蛇爬"，望谟平洞洛郎为 non⁴，镇宁丁旗杨柳为 ʔduaŋ⁴。例如：

| 例词 | 布依语 | | | | | |
|---|---|---|---|---|---|---|
| | 望谟平洞 | 册亨冗渡 | 普安龙吟 | 镇宁丁旗 | 镇宁募役 | 镇宁江龙 |
| 咸 | xan⁵ | xan⁵ | xan⁵ | xaŋ⁵ | ɣan⁵ | ɣan⁵ |
| 钻，蛇爬 | non⁴ | ʔduən⁴ | ʔduan⁴ | ʔduaŋ⁴ | ʔdun⁴ | ʔdɯn⁴ |

## 三、/-ŋ/尾韵

在贵州西南地区布依语中共有/-ŋ/尾韵母17个，分别为/aŋ/、/aːŋ/、/oŋ/、/ɔŋ/、/eŋ/、/æŋ/、/ɛŋ/、/iŋ/、/uŋ/、/ɯŋ/、/iaŋ/、/iəŋ/、/iɛŋ/、/uaŋ/、/uəŋ/、/ɯəŋ/、/ɯaŋ/。其地理分布情况如下：

| 土语 | 地点 | 韵母 | | | | | | | | | | | | | | |
|---|---|---|---|---|---|---|---|---|---|---|---|---|---|---|---|---|
| 一 | 望谟平洞洛郎 | aŋ | aːŋ | oŋ | ɔŋ | eŋ | — | — | iŋ | uŋ | ɯŋ | — | iəŋ | — | — | uəŋ | ɯəŋ |
| 一 | 望谟蔗香新寨 | aŋ | aːŋ | oŋ | ɔŋ | eŋ | — | — | iŋ | uŋ | — | — | iəŋ | — | — | uəŋ | ɯəŋ |
| 一 | 望谟桑郎 | aŋ | aːŋ | oŋ | ɔŋ | eŋ | — | — | iŋ | uŋ | — | iaŋ | iəŋ | — | — | uəŋ | ɯəŋ |
| 一 | 望谟边饶岜饶 | aŋ | aːŋ | oŋ | ɔŋ | eŋ | — | — | iŋ | uŋ | — | — | — | — | uaŋ | — | ɯəŋ | ɯaŋ |
| 一 | 望谟昂武渡邑 | aŋ | aːŋ | oŋ | ɔŋ | eŋ | — | — | iŋ | uŋ | — | — | iəŋ | — | — | uəŋ | ɯəŋ |
| 一 | 册亨百口弄丁 | aŋ | aːŋ | oŋ | ɔŋ | eŋ | — | — | iŋ | uŋ | — | — | iəŋ | — | — | uəŋ | ɯəŋ |
| 一 | 册亨秧坝大伟 | aŋ | aːŋ | oŋ | — | eŋ | — | — | iŋ | uŋ | — | iaŋ | iəŋ | — | uaŋ | uəŋ | ɯəŋ | ɯaŋ |
| 一 | 册亨弼佑秧佑 | aŋ | aːŋ | oŋ | ɔŋ | eŋ | — | — | iŋ | uŋ | — | iaŋ | iəŋ | — | — | uəŋ | ɯəŋ |
| 一 | 册亨冗渡威旁 | aŋ | aːŋ | oŋ | ɔŋ | eŋ | — | — | iŋ | uŋ | — | — | — | — | uaŋ | uəŋ | ɯəŋ | ɯaŋ |
| 一 | 册亨巧马沿江 | aŋ | aːŋ | oŋ | ɔŋ | eŋ | — | — | iŋ | uŋ | — | — | iəŋ | — | — | uəŋ | ɯəŋ |
| 一 | 安龙坡脚者干 | aŋ | aːŋ | oŋ | ɔŋ | eŋ | — | — | iŋ | uŋ | — | iaŋ | iəŋ | — | uaŋ | uəŋ | ɯəŋ | ɯaŋ |
| 一 | 贞丰沙坪尾列 | aŋ | aːŋ | oŋ | ɔŋ | eŋ | — | — | iŋ | uŋ | — | — | iəŋ | — | uaŋ | uəŋ | ɯəŋ | ɯaŋ |
| 一 | 贞丰沙坪者坎 | aŋ | aːŋ | oŋ | ɔŋ | eŋ | — | — | iŋ | uŋ | — | iaŋ | — | — | — | uəŋ | — |
| 一 | 贞丰鲁贡打嫩 | aŋ | aːŋ | oŋ | ɔŋ | eŋ | — | — | iŋ | uŋ | — | — | iəŋ | — | — | uəŋ | ɯəŋ |
| 一 | 紫云火花龙头 | — | aːŋ | oŋ | ɔŋ | eŋ | — | — | — | — | — | — | iəŋ | — | — | — | ɯəŋ |
| 一 | 紫云四大寨喜档 | aŋ | aːŋ | oŋ | ɔŋ | eŋ | — | — | iŋ | uŋ | — | iaŋ | iəŋ | — | uaŋ | uəŋ | ɯəŋ | ɯaŋ |
| 一 | 紫云猴场大田 | aŋ | aːŋ | oŋ | ɔŋ | eŋ | — | — | iŋ | uŋ | — | iaŋ | iəŋ | — | — | uəŋ | ɯəŋ |
| 一 | 安龙万峰湖港湾 | aŋ | aːŋ | oŋ | — | eŋ | — | — | iŋ | uŋ | — | — | iəŋ | — | uaŋ | uəŋ | ɯəŋ | ɯaŋ |
| 一 | 兴义仓更下寨 | aŋ | aːŋ | oŋ | — | eŋ | — | — | iŋ | uŋ | — | — | iəŋ | — | uaŋ | uəŋ | ɯəŋ | ɯaŋ |

续表

| 土语 | 地点 | 韵母 | | | | | | | | | | | | | |
|---|---|---|---|---|---|---|---|---|---|---|---|---|---|---|---|
| 一 | 兴义洛万一心 | aŋ | a:ŋ | oŋ | ɔŋ | eŋ | — | — | iŋ | uŋ | ɯŋ | iaŋ | iəŋ | — | uaŋ | — | ɯɤŋ | uɤŋ |
| 一 | 兴义南盘江南龙 | aŋ | a:ŋ | oŋ | ɔŋ | eŋ | — | — | iŋ | uŋ | ɯŋ | iaŋ | iəŋ | — | uaŋ | — | — | uɤŋ |
| 一 | 镇宁简嘎翁解 | aŋ | a:ŋ | oŋ | ɔŋ | eŋ | — | — | iŋ | uŋ | ɯŋ | iaŋ | iəŋ | — | uaŋ | uəŋ | ɯɤŋ | uɤŋ |
| 一 | 安龙招堤顶庙 | aŋ | a:ŋ | oŋ | — | eŋ | — | — | iŋ | uŋ | ɯŋ | iaŋ | iəŋ | — | uaŋ | uəŋ | — | uɤŋ |
| 一 | 安龙兴隆排拢 | aŋ | a:ŋ | oŋ | ɔŋ | eŋ | — | — | iŋ | uŋ | ɯŋ | iaŋ | — | — | — | — | — | uɤŋ |
| 一 | 安龙龙山肖家桥 | aŋ | a:ŋ | oŋ | ɔŋ | eŋ | — | — | iŋ | uŋ | ɯŋ | iaŋ | iəŋ | — | uaŋ | — | ɯɤŋ | uɤŋ |
| 一 | 兴仁屯脚铜鼓 | aŋ | a:ŋ | oŋ | ɔŋ | eŋ | — | — | iŋ | uŋ | ɯŋ | iaŋ | iəŋ | — | uaŋ | — | — | uaŋ |
| 一 | 贞丰岩鱼 | aŋ | a:ŋ | oŋ | — | eŋ | — | — | iŋ | uŋ | ɯŋ | iaŋ | — | — | uaŋ | — | — | uaŋ |
| 一 | 贞丰长田瓦铺 | aŋ | a:ŋ | oŋ | — | eŋ | — | — | iŋ | uŋ | ɯŋ | iaŋ | — | — | uaŋ | — | — | uaŋ |
| 一 | 贞丰长田瓦厂 | aŋ | a:ŋ | oŋ | — | eŋ | — | — | iŋ | uŋ | ɯŋ | iaŋ | — | — | uaŋ | — | — | uaŋ |
| 一 | 贞丰平街顶岸 | aŋ | a:ŋ | — | — | — | — | — | iŋ | uŋ | ɯŋ | iaŋ | — | — | uaŋ | — | — | — |
| 一 | 镇宁六马板腰 | aŋ | a:ŋ | — | — | eŋ | — | — | iŋ | uŋ | ɯŋ | iaŋ | — | — | — | uəŋ | — | — |
| 二 | 关岭断桥木城 | aŋ | a:ŋ | oŋ | — | eŋ | — | ɛŋ | iŋ | uŋ | ɯŋ | — | iəŋ | — | uaŋ | — | — | uaŋ |
| 二 | 贞丰鲁贡烂田湾 | aŋ | a:ŋ | oŋ | — | — | — | — | iŋ | uŋ | ɯŋ | iaŋ | — | — | — | — | — | — |
| 二 | 镇宁沙子弄染 | aŋ | a:ŋ | oŋ | — | — | — | — | iŋ | uŋ | ɯŋ | iaŋ | — | — | uaŋ | — | — | — |
| 一 | 紫云白石岩岩上 | aŋ | a:ŋ | oŋ | ɔŋ | eŋ | — | — | iŋ | uŋ | ɯŋ | iaŋ | — | — | uaŋ | — | — | — |
| 三 | 镇宁扁担山革佬坟 | aŋ | a:ŋ | oŋ | — | — | — | — | iŋ | uŋ | ɯŋ | iaŋ | — | — | uaŋ | — | — | uaŋ |
| 三 | 镇宁丁旗杨柳 | aŋ | a:ŋ | oŋ | — | — | — | — | iŋ | uŋ | ɯŋ | iaŋ | — | iɛŋ | uaŋ | — | — | uaŋ |
| 三 | 镇宁双龙山簸箩 | aŋ | a:ŋ | oŋ | — | eŋ | æŋ | — | iŋ | uŋ | ɯŋ | iaŋ | — | — | — | — | — | uaŋ |
| 三 | 镇宁募役发恰 | aŋ | a:ŋ | oŋ | — | — | — | — | iŋ | uŋ | ɯŋ | iaŋ | — | — | uaŋ | — | — | uaŋ |
| 三 | 望谟打易长田 | aŋ | a:ŋ | oŋ | ɔŋ | — | æŋ | ɛŋ | iŋ | uŋ | ɯŋ | iaŋ | iəŋ | — | uaŋ | — | — | — |
| 三 | 镇宁江龙朵卜陇 | aŋ | a:ŋ | oŋ | — | eŋ | — | — | iŋ | uŋ | ɯŋ | iaŋ | — | — | uaŋ | — | — | uaŋ |

续表

| 土语 | 地点 | 韵母 |||||||||||||
|---|---|---|---|---|---|---|---|---|---|---|---|---|---|
| 三 | 关岭新铺大盘江 | aŋ | — | ɔŋ | — | — | — | iŋ | uŋ | ɯŋ | iaŋ | — | uaŋ | — | — | uaŋ |
| 三 | 晴隆花贡新寨 | aŋ | a:ŋ | ɔŋ | oŋ | eŋ | — | iŋ | uŋ | ɯŋ | iaŋ | iɔŋ | — | uaŋ | — | — | uaŋ |
| 三 | 晴隆鸡场紫塘 | aŋ | a:ŋ | ɔŋ | oŋ | — | — | — | iŋ | uŋ | ɯŋ | iaŋ | — | — | uaŋ | — | — | uaŋ |
| 三 | 普安茶源细寨 | aŋ | a:ŋ | ɔŋ | — | — | — | — | iŋ | — | — | — | — | — | — | — | — |
| 三 | 普安龙吟石古 | aŋ | a:ŋ | ɔŋ | — | eŋ | — | iŋ | — | — | iaŋ | iɔŋ | — | uaŋ | — | — | uaŋ |

贵州西南地区布依语中/-ŋ/尾韵母分布较为整齐，/-ɔŋ/尾韵母在第三土语镇宁一带较少分布。/-ŋ/尾韵母在鼻音韵尾中分布最为稳定，演变形式较少。

综上所述，从布依语/-m/、/-n/、/-ŋ/尾韵母地理分布来看，另结合李方桂先生的构拟，我们推测原始台语已经存在/-m/、/-n/、/-ŋ/尾韵母，在不断发展中产生了一些演变。总体来看主要有以下几方面特征：一是合并，第一土语北部地区和第三土语部分地区的/-m/已经消失，合并到/-ŋ/尾韵，如"水"，望谟平洞为ðam⁴，镇宁丁旗为zaŋ⁴；二是弱化或消失，/-m/尾韵常常会弱化为/-n/、/-ŋ/尾韵母，/-n/尾韵母也会弱化为/-ŋ/尾韵母，如"咸"，望谟平洞洛郎为xan⁵，镇宁丁旗杨柳为xaŋ⁵。

## 第四节　塞音韵尾

贵州西南地区南北盘江流域布依语塞音韵尾有/-p/、/-t/、/-k/三个，塞音韵尾是指发音时只有成阻过程，没有除阻过程。在语言使用中，有些地区的塞音韵尾已呈现不同程度的弱化状态。其具体分布情况如下：

| 带-p尾韵母 | 带-t尾韵母 | 带-k尾韵母 |
| --- | --- | --- |
| ap | at | ak |
| a:p | a:t | a:k |
| ep | et | ok |
| op | ot | ɔk |
| ɔp | ɔt | œk |
| ip | æt | ek |
| əp | ɛt | æk |
| up | it | ik |
| ɯp | yt | ək |
| iəp | ut | uk |
| iap | iət | ɯ |
| iep | iat | iak |
| uap | iet | iek |
| — | uat | iək |
| — | uɔt | uɔk |
| — | uet | ɯək |
| — | ɯt | — |
| — | ɯət | — |

　　贵州西南地区南北盘江流域布依语共有带塞音韵尾韵母47个，以/-p/为韵尾的韵母共有13个，以/-t/为韵尾的韵母共有18个，以/-k/为韵尾的韵母共有16个。从弱化和脱落程度来看，/-p/尾韵弱化和脱落最为严重，其次是/-t/尾韵，最后是/-k/尾韵。我们重点讨论/-p/、/-t/、/-k/韵尾的地理分布及其演变情况。

# 一、/-p/尾韵

在贵州西南地区布依语中共有/-p/尾韵母13个，分别为/ap/、/a:p/、/ep/、/op/、/ɔp/、/ip/、/əp/、/up/、/ɯp/、/iəp/、/iap/、/iep/、/uap/，共时地理分布情况如下：

| 土语 | 地点 | 韵母 | | | | | | | | | | | |
|---|---|---|---|---|---|---|---|---|---|---|---|---|---|
| 一 | 望谟平洞洛郎 | ap | a:p | ep | op | ɔp | ip | — | up | ɯp | iəp | — | — |
| 一 | 望谟蔗香新寨 | ap | a:p | ep | op | ɔp | ip | — | up | — | iəp | — | — |
| 一 | 望谟桑郎 | ap | a:p | ep | op | ɔp | ip | — | up | — | iəp | — | — |
| 一 | 望谟边饶岜饶 | ap | a:p | ep | op | — | ip | — | up | ɯp | iəp | — | — |
| 一 | 望谟昂武渡邑 | ap | a:p | ep | op | — | ip | — | up | ɯp | iəp | — | — |
| 一 | 册亨百口弄丁 | ap | a:p | ep | op | — | ip | — | up | — | iəp | — | — |
| 一 | 册亨秧坝大伟 | ap | a:p | ep | op | — | ip | — | up | — | iəp | — | — |
| 一 | 册亨弼佑秧佑 | ap | a:p | ep | op | — | ip | — | up | ɯp | iəp | — | — |
| 一 | 册亨冗渡威旁 | ap | a:p | ep | — | — | ip | — | up | — | iəp | — | — |
| 一 | 册亨巧马沿江 | ap | a:p | ep | — | — | ip | — | up | — | iəp | — | — |
| 一 | 安龙坡脚者干 | ap | a:p | ep | — | — | ip | — | up | — | iəp | — | iep |
| 一 | 贞丰沙坪尾列 | ap | a:p | — | op | ɔp | ip | — | — | — | iəp | — | — |
| 一 | 贞丰沙坪者坎 | ap | a:p | ep | op | — | ip | — | up | ɯp | iəp | — | — |
| 一 | 贞丰鲁贡打嫩 | ap | a:p | ep | op | — | ip | — | up | — | iəp | — | — |
| 一 | 紫云火花龙头 | ap | a:p | ep | op | ɔp | ip | — | up | ɯp | iəp | — | — |
| 一 | 紫云四大寨喜档 | ap | a:p | ep | — | ɔp | ip | — | — | ɯp | iəp | — | — |
| 一 | 紫云猴场大田 | ap | a:p | ep | — | — | ip | — | — | ɯp | iəp | — | iep |
| 一 | 安龙万峰湖港湾 | ap | a:p | ep | op | — | ip | — | up | — | iəp | — | — |

续表

| 土语 | 地点 | 韵母 | | | | | | | | | | |
|---|---|---|---|---|---|---|---|---|---|---|---|---|
| 一 | 兴义仓更下寨 | ap | a:p | ep | op | — | ip | — | up | ɯp | iəp | — | — |
| 一 | 兴义洛万一心 | ap | a:p | ep | op | — | ip | — | up | ɯp | iəp | — | — |
| 一 | 兴义南盘江南龙 | ap | a:p | ep | op | — | ip | — | — | ɯp | iəp | — | — |
| 一 | 镇宁简嘎翁解 | ap | a:p | ep | op | ɔp | ip | — | up | — | iəp | — | — |
| 一 | 安龙招堤顶庙 | ap | a:p | ep | — | — | ip | — | up | — | — | iep | — |
| 一 | 安龙兴隆排拢 | ap | a:p | ep | op | — | ip | — | up | — | iəp | iap | — |
| 一 | 安龙龙山肖家桥 | ap | a:p | ep | op | — | ip | — | up | ɯp | iəp | iap | — |
| 一 | 兴仁屯脚铜鼓 | ap | a:p | ep | op | — | ip | — | up | ɯp | iəp | iap | — |
| 一 | 贞丰岩鱼 | ap | a:p | ep | — | — | ip | — | up | ɯp | — | iap | — |
| 一 | 贞丰长田瓦铺 | ap | a:p | ep | — | — | — | — | — | — | — | — | — |
| 一 | 贞丰长田瓦厂 | — | — | — | — | — | — | — | — | — | — | — | — |
| 一 | 贞丰平街顶岸 | — | — | — | — | — | — | — | ɯp | — | — | — | — |
| 一 | 镇宁六马板腰 | ap | a:p | ep | — | — | ip | — | — | ɯp | — | — | — |
| 二 | 关岭断桥木城 | ap | a:p | ep | — | — | ip | — | — | ɯp | — | iep | — |
| 二 | 贞丰鲁贡烂田湾 | ap | a:p | ep | — | — | ip | — | — | ɯp | — | — | — |
| 二 | 镇宁沙子弄染 | ap | a:p | ep | — | — | ip | — | — | ɯp | — | — | — |
| 二 | 紫云白石岩岩上 | ap | a:p | ep | — | — | ip | — | — | ɯp | — | iep | — |
| 三 | 镇宁扁担山革佬坟 | — | — | — | — | — | — | — | — | — | — | — | — |
| 三 | 镇宁丁旗杨柳 | — | — | — | — | — | — | — | — | — | — | — | — |
| 三 | 镇宁双龙山簸箩 | — | — | — | — | — | — | — | — | — | — | — | — |
| 三 | 镇宁募役发恰 | — | — | — | — | — | — | — | — | — | — | — | — |
| 三 | 望谟打易长田 | ap | — | — | — | — | ip | — | — | ɯp | — | — | uap |

续表

| 土语 | 地点 | 韵母 | | | | | | | | | |
|---|---|---|---|---|---|---|---|---|---|---|---|
| 三 | 镇宁江龙朵卜陇 | — | — | — | — | — | — | — | — | — | — |
| 三 | 关岭新铺大盘江 | ap | — | — | — | ip | əp | — | ɯp | — | iap | iep | uap |
| 三 | 晴隆花贡新寨 | — | — | — | — | — | — | — | — | — | — |
| 三 | 晴隆鸡场紫塘 | ap | — | — | — | ip | — | — | ɯp | — | — |
| 三 | 普安茶源细寨 | ap | — | — | — | ip | — | — | ɯp | — | iep |
| 三 | 普安龙吟石古 | — | — | — | — | ip | — | — | — | — | — |

在46个调查地点中，/-p/尾韵母都存在不同程度的脱落，总体有以下几方面特点：一是/-p/尾韵母在第一土语保存较好，在第三土语区脱落较为严重，如/-ap/分布在37个语言点，占80.4%；二是/-p/会演变为/-k/或喉塞音韵尾/-ʔ/，如"斗笠"，望谟平洞为tɕɔp⁷，镇宁丁旗为kak⁷，镇宁募役为tɕaʔ⁷。例如：

| 例词 | 布依语 | | | | | |
|---|---|---|---|---|---|---|
| | 望谟平洞 | 册亨冗渡 | 镇宁丁旗 | 镇宁双龙山 | 镇宁募役 | 晴隆花贡 |
| 斗笠 | tɕɔp⁷ | tɕɔp⁷ | kak⁷ | kak⁷ | tɕaʔ⁷ | kak⁷ |
| 生 | ʔdip⁷ | ʔdip⁷ | ʔdik⁷ | ʔdiʔ⁷ | ʔdik⁷ | ʔdik⁷ |
| 压 | nep⁷ | nap⁷ | naʔ⁷ | nak⁷ | nak⁷ | nak⁷ |
| 切（菜） | ɕa:p⁸ | ɕa:p⁸ | tsɯʔ⁸ | tsɯʔ⁸ | tsɯk⁸ | tsɯk⁸ |

## 二、/-t/尾韵

在贵州西南地区布依语中共有/-t/尾韵母18个，分别为/at/、/a:t/、/et/、/ot/、/ɔt/、/æt/、/ɜt/、/it/、/yt/、/ut/、/iət/、/iet/、/uat/、/uət/、/uet/、/iat/、

/ɯt/、/ɯət/共时地理分布情况如下：

| 土语 | 地点 | 韵母 | | | | | | | | | | | | | |
|---|---|---|---|---|---|---|---|---|---|---|---|---|---|---|---|
| 一 | 望谟平洞洛郎 | at | aːt | et | ot | ɔt | — | it | — | ut | iət | — | uət | — | — | ɯt | ɯət |
| 一 | 望谟蔗香新寨 | at | aːt | et | ot | ɔt | — | it | — | ut | iət | — | uət | — | — | ɯt | ɯət |
| 一 | 望谟桑郎 | at | aːt | et | ot | ɔt | — | it | — | ut | iət | — | uət | — | — | ɯt | ɯət |
| 一 | 望谟边饶岜饶 | at | aːt | et | — | — | — | it | — | ut | — | uat | uət | — | — | ɯt | ɯət |
| 一 | 望谟昂武渡邑 | at | aːt | et | ot | ɔt | — | it | — | ut | iət | — | uət | — | — | ɯt | ɯət |
| 一 | 册亨百口弄丁 | at | aːt | et | ot | ɔt | — | it | — | ut | iet | — | uət | — | — | ɯt | ɯət |
| 一 | 册亨秧坝大伟 | at | aːt | et | ot | ɔt | — | it | — | ut | — | — | uət | — | — | ɯt | ɯət |
| 一 | 册亨弼佑秧佑 | at | aːt | et | ot | — | — | it | yt | ut | — | — | uət | — | — | ɯt | ɯət |
| 一 | 册亨冗渡威旁 | at | aːt | et | ot | — | — | it | — | ut | — | uat | uət | — | — | ɯt | — |
| 一 | 册亨巧马沿江 | at | aːt | et | — | — | — | it | — | ut | iət | — | uət | — | — | ɯt | ɯət |
| 一 | 安龙坡脚者干 | at | aːt | et | ot | — | — | it | — | ut | iət | — | uət | — | — | ɯt | — |
| 一 | 贞丰沙坪尾列 | at | aːt | et | ot | ɔt | — | it | — | ut | — | uat | uət | — | — | ɯt | ɯət |
| 一 | 贞丰沙坪者坎 | at | aːt | et | ot | — | — | it | — | ut | — | uat | uət | — | — | ɯt | ɯət |
| 一 | 贞丰鲁贡打嫩 | at | aːt | et | ot | — | — | it | — | ut | iət | — | uət | — | — | ɯt | ɯət |
| 一 | 紫云火花龙头 | at | aːt | et | ot | — | — | it | — | ut | — | uat | uət | — | — | ɯt | ɯət |

续表

| 土语 | 地点 | 韵母 |||||||||||||||
|---|---|---|---|---|---|---|---|---|---|---|---|---|---|---|---|---|
| 一 | 紫云四大寨喜档 | at | a:t | et | ot | ɔt | — | — | it | — | ut | iət | — | uat | uət | — | — | ɯt | — |
| 一 | 紫云猴场大田 | at | a:t | et | — | — | — | — | it | — | ut | iət | — | uat | uət | — | — | ɯt | — |
| 一 | 安龙万峰湖港湾 | at | a:t | et | ot | — | — | — | it | — | ut | iət | — | — | uət | — | — | ɯt | ɯət |
| 一 | 兴义仓更下寨 | at | a:t | et | ot | — | — | — | it | — | ut | — | — | uat | — | — | — | ɯt | ɯət |
| 一 | 兴义洛万一心 | at | a:t | et | ot | — | — | — | it | — | ut | — | — | uat | uət | — | — | ɯt | ɯət |
| 一 | 兴义南盘江南龙 | at | a:t | et | ot | — | — | — | it | — | ut | — | — | uat | — | — | — | ɯt | ɯət |
| 一 | 镇宁简嘎翁解 | at | a:t | et | ot | ɔt | — | — | it | — | ut | iət | — | — | uət | — | — | ɯt | ɯət |
| 一 | 安龙招堤顶庙 | at | a:t | et | — | — | — | — | it | — | — | iət | — | — | uət | — | — | ɯt | — |
| 一 | 安龙兴隆排拢 | at | a:t | et | ot | — | — | — | it | — | ut | iət | — | uat | uət | uet | — | ɯt | ɯət |
| 一 | 安龙龙山肖家桥 | at | a:t | — | — | — | — | — | it | — | ut | iət | — | uat | — | — | — | ɯt | — |
| 一 | 兴仁屯脚铜鼓 | at | a:t | et | — | — | — | — | it | — | ut | iət | — | uat | — | uet | — | ɯt | — |
| 一 | 贞丰岩鱼 | at | a:t | et | — | — | — | — | it | — | ut | — | — | uat | — | iat | ut | | |
| 一 | 贞丰长田瓦铺 | at | a:t | et | ot | — | — | — | it | — | ut | — | — | uat | — | iat | ut | | |
| 一 | 贞丰长田瓦厂 | at | a:t | et | — | — | — | — | it | — | ut | — | — | uat | — | — | — | ɯt | — |
| 一 | 贞丰平街顶岸 | at | a:t | et | — | ɔt | — | — | it | yt | ut | iə | — | uat | — | — | iat | ɯt | — |
| 一 | 镇宁六马板腰 | at | a:t | et | — | — | — | — | it | — | ut | — | — | uat | — | — | — | ɯt | — |

续表

| 土语 | 地点 | 韵母 |||||||||||||||
|---|---|---|---|---|---|---|---|---|---|---|---|---|---|---|---|---|
| 二 | 关岭断桥木城 | at | aːt | et | — | — | — | — | it | — | ut | — | — | uat | — | — | — | ɯt | — |
| 二 | 贞丰鲁贡烂田湾 | at | aːt | et | — | — | — | ɛt | it | — | ut | — | — | uat | uət | — | — | ɯt | — |
| 二 | 镇宁沙子弄染 | at | aːt | — | — | — | — | — | it | — | ut | — | — | uat | — | — | — | ɯt | — |
| 二 | 紫云白石岩岩上 | at | aːt | — | ot | — | — | — | it | — | ut | — | — | uat | uət | — | — | ɯt | — |
| 三 | 镇宁扁担山革佬坟 | at | aːt | et | — | — | — | — | it | — | ut | — | — | uat | — | — | — | ɯt | — |
| 三 | 镇宁丁旗杨柳 | at | aːt | et | — | — | — | — | it | — | ut | — | — | uat | — | — | iat | ɯt | — |
| 三 | 镇宁双龙山簸箩 | at | — | et | — | — | — | — | it | — | ut | — | — | uat | — | — | iat | ɯt | — |
| 三 | 镇宁募役发恰 | at | — | et | — | — | — | — | it | yt | ut | — | — | uat | — | — | — | ɯt | — |
| 三 | 望谟打易长田 | at | — | et | — | ɔt | æt | ɛt | it | — | ut | — | — | uat | — | — | — | ɯt | — |
| 三 | 镇宁江龙朵卜陇 | at | — | et | — | — | — | ɛt | it | — | ut | — | — | uat | uət | — | — | ɯt | — |
| 三 | 关岭新铺大盘江 | at | — | — | — | — | — | — | it | — | ut | — | — | uat | — | — | — | ɯt | — |
| 三 | 晴隆花贡新寨 | at | aːt | et | — | — | — | ɛt | it | — | ut | — | — | uat | uət | — | — | ɯt | — |
| 三 | 晴隆鸡场紫塘 | at | aːt | et | — | — | — | ɛt | it | — | ut | — | — | uat | uət | — | — | ɯt | — |
| 三 | 普安茶源细寨 | at | aːt | et | — | — | — | — | it | — | ut | — | — | uat | — | uet | — | ɯt | — |
| 三 | 普安龙吟石古 | at | — | et | — | — | — | ɛt | it | — | ut | — | — | uat | — | — | — | ɯt | ɯət |

塞音韵尾/-t/分布较为稳定，第一、二、三土语区均有分布，其中/iət/、/ɯət/主要分布在第一土语区，第三土语区没有分布。塞音韵尾/-t/在有些语言点演变为/-k/，如"剪"，在望谟平洞洛郎为ðat⁸，在镇宁双龙山簸箩为jaʔ⁸，在个别语言点还演变为喉塞音/-ʔ/。例如：

| 例词 | 布依语 | | | | | |
|---|---|---|---|---|---|---|
| | 望谟平洞 | 册亨冗渡 | 镇宁丁旗 | 贞丰岩鱼 | 贞丰长田 | 镇宁双龙山 |
| 剪 | ðat⁸ | ðat⁸ | jat⁸ | kek⁸ | ðak⁸ | jaʔ⁸ |

## 三、/-k/尾韵

在贵州西南地区布依语中共有/-k/尾韵母16个，分别为/ak/、/a:k/、/ok/、/ɔk/、/œk/、/ek/、/æk/、/ik/、/ək/、/uk/、/ɯk/、/iak/、/iek/、/iək/、/uək/、/ɯək/共时地理分布情况如下：

| 土语 | 地点 | 韵母 | | | | | | | | | | | | | | |
|---|---|---|---|---|---|---|---|---|---|---|---|---|---|---|---|---|
| 一 | 望谟平洞洛郎 | ak | — | ok | ɔk | — | — | — | — | — | uk | ɯk | — | — | — | ɯək |
| 一 | 望谟蔗香新寨 | ak | — | — | ɔk | — | ek | — | ik | — | uk | ɯk | — | — | — | — |
| 一 | 望谟桑郎 | ak | — | ok | ɔk | — | — | — | ik | ək | — | ɯk | — | — | — | ɯək |
| 一 | 望谟边饶邕饶 | ak | — | — | ɔk | — | — | — | ik | — | — | ɯk | — | — | — | — |
| 一 | 望谟昂武渡邑 | ak | — | — | ɔk | — | — | — | ik | ək | uk | ɯk | — | — | — | ɯək |
| 一 | 册亨百口弄丁 | ak | — | ok | ɔk | — | — | — | ik | — | — | ɯk | — | — | — | ɯək |
| 一 | 册亨秧坝大伟 | ak | — | ok | — | — | — | — | ik | — | uk | ɯk | — | — | — | — |

续表

| 土语 | 地点 | 韵母 | | | | | | | | | | | | |
|---|---|---|---|---|---|---|---|---|---|---|---|---|---|---|
| 一 | 册亨弼佑秧佑 | ak | — | ok | — | — | — | ik | — | uk | uuk | — | — | — | — |
| 一 | 册亨冗渡威旁 | ak | — | ok | — | — | — | ik | — | uk | uuk | — | — | — | — |
| 一 | 册亨巧马沿江 | ak | a:k | ok | — | — | ek | ik | — | uk | uuk | — | — | — | uək |
| 一 | 安龙坡脚者干 | ak | a:k | ok | — | — | ek | ik | — | uk | uuk | — | — | — | — |
| 一 | 贞丰沙坪尾列 | ak | — | — | ɔk | — | ek | ik | — | uk | uuk | — | — | — | uək |
| 一 | 贞丰沙坪者坎 | ak | — | ok | — | — | ek | ik | — | uk | uuk | — | — | — | — |
| 一 | 贞丰鲁贡打嫩 | ak | a:k | ok | — | — | ek | ik | — | uk | uuk | — | — | — | uək |
| 一 | 紫云火花龙头 | ak | — | ok | ɔk | — | ek | ik | — | uk | uuk | — | — | — | — |
| 一 | 紫云四大寨喜档 | ak | — | ok | ɔk | — | — | ik | — | uk | uuk | — | — | — | — |
| 一 | 紫云猴场大田 | ak | — | ok | ɔk | — | — | ik | — | uk | uuk | iak | — | — | — |
| 一 | 安龙万峰湖港湾 | ak | a:k | ok | — | — | ek | — | ik | uk | uuk | — | — | — | — |
| 一 | 兴义仓更下寨 | ak | a:k | ok | ɔk | — | ek | ik | — | uk | uuk | — | — | iək | — | uək |
| 一 | 兴义洛万一心 | ak | a:k | ok | ɔk | — | ek | ik | — | uk | uuk | — | — | — | uək | uək |
| 一 | 兴义南盘江南龙 | ak | a:k | ok | ɔk | — | ek | ik | — | uk | uuk | — | — | — | uək |
| 一 | 镇宁简嘎翁解 | ak | — | ok | ɔk | — | ek | ik | ək | uk | uuk | — | — | — | — |
| 一 | 安龙招堤顶庙 | ak | — | ok | — | — | ek | ik | — | uk | uuk | — | — | — | uək |

续表

| 土语 | 地点 | 韵母 | | | | | | | | | | | | |
|---|---|---|---|---|---|---|---|---|---|---|---|---|---|---|
| 一 | 安龙兴隆排拢 | ak | a:k | ok | — | — | — | ik | — | uk | ɯk | — | — | — | — |
| 一 | 安龙龙山肖家桥 | ak | a:k | ok | — | — | — | ik | — | uk | ɯk | — | — | — | — |
| 一 | 兴仁屯脚铜鼓 | ak | — | ok | ɔk | — | — | ik | — | uk | ɯk | — | — | — | — |
| 一 | 贞丰岩鱼 | ak | — | ok | — | — | ek | ik | — | uk | ɯk | — | — | — | — |
| 一 | 贞丰长田瓦铺 | ak | a:k | ok | — | — | ek | ik | — | uk | ɯk | iak | — | — | — |
| 一 | 贞丰长田瓦厂 | ak | a:k | ok | ɔk | — | ek | ik | — | uk | ɯk | iak | — | — | — |
| 一 | 贞丰平街顶岸 | ak | a:k | ok | — | — | — | ik | — | uk | ɯk | — | — | — | — |
| 一 | 镇宁六马板腰 | ak | — | ok | — | — | — | ik | — | uk | ɯk | — | — | — | — |
| 二 | 关岭断桥木城 | ak | — | ok | — | — | — | — | — | uk | ɯk | iak | — | — | — |
| 二 | 贞丰鲁贡烂田湾 | ak | — | ok | — | — | ek | ik | — | uk | ɯk | iak | — | — | — |
| 二 | 镇宁沙子弄染 | ak | — | ok | — | — | — | ik | — | uk | ɯk | iak | — | — | — |
| 二 | 紫云白石岩岩上 | ak | — | ok | ɔk | — | ek | ik | — | uk | ɯk | — | — | — | — |
| 三 | 镇宁扁担山革佬坟 | ak | — | ok | — | — | — | ik | — | uk | ɯk | — | — | — | — |
| 三 | 镇宁丁旗杨柳 | ak | — | ok | — | — | — | ik | — | uk | ɯk | iak | — | — | — |
| 三 | 镇宁双龙山簸箩 | ak | — | ok | — | œk | — | ik | ək | — | ɯk | iak | — | — | — |
| 三 | 镇宁募役发恰 | ak | — | ok | — | — | ek | ik | — | uk | ɯk | — | — | — | — |

续表

| 土语 | 地点 | 韵母 | | | | | | | | | | | | |
|---|---|---|---|---|---|---|---|---|---|---|---|---|---|---|
| 三 | 望谟打易长田 | ak | — | ok | ɔk | — | ek | æk | ik | — | uk | ɯk | iak | — | — | — | — |
| 三 | 镇宁江龙朵卜陇 | ak | — | ok | — | — | ek | — | ik | — | uk | ɯk | — | — | — | — | — |
| 三 | 关岭新铺大盘江 | ak | — | ok | — | | | | ik | | uk | ɯk | | | | | |
| 三 | 晴隆花贡新寨 | ak | — | ok | | | | | ik | | uk | ɯk | | | | | |
| 三 | 晴隆鸡场紫塘 | ak | — | ok | | | | | ik | | uk | ɯk | iak | | | | |
| 三 | 普安茶源细寨 | ak | a:k | ok | ɔk | | | | ik | | uk | ɯk | iak | iek | | | |
| 三 | 普安龙吟石古 | ak | — | ok | ɔk | | | | ik | | uk | ɯk | | | | | |

从共时层面而言，/-k/尾韵在有些语言点分布较为稳定，如第一土语区的安龙坡脚、万峰湖港湾和兴义仓更、洛万、南盘江等调查点，但在另外一些地方则出现不同程度的弱化或消失，如"绳子"，在安龙和兴义等5个调研点为ɕa:k⁶，在望谟、册亨、紫云等13个调研点则为ɕa⁶，可见/-k/尾韵已经脱落。

| 例词 | 布依语 | | | | | |
|---|---|---|---|---|---|---|
| | 望谟平洞 | 册亨冗渡 | 镇宁丁旗 | 贞丰岩鱼 | 晴隆花贡 | 镇宁沙子 |
| 重 | nak⁷ | nak⁷ | naʔ⁷ | nak⁷ | nak⁷ | nak⁷ |
| 单数 | tɕik⁸ | ka:n⁸ | tɕiʔ⁸ | kik⁸ | ka⁸ | tɕɯk⁸ |

如上所示，镇宁丁旗的/-k/尾韵演变为喉塞音/-ʔ/，如"重"，在望谟平洞为nak⁷，在镇宁丁旗为naʔ⁷。

# 第三章　贵州西南地区布依语声调地理分布

声调部分主要围绕布依语的声调系统、调类与调值、声调与声母的关系展开论述，声调部分的显著特征是第三土语出现调类合并现象，通常情况下，第3调和第4调合并，第3调和第5调合并，以及第5调和第6调合并。

## 第一节　声调系统

布依语是属于有声调的语言，每个音节都有声调是布依语重要的语音特征之一。与声母、韵母是线性的音位不同，声调是非线性的超音段音位，它附着在每个音节上，由整个音节音调的高、低、升、降体现出来。布依语属于侗台语族的一种语言，声调的发展与侗台语族声调的发展相同，都历经了从无到有、由简到繁的过程。首先产生四个调，这四个调可以用A、B、C、D来表示。A、B、C是出现在元音或者鼻音的音节；D调是出现在韵尾的塞音音节。声调的演化受到声母性质的影响。声母在演化的过程中，出现清浊对立，A、B、C、D四调分成两套，一套是清声母，一套是浊音母，即将A、B、C、D四个调分成八个调：$A_1$、$A_2$、$B_1$、$B_2$、$C_1$、$C_2$、$D_1$、$D_2$，如果用阿拉伯数字来表示，就是"1、2、5、6、3、4、7、8"①。八个调分化完成后，就形成现代布依语常见的八个声调，其中前面第1调到第六调是舒声调，第7调和第8调是促声调。其中促声调已不分长短。

在本文调查的46个点中，第一、二土语的声调均有8个调，6个舒声调和2个促声调。每个声调有相应的调值。我们以第一土语望谟县平洞为例。例如：

| 调类 | 第一调 | 第二调 | 第三调 | 第四调 | 第五调 | 第六调 | 第七调 | 第八调 |
| --- | --- | --- | --- | --- | --- | --- | --- | --- |
| 调型 | 低升调 | 低降调 | 高降调 | 中降调 | 中升调 | 中平调 | 中升调 | 中平调 |
| 调值 | 24 | 21 | 53 | 31 | 35 | 33 | 35 | 33 |

但是，在第三土语中，声调出现合并的现象。通常情况下，第3调和第4调合并，第3调和第5调合并，以及第5调和第6调合并。其中，第3调和第4调合并以及第3调和第5调合并是最常见的合并现象。在本调查的14个调查点中，有4个点的第3调和第4调，它们分别是镇宁扁担山，合并后均读41调；镇宁丁旗，合并后均读41调；镇宁双龙山，合并后读41调或31调；望谟打易，合并后读42调。有4个点的第3调和第5调合并，它们分别是镇宁募役，合并后读35调；望谟打易，合并后读42调；镇宁江龙，合并后读35调。晴隆鸡场，第5调和第6调合并，合并后读

---

① 本文的声调类别符号，我们采用李方桂先生所使用的符号，符号和阿拉伯数字的对应情况如下：

| $A_1$ | $A_2$ | $B_1$ | $B_2$ | $C_1$ | $C_2$ | $D_1$ | $D_2$ |
| --- | --- | --- | --- | --- | --- | --- | --- |
| 1 | 2 | 5 | 6 | 3 | 4 | 7 | 8 |
| 阴平 | 阳平 | 阴上 | 阳去 | 阴去 | 阳去 | 阴入 | 阳入 |

24调。

|  | 第三调 | 第四调 | 第五调 | 第六调 |
|---|---|---|---|---|
|  | 黄 | 水 | 过 | 拴 |
| 望谟蔗香 | xen⁵³ | ðam³¹ | kwa³⁵ | la:m³³ |
| 册亨百口 | xen⁵³ | ðam⁴² | kwa³⁵ | la:m³³ |
| 镇宁丁旗 | ɕiaŋ⁴¹ | zaŋ⁴¹ | kwa³⁵ | la:ŋ¹³ |
| 镇宁扁担山 | ɕen⁴¹ | zaŋ⁴¹ | kwa³⁵ | la:ŋ¹³ |
| 镇宁双龙山 | ɕan⁴¹ | zaŋ⁴¹ | kwa³⁵ | la:ŋ¹¹ |
| 望谟打易 | ɕen⁴² | zam⁴² | kwæ³⁵ | lem¹³ |
| 镇宁募役 | ɕan³⁵ | jaŋ⁴¹ | kwa³⁵ | laŋ¹³ |
| 镇宁江龙 | jen³⁵ | jaŋ⁴¹ | kwa³⁵ | laŋ¹³ |
| 普安龙吟 | jen³⁵ | jam⁴¹ | kwa³⁵ | laŋ²⁴ |
| 镇宁沙子 | ɣen³⁵ | jam⁴² | kwa³⁵ | la:m¹³ |
| 晴隆鸡场 | jen³⁵ | jam⁴² | kwa²⁴ | la:ŋ²⁴ |

从以上例词中我们可以发现，第一土语的望谟蔗香、册亨百口中，第3、第4、第5、第6调的调值均不同，没有合并现象。因此，在第一土语中，舒声调保持6个调。在第三土语中，由于声调有合并现象，舒声调有5个调。

## 第二节 调类与调值

布依语八个声调中，每个调类有相对应的调值，但各地调类与调值的对应情况并不一致。以下我们分别讨论舒声调和促声调的调类与调值的分布情况。

### 一、舒声调调值的分布

布依语舒声调出现在含有单元音、复合元音和鼻音韵尾/-m/、/-n/、/-ŋ/的音节里，通常情况下是第1到第6调。从"调类"的分布情况看，46个调查点都有分布，各地的一致性也很强，但是由于每个地区语音的差异，每个调类的实际读音，即"调值"，各地是有差异的。但是这种差异是呈现规律性分布的。以下是我们调查46个点舒声调调值的分布。

（1）第1调类调值分布

我们对46个调查点第1调类的调值进行统计，主要有22、24、33、44四个调值，调型分别是次低平调、低升调、中平调、次高平调。无论是第一土语还是第三土语，24调和33调是第1调类的主要调值。在46个点中，有17个点读24调，占总数36.9%，其中第一土语有15个点，第二土语1个点，第三土语有1个点；27个点读33调，占58.6%，其中第一土语有14个点，第二土语有3个，第三土语有10个点。读22调和44调均只有一个点，分别是第一土语贞丰长田坪寨及贞丰岩鱼。

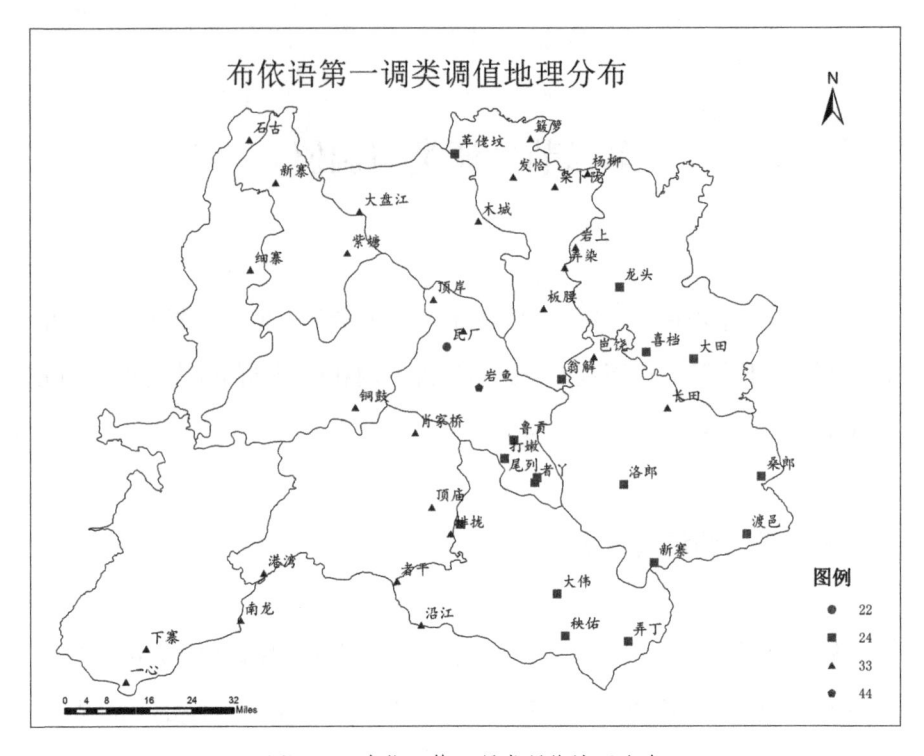

图 3-1：布依语第一调类调值地理分布

通过上图第1调类调值呈现的分布规律，我们可以知道第1调类调值在各地的对应情况。

（2）第2调类调值分布

在46个点中，第2调类调值有21、22、31、42、51五个，调型分别是低降调、次低平调、中降调、次高降调、高降调。第2调类在多数点读21调和31调，分别有19个点和18个点，占总数20.6%、18.5%。其中读21调的点在第一土语中有11个，第二土语有3个，第三土语有5个；读31调的点在第一土语有11个，第二土语有1个，第三土语有6个；读22调、42调、51调主要是第一土语区，其中读22调有3个点，望谟渡邑、安龙龙山、兴仁屯脚；读42调有5个点，安龙坡脚、安龙万峰湖、兴义仓更、

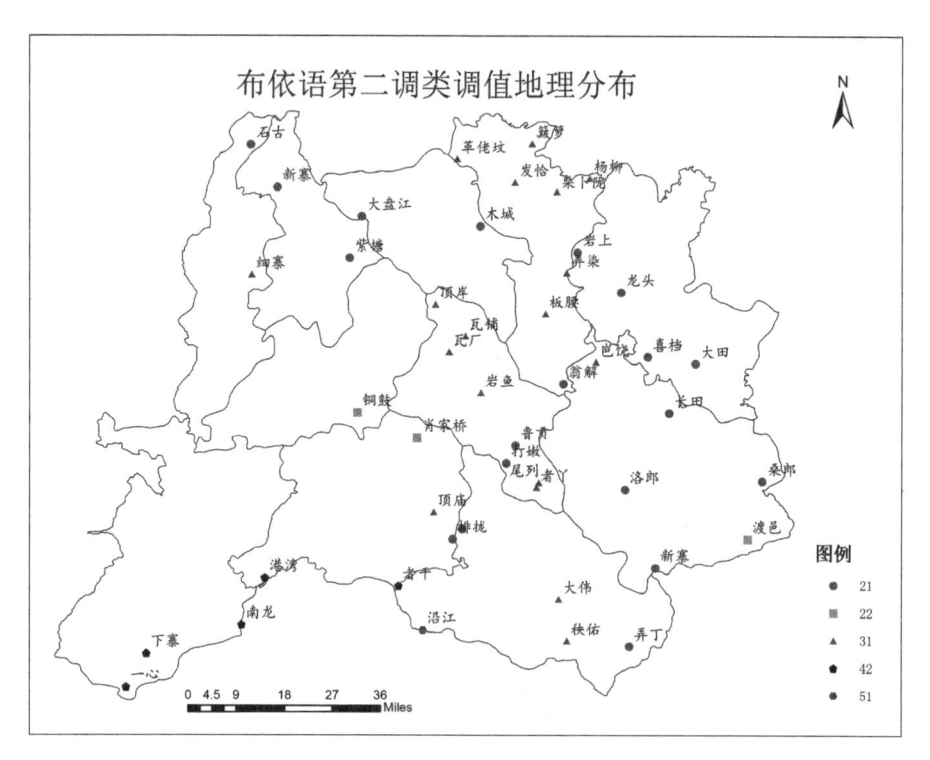

兴义洛万、兴义南盘江；读51调仅有册亨巧马一个点。

图 3-2：布依语第二调类调值地理分布

（3）第3调类调值分布

第3调调类调值在各地区差异较大，调值较多。在46个点中，第3调类调值有8个调值，分别是24、33、35、41、42、51、53、55，有6个调型，包括低升调、中平调、中升调、次高降调、高降调、高平调。其中读35的点数最多，有23个点，占总数50%，第一土语有15个，第二土语有2个，第三土语有6个；其次是53调，有10个点，多为第一土语；读24、33、41、42、51、53的点数较少，读33、41、42均仅有3个点，读51、55调均仅有一个点，分别是第一土语贞丰沙坪尾列、第二土语关岭断桥。

由此，第3调类调值数量虽多，但集中读35调及53调。

图 3-3：布依语第三调类调值地理分布

（4）第4调类调值分布

在调查46个点中，第4调类调值分别是31、33、35、41、42。第4调类无论在第一土语还是第三土语，大部分点念42调，共有33个点；少数点读31调、33调、35调、41调，分别有4个点，1个点，3个点和5个点。因此，在黔西南地区布依语中，42调是第四类调的主要调值。

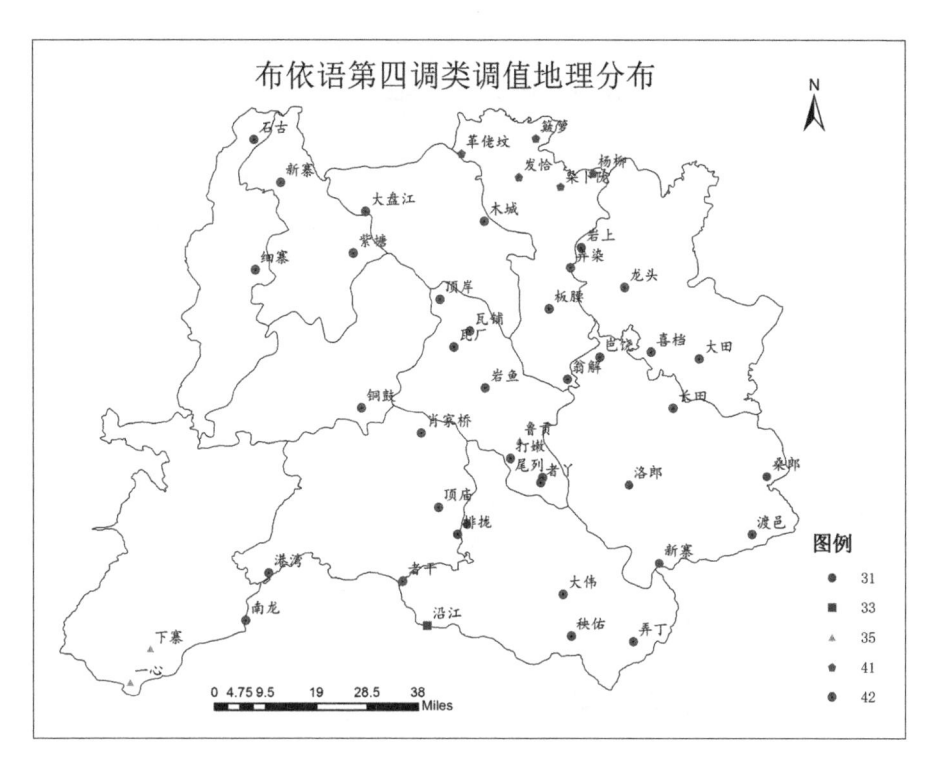

图 3-4：布依语第四调类调值地理分布

（5）第5调类调值分布

第5调类读音差异较小。在46个调查点中，第5调类有3个调值，分别是24、33、35，调型分别是低升调、中平调、中升调。其中读35的点最多，有27个点，第一土语有16个，第二土语土语有3个，第三土语有8个；其次是读24调，有17个点，多数点是第一土语，有15个点，第三土语仅有2个点。第5调类在有些地方读音不稳定，35调和24调并存，如第三土语关岭新铺第5调类的调值是35调和24调。

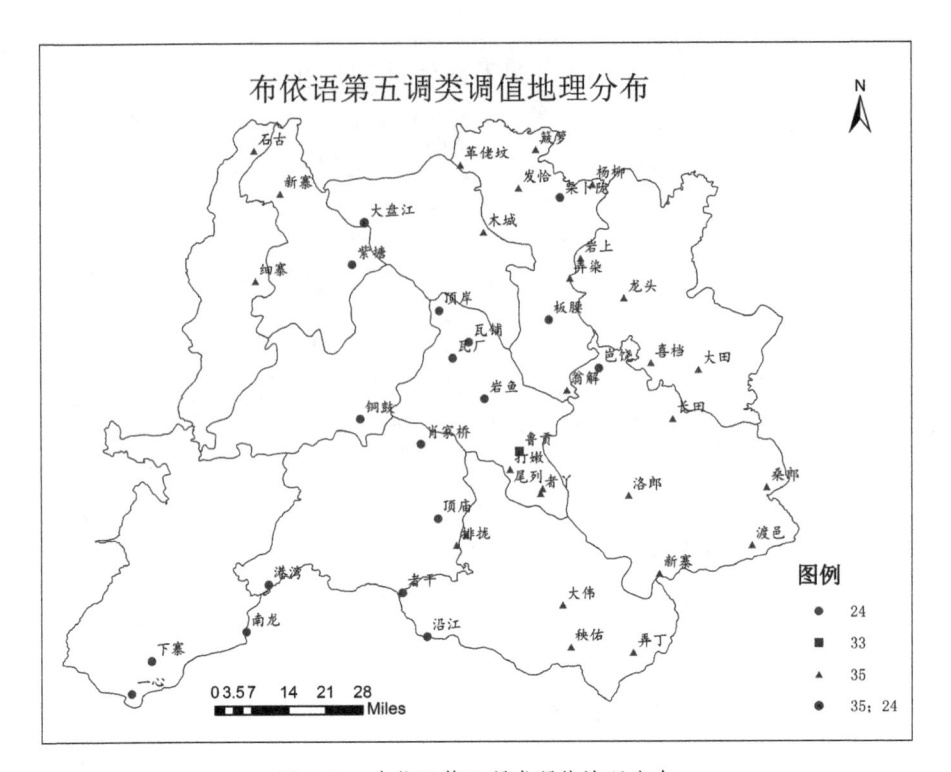

图 3-5：布依语第五调类调值地理分布

（6）第6调类调值分布

第6调类调值数量较多。在46个调查点中，有8个调值，分别是11、13、24、31、33、53、24、51，调型有低平调、低升调、次低升调、中降调、中平调、高降调。读33调的点最多，有14个点，第一土语有13个点，第三土语有1个点；其次读13调的有11个点，第一土语有4个点，第三土语有2个点，第三土语有5个点；读24、31、53的点较少，分别是5个点，4个点，2个点。第6调类在有些点读音不稳定，在有些点中24与11调，24与51调，51与24调常常共存，如，第二土语紫云白石岩第5调类有些字读24调或11调，第二土语关岭断桥读24调或51调，第三土语关岭新铺读51调或24调。

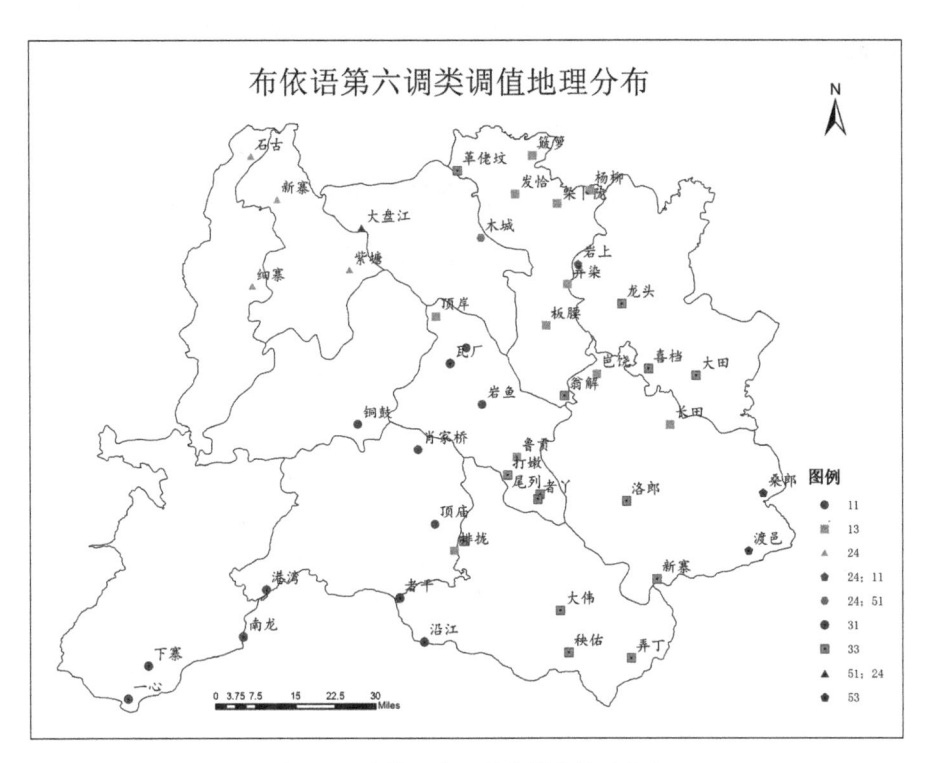

图 3-6：布依语第六调类调值地理分布

## 二、促声调调值的分布

布依语促声调是第7调类和第8调类。

### （一）第7调类调值分布

在46个调查点中，第7调类调值有5个，分别是11、13、35、55、24，调型分别是低平调、低升调、中升调、高平调、次低升调。其中读35调的点最多，共有41个点，读11调和13调均仅有一个点，分别是第二土语贞丰鲁贡烂田湾和第一土语兴义洛；读55调有两个点，第一土语贞丰沙坪尾列以及第二土语关岭断桥。第七调类调值读音有不稳定现象，在兴义南盘江读35调或24调。经统计，其结果显示第7调的主要调值是

35调。

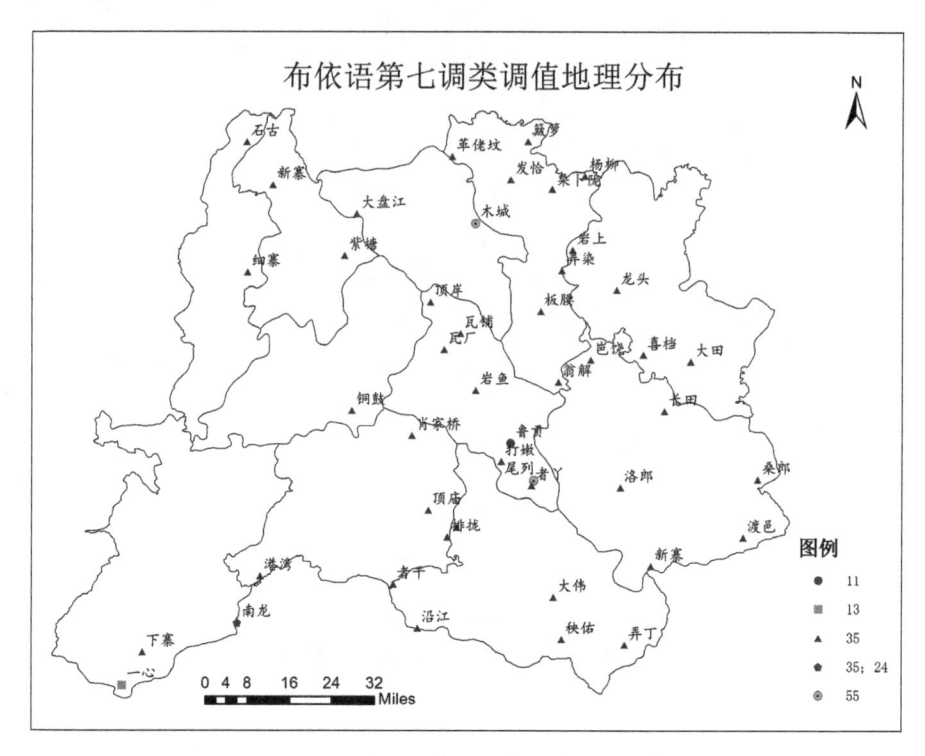

图 3-7：布依语第七调类调值地理分布

## （二）第8调类调值分布

第8调类各地读音差异较大。在46个调查点中，有6个调值，分别是11、13、24、31、33，调型分别是低平调、低升调、次低升调、中降调、中平调。其中读33调的点最多，有15个点，均为第一土语区；其次是读13调和11调，分别有10个点和11个点，读11调多为第一土语区，仅有一个第三土语望谟打易；读13调多为第三土语区，仅有一个第一土语镇宁六马。第8调部分地区读音不稳定，存在两个调值并存的现象。第8调在本次调查点中，在兴义仓更、兴义洛万、兴义南盘江读11调或33调；

镇宁扁担山读33调或13调；紫云白石岩读24调或11调；册亨巧马读33调或13调。

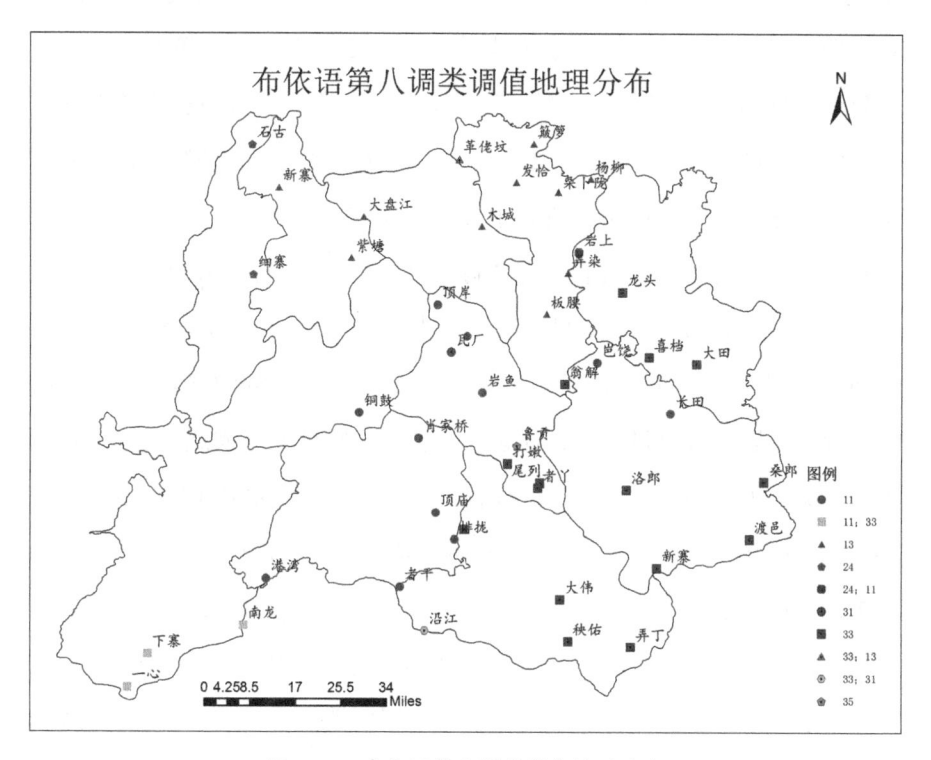

图 3-8：布依语第八调类调值地理分布

根据上图46个点舒声调及促声调调值的分布显示，第5调类调值多数点读35调，第6调类调值多数点读33调，第7调类调值多数点读35调，第8调类调值多数点读33调。可以判定多数点第5调类调值与第7调类调值相同，第6调类调值与第8调类调值相同。其原因可以追溯至侗台语声调分化的过程。在几千年的历史中，侗台语言声调历经了从无到有、从简到繁的发展。原始台语有四个声调，李方桂先生用A、B、C、D来表示。后来由于侗台语不同支系声母的清浊发生变化，由原始四个声调发生阴阳分化，变成了八个声调。李方桂先生用A1、A2、B1、B2、C1、C2、D1、D2来表示，其中D1、D2还分为长短元音。八个声调用阿拉伯数字表示，A1对应阴调类第1调，A2对应阳调类第2调，B1对应阴调类第5调，B2对应阳调类第6调，C1对应阴调类第3调，C2对应阳调类第4调，D1对应阴调类第7调，D2对应阳调类第8调。不同学者在研究过程中依据李方桂先生的思路及自身研究的需要，将A、B、C、D与阿拉伯数字进行差异化对应。张均如（1992）[①]研究中A1、A2、B1、B2、C1、C2、D1、D2分别对应阿拉伯数字第1调、第2调、第3调、第4调、第5调、第6调、第7调及第8调，并指出在侗台语原始声调A、B、C、D的分化过程中，非同音韵尾/-ʔ/和/-h/与塞音韵尾/-p/、/-t/、/-k/末尾都有阻碍，因此性质相近。所以在分化过程中，通音（元音韵、复合元音韵或带鼻音尾韵）形成A类声调的音节；带非通音韵尾/-ʔ/、/-h/和带塞音韵尾/-p/、/-t/、/-k/自成一类，即包括B、C、D三类声调的音节。带/-ʔ/韵尾的音节受韵尾的影响，音调的高低发生变化，B首先从B、C、D团中分化出来独立成B调，因而形成A、B、C、D三种不同音高的格局。后来由于/-ʔ/、/-h/没有非通音性质，对音节没有制约作用而消失，C、D两类调值高低虽然相同，但是C类毕竟是通音结尾，D类毕竟是塞音结尾，所以自然地也就形成两个调类。

由此，我们可以解释布依族多数地区第5、6调类音高调值分别和第7、8调类音高调值相同的现象了。并且调查显示，在布依语中，第5、6调类调值相同的情况下，第7、8调类调值亦相同。若第5、6调类调值不相同，第7、8调类也不相同。C、D两类调值分布相同与差异如下图：

---

[①] 马学良主编：《民族语文研究新探》，成都：四川民族出版社，1992年。

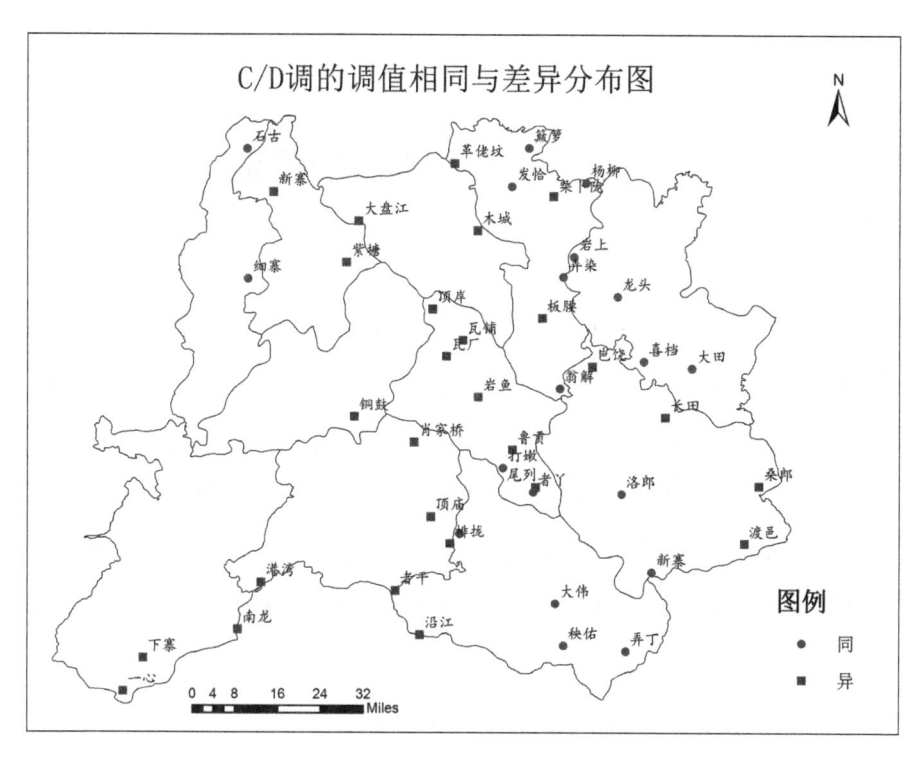

图3-9：C/D调的调值相同与差异地理分布

我们以望谟平洞第5、6调类调值与第7、8调类调值相同的字为例，具体如下：

| 第5调 | 第7调 | 第6调 | 第8调 |
| --- | --- | --- | --- |
| tɕa:ŋ³⁵ 陀螺 | ʔdip³⁵ 生 | no³³ 肉 | liət³³ 血 |
| la³⁵ 崩塌 | tap³⁵ 肝 | tau³³ 灰 | ðip³³ 爪子 |
| ɕuən³⁵ 纵 | ʔda:t³⁵ 热 | pa³³ 挖 | xa:p³³ 咬 |
| ni³⁵ 小 | tɔk³⁵ 掉 | ɕwa:u³³ 拉 | ɲip³³ 缝 |
| mo³⁵ 新 | nak³⁵ 重 | nau³³ 腐烂 | xɯət³³ 捆 |

## 第三节　声调与声母的关系

侗台语声调分化与声母清化息息相关。按照声母与声调的关系，可以将布依语分为清声母和浊声母。在声调分化完成后，通常情况下，浊声母的声调读阳调类，清声母读阴调类。阳调类很稳定，不会因为声母性质不同而产生分化，而阴调类则没有阳调类那么稳定。这种不稳定表现为，阴调类因声母的不同，该读阴调类的词却读阳调类。清类声母分为，"带先喉塞音声母""送气清塞音""不送气清塞音"以及"清边音、清擦音"四种类型：

带先喉塞音声母：/ʔ/、/ʔb/、/ʔd/、/ʔj/等；

不送气清塞音：/p/、/t/、/k/等；

送气清塞音：/ph/、/th/、/kh/等；

清边音、清擦音：/ɬ/、/θ/、/s/、/ɕ/、/x/等。

在布依语中，多数地区没有送气音，清送气音声母/ph/、/th/、/kh/仅分布在第三土语和第二土语部分地区。清边音、清擦音声母/ɬ/、/θ/、/s/、/ɕ/、/x/等在布依语中，对声调分化的影响并不大。由此，本文我们主要讨论带喉塞音声母及不送气清塞音声母与声调之间的关系。

### 一、带喉塞音的声母

布依语带先喉塞音声母/ʔ/、/ʔb/、/ʔd/、/ʔj/属于清音类声母，应出现在阴调类里。多数带先喉塞音声母确实如此，但是，/ʔb/和/ʔd/既可以出现在阴调类，也可以出现在阳调类。出现在阳调类时，主要出现在第4声里。如下表：

| 地点 | 例词 ||||||
|---|---|---|---|---|---|---|
| | 出 | 飞 | 村 | 好 | 得 | 在 |
| 望谟平洞 | ʔo⁵ | ʔbin¹ | ʔba:n⁴ | ʔdi¹ | ʔdai⁴ | ʔju⁵ |
| 册亨冗渡威旁 | ʔo⁵ | ʔbin¹ | ʔba:n⁴ | ʔdi¹ | ʔdai⁴ | ʔju⁵ |
| 兴义仓更 | ʔo⁵ | ʔbin¹ | ʔba:n⁴ | ʔdi¹ | ʔdai⁴ | ʔju⁵ |
| 兴义南盘江 | ʔo⁵ | ʔbin¹ | ʔba:n⁴ | ʔdi¹ | ʔdai⁴ | ʔju⁵ |
| 紫云猴场 | ʔo⁵ | ʔbin¹ | ʔba:n⁴ | ʔdi¹ | ʔdai⁴ | ʔju⁵ |
| 兴仁屯脚 | ʔo⁵ | ʔbin¹ | ʔba:n⁴ | ʔdi¹ | ʔdai⁴ | ʔju⁵ |
| 关岭断桥 | ʔo⁵ | ʔbin¹ | ʔba:n⁴ | ʔdi¹ | ʔdai⁴ | ʔjəu⁵ |
| 镇宁扁担山 | ʔuə⁵ | ʔbin¹ | ʔba:n⁴ | ʔdei¹ | ʔdai⁴ | ʔjəu⁵ |

以上例词中，喉塞音声母 /ʔ/ 和带先喉塞音声母 /ʔj/ 都出现在阴调类，但是 /ʔb-/ 和 /ʔb-/ 两个声母既可以出现在阴调类2，第1调里，也可以出现在阳调类2，第4调里。如，ʔbin¹ "飞" 和 ʔdi¹ "好" 读阴调类1，第1调；ʔba:n⁴ "村" 和 ʔdai⁴ "得" 读阳调类2，第4调。

"村" 和 "得"① 在同语族其他语言中，读阴调类1或者读阳调类2。例如：

| | 壮 | 傣西 | 傣德 | 水语 | 毛难 | 黎 |
|---|---|---|---|---|---|---|
| 村（子） | ʔba:n³ | ʔban³ | ma:n³ | ʔba:n³ | ʔba:n⁴ | ʔbou³ |
| 得 | ʔdai³ | ʔdai³ | —— | ʔdai³ | ʔdai⁴ | —— |

---

① 语料来自《壮侗语族语言词汇集》。

通过上表,"村"和"得"在壮语、傣语、水语和黎语均读阴调类,第3调,在布依语和毛南语里读阳调类,第4调。张均如(1996)认为这种现象是"阴调类声母的声调再分化"。由于声母性质的不同,阴调类声母的声调发生不同程度的分化。这种再分化在侗台语里,尤其发生在壮语西部、西北部和南宁附近几个的壮话、布依语的广大地区、德宏州和红河州一带的傣语、国外的泰语等语言。由此,我们也能解释,布依语中,声母/ʔb/和/ʔd/等带先喉塞声母仅出现在单数调阴调第1、5、7调,双数调阳调第4、8调,而不出现在2、3、6调的现象了。

## 二、清塞音声母

布依语不送气清塞音声母有/p/、/t/、/k/三个。现代布依语阴调类清塞音声母/p/、/t/、/k/分别来自原始侗台语的*p或*ph、*t或*th、*k或kh；阳调类清塞音声母/p/、/t/、/k/来自原始台语浊音声母*b、*t、*k。

布依语清塞音声母/p/、/t/、/k/部分阳调类的词与阴调类的词同源,但是仍然保持发阳调类。这类词在同语族的其他语言中发阴调类,在布依语中发阳调类。如下:

|  | 望谟蔗香 | 望谟边饶 | 剥隘① | 暹罗语 | 龙州话 |
| --- | --- | --- | --- | --- | --- |
| 衣服 | pɯə⁶ | pɯə⁶ | piïB2 | phaaC1 | —— |
| 人 | pu⁴ | pu⁴ | phuuC2 | phuuC1 | puuC1 |
| 碗 | toi⁴ | toi⁴ | tuuiC2 | thuaiC1 | thuuiC1 |
| 豆子 | tuə² | tuə² | tuuB2 | thuaB1 | thuuB1 |
| 筷子 | tɯ⁶ | tɯ⁶ | tiïB2 | —— | —— |

---

① 语料来自《比较台语手册》。

续表

|  | 望谟蔗香 | 望谟边饶 | 剥隘 | 暹罗语 | 龙州话 |
|---|---|---|---|---|---|
| 女婿 | koi² | koi² | kïiA2 | khəəiA1 | khïïiA1 |
| 茄子 | kɯə² | kɯə² | kïA2 | ma-khïaA1 | —— |

以上例"衣服""人""碗""豆子""筷子""女婿""茄子"在暹罗语和龙州壮语中均读阴调类1。但是，在布依语中，无论是李方桂先生调查的剥隘布依语还是本调查的46个点，以上例词均读阳调类2。我们以部分调研点为例。如下：

**1. 清塞音声母/p/读阳调类的情况**

| 地点 | 例词 | |
|---|---|---|
|  | 衣服 | 人 |
| 望谟平洞 | pɯə⁶ | pu⁴ |
| 望谟渡邑 | pɯə⁶ | pu⁴ |
| 册亨百口 | pɯə⁶ | pu⁴ |
| 册亨冗渡威旁 | pɯə⁶ | pu⁴ |
| 兴义仓更 | pɯə⁶ | pu⁴ |
| 兴义南盘江 | pɯə⁶ | pu⁴ |
| 紫云猴场 | pɯ⁶ | pu⁴ |
| 兴仁屯脚 | pɯ⁶ | pu⁴ |

**2. 清塞音声母/t/读阳调类的情况**

| 调查点 | 例词 | | |
|---|---|---|---|
|  | 碗 | 豆子 | 筷子 |
| 望谟平洞 | toi⁴ | tuə⁶ | tu⁶ |

续表

| 调查点 | 例词 | | |
|---|---|---|---|
| | 碗 | 豆子 | 筷子 |
| 望谟渡邑 | toi⁴ | tuə⁶ | tɯ⁶ |
| 册亨百口 | toi⁴ | tuə⁶ | tɯ⁶ |
| 册亨冗渡威旁 | toi⁴ | tuə⁶ | tɯ⁶ |
| 兴义仓更 | tei⁴ | tuə⁶ | tɯ⁶ |
| 兴义南盘江 | tei⁴ | tuə⁶ | tɯ⁶ |
| 紫云猴场 | tui⁴ | tu⁶ | tɯ⁶ |
| 兴仁屯脚 | te⁴ | tuə⁶ | tɯ⁶ |

**3. 清塞音声母/k/读阳调类的情况**

| 调查点 | 例词 | |
|---|---|---|
| | 女婿 | 茄子 |
| 望谟平洞 | kei² | kɯə² |
| 望谟渡邑 | kwei² | kɯə² |
| 册亨百口 | kui² | kɯə² |
| 册亨冗渡威旁 | kuei² | tɕɯ² |
| 兴义仓更 | kei² | kɯə² |
| 兴义南盘江 | kei² | kɯə² |
| 紫云猴场 | kui² | kɯ² |
| 兴仁屯脚 | kai² | tɕi² |

李方桂先生（2011）认为原始台语声母 *p 跟 *b、*t 跟 *d、*k 跟 *g 可能存在交替。现代台语声母 /p/、/t/、/k/ 读音调类1的同源词，部分读阳调类2。这些读阳调类2的词来自于原始台语浊音声母 *b。因此，布依语

puɯə⁶"衣服"、pu⁴"人"中的声母/p-/应该来自原始台语*b-声母；布依语toi⁴"碗"、tuə⁶"豆子"、tɯ⁶"筷子"几个词的声母/t/来自原始台语浊音*d；koi²"女婿"、kɯə²"茄子"应该来自原始台语浊音*g。

语言演变有先后。吴安其（2008）认为台语内部声调的分化跟声母清化的先后有关，与泰语、龙州土语等相比，北部的武鸣壮语和布依语清化较晚，故还在双数调，如"到"在泰语、武鸣壮语、布依语分别是thuŋ¹、taŋ²、taŋ²[①]。因此，布依语里，"puɯə⁶衣服""pu⁴人""toi⁴碗""tuə⁶豆子""tɯ⁶筷子""koi²女婿""kɯə²茄子"几个词的声母由于清化较晚，声调还停留在双数调。由此，也可以断定布依语里声母先清化，声调再分化。

---

[①] 吴安其：《侗台语语音的历史演变》，《语言研究》，2008年第4期。

# 第四章　贵州西南地区布依语部分核心词汇地理分布

词汇是语言构成的基础，是句子表达的重要组成部分。研究词汇可从共时和历时两个方面入手。共时层面的词汇研究称为描写词汇学，注重研究词汇的表现差异等方面；历时层面的词汇研究称为历史词汇学，注重研究词汇的产生、演变和历史发展等方面。一般情况下将词汇分为基本词汇和一般词汇，基本词汇又可分为核心词汇和其他基本词汇。基本词汇是语言中使用频率高、覆盖面较广、较为稳定的词汇。一般词汇是指基本词汇外的其他词汇的总和，通常可以反映社会与文化发展与变化，随着社会变化而不断产生新变化。基本词汇和一般词汇是根据使用频率和稳定情况而区分的，但是其中的界限并非是绝对不变的，基本词汇和一般词汇也会相互影响和渗透。

目前学界对核心词部分的论述均是按照名词、动词、形容词的体系进行的，如陈孝玲（2011）、金理新（2012）。本文也按照这一体系进行描写解释。核心词部分和基本词汇部分均是选择了布依语各地存在差异的词汇进行解释说明，有些是非同源词，按照同源关系划分类型讨论，有些是同源词，则按照不同的语音形式划分类型讨论。核心词部分同源词较多，因为这部分是布依族使用频率最高的词汇，也是日常生活中最为常见的词汇。

核心词是语言使用中最为主要的词汇，具有发展稳定、使用频率高的特点。每种语言的词汇量都是庞杂巨大的，对核心词的定义也有所区别。对于核心词研究来说，目前国际上较为常用的是斯瓦迪士（M·Swadesh）的《百词表》。此外还有郑张尚芳先生的《华澳语言比较三百核心词》。[①]斯瓦迪士（M·Swadesh）的《百词表》是依据印欧语系制定的，有些核心词的选择并不完全适用于汉藏语系各语言，但是考虑到其国际通用率较高，我们仍以《百词表》为布依语研究的参考词表。此部分的选词依据是在分类的基础上首先选择非同源词、其次选择同源不同形式词，其中具有差别的词为本文论述对象。

## 第一节 名词

词的语法功能、形态和意义是划分词类的主要依据，本部分我们选择了核心词中的部分名词，并从地理语言学角度对其形态和意义进行分析。名词是语言中数量较多的词类，通常用来表示人、事物或时间地点等名称，我们分别选择了表示自然事物的"太阳"、表示人的名词"女""男"，表示动物的名词"鱼""狗"和表示植物的名词"根"进行分析。

---

① （美）王士元主编：《汉语的祖先》，李葆嘉主译，北京：中华书局，2005年，第461页。

## 一、太阳

"太阳"一词是自然界中最为常见的天体之一,太阳也被称作为"日",由于太阳日出到日落为一天或一日,所以从文化语言学视角来看,很多民族词汇中将"太阳"与"日""天"用一个词表达。《布依—汉词典》收录有关"太阳"的不同语音形式,分别是ta¹ŋon²、taŋ¹ŋoŋ²、ta⁵ŋoŋ²、tɕa³ŋon²、tɕi³ŋoŋ²、ʔda:t⁷、ʔdan¹ʔda:t³、ʔdit⁷ʔda:t⁷。布依语中"太阳"一词与"天""阳光"等词都存在这一定联系,贵州西南地区南北盘江流域关于"太阳"一词的语音形式各异,但总体可分为三种类型,此外还有一些其他形式。具体如下:

表 4-1:布依语"太阳"的语音形式

| 类型 | 1 | 2 | 3 | 其他 |
|---|---|---|---|---|
| 语音形式 | ʔdan¹ʔda:t⁷<br>ʔdan¹ʔdat⁷<br>ʔdan¹ʔdet⁷<br>ʔdan¹ʔdɯt⁷<br>ʔdə¹ʔdɛt⁷ | ta¹ŋuan²<br>ta¹wan²<br>taŋ¹ŋon²<br>taŋ¹ŋuan²<br>taŋ¹van²<br>taŋ¹wan² | tɕa:ŋ¹ŋon²<br>tɕa:ŋ¹wan²<br>tɕa:ŋ³van²<br>tɕa³ŋon²<br>tɕa³ŋon²<br>tɕa³wan²<br>tɕaŋ⁶ŋon²<br>tɕaŋ⁶wan²<br>tɕi³ŋon² | vaŋ²ŋon² |
| 分布数量 | 23 | 11 | 11 | 1 |

类型1主要的语音形式是"ʔdan¹ʔda:t⁷",此外在不同地区还有其他的语音变体形式,例如"ʔdan¹ʔdɯt⁷"等。类型2共有"ta¹ŋuan²"等6种语音形式,其内部又可以细分为ta-系和taŋ-系两小类。类型3共有"tɕa:ŋ¹ŋon²"等9种语音形式,其内部又可以细分为tɕa-系和tɕaŋ-系两小类。此外还有较为少见的语音形式,例如"vaŋ²ŋon²",仅分布在安龙坡

脚者干语言点。具体地理分布如下：

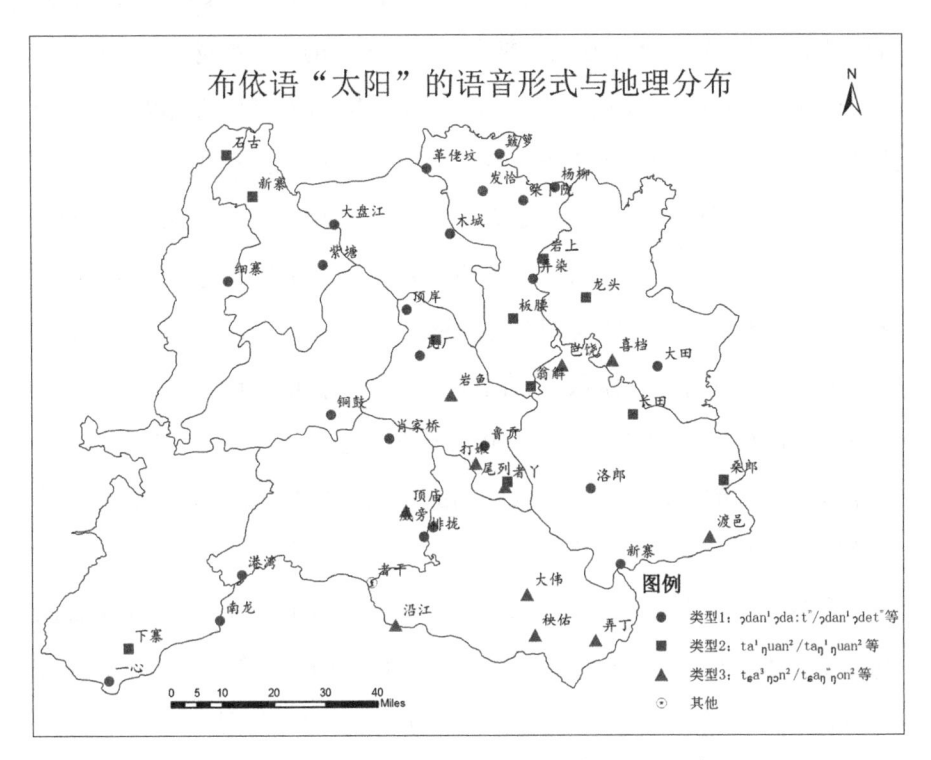

图 4-1：布依语"太阳"的语音形式与地理分布

类型1主要有5种语音形式，分别是ʔdan¹ʔdaːt⁷、ʔdan¹ʔdat⁷、ʔdan¹ʔdet⁷、ʔdan¹ʔduɯt⁷、ʔdə¹ʔdɛt⁷，其中"ʔdan¹"在布依语中具有多种含义，最为常见的是其具有量词的表达功能，在这里是名词的词头，通常用来指具有一定体积的名词前缀。"ʔdat⁷"是太阳的词根形式，在不同地理区域会有一些语音变体形式。贵州西南地区布依语"ʔdan¹ʔdaːt⁷"分布在14个语言点，其中第一土语区有12个，第二土语区有2个，具体分布在第一土语区的望谟平洞洛郎、望谟蔗香新寨、册亨冗渡威旁、紫云猴场大田、安龙万峰湖港湾、兴义洛万一心、兴义南盘江南龙、安龙兴隆排拢、安龙龙山肖家桥、兴仁屯脚铜鼓、贞丰长田瓦厂、贞丰平街顶岸和第二土语区的关岭断桥木城和贞丰鲁贡烂田湾。布依语"ʔdan¹ʔdat⁷"分布在2个语言点，分别是第二土语区的镇宁沙子弄染和第三土语区的晴隆鸡场紫塘。布依语"ʔdan¹ʔdet⁷"分布在1个语言点，为第三土语区的镇宁双龙山簸箩。布依语"ʔdan¹ʔdɯt⁷"分布在5个语言点，分别是第三土语区的镇宁扁担山革佬坟、镇宁丁旗杨柳、镇宁募役发恰、关岭新铺大盘江、普安茶源细寨。布依语"ʔdə¹ʔdɛt⁷"分布在1个语言点，是镇宁江龙朵卜陇。就语音形式方面而言，ʔdan¹ʔda:t⁷类相关词汇共由两个音节组成，第一个音节"ʔdan¹"通常用来表示具有一定体积的名词词头，韵母存在复元音/an/和舌面中、次高、展唇元音/ə/的对立分布；第二个音节是表示"太阳、阳光"含义的专有名词，韵母/a:/—/a/—/e/—/ɯ/—/ɛ/对立分布，其构成形式为"前缀+太阳/阳光"。

类型2主要有6种语音形式，分别是ta¹ŋuan²、ta¹wan²、taŋ¹ŋɔn²、taŋ¹ŋuan²、taŋ¹van²、taŋ¹wan²，这里又可以细分为两小类，分别是ta-系和taŋ-系，在布依语中"ta¹"是"眼睛"的含义，"taŋ¹"是"灯"的含义，"ŋuan²/ŋɔn²、wan²/van²"则是"日、天"的含义。其中ta¹ŋuan²、ta¹wan²分布在2个语言点，分别是第一土语区的兴义仓更下寨和贞丰长田瓦铺。taŋ-系中的"taŋ¹ŋɔn²"分布在第一土语区的贞丰沙坪尾列和镇宁简嘎翁解；"taŋ¹ŋuan²"分布在第三土语区的晴隆花贡新寨；"taŋ¹van²"分布在第一土语区的紫云火花龙头、镇宁六马板腰和第三土语区的望谟打易长田；"taŋ¹wan²"分布在第一土语区的望谟桑郎、第二土语区的紫云白石岩岩上和第三土语区的普安龙吟石古。由此可见"ta+ŋuan/wan"是"天眼"的含义，其组合方式是"眼睛+日/天"，很多学者对此也做过研究，例如吴安其（2009）和鄢卓、曾晓渝（2019）等。从文化语言学角度看，在古印度和马来西亚等民族的古代神话中，都有将"太阳"神话为"天神""日神"的传说，侗台各民族也有同样的文化认识，所以在词汇中便有所体现。

类型3主要有9种语音形式，分别是tɕa:ŋ¹ŋɔn²、tɕa:ŋ¹wan²、tɕa:ŋ³van²、tɕa³ŋɔn²、tɕa³ŋon²、tɕa³wan²、tɕaŋ⁶ŋon²、tɕaŋ⁶wan²、tɕi³ŋɔn²，均分布在第一土语区。布依语"tɕa:ŋ¹ŋɔn²"分布在望谟昂武渡邑；"tɕa:ŋ¹wan²"分布在安龙招堤顶庙；"tɕa:ŋ³van²"分布在望谟边饶邕饶；"tɕa³ŋɔn²"分布在册亨百口弄丁和贞丰沙坪者坎；"tɕa³ŋon²"分布在册亨秧坝大伟和贞丰鲁贡打嫩；"tɕa³wan²"分布在贞丰岩鱼；"tɕaŋ⁶ŋon²"分布在册亨弼佑秧佑；"tɕaŋ⁶wan²"分布在册亨巧马沿江；"tɕi³ŋɔn²"分布在紫云四大寨喜档。其中"tɕa:ŋ¹"在布依语中为"中间、中央"的含义，而"tɕaŋ/tɕa/tɕi"则是其在不同地区的演变形式，tɕa/tɕi则是tɕaŋ脱落/ŋ/而成。"ŋon²/ŋɔn²、wan²/van²"则是"日、天"的含义，可见这个词的构成方式是"中间+日/天"。

《布依语调查报告》中没有"太阳"这一词条，但收录了"日、天"这一词汇，共收录了van²、ŋɔn²、ŋuan²、ŋon²四种语音形式，在不同地点语音形式存在差异。从地理角度来看"太阳"一词在壮语中读作"kja:ŋ³ŋɔn²"或"taŋ¹ŋɔn²"，可见其与布依语的类型2是同源词。李方桂先生为"日子"构拟的原始台语声母是*ŋw-，韵母是*ə，这一韵母常常在北部方言区变成圆唇的/ɔ/。[①] 梁敏、张均如为"天（日）"构拟的原始台语古声母为*ŋw-，古韵母是*ne，即*ŋwən。[②] 金理新认为侗台语族"日"一词与南岛语共源。[③] 可见台语支语言中中表示"日"含义

---

① （美）李方桂：《比较台语手册》，北京：清华大学出版社，2011年，第207、234页。

② 梁敏、张均如：《侗台语族概论》，北京：中国社会科学出版社，1996年，第332、572页。

③ 金理新：《汉藏语系核心词》，北京：民族出版社，2012年，第319页。

的词汇具有同源关系，词形变化不大。从目前的研究来看，单音节词根"ŋuan²/ŋɔn²/wan²/van²"可能是这一词形最为古老的形式，此后又在单音节词的基础上产生了双音节复合词。

词汇扩散理论认为词汇的扩散首先从少数词开始传播，随后扩散到相关词语，布依语"太阳"类型3的扩散路径大致是tɕaŋ→tɕa/tɕi。在词汇扩散过程中语音往往是突变的，而由语音构成的词汇则是渐变的。词汇扩散理论与音变的规律性并不矛盾，词汇扩散路径研究是在语言演变规律性的基础上探索而来的。

综上所述，布依语"太阳"一词可按照同源关系与构成方式分为三种类型。第一，类型1主要分布在第一土语区，共有5种语音形式，分别是ʔdan¹ʔda:t⁷、ʔdan¹ʔdat⁷、ʔdan¹ʔdet⁷、ʔdan¹ʔdɯt⁷、ʔdə¹ʔdɛt⁷，其构成形式为"前缀+太阳/阳光"，第一个音节韵母复元音/an/和/ə/对立分布，第二个音节韵母/a:/—/a/—/e/—/ɯ/—/ɛ/对立分布。第二，类型2在第一、二、三土语区均有分布，主要有6种语音形式，分别是ta¹ŋuan²、ta¹wan²、taŋ¹ŋɔn²、taŋ¹ŋuan²、taŋ¹van²、taŋ¹wan²，又可以细分为两小类，分别是ta-系和taŋ-系，ta-系的组合方式是"眼睛+日/天"，taŋ-系的组合方式是"灯+日/天"。第三，类型3均分布在第一土语区，主要有9种语音形式，分别是tɕa:ŋ¹ŋɔn²、tɕa:ŋ¹wan²、tɕa:ŋ³van²、tɕa³ŋɔn²、tɕa³ŋɔn²、tɕa³wan²、tɕaŋ⁶ŋɔn²、tɕaŋ⁶wan²、tɕi³ŋɔn²，其组合方式是"中间+日/天"，我们认为tɕaŋ是其古老形式，tɕa/tɕi则是tɕaŋ脱落/ŋ/而成。第四，布依语"日、天"这一词汇与台语支亲属语言具有同源关系，单音节词根"ŋuan²/ŋɔn²/wan²/van²"可能是这一词形最为古老的形式，此后又在单音节词的基础上产生了双音节复合词。

## 二、女

"女"为属性词，是对多种女性相关词汇的统称。布依语中"女"与"姑娘""妇女""女孩""女人"等都存在着一定的联系。《说文》："女，妇人也。象形。王育说。凡女之属皆从女。尼吕切。"意思是女，女人，象形字，这是王育的说法，大概女的部属都从女。

在布依语不同土语区，"女"的读音形式存在差异，但是总体存在两种语音形式，分别是 luɯk⁸ʔbuɯk⁷ 和 ɕi²ja⁶。在调研点给出"女人"这一词汇时，有些地点的发音人首先给出词汇 luɯk⁸ʔbuɯk⁷，有些地点的发音人则首先给出词汇 ɕi²ja⁶，在各调研地点，这两个词基本都是存在的。在布依语中 ɕi²ja⁶ 原义是"妇女"，词义扩大为"女性"，属于词义扩大。

表 4-2：布依语"女"的语音形式

| 类型 | 1 | 2 |
| --- | --- | --- |
| 读音 | ɕi²ja⁶ | luɯk⁸ʔbuɯk⁷ |
| 其他变体形式 | ɕau³ja⁶、ɕuɯ²ja⁶、sa²ja⁶、tsa²ja⁶、tsa²za⁶ | mai⁴ʔbuɯk⁷、tsa²mai⁴ |

因为 luɯk⁸ʔbuɯk⁷ 的语音差别较小，所以未画语音分布地图，布依语 ɕi²ja⁶ 不同语音形式的分布情况如下：

图 4-2：布依语"女"的语音形式与地理分布

从以上数据可知 luɯk⁸ʔbɯk⁷ 或 ʔbɯk⁷ 有两个义项，一是女孩，二是指女人、妇女。ɕi²ja⁶ 是指女人、妇女。这两个词的不同点在于 ɕi²ja⁶ 是指已婚、有孩子的成年女性。

类型1"ɕi²ja⁶"读音形式较为统一，但在一些地区会发生分化，具体分化为 ɕau³ja⁶、ɕi²ja⁶、ɕɯ²ja⁶、sa²ja⁶、tsa²ja⁶、tsa²za⁶ 等形式。读作 ɕau³ja⁶ 的主要分布在第一土语区，有册亨巧马沿江、兴义仓更下寨、兴义南盘江南龙等地区，主要分布在南盘江流域附近。读作 ɕi²ja⁶ 的主要分布在望谟平洞洛郎、望谟蔗香新寨、望谟桑郎、望谟边饶邑饶、望谟昂武渡邑、册亨百口弄丁、册亨秧坝大伟、安龙坡脚者干、紫云火花龙头、紫云四大寨喜档。读作 ɕɯ²ja⁶ 的分布在第一土语区的册亨弼佑秧佑调查点，读作 sa²ja⁶ 的分布在第一土语区的贞丰岩鱼、长田郎所、坪寨等地。读作 tsa²ja⁶

的分布在第一土语区的贞丰平街顶岸和第三土语区的普安龙吟石古。读作 tsa²za⁶ 的分布在第三土语区的镇宁扁担山革佬坟、丁旗杨柳、双龙山簸箩等地。从语音上来看，舌面前清擦音 /ɕ/ 主要分布在第一土语区，与 /s-/、/ts-/ 存在对应分布关系，/s-/、/ts-/ 读音则分布在第三土语区。

类型 2 "lɯk⁸ʔbɯk⁷" 读音形式整体较为一致，在不同地区分化为 lɯk⁸ʔbɯk⁷、mai⁴ʔbɯk⁷、tsa²mai⁴ 三种形式。读作 lɯk⁸ʔbɯk⁷ 的分布在第一土语和第三土语的大多数地区，mai⁴ʔbɯk⁷ 分布在第一土语区的兴义洛万一心、安龙招堤顶庙、兴仁屯脚铜鼓和第三土语区的关岭新铺大盘江、晴隆鸡场紫塘、普安茶源细寨等地。在贞丰长田瓦厂和平街顶岸有 tsa²mai⁴ 的读法。

对侗台语进行整体对比分析能够更好地考察词汇的地理分布和演变情况。首先我们分析类型 1 "ɕi²ja⁶" 的同语族比较和来源情况。根据《壮语方言研究》提供的语料，与布依语关系紧密的壮语共有 tɕa:u⁴ja⁶、ɕau²ja⁶、ɕu³ja⁶、tu⁶ja⁶、to⁶ja⁶、tsha:u²ja⁶ 等同源表达形式，较布依语更为复杂。同样的语音形式 ja⁶ 在泰语中表示"祖母"，壮语中为"妻、妇人"的含义。布依语中的 ja⁶ 则有三个义项，一是表达妻子、老婆；二是表达祖母、奶奶，老年妇女；三是表达婆婆（丈夫的母亲）。布依语中的 ɕi² 通常则表示人名前缀，相当于汉语的"阿"。从侗台语族整体来看，布依语 ɕi²ja⁶ 是本族固有词，且在原始台语中就已经存在。

其次我们来分析类型 2 "lɯk⁸ʔbɯk⁷" 的同语族比较和来源情况。根据《壮语方言研究》提供的语料，与布依语关系紧密的壮语共有 wun²pa²、wun²muk⁷、me⁶buk⁷、lɯk⁸buk⁷、mi⁶bɯk⁷ 等多种语音形式，比布依语更为复杂。侗台语族"女"语音形式[①]分布如下：

---

[①] 说明：例词引自《侗台语族概论》第251、802页。

| 邕宁 | 武鸣 | 柳江 | 侗南 | 侗北 | 仫佬 | 水语 | 毛南 | 佯僙 | 锦语 | 莫语 |
|---|---|---|---|---|---|---|---|---|---|---|
| mɯk⁷ | bɯk⁷ | bɯk⁷ | mjek⁹ | ljet⁹ | ʔja:k⁷ | ʔja:k⁷ | bje:k⁸ | ʔmjɛ:k⁹ | bi:k⁹ | ʔbi:k⁹ |

从侗台语来看，布依语 ʔbɯk⁷ 与武鸣壮语、柳江壮语 bɯk⁷ 语音形式基本一致，声调相同，差别在于布依语存在先喉塞音，可以确定二者是同源关系。李方桂先生将该词辅音构拟为 *ʔb-①，在布依语中该词得到了完整保留，但在武鸣壮语中先喉塞音已经消失。梁敏、张均如将该词古声母构拟为 *ʔbl-，古韵母构拟为 ɯək，可见这个词是侗台语族原始固有词，但不同地区语义表达上会有一定差异，例如邕宁 mɯk⁷ 只作表达少女的词头和量词。

综上所述，布依语表达"女"含义的词有 ɕi²ja⁶ 和 lɯk⁸ʔbɯk⁷，ɕi²ja⁶ 在第三土语区又分化为 /sa²ja⁶/、/tsa²ja⁶/ 等读法，lɯk⁸ʔbɯk⁷ 形式较为统一。从侗台语族来看，布依语 ɕi²ja⁶ 和 lɯk⁸ʔbɯk⁷ 均是本族固有词，lɯk⁸ʔbɯk⁷ 来源于原始台语 *ʔblɯək，古声母也可能来源于原始台语 *ʔb-。

## 三、男

"男"为属性词，是对男性及相关义项词汇的统称。布依语中"男"与"男孩""男子""男人""成年男性"等词密切相关。《说文》："男，丈夫也。从田从力。言男用力於田也。凡男之属皆从男。"意思是男性，大丈夫也。字形从田从力，意指男子在田间劳动耕作。大凡男的部属都从男。

在布依语不同土语区，"男"的读音形式存在一定差异，总体来看共存在三种语音形式，分别是 lɯk⁸θa:i¹、pu⁴sa:i¹ 和 ɕau⁴pau¹。需要说明的是，

---

① 说明：例词引自《比较台语手册》第63页。

当在调研中给出男人这一词汇时，发音人首先说出的词汇是当地较为常用的词汇，我们就以这些在当地最为常用的词汇作为分析依据。

表 4-3：布依语"男"的语音形式

| 类型 | 1 | | 2 |
|---|---|---|---|
| 类型细化 | 1-A | 1-B | |
| 语音形式 | luɯk⁸θa:i¹<br>luɯk⁸łe⁵<br>luɯk⁸sa:i¹<br>luɯk⁸se¹<br>luɯk⁸sɛ¹ | pu⁴sa:i¹<br>pəu⁴sai¹<br>pu⁴θa:i¹<br>pu⁴sai¹ | ɕau⁴pau¹<br>ɕau³pau⁵<br>ɕau³ʔbau¹<br>ɕi²pau⁵<br>ɕɯ²pau⁵<br>ɕe²pau⁵<br>sa²pau¹<br>tsa²pau⁵ |

布依语 luɯk⁸θa:i¹、pu⁴sa:i¹ 和 ɕau⁴pau¹ 分布情况如下：

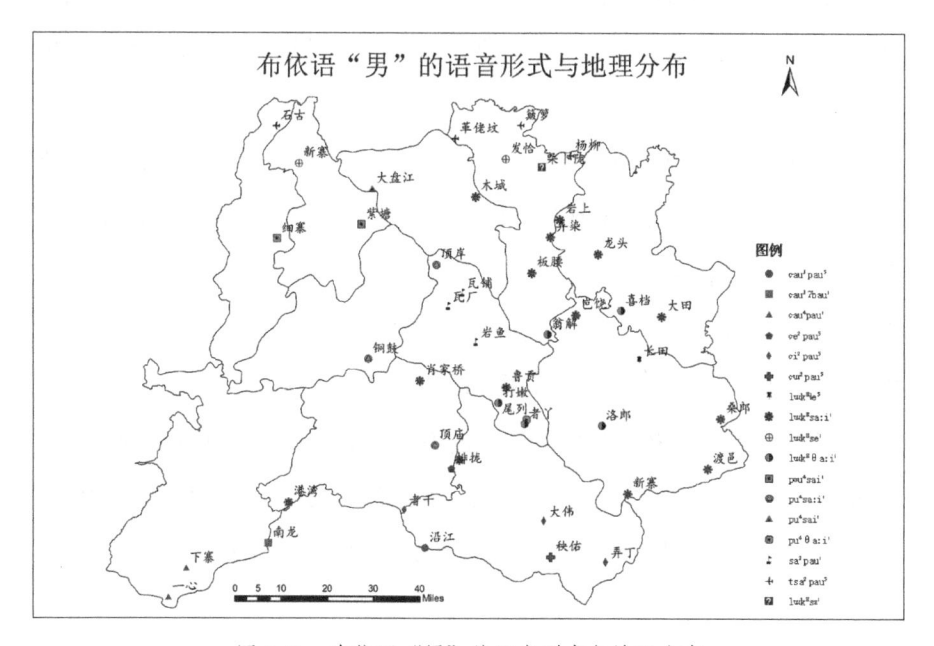

图 4-3：布依语"男"的语音形式与地理分布

类型1-A "luɯk⁸θa:i¹"是男孩的含义，具体指未成年的男性。但在很多地区呈现词义扩大化的态势，引申为男性或男人的通称。布依语"luɯk⁸θa:i¹"的变体形式主要有luɯk⁸łe⁵、luɯk⁸sa:i¹、luɯk⁸se¹、luɯk⁸sɛ¹。读作luɯk⁸łe⁵的仅有1个语言点，分布在第一土语区的望谟打易长田。读作luɯk⁸sa:i¹的有14个语言点，分布在第一土语区部分语言点和第二土语的紫云白石岩岩上、关岭断桥木城、贞丰鲁贡烂田湾、镇宁沙子弄染调查点。读作luɯk⁸se¹的有2个语言点，分布在第三土语区镇宁募役发恰和晴隆花贡新寨调查点。读作luɯk⁸sɛ¹的有1个语言点，分布在第三土语区镇宁江龙朵卜陇调查点。读作luɯk⁸θa:i¹的有5个语言点，分布在第一土语区的望谟平洞洛郎、贞丰沙坪者坎、贞丰鲁贡打嫩、紫云四大寨喜档和镇宁简嘎翁解调查点。第一个音节均相同，第二个音节则发生了演变，声母呈现/θ/、/s/、/ł/对应替换的特点，均是舌尖轻音，发音部位分别是齿间、舌尖前和舌尖中音，呈现辅音后移的特点。韵母呈现/a/、/ɛ/、/e/对应替换的特点，均是舌面前展唇元音，舌位呈低、次低、次高分布，呈现元音高化的特点。

据梁敏、张均如《壮语方言研究》记载，"男人"一词在广南读作luɯk⁸θa:i¹，在丘北读作lək⁸θa:i¹，由此可见这一词汇在布依语和壮语中均有分布，二者是同源词，同时也是本族固有词。邢公畹（1999）认为："台语lok⁸（lu:k⁸）跟汉语'子'（子女）*ctsjəg对应。"[①] 布依语中luɯk⁸是"小孩"类名词的词头，在上文我们提到的luɯk⁸ʔbuɯk⁷本义是指女孩，此处的luɯk⁸θa:i¹本义是指男孩。但随着词汇的不断发展，这两个词都呈现词义扩大化的特点，可同时泛指女人和男人。此处的词义扩大属于放射型的词义演变，以"男孩"或"女孩"为核心意义，由此向周围放射扩散，词义

---

① 邢公畹：《汉台语比较手册》，北京：商务印书馆，1999年，第103页。

得到了进一步扩大，派生出了"男人"和"女人"的类别概念意义。词汇的产生和词义的变化也体现着组合关系和聚合关系，从横轴视角来看，luɯk⁸ʔbuɯk⁷和luɯk⁸θa:i¹体现着组合关系；从纵轴视角来看，luɯk⁸是属于表达"小孩"类名词的词头，体现着聚合关系。

类型1-B"pu⁴sa:i¹"是指男孩，男人，是对所有男性的通称，既包括已婚男性也包括未婚男性。布依语中"pu⁴"共有三个义项，一是指人的类别前缀；二是指族的通称；三是指雄性的禽类。布依语中"sa:i¹"也可指男孩，意义同"luɯk⁸θa:i¹"。在我们所调查的语言点中共发现4例形式，分别是pu⁴sa:i¹、pəu⁴sai¹、pu⁴sai¹和pu⁴θa:i¹。读作pu⁴sa:i¹的分布在第一土语区的安龙招堤顶庙、兴仁屯脚铜鼓和贞丰平街顶岸。读作pəu⁴sai¹的分布在第三土语区的晴隆鸡场紫塘和普安茶源细寨。读作pu⁴sai¹的分布在第三土语区的关岭新铺大盘江。读作pu⁴θa:i¹分布在第一土语区的贞丰沙坪尾列。就共时语音分布而言，前一个音节声母全部相同，韵母存在单元音/u/和复元音/əu/的对应关系；后一个音节声母存在舌尖前轻擦音/s/和齿间清擦音/θ/对应分布的关系，韵母有长短音对立分布。

布依语"pu⁴sa:i¹"一词是布依族固有词。20世纪50年代出版的《布依语调查报告》收录了"男人"一词，在40个调查点中，有34个地点读作sai¹，3个地点读作se¹，1个地点读作ɬe¹，2个地点读作rai¹。这说明50年代布依语和现今布依语在这个词的使用上没有太大差别，词汇基本保持稳定，差别在于表示"人"的词头"pu⁴"是否省略和长短音是否存在。布依语中的sai¹与台语支的其他语言均是同源词，泰语读作tsha:i²，壮语读作sa:i¹，德宏傣语读作tsa:i²。李方桂（2011）认为："此词的原始台语声母是*ɟ-，原始台语韵母是*ai，即ɟai¹，这个复元音是由低元音*a延长而来的。"① 邢公畹（1999）认为："台语'pu⁴'与汉语'夫'相对应，台语 tɕa:i²（tɕha:i²）义为男子，可以跟汉语'崽'*csrəg 对应。"② 台语中 tɕa:i² 是指男性的孩子，跟汉语湘方言和赣方言对"儿子"一词的表达相同。所以我们可以推断台语 tɕa:i² 与汉语中"子"或"崽"存在发生学关系。

类型 2 "ɕau⁴pau⁵"是男子、男人的意思。布依语中"pau⁵"有 4 个义项，一是指男性祖宗；二是指男性老者，祖父、爷爷等；三是指丈夫的父亲；四是指伯父。可见"pau⁵"在布依语中是表示男性的类别词。布依语"ɕau⁴pau⁵"的变体形式主要有 ɕau³pau⁵、ɕau³ʔbau¹、ɕi²pau⁵、ɕɯ²pau⁵、ɕe²pau⁵、sa²pau¹、tsa²pau⁵。读作 ɕau³pau⁵ 的分布在第一土语区册亨巧马沿江。读作 ɕau³ʔbau¹ 的分布在第一土语区兴义南盘江南龙。读作 ɕau⁴pau¹ 的分布在第一土语区兴义仓更下寨、兴义洛万一心。读作 ɕe²pau⁵ 的分布在第一土语区安龙兴隆排拢。读作 ɕi²pau⁵ 的分布在第一土语区册亨百口弄丁、册亨秧坝大伟、安龙坡脚者干。读作 ɕɯ²pau⁵ 的分布在第一土语区册亨弼佑秧佑。读作 sa²pau⁵ 的分布在第一土语区贞丰岩鱼、贞丰长田瓦铺、贞丰长田瓦厂。读作 tsa²pau⁵ 的分布在第三土语区镇宁扁担山革佬坟、镇宁丁旗杨柳、镇宁双龙山簸箩和普安龙吟石古。第一个音节韵母存在 /au/、/e/、/i/、/ɯ/ 对应关系；第二个音节存在双唇、不送气、清塞音 /p/ 和 /ʔb/ 的对应分布关系。在第三土语有舌尖前、不送气、清塞擦音 /ts/ 的分布，与第一土语区的擦音 /s/ 对应分布。

布依语 ɕau⁴pau¹ 是本族固有词，台语支其他语言也有同源词，泰语为 pu⁵，版纳傣语为 pu⁵，所以可以认为这是一个原始台语就有的本族固有词汇。李方桂先生为此词构拟的原始台语声母是 *p-，原始台语韵母是 *eu，即 *peu⁵，原始复元音 *eu 在一些地方变成 /au/，就像原始台语 *e 常常变

---

① （美）李方桂：《比较台语手册》，北京：清华大学出版社，2011 年，第 251 页。
② 邢公畹：《汉台语比较手册》，北京：商务印书馆，1999 年，第 339、103 页。

成北支方言的/a/一样。① 梁敏、张均如为此词构拟的原始古声母是*p-，古韵母是*eu，即*peu。② 就汉台语比较视角而言，邢公畹先生用台语支pau¹或pu⁵与汉语"甫"相对应，《说文》中认为"甫"是对男子的美称，文献记载"父"与"甫"音比较接近，故会出现借"甫"为"父"的说法，可见台语的pau¹与汉语的"甫"存在发生学关系。③

综上所述，布依语表达"男人""男性"含义的共有三种语音形式，分别是luk⁸θa:i¹、pu⁴sa:i¹和ɕau⁴pau¹。类型1-A"luk⁸θa:i¹"本义是男孩，引申为男人的类别属性词，有5种相关变化形式，是本族固有词，与汉语"子"存在发生学关系。类型1-B"pu⁴sa:i¹"是对所有男性的通称，有4种相关变化形式，是本族固有词，与汉语中"子"或"崽"存在发生学关系。类型2"ɕau⁴pau¹"是男子、男人的意思，"pau¹"在布依语中是表示男性的类别词，有8种相关变化形式，与台语支其他语言存在同源词，是本族固有词，与汉语的"甫"存在发生学关系。

## 四、鱼

"鱼"是动物中的一大类，生活在水中，鱼的种类很多，大多可用来食用。贵州西南地区南北盘江流域水系发达，水量丰富，布依族形成了独特的鱼文化，并逐渐形成了养鱼、捕鱼的习俗，鱼也成了布依族地区的日常饮食之一。布依语中与"鱼"相关的词汇非常丰富，有"鱼白""鱼竿坠子""鱼钩""鱼篓""鱼鳃""鱼塘"等。《说文》："鱼，水虫也。象形。

---

① （美）李方桂：《比较台语手册》，北京：清华大学出版社，2011年，第56、256页。

② 梁敏、张均如：《侗台语族概论》，北京：中国社会科学出版社，1996年，第115、617页。

③ 邢公畹：《汉台语比较手册》，北京：商务印书馆，1999年，第334页。

鱼尾与燕尾相似。凡鱼之属从鱼。语居切。"意思是鱼，水中的动物。像鱼的形状。鱼字的尾形与燕字的尾形相似。大凡鱼的部属都从鱼。

在贵州西南南北盘江流域布依语不同土语区"鱼"的读音形式存在差别，总体来看共有9种语音形式，分别是pja¹、tɕa¹、tə²pa¹、tə²pja¹、tɯ¹pja¹、tu²pæ¹、tu²pa¹、tu²pja¹、tuə²pja¹。贵州西南地区南北盘江流域布依语对"鱼"一词的说法较为一致，均是同源词，差别在于有些语言点有表示动物类别属性词tuə²，有些语言点则没有。以上语音形式仅分布在第一土语区的有pja¹、tɕa¹、tɯ¹pja¹、tuə²pja¹，仅分布在第三土语的有tə²pa¹、tu²pæ¹、tu²pa¹，同时分布在第一和第二土语的是tə²pja¹，同时分布在第一和第三土语的有tu²pja¹，地理分布情况如下：

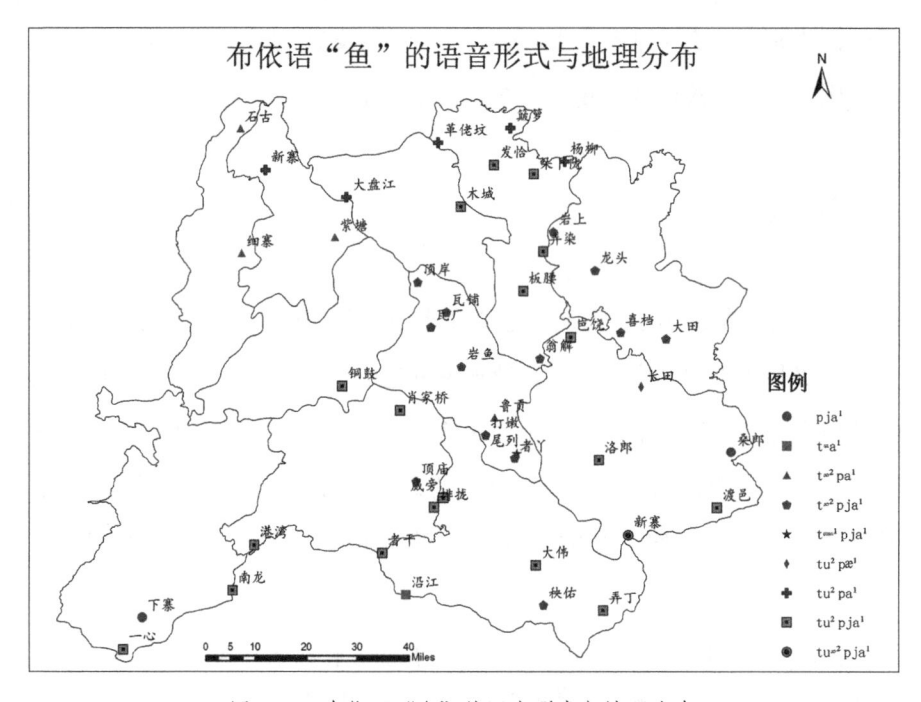

图4-4：布依语"鱼"的语音形式与地理分布

《布依-汉词典》关于"鱼"一词共收录了两种语音形式，一是 pja¹，意思是名词"鱼"；二是 tuə²pja¹，也是指鱼，名词。在布依语中，pja¹ 是表示鱼的词根，其他与鱼相关的很多词汇都含有这个词根，例如"pja¹pjai⁴ 鲤鱼""pja¹pjɔk⁸ 青鱼""pja¹ʔiən⁴ 干鱼""pja¹ʔiən¹ 咸鱼"等。布依语中 tuə²pja¹ 是合成词，其中 tuə² 有三个义项，一是指动物的泛称；二是指动物量词，"一只、匹、头"；三是指动物类名词词头，pja¹ 是表示鱼的词根。

读作 pja¹ 的有2个语言点，分布在第一土语区的望谟桑郎和兴义仓更下寨。读作 tɕa¹ 的有1个语言点，分布在第一土语区的册亨巧马沿江。读作 tə²pa¹ 的有4个语言点，分布在第二土语区的贞丰鲁贡烂田湾，第三土语区的晴隆鸡场紫塘、普安茶源细寨、普安龙吟石古。读作 tə²pja¹ 的有13个语言点，分布在第一土语区的册亨弼佑秧佑、贞丰沙坪者坎、贞丰鲁贡打嫩、紫云火花龙头、紫云四大寨喜档、紫云猴场大田、镇宁简嘎翁解、安龙招堤顶庙、贞丰岩鱼、贞丰长田瓦铺、贞丰长田瓦厂、贞丰平街顶岸和第二土语区的紫云白石岩岩上。读作 tɯ¹pja¹ 的有1个语言点，分布在第一土语区的贞丰沙坪尾列。读作 tu²pæ¹ 的有1个语言点，分布在第三土语区的望谟打易长田。读作 tu²pa¹ 的有5个语言点，分布在第三土语区的镇宁扁担山革佬坟、镇宁丁旗杨柳、镇宁双龙山簸箩、关岭新铺大盘江和晴隆花贡新寨。读作 tu²pja¹ 的有18个语言点，其中第一土语14个点，第二土语2个点，第三土语2个点，主要分布在第一土语的望谟平洞洛郎、望谟边饶岜饶、望谟昂武渡邑、册亨百口弄丁、册亨秧坝大伟、册亨冗渡威旁、安龙坡脚者干、安龙万峰湖港湾、兴义洛万一心、兴义南盘江南龙、安龙兴隆排拢、安龙龙山肖家桥、兴仁屯脚铜鼓和镇宁六马板腰；分布在第二土语的关岭断桥木城和镇宁沙子弄染；分布在第三土语的镇宁募役发恰、镇宁江龙朵卜陇。读作 tuə²pja¹ 的有1个语言点，分布在第一土语区的望谟蔗香新寨。可见读作tuə²pja¹的地点最多，达18处，占调研地点总数的39.1%。

布依语"鱼"一词的共时分布特点主要有以下方面：一是该词汇具有高度一致性，布依语中表达"鱼"含义的两个词汇均来自词根pja¹，但如今大部分地区使用"tuə²pja¹"一词，增加了"tuə²"表动物类名词词头，体现了语言类推原则；二是表动物类名词词头"tuə²"存在内部差异分化，具体表现为tə — tu — tɯ — tuə，韵母上具体差异表现为/ə/ — /u/ — /ɯ/ — /uə/，舌面元音呈现单元音和复元音替换使用的情况，同时也存在次高元音和高元音替换使用的情况；三是词根"pja¹"内部存在差异分化，具体表现为pja — tɕa — pa — pæ — pja¹，声母具体差异表现为/pj/ — /tɕ/ — /p/，即腭化音、擦音、塞音替换使用，韵母具体差异表现为/a/ — /æ/，舌位存在低和次低的差别。

20世纪50年代出版的《布依语调查报告》中"鱼"一词共有两种语音形式，在40个语言调查点中有28个点读作"pja¹"，有12个调查点读作"pa¹"，这也说明"鱼"这一词汇具有稳定性。从同源角度来看"鱼"一词在壮语中读作"pja¹"或"pa¹"，在傣语中读作"pa¹"，泰语中读作"pla¹"，可见"鱼"一词较为古老，且壮侗语族壮傣语支中此词具有高度一致性，为同源词。李方桂先生为此词构拟的原始台语声母是\*pl-，韵母是\*a，即\*pla，原始台语复辅音\*pl-在大多数西南方言里变读为p-，在中支和北支方言中有时会变读为pj-。① 梁敏、张均如为此词构拟的原始台语古声母为\*pl-，古韵母是\*a，即\*pla。② 吴安其认为汉藏语的"鱼"有着一定联系，是同源关系，并构拟了原始形式，汉语\*ŋag<\*pla-g，侗

---

① （美）李方桂：《比较台语手册》，北京：清华大学出版社，2011年，第76、239页。

② 梁敏、张均如：《侗台语族概论》，北京：中国社会科学出版社，1996年，第129、520页。

台语*pla，原始汉藏语*pla（-g）。① 金理新认为侗台语族"鱼"一词基本都是同源词关系，仅侗水语支小部分有新形式。② 邢公畹将汉语与台语"鱼"相比较，认为汉语*ŋ-可以和台语*pl-对应，汉语*ŋ-与*l-有替换关系，二者具有发生学关系。③ 可见汉藏语系中表示"鱼"含义的词汇具有同源关系，词形变化不大。目前学界普遍构拟"鱼"的原始台语形式为*pla，如果此为真命题，那么泰语保留了原始台语"鱼"的语音形式。

综上所述，布依语表达"鱼"含义的是pja¹，此外还有tuə²pja¹等相关表达变体。布依语中表达"鱼"含义的词汇均来自词根pja¹，表动物类名词词头"tuə²"和"pja¹"内部存在差异分化。通过比较分析可以判断侗台语"鱼"是同源词，语音形式高度一致；古代的汉藏语系"鱼"的表达方式也高度一致，具有发生学关系，可以认定为同源词关系；泰语中保留了这个词的古老形式，其他的语音形式可能是原始共同语分化后逐步产生的。

## 五、狗

"狗"为动物名词，是人类早期驯化的家畜之一。狗是布依族日常生活中最为常见的家畜之一，布依族养狗守护家院的习惯由来悠久。布依族民间文学就有《茫耶寻谷种》一文，讲述了远古时代一个叫茫耶的人在马和狗的帮助下历经千辛万苦获得了谷种，人们使用新的谷种耕种，过上了幸福生活的故事，可见狗自古以来就存在于布依族的生活和文化中。《说文》"狗，孔子曰：'狗，叩也。叩气吠以守。'从犬，句声。古厚切。"

---

① 吴安其：《汉藏语同源研究》，北京：中央民族大学出版社，2002年，第317页。
② 金理新：《汉藏语系核心词》，北京：民族出版社，2012年，第319页。
③ 邢公畹：《汉台语比较手册》，北京：商务印书馆，1999年，第324页。

意思是狗，孔子说："狗，扣击。狗声硁径如扣击，出气而吠叫，用以守御。"从犬，句声。

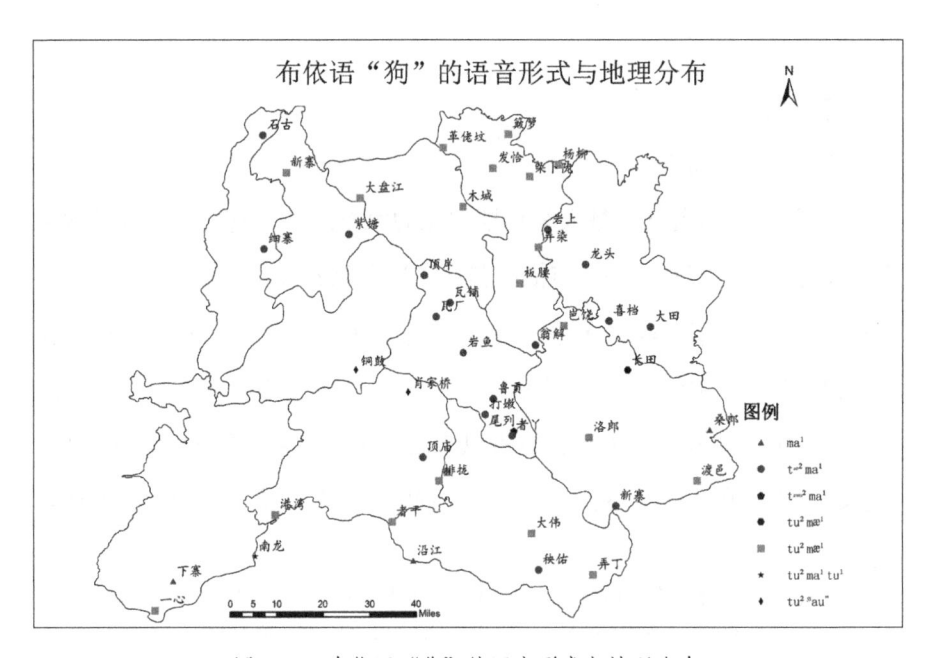

贵州西南地区南北盘江流域布依语中"狗"一词基本都是同源词，但调研发现有两个语言点存在例外情况，安龙龙山肖家桥和兴仁屯脚铜鼓"狗"读作tu²ʔau⁴。我们认为这个词是部分地区的口语用法，这是一个拟声词，最初通过模拟狗的叫声而产生，后来在语言演变过程中，经过类推作用，前加了表示动物词类的词头，便形成了tu²ʔau⁴一词。总体来看此地区的布依语中共有7种"狗"的语音形式，分别是ma¹、tə²ma¹、tu²ma¹、tu²mæ¹、tu²ma¹、tu²ma¹tu¹、tu²ʔau⁴。以上语音形式仅分布在第一土语区的有ma¹、tu²ma¹、tu²ma¹tu¹、tu²ʔau⁴；仅分布在第三土语区的有tu²mæ¹；同时分布在第一、二、三土语区的是tə²ma¹；同时分布在第一、三土语区的tu²ma¹。地理分布情况如下：

图4-5：布依语"狗"的语音形式与地理分布

《布依-汉词典》关于"狗"一词共收录了两种语音形式，一是 ma¹，指狗，名词；二是 tuə²ma¹，意为名词"狗"。在布依语中，ma¹ 是表示狗的词根，其他与狗相关的很多词汇都含有这个词根，例如"ma¹tak⁸ 公狗""ma¹loŋ² 母狗""ma¹nai² 豺狗""ma¹je⁴ 野狗"等。布依语中 tuə²ma¹ 是合成词，其中 tuə² 有三个义项，一是指动物的泛称；二是指动物量词，一"只、匹、头"；三是指动物类名词词头 ma¹，是表示"狗"的词根。读作 ma¹ 的有3个语言点，分布在第一土语区南盘江流域的望谟桑郎、册亨巧马沿江、兴义仓更下寨。读作 tə²ma¹ 的有18个语言点，分布在第一土语区的望谟蔗香新寨、册亨弼佑秧佑、贞丰沙坪者坎、贞丰鲁贡打嫩、紫云火花龙头、紫云四大寨喜档、紫云猴场大田、镇宁简嘎翁解、安龙招堤顶庙、贞丰岩鱼、贞丰长田瓦铺、贞丰长田瓦厂、贞丰平街顶岸，第二土语区的紫云白石岩岩上、贞丰鲁贡烂田湾和第三土语区的晴隆鸡场紫塘、普安茶源细寨、普安龙吟石古。读作 tuu²ma¹ 的有1个语言点，分布在第一土语区的贞丰沙坪尾列。读作 tu²mæ¹ 的有1个语言点，分布在第三土语区的望谟打易长田。读作 tu²ma¹ 的有20个语言点，分布在第一土语区的望谟平洞洛郎、望谟边饶岜饶、望谟昂武渡邑、册亨百口弄丁、册亨秧坝大伟、册亨冗渡威旁、安龙坡脚者干、安龙万峰湖港湾、兴义洛万一心、安龙兴隆排拢、镇宁六马板腰；第二土语的关岭断桥木城、镇宁沙子弄染；第三土语的镇宁扁担山革佬坟、镇宁丁旗杨柳、镇宁双龙山簸箩、镇宁募役发恰、镇宁江龙朵卜陇、关岭新铺大盘江、晴隆花贡新寨。读作 tu²ma¹tu¹ 的有1个语言点，分布在第一土语区的兴义南盘江南龙，这一语言点出现了前后都加表示动物词头的词，较为罕见。读作 tu²ʔau⁴ 的有2个语言点，分布在第一土语区的安龙龙山肖家桥和兴仁屯脚铜鼓。

布依语"狗"一词的共时分布特点主要有以下方面：一是绝大部分来自一个同源词，语音形式变化不大。布依语中表达"狗"含义的两个词汇均来自词根ma¹，但如今大部分地区使用"tu²ma¹"一词，增加了"tuə²（tu²）"表动物类名词词头，体现了语言类推原则；二是表动物类名词词头"tuə²"存在内部差异分化，具体表现为tə — tu — tɯ，韵母上具体差异表现为/ə/ — /u/ — /ɯ/，舌面元音呈现次高展唇央元音、高圆唇后元音、高展唇后元音替换使用的特点，此外其他地区较为常用的动物词头"tuə"在此地区发生简化，均使用单元音；三是词根"ma¹"内部存在差异分化，具体表现为ma¹ — mæ¹，韵母具体差异表现为/a/ — /æ/，即舌面前低展唇元音和舌面前次低展唇元音替换使用。

《布依语调查报告》中"狗"一词只有一种语音形式，40个语言调查点均读作"ma¹"，这也说明"狗"这一词汇具有很强的稳定性，但现在大部分调查点都读作前加表示动物的词头。从同语支角度来看"狗"一词在壮语36个调查点中有35处读作"ma¹"，另有1处读作"mo¹"，在文马调查点。在傣语中读作"ma¹"，泰语中读作"ma¹"，可见"狗"一词词形较为古老，且壮侗语族壮傣语支中此词具有高度一致性，为同源词。李方桂先生为此词构拟的原始台语声母为*hm-，韵母是*a，即*hma，原始台语*hm-是一个清鼻音，现在几乎所有的台语方言都演变成为了m-。①梁敏、张均如为此词构拟的原始台语古声母为*m-，古韵母是*a，即*ma。②吴安其构拟了上古汉语"*khar（犬）"，原始藏缅语"*khli"，原始侗台语"*k-ma"，原始苗瑶"*qleʔ"，原始汉藏语*kha-1等"狗"或"犬"的表达形式。③金理新认为侗台语族"狗"一词基本都是同源词关系，但与藏缅、苗瑶和汉语并非同源关系。④由此可见壮傣语支"狗"

---

① （美）李方桂：《比较台语手册》，北京：清华大学出版社，2011年，第67、239页。
② 梁敏、张均如：《侗台语族概论》，北京：中国社会科学出版社，1996年，第283、518页。
③ 吴安其：《汉藏语同源研究》，北京：中央民族大学出版社，2002年，第317页。
④ 金理新：《汉藏语系核心词》，北京：民族出版社，2012年，第319页。

一词具有同源关系，词形变化不大。目前学界对"狗"的原始台语形式构拟为 *hma 和 *ma 两种。

综上所述，布依语表达"狗"含义的共有两种类型，7种语音形式，类型一是 ma¹ 及 tu²ma¹ 等其相关变体形式，类型二是 tu²ʔau⁴ 表动物词头加拟声词构成的词汇，数量很少，在46个调查地点中仅为2例。布依语中表达"狗"含义的词汇多数来自词根 ma¹，表动物类名词词头"tuə²（tu²）"内部存在差异分化。通过比较分析可以判断台语支"狗"是同源词，语音形式高度一致，可以认定为同源词关系。侗台语中的"狗"一词与汉语、藏缅语为非同源关系。

## 六、根

"根"为植物名词，能够起到将植物固定在土地里的作用，是植物吸收营养的器官。我们这里讨论的是布依语"树根"的含义，简称为"根"，不涉及其他含义。《说文》"本，木下曰本。"意思是木头下边的是本，也就是我们今天认为的"根"。《说文》另有"根，木株也。从木，艮声。古痕切。意思是根，树兜。从木，艮声。"《说文》中的"根"则是指树干接近根部的地方，称为树兜。贵州西南地区南北盘江流域46个调查点对于"根"一词共有16种不同说法，我们将其分为三种类型，这三种类型都是同源词，仅是在不同地方语音形式存在差异。布依语中跟"根"相关的词较少，如"ðaˆ⁶θi¹ 须根"等。

表 4-4：布依语"根"的语音形式

| 类型 | 1 | 2 | 3 |
| --- | --- | --- | --- |
| 读音 | ða⁶ | ja⁶ | za⁶ |

续表

| 类型 | 1 | 2 | 3 |
|---|---|---|---|
| 其他变体形式 | ða:k⁸、ða:k⁸mai⁴、ða⁶fai⁴、ða⁶vai⁴、ðak⁸mai⁴ | ja⁶vai⁴、ja⁶ve⁴、ja⁶wai⁴ | za:k⁸mai⁴、za⁶fai⁴、za⁶mai⁴、za⁶vai⁴、za⁶wai⁴ |

我们为了方便分析，将"根"一词分为三种类型，是按照声母差异进行划分的，但本质上这三种类型都是同源词，只是在不同地区语音形式发生了演变。布依语"根"的词汇及其相关演变形式分布如下：

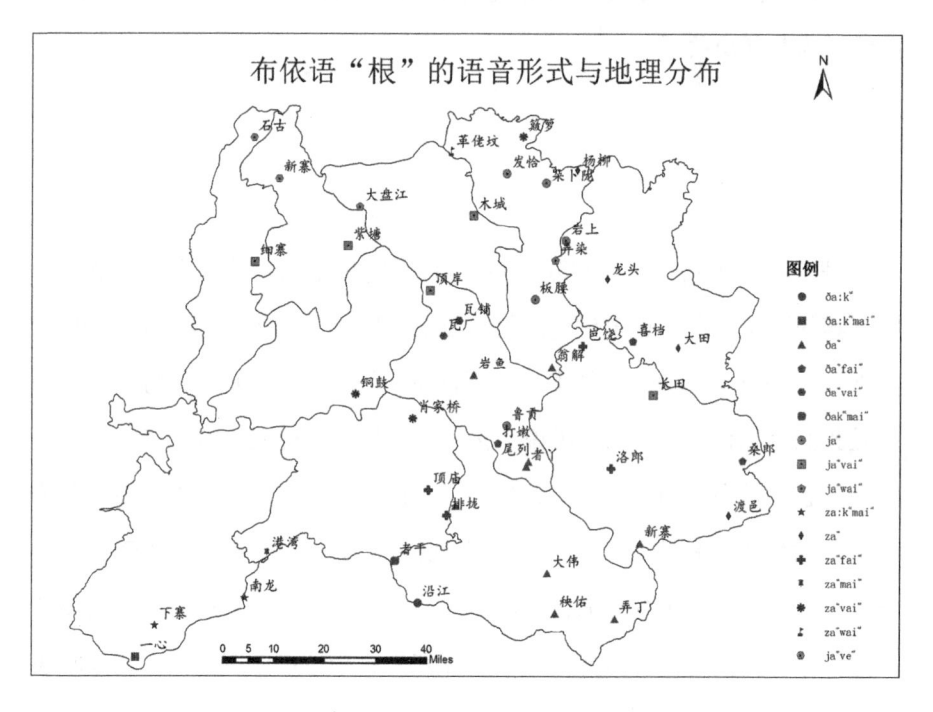

图4-6：布依语"根"的语音形式与地理分布

类型1"ða⁶"是指植物的根，布依语类型1以"ða⁶"为词根，表达"树根"含义的词还有5个，分别是ða:k⁸、ða:k⁸mai⁴、ða⁶fai⁴、ða⁶vai⁴、 ðak⁸mai⁴。以上6种关于"树根"的表达方式均分布在第一土语区。读作"ða⁶"的有9个语言点，分布在第一土语区的望谟蔗香新寨、册亨百口弄丁、册亨秧坝大伟、册亨弼佑秧佑、册亨冗渡威旁、贞丰沙坪尾列、贞丰沙坪者坎、镇宁简嘎翁解、贞丰岩鱼。读作"ða:k⁸"的仅有1个语言点，分布在第一土语区的册亨巧马沿江。读作"ða:k⁸mai⁴"的仅有1个语言点，分布在第一土语区的兴义洛万一心。读作"ða⁶fai⁴"的有3个语言点，分布在第一土语区的望谟桑郎、贞丰鲁贡打嫩和紫云四大寨喜档。读作ða⁶vai⁴的有2个语言点，分布在第一土语区的贞丰长田瓦铺和贞丰长田瓦厂。读作ðak⁸mai⁴的仅有1个语言点，分布在第一土语区的安龙坡脚者干。

类型2"ja⁶"与"ða⁶"是同源词，但声母发生变化，同样表达植物的"根"这一含义，此外还有3个相关变体，分别是ja⁶vai⁴、ja⁶ve⁴、ja⁶wai⁴。以上5种语音形式在46个调查点中共有14个，其中第一土语2个，第二土语4个，第三土语8个。读作ja⁶的有5个语言点，分布在第一土语区的镇宁六马板腰，第二土语区的紫云白石岩岩上和贞丰鲁贡烂田湾以及第三土语区的镇宁募役发恰、镇宁江龙朵卜陇。读作ja⁶vai⁴的有5个语言点，分布在第一土语区的贞丰平街顶岸，第二土语的关岭断桥木城，以及第三土语区的望谟打易长田、晴隆鸡场紫塘、普安茶源细寨和。读作ja⁶ve⁴的有2个语言点，分布在第三土语区的晴隆花贡新寨和普安龙吟石古。读作ja⁶wai⁴的有2个语言点，分布在第二土语区的镇宁沙子弄染和第三土语区的关岭新铺大盘江。

类型3"za⁶"与"ja⁶""ða⁶"均是同源词，表达植物的"根"这一含义，此外还有5个相关变体形式，分别是za:k⁸mai⁴、za⁶fai⁴、za⁶mai⁴、za⁶vai⁴、za⁶wai⁴。以上6种语音形式在46个调查点中共有15个，其中第一土语12个，第三土语3个。读作za:k⁸mai⁴的有2个语言点，分布在第一土语区的兴义仓更下寨和兴义南盘江南龙。读作za⁶的有4个语言点，分布在第一土语区的望谟昂武渡邑、紫云火花龙头、紫云猴场大田和第三土语的镇宁丁旗杨柳。读作za⁶fai⁴的有4个语言点，分布在第一土语区的望谟平洞洛郎、望谟边饶邑饶、安龙招堤顶庙和安龙兴隆排拢。读作za⁶mai⁴的有1个语言点，分布在第一土语区的安龙万峰湖港湾。读作za⁶vai⁴的有3个语言点，分布在第一土语区的安龙龙山肖家桥、兴仁屯脚铜鼓和第三土语区的镇宁双龙山簸箩。读作za⁶wai⁴的有1个语言点，分布在第三土语区的镇宁扁担山革佬坟。

布依语"根"一词的共时分布特点主要有以下方面：一是表达植物"根"含义的词均是同源词，有些语言点除了使用词根外，也有使用"根+树"而组成的合成词，如ða:k⁸mai⁴等。二是表示植物"根"的词存在内部差异分化，具体表现为ða⁶ — ja⁶ — za⁶，可见韵母和声调完全一致，声母存在差异表现为/ð/ — /j/ — /z/，也就是齿间浊擦音、舌面中浊擦音和舌尖前浊擦音对应分布，其中ða⁶主要分布在第一土语区，ja⁶主要分布在第三土语区，za⁶在第一、三土语区均有分布。另外调研也发现ða:k⁸、ðak⁸、za:k⁸三例长短音塞音韵尾对立分布的情况。三是表示"树"的词存在内部差异分化，具体表现为mai⁴ — fai⁴ — vai⁴ — wai⁴，这个音节中韵母和声调一致，声母差异表现为/m/ — /f/ — /v/ — /w/，即双唇浊鼻音、唇齿轻擦音、唇齿浊擦、半元音对应分布。其中mai⁴分布在第一土语区，fai⁴分布在第一土语区，vai⁴分布在第一和第三土语区，wai⁴分布在第三土语区。

《布依语调查报告》中"根"一词收录的语音形式分别是zak⁸、za⁶、zva⁶、za⁷⁸、rak⁸、ɣa⁷⁸、ja⁶，① 这几种语音形式虽然外在形式有所差别，但

---

① 中国科学院少数民族语言研究所编：《布依语调查报告》，北京：科学出版社，1959年，第236页。

都是同源词。从同语支来看，"根"一词在壮语36个调查点中有14种语音形式，其中所占比例最大的是lak$^{10}$和ra:k$^8$，壮语这一词汇的分化形式更为多样。① 此词在泰语中读作"ra:k$^{10}$"，可见"根"一词词形较为古老，且壮侗语族壮傣语支中此词具有高度一致性，为同源词。李方桂先生为此词构拟的原始台语声母是*dr-，这个复辅音跟原始台语的*r-在北支方言里合流，变成/r-/或/ð-/、/ɣ-/等相当的读法。② 李方桂先生的构拟也进一步说明了布依语中关于"根"的不同表达方式均是同源关系，可能是原始台语合流过程中产生了音变现象。梁敏、张均如为此词构拟的原始台语古声母为*dr-。③ 可见前辈对这个词的原始台语构拟是一致的，现今此词的侗台语均是同一个来源。吴安其构拟了"根"在不同语言中的原始形式，上古汉语"*g-la-g（杜）"，原始藏缅语"*C-ra"，原始侗台语"*k-raŋ"，原始苗瑶"*groŋ-ɣ"，原始汉藏语"*k-ra-g"，并通过汉语方言比较认为上古汉语*g-log与"杜"同源。④ 金理新认为侗台语族"根"一词分为壮语型和侗语型，壮语各方言的来源一致。⑤ 据此我们认为布依语表达植物"根"含义的词汇均是同源词，且与同语支语言来源一致。原始台语复辅音*dr-与原始台语*r-在发展中合流，导致了今天所呈现的语音差异。

综上所述，布依语表达"根"含义的共有三种类型，16种语音形式，其中类型1是"ða$^6$"及其相关变体形式，类型2是"ja$^6$"及其相关变体形式，类型3是"za$^6$"及其相关变体形式。声母差异表现为/ð/ — /j/ — /z/，也就是齿间浊擦音、舌面中浊擦音和舌尖前浊擦音对应分布，其中ða$^6$主要分布在第一土语区，ja$^6$主要分布在第三土语区，za$^6$在第一、三土语区

---

① 张均如等合著：《壮语方言研究》，成都：四川民族出版社，1999年，第627页。
② （美）李方桂：《比较台语手册》，北京：清华大学出版社，2011年，第113页。
③ 梁敏、张均如：《侗台语族概论》，北京：中国社会科学出版社，1996年，第218页。
④ 吴安其：《汉藏语同源研究》，北京：中央民族大学出版社，2002年，第310页。
⑤ 金理新：《汉藏语系核心词》，北京：民族出版社，2012年，第375页。

均有分布。从历时层面来看，布依语表达植物"根"含义的词语是同源词，且与同语支语言来源一致。原始台语复辅音 *dr– 与原始台语 *r– 在发展中合流，是导致声母语音差异的主要原因。

## 第二节　动词

本部分我们选择了核心词中的部分动词，并从地理语言学角度对其形态和意义进行分析。动词是表示动作、行为、心理活动等方面的词类，我们选择了最为基本的三组动词进行分析，分别是"喝""咬""听"，并从共时分布与历时角度构拟其来源。

### 一、喝

"喝"为动词，是指将液体咽下的动作，是人类最为常见的动作属性词之一。《说文》："饮，歠也。从欠，酓声。凡饮之属皆从饮。于锦切。"意思是饮，喝的意思。从欠，酓声，大凡饮的部属都从饮。《说文》中的"饮"与现代汉语的"喝"同义，《说文》中的"喝"则为气竭声嘶叫喊的意思。

在布依语不同土语区，"喝"一词可分为两种语音形式：一是 kɯn¹，语音形式较为统一，无相关语音变体；二是 ʔdot⁷ 及其相关语音变体形式。需要说明的是，当在调研中给出"喝"这一词汇时，有2个语言点的发音人只给出了 kɯn¹ 一词，有32个语言点的发音人只给出了 ʔdot⁷ 一词，有12个语言点的发音人同时给出了 kɯn¹ 和 ʔdot⁷ 两个词。我们将表达"喝"这一含义的词分为两种类型，具体如下：

**表 4-5：布依语"喝"的语音形式**

| 类型 | 1 | 2 |
|---|---|---|
| 读音 | kɯn¹ | ʔdɔt⁷ |
| 其他变体形式 | 无 | ʔduət⁷、ʔdat⁷、ʔdaʔs⁷、ʔdɯt⁷、ʔdot⁷、ʔduat⁷ |

我们将"喝"一词分为两种类型，本质上这两种类型的词是非同源词。kɯn¹形式统一，无语音变体；ʔdɔt⁷共有7种相关语音变体形式，在不同地区语音形式发生了演变。布依语"喝"的词汇及其相关演变形式分布如下：

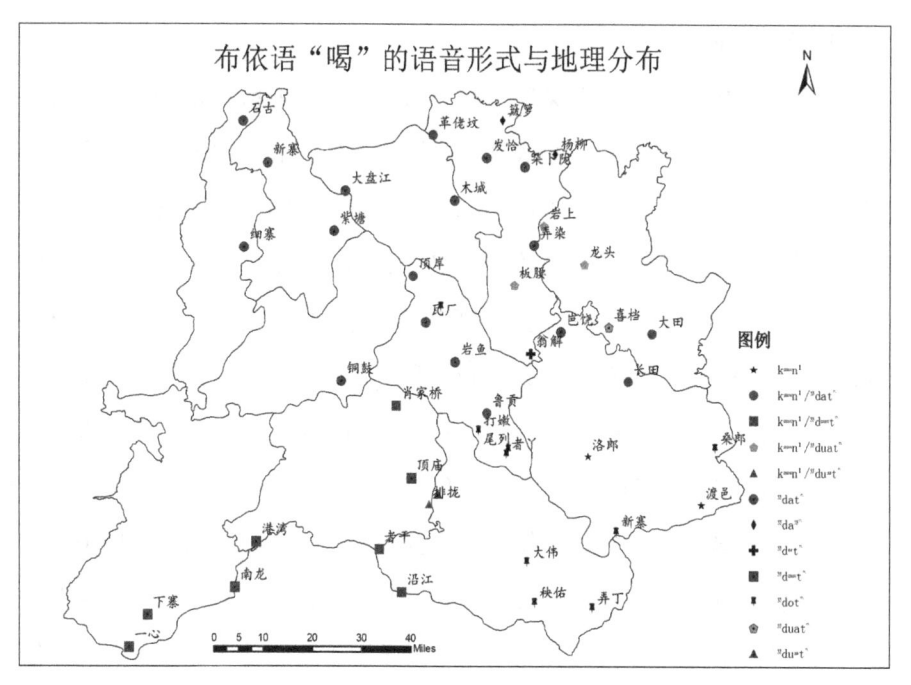

图 4-7：布依语"喝"的语音形式与地理分布

类型1"kɯn¹"共有三个义项，均为动词：一是表示"吃"的动作；

二是表示"喝"的动作；三是表示"吸、抽"的动作。可以说"kɯn¹"在布依语中是对嘴部饮食相关动作的概括名词，而汉语中的吃、喝、吸都是区分开来的。布依语"kɯn¹"作为布依语中的核心词汇，语音形式具有高度统一性，布依语各土语区均使用这个词汇，且基本没有词形变化。在46个语言点中，共有14个语言点读作"kɯn¹"，其中有2个语言点发音人仅给出了"kɯn¹"，分别是第一土语区的望谟平洞洛郎和望谟昂武渡邑；有12个语言点发音人给出了"kɯn¹"和"ʔdɔt⁷"两种读音，分别是第一土语区的册亨巧马沿江、安龙坡脚者干、紫云火花龙头、紫云猴场大田、安龙兴隆排拢、安龙龙山肖家桥、贞丰平街顶岸和镇宁六马板腰，第二土语区的紫云白石岩岩上和贞丰鲁贡烂田湾，第三土语区的镇宁扁担山革佬坟、望谟打易长田。

　　类型2"ʔdɔt⁷"共有三个义项，均为动词，一是表示"饮、喝"的动作；二是表达"吮"的动作；三是表达"吸"的动作。表达"喝"这一含义的词还有6个，分别是ʔduət⁷、ʔdat⁷、ʔdaʔ⁷、ʔduɯt⁷、ʔdot⁷、ʔduat⁷，以上7种关于"喝"的语音形式分布在布依语各土语区。读作"ʔdɔt⁷"的有1个语言点，分布在第一土语区的镇宁简嘎翁解。读作"ʔduət⁷"的有2个语言点，分布在第一土语区的册亨冗渡威旁和安龙兴隆排拢。读作"ʔdat⁷"的有18个语言点，分布在第一土语区的望谟边饶邑饶、紫云猴场大田、兴仁屯脚铜鼓、贞丰岩鱼、贞丰长田瓦厂贞丰平街顶岸；第二土语区的关岭断桥木城、贞丰鲁贡烂田湾、镇宁沙子弄染；第三土语区的镇宁扁担山革佬坟、镇宁募役发恰、望谟打易长田、镇宁江龙朵卜陇、关岭新铺大盘江、晴隆花贡新寨、晴隆鸡场紫塘、普安茶源细寨、普安龙吟石古。读作"ʔdaʔ⁷"的有2个语言点，分布在第三土语区的镇宁丁旗杨柳和镇宁双龙山簸箩。读作"ʔduɯt⁷"的有8个语言点，分布在第一土语区的册亨巧马沿江、安龙坡脚者干、安龙万峰湖港湾、兴义仓更下寨、兴义洛万一心、兴义南盘江南龙、安龙招堤顶庙和安龙龙山肖家桥。读作"ʔdot⁷"的有9个语言点，分布在第一土语区的望谟蔗香新寨、望谟桑郎、册亨百口弄丁、册亨秧坝大伟、册亨弼佑秧佑、贞丰沙坪尾列、贞丰沙坪者坎、贞丰鲁贡打嫩和贞丰长田瓦铺。读作"ʔduat⁷"的有4个语言点，分布在第一土语区的紫云火花龙头、紫云四大寨喜档、镇宁六马板腰和第二土语区的紫云白石岩岩上。

布依语"喝"一词的共时分布特点主要有以下方面：一是表达"喝"含义的词共有2类，分别是"kɯn¹"和"ʔdot⁷"，其中"kɯn¹"无语音变化形式，"ʔdot⁷"共有7种语音形式；二是"ʔdot⁷"一词存在内部差异分化，具体表现为 /a/ — /ɯ/ — /ɔ/ — /o/ 对应分布，即舌面前低元音、舌面后高元音、舌面后次低元音、舌面后次高元音对应分布，此外还有复元音 /uə/ — /ua/ 对应分布。

《布依语调查报告》中"喝、吸"一词共有5种语音形式，分别是 sɯt⁸、sut⁸、sət⁸、suat⁸、rut⁸，① 这几种语音形式虽然有所差别，但都是同源词。需要说明的是"θut⁸"在"喝"的调研中并未体现，但这也正是布依语中能够表达"喝、吸"的第三个词，《布依-汉词典》收录了此词，但在很多调研地点，这个词更加强调以"吸"为主要动作方式，词义扩大化到"喝"一词上。从同语支来看，在壮语中"喝"一词区分为"喝（水）"和"喝（酒）"两个调查条目，在不同地区还存在区别，但是主要还是使用"kɯn¹"和"ʔdot⁷"这两个词汇，也有个别语言点使用 sut⁸ 表示"喝"的含义。② 此词在泰语中读作"du:t⁹"，可见"喝"一词词形较为古老，且壮侗语族壮傣语支中此词具有高度一致性，为同源词。李方桂

---

① 中国科学院少数民族语言研究所编：《布依语调查报告》，北京：科学出版社，1959年，第230页。

② 张均如等合著：《壮语方言研究》，成都：四川民族出版社，1999年，第718、719页。

先生为"吮吸"构拟的原始台语声母是*ʔd-，韵母是*uo，即*ʔduo⁷，为"吃"一词构拟的原始台语声母为*k-。① 原始台语*ʔd是前加喉塞音的声母，在布依语中这一喉塞音得到了完整保留，但在同语族的壮语中有些语言点已经脱落。而德宏傣语中此词读作"ʔut⁷"，可见仍有保留，由此推断"ʔdɔt⁷"一词的原始台语声母应该是*ʔd。布依语"ʔdɔt⁷"一词的原始台语韵母可能是来源于复元音*uo，在布依语中仍有语言点读作ʔduət⁷和ʔduat⁷，/uə/和/ua/也很有可能是由复元音*uo演变而来，在其他一些地方演变为单元音/ɯ/—/ɔ/—/o/等。梁敏、张均如构拟了"喝（水）"的古声母为*ʔd，古韵母为*um，即*ʔdum。② 李方桂和梁敏先生对这一词汇的原始台语声母形式构拟是一致的，韵母存在差异，但均是复元音，现今此词的侗台语均是同一个来源。吴安其构拟了"喝"在不同语言中的原始形式，上古汉语"*qləmʔ（饮）"，原始藏缅语"*g-dam"，原始侗台语"*C-rum-ɣ"，原始苗瑶"*khrop"，原始汉藏语"*C-dem"。③ 金理新认为台语支"吸、吮吸"有两个形式，且语音关系较为明显，并构拟了原始侗台语支"喝、吻"的共同形式是*θup。④ 金理新所构拟的对应形式是布依语中的θut⁸。布依语表达"喝"含义的词汇分别是"kɯn¹""ʔdɔt⁷""θut⁸"，以上词汇均是本族固有词，"kɯn¹"声母来源于原始台语*k-，"ʔdɔt⁷"来源于原始台语*ʔduo⁷或*ʔdum，"θut⁸"来源于原始台语*θup。

综上所述，布依语表达"喝"含义的词汇共有三种类型，其中有2种出现在我们调查的语言点中，还有一种未出现在调查数据中。类

---

① （美）李方桂：《比较台语手册》，北京：清华大学出版社，2011年，第96、230、163页。
② 梁敏、张均如：《侗台语族概论》，北京：中国社会科学出版社，1996年，第256页。
③ 吴安其：《汉藏语同源研究》，北京：中央民族大学出版社，2002年，第311页。
④ 金理新：《汉藏语系核心词》，北京：民族出版社，2012年，第392页。

型1 "kɯn¹" 共有三个义项，分别表示 "吃" "喝" "吸" "抽"。类型2 "ʔdɔt⁷" 共有三个义项，分别表示 "饮" "喝" "吮" "吸"。布依语中 "kɯn¹" 是能够集中表达 "吃" "喝" "吸" 等含义，而 "ʔdɔt⁷" 则没有吃的含义，仅表达 "喝" 或 "吸"。"ʔdɔt⁷" 的差异表现在 /a/ — /ɯ/ — /ɔ/ — /o/ 以及 /uə/ — /ua/ 的对应分布上。就历时比较而言，布依语 "kɯn¹" "ʔdɔt⁷" 均是本族固有词，"kɯn¹" 声母来源于原始台语 *k-，"ʔdɔt⁷" 来源于原始台语 *ʔduo⁷ 或 *ʔdum。

## 二、咬

"咬" 为动词，是指为了夹紧某物或使某物部分与整体相脱离的牙齿动作，是最为常见的动作属性词之一。《说文》："啮，噬也。" 意思为咬。《说文》中并未直接收录 "咬" 一词，由此可以推断 "咬" 应该是后发展而来的词语。

在布依语46个语言调研点中，"咬" 一词可分为三种语音形式：一是 xap⁸，相当于汉语的 "咬"，共有6种语音形式相关变体；二是 kat⁷，相当于汉语的 "啃"，共有2种相关语音变体形式；三是 ka:m²，相当于汉语的 "含"，共有2种相关语音变体形式。我们以 "咬" 为调查条目，但在调研中却出现了其他含义的词汇，证明在有些地区将此词词义混淆使用。需要说明的是，有些语言点存在两个词同时使用的情况，我们以发音人首先给出的词为记录首选。《布依—汉词典》共给出了4种具有 "咬" 含义的语音形式，分别是 kat⁷、xap⁸、θwa:i⁴、θau⁴。布依语 kat⁷、xap⁸ 和 ka:m² 的语音变体形式如下：

表 4-6：布依语"咬"的语音形式

| 类型 | 1 | 2 | 3 |
|---|---|---|---|
| 读音 | xap⁸ | kat⁷ | ka:m² |
| 其他变体形式 | ɣa:p⁸、ɣak⁸、ɣap⁸、xa:p⁸、xak⁸ | kaʔ⁷ | ka:ŋ² |

布依语"咬"一词可分为三种类型，这三种类型的词是非同源词，其中xap⁸共有6种相关语音变体形式，kat⁷共有2种相关语音变体形式，ka:m²共有2种相关语音变体形式。值得注意的是ka:m²或ka:ŋ²是第二调，指称的是一般性的咬并含在嘴里，例如"狗咬一大坨肉，肉还在嘴里"，《布依—汉词典》给出的解释是"口中含着"的意思，可见在有些语言点此词呈现语义扩大化的特点，语义引申为"咬"。第七调kat⁷指称的是将咬的物体咬断，如"狗咬绳子，将绳子咬断"。布依语"咬"的词汇及其相关演变形式分布如下：

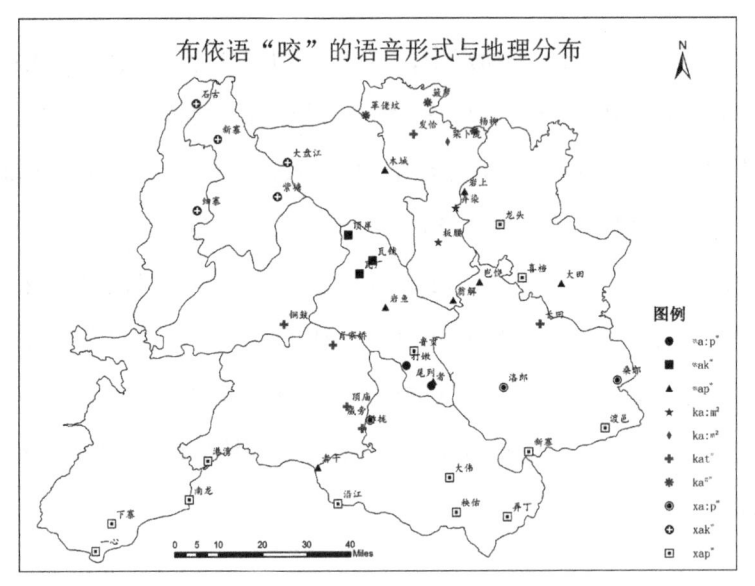

图 4-8：布依语"咬"的语音形式与地理分布

类型1"xap⁸"是指"咬、叮"，为动词。此外还有ɣa:p⁸、ɣak⁸、ɣap⁸、xa:p⁸、xak⁸这5种语音变体形式，以上6种表达"咬"的语音形式分布在布依语各土语区。读作"xap⁸"的有13个语言点，第一土语12个，第二土语1个，分布在第一土语区的是望谟蔗香新寨、望谟昂武渡邑、册亨百口弄丁、册亨秧坝大伟、册亨弼佑秧佑、册亨巧马沿江、紫云火花龙头、紫云四大寨喜档、安龙万峰湖港湾、兴义仓更下寨、兴义洛万一心和兴义南盘江南龙，分布在第二土语区的是贞丰鲁贡烂田湾。读作"ɣa:p⁸"的有2个语言点，分布在第一土语区的贞丰沙坪者坎和贞丰鲁贡打嫩。读作"ɣak⁸"的有3个语言点，分布在第一土语区的贞丰长田瓦铺、贞丰长田瓦厂和贞丰平街顶岸。读作"ɣap⁸"的有8个语言点，第一土语6个，第二土语2个，分布在第一土语区的是望谟边饶岜饶、安龙坡脚者干、贞丰沙坪尾列、紫云猴场大田、镇宁简嘎翁解和贞丰岩鱼，第二土语区的是紫云白石岩岩上和关岭断桥木城。读作"xa:p⁸"的有3个语言点，分布在第一土语区的望谟平洞洛郎、望谟桑郎和册亨冗渡威旁。读作"xak⁸"的有5个语言点，分布在第三土语区的关岭新铺大盘江、晴隆花贡新寨、晴隆鸡场紫塘、普安茶源细寨和普安龙吟石古。

类型2"kat⁷"是指"咬、啃"，为动词，此外还有kaʔ⁷这一语音形式。读作"kat⁷"的有6个语言点，第一土语4个，第三土语2个，分布在第一土语区的安龙招堤顶庙、安龙兴隆排拢、安龙龙山肖家桥和兴仁屯脚铜鼓，分布在第三土语区的镇宁募役发恰和望谟打易长田。读作"kaʔ⁷"的有3个语言点，分布在第三土语区的镇宁扁担山革佬坟、镇宁丁旗杨柳和镇宁双龙山簸箩。

类型3"ka:m²"是指"含"的意思，为动词，此外还有ka:ŋ²这一语音形式，在有些语言点词义扩大化，引申为"咬"的含义。读作"ka:m²"的有2个语言点，分布在第一土语区的镇宁六马板腰和第二土语区的镇宁沙子弄染。读作"ka:ŋ²"的有1个语言点，分布在第三土语区的镇宁江龙朵卜陇。

布依语表达"咬"含义的词汇共时分布特点主要有以下方面：第一，表达"咬"含义的词共有3类，分别是xap⁸、kat⁷和ka:m²。第二，类型1"xap⁸"是指"咬、叮"的含义，共有6种不同的语音形式，声母的共时分布特点是舌根清擦音/x/与舌根浊擦音/ɣ/对立分布，/ɣ/只分布在第一土语区，/x/则分布在第一土语和第三土语区，塞音韵尾/p/与/k/对立分布。第三，类型2"kat⁷"是指"咬、啃"的含义，共有2种语音形式，共时分布差异在于塞音韵尾/t/与喉塞音/ʔ/对应分布，/t/主要分布在第一土语区，/ʔ/主要分布在第三土语区。第四，类型3"ka:m²"是指"含"的意思，共有2种不同的语音形式，词义扩大为"咬"的含义，共时分布差异在于鼻音尾/m/与/ŋ/对应分布。

《布依语调查报告》中"咬"一词共有9种语音形式，分别是hɑp⁸、ɦap⁸、hɑt⁸、gap⁸、hak⁸、ɣɑk⁸、hɑʔ⁸、hɯ⁶、ɣɑp⁸，①这几种语音形式虽然有所差别，但都是同源词，表达"咬、叮"的意思。从同语支来看，在壮语中"咬"一词主要使用hɑp⁸、kat⁷、ɣa:p⁸、gap⁸、hat⁸、khɯp⁷、khup⁷、kho:p⁷、khɔ:p⁷、khap⁷、khɛ²等语音形式。②壮语中的ɣa:p⁸、德宏傣语中的xop⁷/ka:p⁵、泰语中的khop⁷与布依语中的xap⁸及相关语音变体形式相对应，壮语中的kat⁷、德宏傣语中的kat⁷、泰语中的kat⁷与布依语中的kat⁷相对应，为同源词。可见以上两个词在壮侗语族壮傣语支中具有高度一致性。李方桂先生为"hɑp⁸咬"构拟的原始台语声母是\*x-，韵母是\*e，即\*xe⁸，原始台语\*x-在大部分北支方言中读/h-/，在布依语中也读/ɣ-/或

---

① 中国科学院少数民族语言研究所编：《布依语调查报告》，北京：科学出版社，1959年，第298页。

② 张均如等合著：《壮语方言研究》，成都：四川民族出版社，1999年，第704页。

/v-/；为"kat⁷咬"一词构拟的原始台语声母为*k-，即*kat。① 如果依据李先生的构拟，布依语"hɑp⁸咬"一词的原始台语韵母为*e，但是在布依语中现在已经演变成为/a/或/a:/，可见在韵尾/-p/前，发音部位由次高元音变为了低元音。梁敏、张均如构拟了"hɑp⁸咬"的古声母为*ɣɦ，古韵母为*ep，即*ɣɦep；为"kat⁷咬"构拟的古声母为*k，古韵母为*ət，即*kət。此外还构拟了*git，依据的是侗南"lit¹⁰"、侗北"lit¹⁰"、水语"lit8"、毛南语"li:t⁸"等构拟而来的。② 李方桂和梁敏先生对这两个词汇的原始台语形式构拟存在差异，对"kat⁷咬"构拟的差别在于/ə/与/a/，梁敏先生的构拟更多地考虑了侗语支语言的形式，将其视为同源构拟而来。吴安其构拟了"咬"在不同语言中的原始形式，上古汉语"*g-lam-s"，原始藏缅语"*gram"，原始侗台语"*k-lap"，原始苗瑶"*dop"，原始汉藏语"*C-lam"，同时认为"咬"是后起的俗字。③ 金理新认为台语支"hɑp⁸咬"对应侗水语支的"啃"，构拟了侗台语共同形式为*k-kap，同时构拟了"kat⁷咬"的原始侗台语共同形式为*kat<*kiat<*kirat。④ 布依语表达"咬"含义的词汇分别是xap⁸、kat⁷和ka:m²，以上词汇均是本族固有词，各家对其原始台语形式构拟存在着差异。

综上所述，布依语表达"咬"含义的词汇共有三种类型，分别是xap⁸、kat⁷和ka:m²。类型1"xap⁸"是指"咬、叮"，共有6种语音形式。类型2"kat⁷"是指"咬、啃"，共有2种语音形式。类型3"ka:m²"是指"含"的意思，在有些地方引申为"咬"，共有2种语音形式。布依语"xap⁸"的差异表现在舌根清擦音/x/与舌根浊擦音/ɣ/对立分布，/p/与

---

① （美）李方桂：《比较台语手册》，北京：清华大学出版社，2011年，第181、232、163页。
② 梁敏、张均如：《侗台语族概论》，北京：中国社会科学出版社，1996年，第239、224、155、582、624、714页。
③ 吴安其：《汉藏语同源研究》，北京：中央民族大学出版社，2002年，第311页。
④ 金理新：《汉藏语系核心词》，北京：民族出版社，2012年，第395页。

/k/对立分布。布依语"kat⁷"的差异表现在/t/与喉塞音/ʔ/对应分布，/t/主要分布在第一土语区，/ʔ/主要分布在第三土语区。"ka:m²"的差异表现在/m/与/ŋ/对应分布。就历时比较而言，xap⁸、kat⁷和ka:m²均是本族固有词，ka:m²呈现了语义由"含"向"咬"扩大化的趋势。

## 三、听

"听"为动词，是指用耳朵接受声音，是最为常见的动作属性词之一。《说文》："知也。从耳，门声。无分切。意思是知晓其声，从耳，门声。《说文》中"闻"所表达的是"听"的意思。

在布依语46个语言调研点中，"听"一词可分为11种语音形式，均是同源词，我们按照词头声母将其分为5种类型：一是/ð-/，共有2种语音形式相关变体；二是/j-/，共有4种相关语音变体形式；三是/k-/，共有1种相语音形式；四是/ŋ-/，这是布依语中表达"听"的词根形式；五是/z-/，共有3种语音形式相关变体。《布依—汉词典》共给出了3种具有"听、听到"含义的语音形式，分别是ka³ŋiə¹、ŋiə¹、ðo⁴ŋiə¹，其中ka³ŋiə¹是"听，打听"的含义，ŋiə¹是动词"听"，ðo⁴ŋiə¹义为"听、听到"的含义，ðo⁴是动词"知道"的含义。我们按照词头将其分为5种类型：

表 4-7：布依语"听"的语音形式

| 类型 | 1 | 2 | 3 | 4 | 5 |
|---|---|---|---|---|---|
| 语音形式 | ðo⁴ŋi¹、ðo⁴ŋiə¹ | jəu⁴ŋi¹<br>jo⁴ŋi¹<br>jo⁴ŋɯ¹<br>juə⁴ŋi¹ | kau⁴ŋiə¹ | ŋi¹ | zo⁴ŋi¹<br>zo⁴ŋiə¹<br>zuə⁴ŋi¹ |

布依语中"听""听见"稍有区别，通常情况下用ŋi¹表达听，用

ðo⁴ŋiə¹表达听见，我们在语言调查时为了增加准确率，所列词条为"听见"，在46个语言点分布如下：

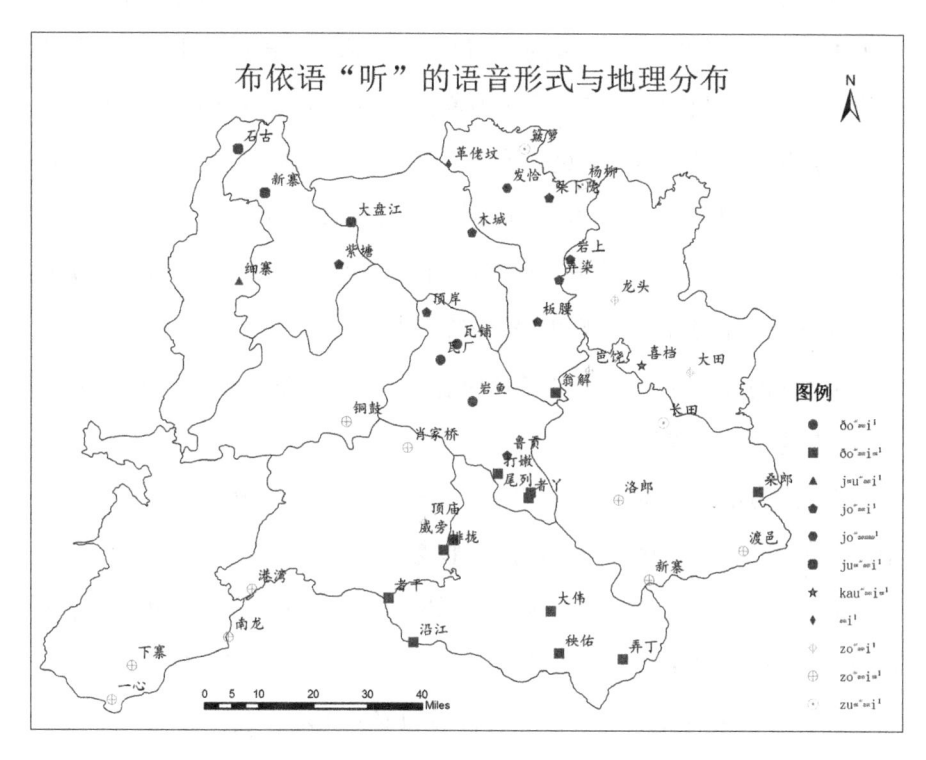

图 4-9：布依语"听"的语音形式与地理分布

类型1词头声母为/ð-/，共有2种语音形式，分别是ðo⁴ŋi¹、ðo⁴ŋiə¹，分布在第一土语区的15个语言点。读作"ðo⁴ŋi¹"的分布在第一土语区的3个语言点，分别是贞丰岩鱼、贞丰长田瓦铺和贞丰长田瓦厂。读作"ðo⁴ŋiə¹"的分布在第一土语区的12个语言点，分别是望谟桑郎、册亨百口弄丁、册亨秧坝大伟、册亨弼佑秧佑、册亨冗渡威旁、册亨巧马沿江、安龙坡脚者干、贞丰沙坪尾列、贞丰沙坪者坎、贞丰鲁贡打嫩、镇宁简嘎翁解和安龙兴隆排拢。

类型2词头声母为/j-/，共有4种语音形式，分别是jəu⁴ŋi¹、jo⁴ŋi¹、jo⁴ŋɯ¹、juə⁴ŋi¹。读作"jəu⁴ŋi¹"的分布在第三土语区的1个语言点，为普安茶源细寨。读作"jo⁴ŋi¹"的分布在第一土语区的2个语言点，第二土语区的4个语言点和第三土语区的2个语言点，第一土语区分别为贞丰平街顶岸和镇宁六马板腰，第二土语区为紫云白石岩岩上、关岭断桥木城、贞丰鲁贡烂田湾和镇宁沙子弄染，第三土语区分别为镇宁江龙朵卜陇、晴隆鸡场紫塘。读作"jo⁴ŋɯ¹"的分布在第三土语区的1个语言点，为镇宁募役发恰。读作"juə⁴ŋi¹"的分布在第三土语区的3个语言点，分别是关岭新铺大盘江、晴隆花贡新寨和普安龙吟石古。

类型3词头声母为/k-/，共有1种语音形式，为kau⁴ŋiə¹，分布在第一土语区的紫云四大寨喜档。

类型4为ŋi¹，此词为动词"听"，是其他与"听"相关语音形式的词根，分布在第三土语区的镇宁扁担山革佬坟。

类型5词头声母为/z-/，共有3种语音形式，分别是zo⁴ŋi¹、zo⁴ŋiə¹、zuə⁴ŋi¹。读作"zo⁴ŋi¹"的分布在第一土语区的4个语言点，分别是望谟边饶邑饶、紫云火花龙头、紫云猴场大田和安龙招堤顶庙。读作"zo⁴ŋiə¹"分布在第一土语区的9个语言点，分别是望谟平洞洛郎、望谟蔗香新寨、望谟昂武渡邑、安龙万峰湖港湾、兴义仓更下寨、兴义洛万一心、兴义南盘江南龙、安龙龙山肖家桥和兴仁屯脚铜鼓。读作"zuə⁴ŋi¹"的分布在第三土语区的3个语言点，分别是镇宁丁旗杨柳、镇宁双龙山簸箩和望谟打易长田。

布依语表达"听"含义的词汇共时分布特点主要有以下方面：第一，表达"听"含义的词均是同源词，为了分析方便，我们按照词头声母划分为5类。第二，前一个音节对应关系为ð o⁴ — jəu⁴ — jo⁴ — juə⁴ — kau⁴ — zo⁴ — zuə⁴，声母对应关系为/ð/ — /j/ — /k/ — /z/，齿间浊擦音/ð/主要分布在第一土语区，舌面中浊擦音 /j/ 主要分布在第三土语区，舌根不送气清塞音 /k/ 主要分布在第一土语区，舌尖前浊擦音 /z/ 主要分布在第一土语区；韵母对应关系为 /o/ — /au/ — /əu/ — /uə/，单元音 /o/ 主要分布在第一土语区和部分第三土语区，复元音 /au/、/əu/、/uə/ 则主要分布在第三土语区。第三，后一个音节对应关系为 /ɲi¹/ — /ɲiə¹/ — /ɲɯ¹/，韵母对应关系为 /i/ — /iə/ — /ɯ/，单元音 /i/ 分布在23个语言点中，其中第一土语9个，第二土语4个，第三土语10个。单元音 /ɯ/ 分布在第三土语的1个语言点，复元音 /iə/ 则分布在第一土语的22个语言点。

《布依语调查报告》中"听"一词共有4种语音形式，分别是 ŋie¹、ŋe¹、ŋi¹、ŋə¹，① 这几种语音形式虽然有所差别，但都是同源词，表达"听"的意思。从同语支来看，壮语中是区分"听"和"听见"这两个词语的，在壮语中"听"一词主要使用 tiŋ⁵、te⁵、ŋie¹、ŋi¹、ŋə¹、ŋe¹、thiŋ⁵、theŋ⁵、təŋ⁶、tɯŋ⁶ 等语音形式，"听见"一词主要使用 tiŋ⁵ŋi¹、tiŋ⁵ðan¹、tiŋ⁵dai³ŋi¹、dai³ŋi¹、lo⁴ŋia¹、ðo⁴ŋie¹、ro⁴ŋi¹ 等语音形式。② 壮语中的 tiŋ⁵、tiŋ⁵ŋi¹ 是汉语借词，但是具体借入的时间，目前学界还存在争议，蓝庆元认为其是"后中古汉语借词"。壮语中的 ðo⁴ŋie¹、ro⁴ŋi¹ 等与布依语中的 zo⁴ŋi¹、zo⁴ŋiə¹ 是同源词，词形变化不大。可见以上两个词在壮侗语族壮傣语支中具有高度一致性。李方桂先生为"听"构拟的原始台语声母是 *ŋ-，舌面前鼻音 /ɲ/ 在一些地方读半元音 /j/，布依语中这一声母并未发生演变，均读作 /ŋ/，为"听见"构拟的原始台语声母是 *hŋ-。③ 李先生在注释中标注认为并不确定这个词是从原始台语 *hɲj- 演变而来。梁敏、张

---

① 中国科学院少数民族语言研究所编：《布依语调查报告》，北京：科学出版社，1959年，第284页。
② 张均如等合著：《壮语方言研究》，成都：四川民族出版社，1999年，第704页。
③ （美）李方桂：《比较台语手册》，北京：清华大学出版社，2011年，第151、179页。

均如构拟了2例"听见"的原始台语形式，第1例的古声母为*ŋ，古韵母为*ie，即*ŋie，依据的是壮语"ŋi¹"、布依语"ŋie¹"、水语"ŋai⁵"、毛南语"hai⁵"等；第2例的古声母为*ɲ，古韵母为*in，即*ɲin，主要依据的是泰语"jiŋ²"、老挝"ɲin²"、德宏"ŋin²"、版纳"jin²"等的语言材料所构拟的。① 李方桂和梁敏先生对此词声母的原始台语形式所做的构拟是相同的，都认为是来源于原始台语*ŋ，但韵母存在一定差异。梁敏先生构拟了两个原始侗台语形式，原因是考虑了不同语支语言的差异形式。吴安其构拟了"听"在不同语言中的原始形式，上古汉语"*mən"，原始藏缅语"*m-lan"，原始侗台语"*p-laŋ"，原始苗瑶"*s-nðŋ?"，原始汉藏语"*m-len"。② 金理新认为侗台语中舌根鼻音/ŋ-/在高元音前容易脱落，韵尾/-n/来自流音/-r/，构拟了"听见"的共同形式为*ʔ-ŋir。③ 布依语表达"听"含义的词汇均是本族固有词，各家对其原始台语形式构拟存在着差异。

综上所述，布依语表达"听"含义的词汇均是同源词，"听"和"听见"存在差别。前一个音节声母对应关系为/ð/ — /j/ — /k/ — /z/，韵母对应关系为/o/ — /au/ — /əu/ — /uə/；后一个音节韵母对应关系为/i/ — /iə/ — /ɯ/。各家对侗台语"听"含义的词汇来源构拟存在差异，但就侗台语整体来看，我们认为"听"的原始台语形式可能含有舌根鼻音/-ŋ/，但在布依语中已经脱落或演变为舌面前鼻音/ɲ/，这也体现了高元音/i/前的舌根鼻音/-ŋ/容易脱落。

---

① 梁敏、张均如：《侗台语族概论》，北京：中国社会科学出版社，1996年，第304、716、326、705页。

② 吴安其：《汉藏语同源研究》，北京：中央民族大学出版社，2002年，第311页。

③ 金理新：《汉藏语系核心词》，北京：民族出版社，2012年，第411页。

## 第三节 形容词

本部分我们选择了核心词中的部分形容词，并从地理语言学角度对其形态和意义进行分析。形容词是表示形状、性质和状态等方面的词类，我们选择了最为基本的三组形容词进行分析，分别是"多""长""小"，并从共时分布与历时角度构拟其来源。

### 一、多

"多"是表示度量的形容词，在汉语中"多"具有形容词、动词、数词、代词、副词等多种词性，"多"为形容词时可以表示数量大或者相差的程度大。《说文》："多，重也。从重夕。夕者，相绎也，故为多。重夕为多，重日为叠。凡多之属皆从多。得何切。"意思是多，重复的含义。由重叠的夕字构成。夕的意思，是相抽引而无穷尽，所以叫多。重叠夕字叫多，重叠日字叫叠。大凡多的部属都从多。

在布依语46个语言调研点中，"多"一词可分为4种语音形式，均是同源词，我们按照韵母差异将其分为4种类型，分别是la:i¹、lai¹、le¹、lɛ¹。《布依—汉词典》共给出了5种具有"多"含义的语音形式，分别是to¹、la:i¹、ða⁶、ðɔm⁴、θe⁶，但"to¹、la:i¹"虽有"多"的意思，但不常用，且是使用范围很小的方言词。to¹具有"多、超过"的含义，是早期汉语借词。la:i¹具有四个义项，一是形容词"多"，二是数词"多"，三是副词"太、过于、非常"，四是表达程度深。ða⁶是形容词"多"的含义。ðɔm⁴是形容词，特指石头多。θe⁶是形容词"多"的含义。

我们按照韵母差异将其分为4种类型：

表 4-8：布依语 "多" 的语音形式

| 类型 | 1 | 2 | 3 | 4 |
|---|---|---|---|---|
| 语音形式 | la:i¹ | lai¹ | le¹ | lɛ¹ |
| 分布数量 | 34 | 3 | 5 | 4 |

布依语中表达"多"含义的词有4种语音形式，他们均是同源词。在我们调研的语言点中"la:i¹"一词是表达"多"含义且使用频率较高的词汇，但在不同地区也有不同语音形式，在46个语言点具体分布如下：

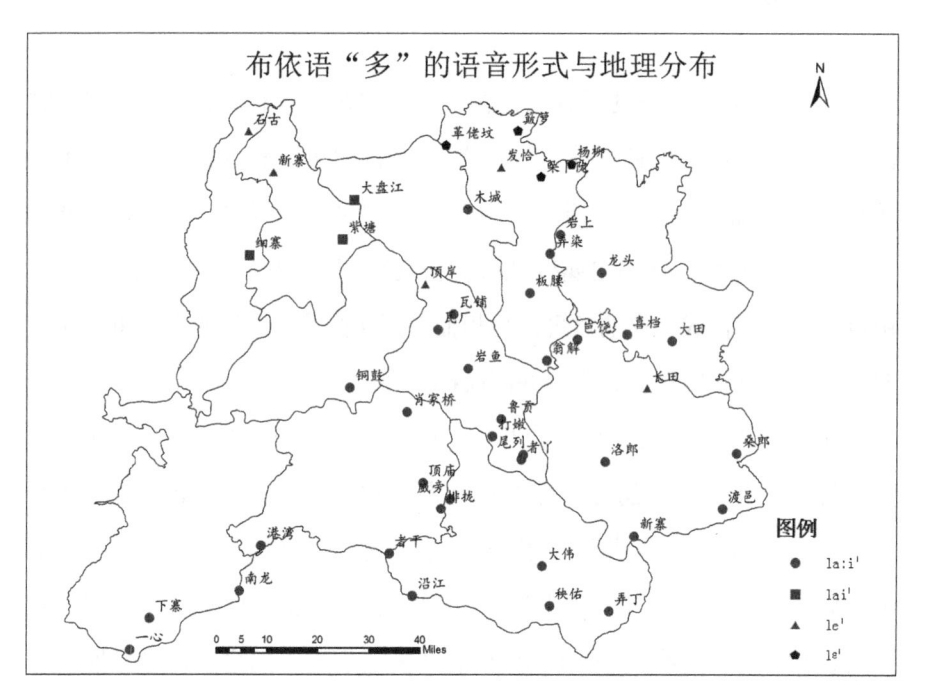

图 4-10：布依语 "多" 的语音形式与地理分布

类型1"la:i¹"，共分布在34个语言点，其中第一土语30个，第二土语4个。"la:i¹"分布在第一土语区的望谟、册亨、安龙、贞丰、紫云、兴义的绝大部分调查点。此外还分布在第二土语区的紫云白石岩岩上、关岭断桥木城、贞丰鲁贡烂田湾和镇宁沙子弄染。

类型2"lai¹"，共分布在3个语言点，分别是第三土语区的关岭新铺大盘江、晴隆鸡场紫塘和普安茶源细寨。

类型3"le¹"，分布在5个语言点，其中第一土语1个，第三土语4个，分布在第一土语区的贞丰平街顶岸语言点，第三土语区的镇宁募役发恰、望谟打易长田、晴隆花贡新寨和普安龙吟石古语言点。

类型4"lɛ¹"，分布在4个语言点，分别是第三土语区的镇宁扁担山革佬坟、镇宁丁旗杨柳、镇宁双龙山簸箩和镇宁江龙朵卜陇。

布依语表达"多"含义的词汇共时分布特点主要有以下方面：第一，表达"多"含义的词均为同源词，不同地区语音形式存在差别，分别是la:i¹、lai¹、le¹、lɛ¹。第二，韵母呈现/a:i/ — /ai/ — /e/ — /ɛ/对应分布的特点，其中/a:i/分布在第一土语区和部分第三土语区，/ai/、/e/、/ɛ/则主要分布在第三土语区。

《布依语调查报告》中"多"一词共有2种语音形式，分别是lai¹、le¹，[①] 在40个语言点中，其中lai¹（今标为la:i¹）分布在36个语言点，le¹分布在4个语言点。这两种语音形式虽然有所差别，但都是同源词，表达"多"的意思。从同语支来看，壮语中"多"一词主要使用la:i¹、lɒ¹这两种语音形式。[②] 泰语中为la:i¹，德宏傣语为la:i¹，可见此词在壮侗语族壮傣语支中具有高度一致性，均是同源词。李方桂先生为"许多"构拟的原始台语声母是*hl-，韵母是*ai，即*hlai，原始台语*hl-是清边音，在现

---

[①] 中国科学院少数民族语言研究所编：《布依语调查报告》，北京：科学出版社，1959年，第270页。

[②] 张均如等合著：《壮语方言研究》，成都：四川民族出版社，1999年，第776页。

在的方言中都读作/l-/，在语音上与原始台语*l-没有区别，具有这个声母的词读第一类阴调，表示其清音性质。原始台语*ai是由低元音*a延长而来的。① 梁敏、张均如构拟了2例"多"的原始台语形式，第1例的古声母为*l，古韵母为*ai，即*lai，依据的是壮语"la:i¹"、布依语"la:i¹"等台语支语言构拟的；第2例的古声母为*g，古韵母为*uŋ，即*guŋ，主要依据的是侗南"kuŋ²"、侗北"kwaŋ²"、水语"kuŋ²"、锦语"kuŋ²"等侗语支的语言材料所构拟的。② 李方桂先生构拟的原始台语形式为*hlai，梁敏先生构拟为*lai，这个词来源于原始台语支，梁敏先生根据侗语支语言构拟的原始形式是*guŋ，这是两个来源不同的词。李方桂先生和梁敏先生所构拟的原始形式都存在一定道理，他们所构拟的时间是存在差异的，这也是导致构拟差异的原因之一。吴安其构拟了"多"在不同语言中的原始形式，上古汉语"*k-lar"，原始藏缅语"*m-la-g"，原始侗台语"*p-lar"，原始苗瑶"*kro"，原始汉藏语"*C-lar"。③ 布依语表达"多"含义的词汇是本族固有词，各家对其原始台语形式构拟存在着差异，构拟的时代也有所不同。

综上所述，布依语表达"多"含义的词汇la:i¹、lai¹、le¹、lɛ¹均是同源词。韵母呈现/a:i/ — /ai/ — /e/ — /ɛ/对应分布的特点，其中/a:i/分布在第一土语区和部分第三土语区，/ai/、/e/、/ɛ/则主要分布在第三土语区。台语支和侗语支表达"多"的词是有差别的，布依语中的la:i¹与同语支语言均属于同源词，根据构拟时代的差异，来源于原始台语*lai和*hlai。

---

① （美）李方桂：《比较台语手册》，北京：清华大学出版社，2011年，第121、251页。

② 梁敏、张均如：《侗台语族概论》，北京：中国社会科学出版社，1996年，第225、368、523、747页。

③ 吴安其：《汉藏语同源研究》，北京：中央民族大学出版社，2002年，第313页。

## 二、长

"长"是表示度量的形容词,在汉语中"长"具有形容词、名词两种词性,"长"为形容词时可以表示两端之间的距离大,跟"短"相对。《说文》:"长,久远也。从兀,从匕。兀者,高远意也。久则变化。凡长之属皆从长。直良切。"意思是长,长久的含义。由兀、由匕,兀是高而远的意思。表示长久就变化,大凡长的部属都从长。

在布依语46个语言调研点中,"长"一词可分为3种语音形式,均是同源词,我们按照声母差异将其分为3种类型,分别是ðai²、jai²、zai²。《布依—汉词典》共给出了2种具有形容词"长"含义的语音形式,分别是ʔda:u⁴、ðai²。ʔda:u⁴具有"长"的含义,例如"这棵竹子节长"。ðai²也具有"长"的含义,例如"这座桥有两丈长"。

我们按照韵母差异将其分为3种同源类型:

**表 4-9:布依语"长"的语音形式与地理分布**

| 类型 | 1 | 2 | 3 |
|---|---|---|---|
| 语音形式 | ðai² | jai² | zai² |
| 分布数量 | 17 | 13 | 16 |

布依语中表达"长"含义的词汇可分为3种语音形式,他们是同源词。在我们调研的语言点中"ðai²"一词是使用频率最高的词汇,但在不同地区也有不同语音形式,在46个语言点具体分布如下:

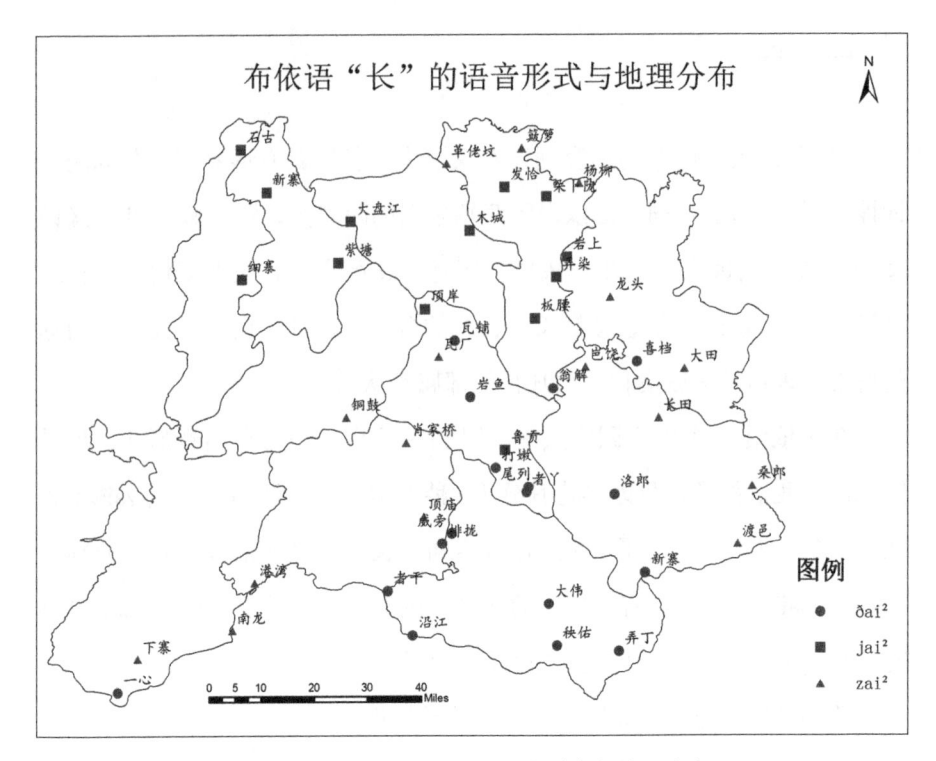

图 4-11：布依语"长"的语音形式与地理分布

类型1"ðai²"，分布在第一土语区的17个语言点，分别是望谟平洞洛郎、望谟蔗香新寨、册亨百口弄丁、册亨秧坝大伟、册亨弼佑秧佑、册亨冗渡威旁、册亨巧马沿江、安龙坡脚者干、贞丰沙坪尾列、贞丰沙坪者坎、贞丰鲁贡打嫩、紫云四大寨喜档、兴义洛万一心、镇宁简嘎翁解、安龙兴隆排拢、贞丰岩鱼和贞丰长田瓦铺。

类型2"jai²"，共分布在13个语言点，其中第一土语2个，第二土语4个，第三土语7个。具体分布在第一土语区的贞丰平街顶岸和镇宁六马板腰，第二土语区的紫云白石岩岩上、关岭断桥木城、贞丰鲁贡烂田湾和镇宁沙子弄染，第三土语区的镇宁募役发恰、镇宁江龙朵卜陇、关岭新铺大盘江、晴隆花贡新寨、晴隆鸡场紫塘、普安茶源细寨、普安龙吟石古。

类型3 "zai²"，共分布在16个语言点，其中第一土语12个，第三土语4个。具体分布在第一土语区的望谟桑郎、望谟边饶岜饶、望谟昂武渡邑、紫云火花龙头、紫云猴场大田、安龙万峰湖港湾、兴义仓更下寨、兴义南盘江南龙、安龙招堤顶庙、安龙龙山肖家桥、兴仁屯脚铜鼓和贞丰长田瓦厂。分布在第三土语区的镇宁扁担山革佬坟、镇宁丁旗杨柳、镇宁双龙山簸箩和望谟打易长田。

布依语表达"长"含义的词汇共时分布特点主要有以下方面：第一，表达"长"含义的词均为同源词，不同地区语音形式存在差别，分别是ðai²、jai²、zai²。第二，声母呈现/ð/ — /j/ — /z/对应分布的特点，即齿间浊擦音、舌面中浊擦音、舌尖前浊擦音对应分布。其中/ð/分布在第一土语区，/j/主要分布在第三土语区和部分第一、二土语区，/z/主要分布在第一土语区和部分第三土语区。

《布依语调查报告》中"长"一词共有4种语音形式，分别是jai²、zai²、rai²、ɣai²，[①] 在40个语言点中，zai²分布在28个语言点，jai²分布在5个语言点，rai²分布在4个语言点，ɣai²分布在1个语言点。以上语音形式虽然有所差别，但都是同源词，表达"长"的意思。从同语支来看，壮语中"长"一词主要使用ɣai²、ðai²、lai²、rai²、ɫai⁵等语音形式。[②] 壮语中的这一语音形式较布依语形式更为复杂，此外也有一些非同源词汇。泰语中为jau²，德宏傣语为jau²，可见此词在壮侗语族壮傣语支中具有高度一致性，均是同源词。李方桂先生为"长"构拟的原始台语声母是*r-，韵母是*ei，即*rei，原始台语*r-在原始台语中可能是舌头尖端的颤音，发音时可能需要强的气流，具有这个声母的词读第2类阴调，因此表示浊

---

① 中国科学院少数民族语言研究所编：《布依语调查报告》，北京：科学出版社，1959年，第232页。

② 张均如等合著：《壮语方言研究》，成都：四川民族出版社，1999年，第769页。

音的来源。原始台语*ei在布依语和壮语等北支方言中演变为ai。① 梁敏、张均如构拟了2例"长"的原始台语形式，第1例的古声母为*ʔr，古韵母为*ai，即*ʔrai，主要依据的是侗南"ja:i³"、侗北"jai³"、水语"ʔɣa:i³"、锦语"ja:i³"等侗语支的语言材料所构拟的。第2例的古声母为*r，古韵母为*iəi，即*riəi，依据的是壮语"ɣai²"、布依语"zai²"等台语支语言构拟的。② 李方桂先生构拟的原始台语形式为*rei，梁敏先生则认为台语支和侗语支可能有各自的来源，台语支的原始形式是*riəi，侗语支的原始形式是*ʔrai。吴安其构拟了"长"在不同语言中的原始形式，上古汉语"*g-laŋ"，原始藏缅语"*C-lu-g"，原始侗台语"*C-ri-ɣ"，原始苗瑶"*kreʔ"，原始汉藏语"*C-lu-g"。③ 布依语表达"长"含义的词汇是本族固有词，各家对其原始台语形式构拟存在着差异，构拟的时代也有所不同。

综上所述，布依语表达"长"含义的词汇ðai²、jai²、zai²均是同源词。声母呈现/ð/ — /j/ — /z/对应分布的特点，其中/ð/分布在第一土语区，/j/主要分布在第三土语区和部分第一、二土语区，/z/主要分布在第一土语区和部分第三土语区。台语支和侗语支表达"长"的词是有差别的，布依语中的ðai²与同语支语言均属于同源词。

## 三、小

"小"是表示度量的形容词，在汉语中"小"具有形容词、副词两

---

① （美）李方桂：《比较台语手册》，北京：清华大学出版社，2011年，第121、251页。

② 梁敏、张均如：《侗台语族概论》，北京：中国社会科学出版社，1996年，第353、392、522、725页。

③ 吴安其：《汉藏语同源研究》，北京：中央民族大学出版社，2002年，第313页。

种词性。"小"为形容词时可以表示在体积、面积、数量、力量、强度等方面不及一般的或不及比较的对象，也可以指排行最小或年纪最小，跟"大"相对。《说文》："小，物之微也。从八，见而分之。凡小之属皆从小。私兆切。"意思是小，细微的物体。从八（表示分别），小物出现了，就分解它。大凡小的部属都从小。

在布依语46个语言调研点中，"小"一词可分为5种语音形式，我们按照语音变体形式将其分为5种类型，分别是 ne⁵、ni⁵、nie⁵、ŋe⁵、ʔi⁵。《布依—汉词典》共给出了5种具有形容词"小"含义的语音形式，分别是 nai⁶、niəŋ⁶、ni⁵、num⁶、θeu³。其中 nai⁶ 为形容词"小"；niəŋ⁶ 为名词后附音节，义为"小"；ni⁵ 具有两个义项，一是形容词"小"，二是动词"变小"；num⁶ 为形容词"小、幼小"的含义；θeu³ 为形容词"小"的含义。

我们按照语音变体形式将其分为5种类型：

表 4-10：布依语"小"的语音形式

| 类型 | 1 | | | | 2 |
|---|---|---|---|---|---|
| 类型细化 | 1-A | 1-B | 1-C | 1-D | — |
| 语音形式 | ne⁵ | ni⁵ | nie⁵ | ŋe⁵ | ʔi⁵ |
| 分布数量 | 18 | 11 | 5 | 6 | 6 |

布依语中表达"小"含义的词汇可分为5种语音形式，他们是同源词。在我们调研的语言点中"ne⁵"一词是使用频率最高的词汇，但在不同地区也有不同语音形式，在46个语言点具体分布如下：

布依语"小"的语音形式与地理分布

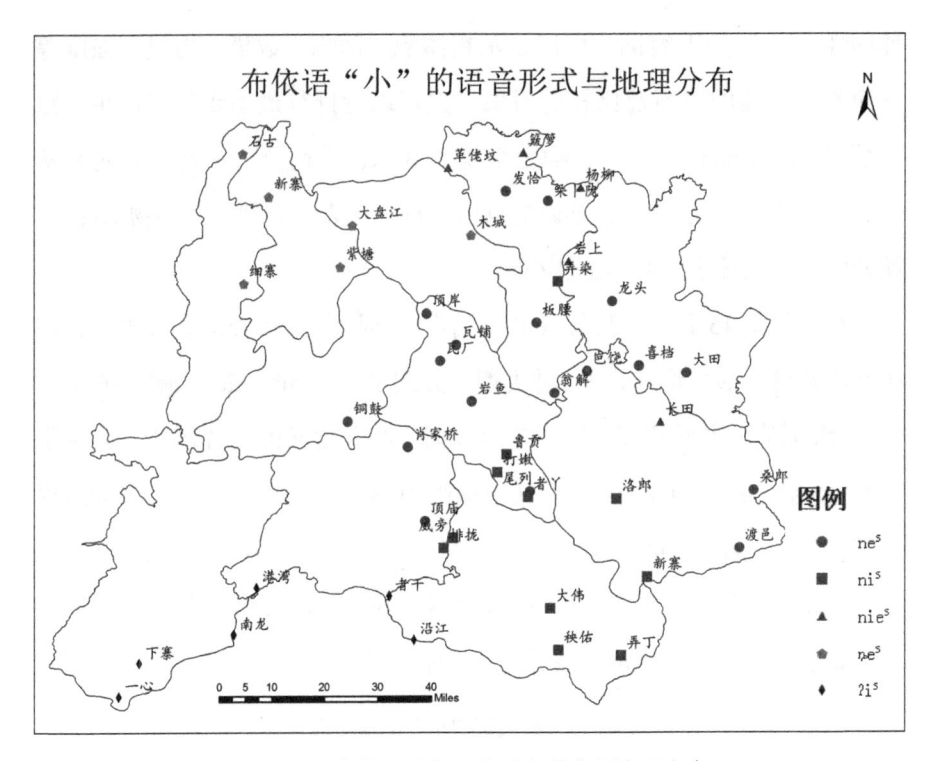

图4-12：布依语"小"的语音形式与地理分布

类型1-A "ne⁵"，共分布在18个语言点，其中第一土语16个，第三土语2个。具体分布在第一土语区的望谟桑郎、望谟边饶邑饶、望谟昂武渡邑、贞丰沙坪尾列、紫云火花龙头、紫云四大寨喜档、紫云猴场大田、镇宁简嘎翁解、安龙招堤顶庙、安龙龙山肖家桥、兴仁屯脚铜鼓、贞丰岩鱼、贞丰长田瓦铺、贞丰长田瓦厂、贞丰平街顶岸和镇宁六马板腰。分布在第三土语区的镇宁募役发恰和镇宁江龙朵卜陇。

类型1-B "ni⁵"，共分布在11个语言点，其中第一土语9个，第二土语2个。具体分布在第一土语区的望谟平洞洛郎、望谟蔗香新寨、册亨百口弄丁、册亨秧坝大伟、册亨弼佑秧佑、册亨冗渡威旁、贞丰沙坪者坎、贞丰鲁贡打嫩和安龙兴隆排拢，分布在第二土语区的贞丰鲁贡烂田湾和镇宁沙子弄染。

类型1-C"nie⁵"，共分布在5个语言点，其中第二土语1个，第三土语4个。具体分布在第二土语区的紫云白石岩岩上。分布在第三土语区的镇宁扁担山革佬坟、镇宁丁旗杨柳、镇宁双龙山簸箩和望谟打易长田。

类型1-D"ŋe⁵"，分布在第二土语区的1个语言点，为关岭断桥木城；第三土语区的5个语言点，分别是关岭新铺大盘江、晴隆花贡新寨、晴隆鸡场紫塘、普安茶源细寨、普安龙吟石古。

类型2"ʔi⁵"，分布在第一土语区的6个语言点，分别是册亨巧马沿江、安龙坡脚者干、安龙万峰湖港湾、兴义仓更下寨、兴义洛万一心和兴义南盘江南龙。

布依语表达"小"含义的词汇共时分布特点主要有以下方面：第一，表达"小"含义的词均为同源词，不同地区语音形式存在差别，分别是ne⁵、ni⁵、nie⁵、ŋe⁵、ʔi⁵。第二，声母呈现/n/ — /ŋ/ — /ʔ/对应分布的特点，鼻音在有些地方发成了喉塞音，/n/主要分布在第一土语区，同时也分布在第二土语区和部分第三土语区，/ŋ/分布在第三土语区，/ʔ/分布在第一土语区。第三，韵母呈现/e/ — /i/ — /ie/对应分布的特点，其中/e/分布在第一土语区和部分第三土语区，/i/主要分布在第一土语区和部分第三土语区，/ie/主要分布在第三土语区和第二土语区。

《布依语调查报告》中未收录"小"一词。从同语支来看，壮语中"小"一词主要使用ʔi⁵、θai⁵、ni⁵、mei¹、nɛːŋ⁶、niŋ⁵、sai⁵、rai⁵、ʔniŋ⁵、muŋ²、ʔei⁵、ɬai⁵等语音形式。① 壮语中这一语音形式较布依语形式更为复杂，此外也有一些非同源词汇。泰语中为nɔːi⁴，傣语为nɔi⁴，可见此词在壮侗语族壮傣语支中具有高度一致性，均具有同源发生关系。李方桂

---

① 张均如等合著：《壮语方言研究》，成都：四川民族出版社，1999年，第769页。

先生为"小"构拟的原始台语声母是*n-，韵母是*ɔi，即*nɔi，原始台语*n-在台语支各语言中基本还是/n-/，未产生较大变化，仅在个别地区发成喉塞音，/n-/声母的词汇基本都是阳调类，因此推断原来是浊声母，原始台语复元音*ɔi在演变上跟原始台语*ɔ的情形类似，在不同地区演变为/ɔ:i/或/o:i/。① 梁敏、张均如构拟了"小"的原始台语形式，其古声母为*n，未构拟古韵母，主要依据柳江"nɛ³"、琼山"ni¹"、侗南"ni⁵"、侗北"ni⁵"、毛南"ni⁵"等语言材料所构拟的。② 李方桂先生构拟的原始台语形式为*nɔi，梁敏先生构拟的原始形式是*n，梁敏先生为"少"构拟的原始台语形式为*nɔi，在很多语言中"小"与"少"都存在很大联系，有些语言中一个词同时具有这两种含义。吴安其构拟了"小"在不同语言中的原始形式，上古汉语"*s-ne-g"，原始藏缅语"*g-ni（-1）"，原始侗台语"*C-niˀ"，原始苗瑶"*C-no"，原始汉藏语"*C-ni"。③ 布依语表达"小"含义的词汇是本族固有词，各家对其原始台语形式构拟存在着差异，构拟的时代也有所不同，但可以肯定的是其原始台语声母是*n，韵母在各语言和方言中则发生了不同程度的演变。

综上所述，布依语表达"小"含义的词汇 ne⁵、ni⁵、nie⁵、ŋe⁵、ʔi⁵ 均是同源词。声母呈现/n/ — /ŋ/ — /ʔ/对应分布的特点，/n/主要分布在第一土语区，同时也分布在第二土语区和部分第三土语区，/ŋ/分布在第三土语区，/ʔ/分布在第一土语区。韵母呈现/e/ — /i/ — /ie/对应分布的特点，其中/e/分布在第一土语区和部分第三土语区，/i/主要分布在第一土语区和部分第三土语区，/ie/主要分布在第三土语区和第二土语区。

---

① （美）李方桂：《比较台语手册》，北京：清华大学出版社，2011年，第98、252页。
② 梁敏、张均如：《侗台语族概论》，北京：中国社会科学出版社，1996年，第293页。
③ 吴安其：《汉藏语同源研究》，北京：中央民族大学出版社，2002年，第313页。

布依语表达"小"含义的词汇是本族固有词，李方桂先生构拟的原始台语形式为 *nɔi，梁敏先生构拟的原始形式是 *n，布依语中"小"一词其原始台语声母是 *n，韵母在各语言和方言中则发生了不同程度的演变。

# 第五章　贵州西南地区布依语部分基本词汇地理分布

基本词汇是词汇中最主要的部分，具有一定的稳固性、能产性和常用性。基本词汇部分选取的了布依语人体器官及行为词、动物词和植物词，并分析其语音形式、地理分布、探讨其来源及其同源情况。基本词汇部分主要选择各地差异度较大的词汇，有些是非同源词，按照同源关系划分类型讨论，有些是同源词，则按照不同的语音形式划分类型讨论。基本词汇部分以《布依语调查报告》中所列的五类词汇为依据，筛选的基本条件是声母的差别项在5个以上，韵母的差别项在3个以上，以此作为标准制作调研词汇表，并从中按照人体器官及行为词、动物词、植物词的顺序选择具有代表性的词汇进行分析。

## 第一节　人体器官及行为词

人体器官及行为词部分选择了部分身体部位词"心脏""太阳穴"和

人类行为词汇"骂"为研究对象，分别从语音形式，地理分布等方面探讨其演变与同源关系。

## 一、心脏

"心脏"是表达身体部位的专属名词，"心脏"是人或动物身体内推动血液循环的器官。《说文》："心，人心，土藏，在身之中。象形。凡心之属皆从心。息林切。"意思是心，人的心脏。属土的脏器，在身躯的中部。象形。大凡心的部属都从心。

《布依—汉词典》共收录了3例"心"的词汇和3例"心脏"的词汇，有2例词汇"心"等同于"心脏"。表达"心"含义的分别是 tom⁵、tuŋ⁴、ɕɯ¹。tom⁵ 为名词"心，心脏"；tuŋ⁴ 有两个义项，一是指名词"心，心意"，二是指名词"心肠"；ɕɯ¹ 有三个义项，一是指名词"心"，二是指名词"心胸"，三是指名词"心地，心肠"。表达"心脏"含义的分别是 tom⁵、ʔdan¹tom⁵、θam¹。tom⁵ 为名词"心，心脏"；ʔdan¹tom⁵ 是名词"心子、心脏"，ʔdan¹ 有14个义项，在这里是名词词头；θam¹ 有三个义项，一是指名词"心脏"，二是指名词"心肠、心地"，三是指名词"心思，心情"，此外也具有名词"心眼"和"性格"的含义。在布依语西南地区南北盘江流域语言调研点中，"心脏"一词共有10种语音形式，具有三种不同的来源，我们依据其来源不同可分为3种类型，具体如下：

表 5-1：布依语"心脏"的语音形式

| 类型 | 1 | | 2 | | | | | 3 | 4 | |
|---|---|---|---|---|---|---|---|---|---|---|
| 读音 | ɕin¹ | θin¹ | tɔm⁵ | tom⁵ | toŋ⁵ | tuam⁵ | tuaŋ⁵ | θam¹ | ɕɯ¹ | sɯ¹ |
| 数量 | 3 | 6 | 6 | 8 | 4 | 5 | 6 | 6 | 2 | 2 |

布依语中表达"心脏"含义的词汇共有10种语音形式，分别是ɕin¹、ɕɯ¹、sɯ¹、tɔm⁵、tom⁵、toŋ⁵、tuam⁵、tuaŋ⁵、θam¹、θin¹，这是三种不同来源的词汇，我们将其分为三种类型，调研数据总计含43个语言点，具体分布如下：

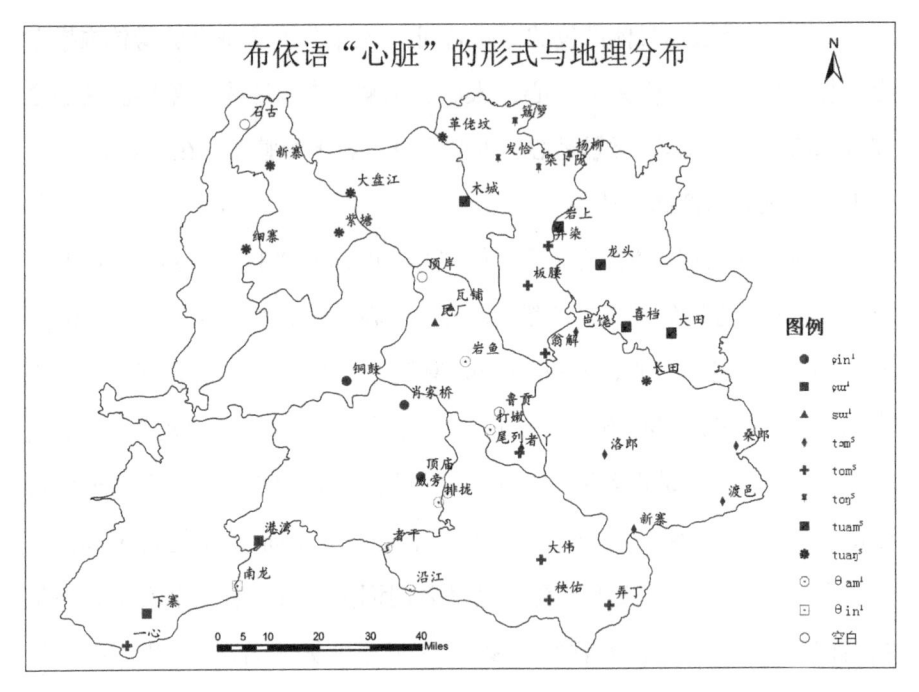

图 5-1：布依语"心脏"的语音形式与地理分布

类型1共有2种语音形式，分别是ɕin¹、θin¹，为同源词，借自现代汉语的"心"，均分布在第一土语区。读作ɕin¹的有3个语言点，分布在第一土语区的安龙招堤顶庙、安龙龙山肖家桥和兴仁屯脚铜鼓。读作θin¹的有1个语言点，分布在第一土语区的兴义南盘江南龙。

类型2共有5种语音形式，分别是tɔm⁵、tom⁵、toŋ⁵、tuam⁵、tuaŋ⁵，这5种形式均是同源词，第一、二、三土语区均有分布。读作tɔm⁵的有6

个语言点，分布在第一土语区的望谟平洞洛郎、望谟蔗香新寨、望谟桑郎、望谟边饶岜饶、望谟昂武渡邑和贞丰沙坪尾列。读作tom⁵的有8个语言点，其中第一土语区7个，第二土语区1个，分布在第一土语区的册亨百口弄丁、册亨秧坝大伟、册亨弼佑秧佑、贞丰沙坪者坎、兴义洛万一心、镇宁简嘎翁解、镇宁六马板腰和第二土语区的镇宁沙子弄染。读作toŋ⁵的有4个语言点，分布在第三土语区的镇宁丁旗杨柳、镇宁双龙山簸箩、镇宁募役发恰和镇宁江龙朵卜陇。读作tuam⁵的有5个语言点，其中第一土语区3个，第二土语区2个，分布在第一土语区的紫云火花龙头、紫云四大寨喜档、紫云猴场大田，第二土语区的紫云白石岩岩上和关岭断桥木城。读作tuaŋ⁵的有6个语言点，分布在第三土语区的镇宁扁担山革佬坟、望谟打易长田、关岭新铺大盘江、晴隆花贡新寨、晴隆鸡场紫塘和普安茶源细寨。

类型3共有1种语音形式，分别是θam¹。这2种语音形式是同源词。读作θam¹的有6个语言点，分布在第一土语区的册亨冗渡威旁、册亨巧马沿江、安龙坡脚者干、贞丰鲁贡打嫩、安龙兴隆排拢和贞丰岩鱼。

类型4共有2种语言形式，分别是ɕɯ¹、sɯ¹。读作ɕɯ¹的有2个语言点，分布在第一土语区的安龙万峰湖港湾和兴义仓更下寨。读作sɯ¹的有2个语言点，分布在第一土语区的贞丰长田瓦铺和贞丰长田瓦厂。布依语ɕɯ¹、sɯ¹为本族词，与傣语的tsaɯ⁶为同源词。

《布依语调查报告》中"心脏"一词共有4种语音形式，分别是tu:m⁵、tom⁵、tuam⁵、tuaŋ⁵。[1] 在40个语言点中，tu:m⁵分布在2个语言点，tom⁵分布在13个语言点，tuam⁵分布在2个语言点，tuaŋ⁵分布在1个语言点。从同语支来看，壮语中"心脏"一词主要使用θim¹、ɬim¹、ɬam¹、ɕɯ¹、

---

[1] 中国科学院少数民族语言研究所编：《布依语调查报告》，北京：科学出版社，1959年，第253页。

ram¹、sam¹、θam¹等语音形式。① 壮语中这一语音形式较布依语形式更为复杂，此外也有一些非同源词汇。泰语中为tsai²，傣语为tsaɯ⁶，可见此词在布依语和壮语中具有同源关系，但是与泰语和傣语之间并不能确定其同源关系，这也可能是原始台语分化后各自产生的。李方桂先生为"心脏"构拟的原始台语声母是*tɕ-，韵母是*-ɯ/-ɯ，即*tɕɯ或tɕɯɯ，原始台语*tɕ-在西南及中支方言通常读/tɕ/，在北支方言通常读/ɕ/，在布依语中读/ɕ/或/ts/，这一声母的词读第一类阴调，表示其清音性质，原始台语*-ɯ/-ɯ，跟原始台语的*ie、*əɯ合流。② 梁敏、张均如构拟了"心脏"的原始台语形式，其古声母为*ɕ-，古韵母为*-ɯe，也就是*ɕɯe，主要依据的是泰语"tsai²"、老挝"tsai¹"、版纳"tsai¹"、德宏"tsaɯ⁶"、傣语"tsaɯ⁶"等语言材料所构拟的。③ 李方桂先生构拟的原始台语形式为*tɕɯɯ，梁敏先生构拟的原始形式是*ɕɯe，这两种构拟形式均是同一个来源的词，"心"和"心脏"在很多情况下并未进行细致区分，二者常用一个词汇表达。吴安其构拟了"心脏"在不同语言中的原始形式，上古汉语"*s-ləm"，原始藏缅语"*s-lum"，原始侗台语"*p-lur"，原始苗瑶"*ploʔ"，原始汉藏语"*C-lor"。④ 布依语表达"心脏"含义的词汇是本族固有词，形式较为多样，来源较为丰富，各家对其原始台语形式构拟存在着差异，构拟的时代也有所不同，其声母和声调变化较小，韵母在各语言和方言中则发生了不同程度的演变。

综上所述，布依语表达"心脏"含义的词汇共有10种语音形式，分别是ɕin¹、ɕɯ¹、sɯ¹、tɕm⁵、tom⁵、toŋ⁵、tuam⁵、tuaŋ⁵、θam¹、θin¹。类型

---

① 张均如等合著：《壮语方言研究》，成都：四川民族出版社，1999年，第646页。
② （美）李方桂：《比较台语手册》，北京：清华大学出版社，2011年，第143、254页。
③ 梁敏、张均如：《侗台语族概论》，北京：中国社会科学出版社，1996年，第414页。
④ 吴安其：《汉藏语同源研究》，北京：中央民族大学出版社，2002年，第310页。

1 "ɕin¹""θin¹",声母呈现 /ɕ/ — /θ/ 对应分布的特点,借自汉语的"心"。类型 2 "tɔm⁵、tom⁵、toŋ⁵、tuam⁵、tuaŋ⁵",韵母呈现 /ɔ/ — /o/ — /ua/ 对应分布的特点,韵尾则呈现 /m/ — /ŋ/ 鼻音韵尾对应分布的特点。类型 3 为 "θam¹"。类型 4 为 "ɕɯ¹、sɯ¹",均为本族词,与傣语的 tsaɯ⁶ 为同源词。李方桂先生构拟的原始台语形式为 *tɕɯ¹,梁敏先生构拟的原始形式是 *ɕɯ,其原始台语形式较为统一、词源较为古老,但是随着语言接触的不断影响,声母和韵母在各语言和方言中则发生了不同程度的演变。

## 二、太阳穴

"太阳穴"是身体部位名词,是穴位专属词,在人的鬓角前、眉梢后的部位。《布依—汉词典》收录了 1 例"太阳穴"的词汇"tuk⁸mik⁷"。在布依语中,同音的 tuk⁸ 有 2 个义项,一是名词,表示细小呈圆柱状的物体,二是量词表示"根,条"。同音的 mik⁷ 是量词"股",例如"mik⁷mai¹ʔdeu¹(一股线)"。需要说明的是"tuk⁸mik⁷"与同音词并无语义联系,是意义独立的词。在布依语西南地区南北盘江流域语言调研点中,"太阳穴"一词共有 10 种语音形式,这 10 种语音形式可分为两种类型,具体如下:

表 5-2:布依语"太阳穴"的语音形式与地理分布

| 类型 | 1 | | | | 2 | | | | | |
|---|---|---|---|---|---|---|---|---|---|---|
| 读音 | mi⁷ | mik⁷ | mɯk⁷ | to⁵mi⁷ʔ | ʔbap⁷ | ʔbaʔ⁷ | ʔbɯp⁷ | ʔbok⁷ | ʔbut⁷ | ʔɯp⁷ |
| 数量 | 1 | 13 | 3 | 1 | 1 | 1 | 4 | 1 | 1 | 1 |

布依语中表达"太阳穴"含义的词汇共有 4 种语音形式,分别是 mi⁷、mik⁷、mɯk⁷、to⁵mi⁷ʔ,需要说明的是类型 2 是"囟门"的意思,不是太阳

穴；是发音人对"太阳穴"所指对象的误解，这体现了词义混淆的情况，"太阳穴"一词词义缺失较为严重。具体分布如下：

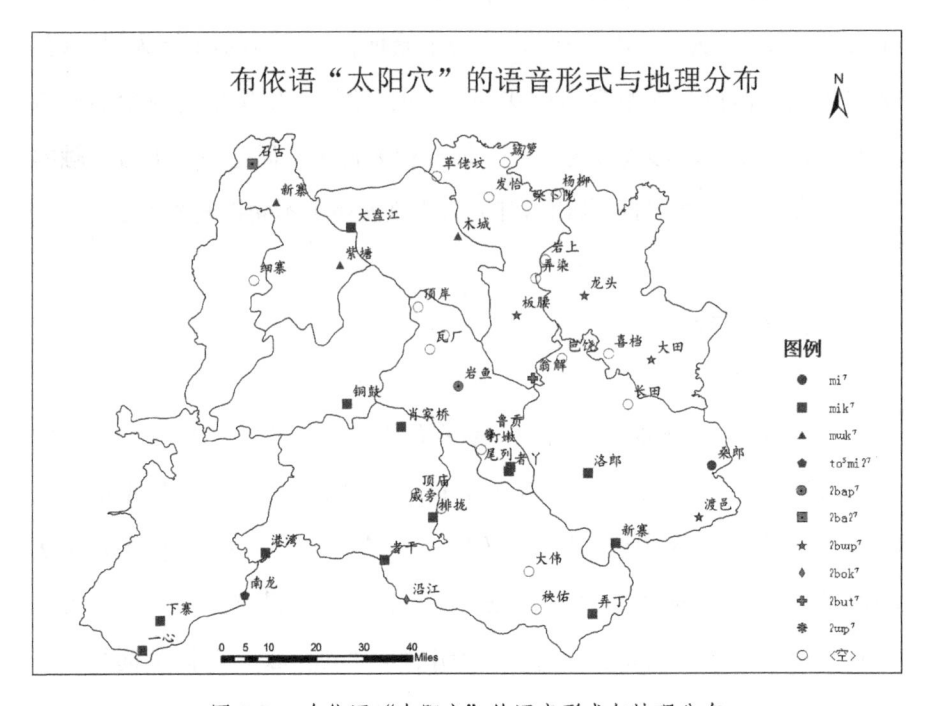

图 5-2：布依语"太阳穴"的语音形式与地理分布

类型1共有4种语音形式，分别是mi⁵、mik⁷、muuk⁷、to⁵mi?⁷，这4种形式均是同源词，分布在第一土语区和第三土语区的18个语言点，其中第一土语区14个语言点，第二土语1个语言点，第三土语区3个语言点。读作mi⁷的有1个语言点，分布在第一土语区的望谟桑郎。读作mik⁷的有13个语言点，分布在第一土语区的望谟平洞洛郎、望谟蔗香新寨、册亨百口弄丁、安龙坡脚者干、贞丰沙坪尾列、贞丰沙坪者坎、安龙万峰湖港湾、兴义仓更下寨、兴义洛万一心、安龙兴隆排拢、安龙龙山肖家桥、兴仁屯脚铜鼓和第三土语区的关岭新铺大盘江。读作muuk⁷的有3个语言点，分布在第二土语区的关岭断桥木城以及第三土语区的晴隆花贡新寨、晴隆鸡场紫塘。读作to⁵miʔ⁷的有1个语言点，分布在第一土语区的兴义南盘江南龙。

布依语表达"太阳穴"含义的词汇共时分布特点主要有以下方面：第一，表达"太阳穴"含义的词共有4种语音形式。第二，类型1"mik⁷"等四种语音形式是布依族本族固有词，是表达"太阳穴"的固有词汇，但此词流失较为严重，调研中发现仅有老年人能够说出此词，青年一代较少能说出此词，19个调研地点的发音人未能给出此词汇，此词声母均为/m/，韵母呈现/ik/ — /ɯk/ — /iʔ/对应的特点，分别是塞音和喉塞音为韵尾。

从来源层面来看，壮语中"太阳穴"一词共有三种说法，分别是po:ŋ²ɣum²、kok¹ɣum²、mik¹，其中po:ŋ²是"膨胀"的含义，ɣum²是"风"的意思，kok¹是"根部、角落"的意思，这两个词本义并不是"太阳穴"，也是使用了其引申义。mik¹是"太阳穴"的专属名词，布依语中表达"太阳穴"一词的专有名词也是mik⁷，这说明壮语和布依语中"太阳穴"一词具有同源关系。

综上所述，布依语中表达"太阳穴"含义的词汇共有4种语音形式。类型1有4种语音变体形式，此词流失较为严重，韵母呈现/ik/ — /ɯk/ — /iʔ/对应的特点，是布依语中表达"太阳穴"的本族固有词汇。

## 三、骂

贵州西南地区南北盘江流域布依语中表达"骂"这一含义的词语共有五种类型，在地理分布上存在差异，语义量也有所不同。需要说明的是，有些语言点同时存在多种表达形式，我们以调研时发音人首先给出的词为数据来源。按照语义表达程度的不同，"骂"可以分为两种量级，高量是指用粗野或恶意的话侮辱人，低量是指斥责。《布依—汉词典》收录了6例含有"骂"义的词，分别是"tan¹咒骂""kuəŋ¹骂""xut⁷骂，咒骂""ʔda⁵骂""we⁴顶嘴、骂""ɕa:i⁵骂"。在布依语西南地区南北盘江流域语言调研点中，"骂"一词共有五种类型，具体如下：

表5-3：布依语"骂"的语音形式

| 类型 | 1 | | | | 2 | | | 3 | 4 | 5 |
|---|---|---|---|---|---|---|---|---|---|---|
| 读音 | vɯt⁷ | vut⁷ | xɯt⁷ | xut⁷ | ʔda⁵ | ʔdæ⁵ | ʔdæʔ⁷ | ɕa:i⁵ | mjaŋ¹ | tan¹ |
| 数量 | 7 | 1 | 1 | 4 | 22 | 2 | 1 | 4 | 1 | 3 |

贵州西南地区南北盘江流域布依语中表达"骂"这一含义的词语共有10种不同的语音形式，我们按照词源差异可以将其分为五种类型。其中类型1为vɯt⁷、vut⁷、xɯt⁷、xut⁷这四种语音形式；类型2为ʔda⁵、ʔdæ⁵、ʔdæʔ⁷这三种语音形式；类型3为ɕa:i⁵；类型4为mjaŋ¹；类型5为tan¹。其地理分布如下：

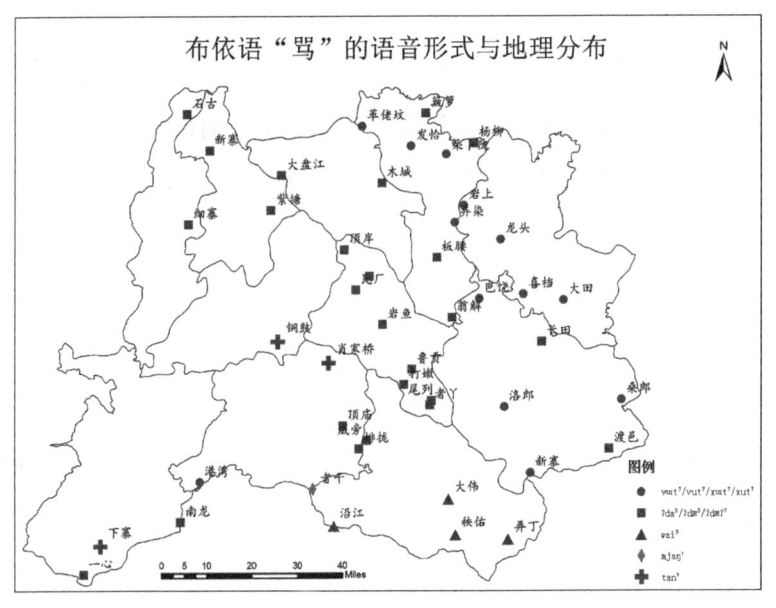

图5-3：布依语"骂"的语音形式与地理分布

类型1共有4种语音形式，分别是vuɯt⁷、vut⁷、xuɯt⁷、xut⁷，这4种形式均是同源词，分布在第一、二、三土语区的13个语言点，其中第一土语区8个语言点，第二土语区2个语言点，第三土语区3个语言点。读作vuɯt⁷的有7个语言点，分布在第一土语区的望谟边饶邑饶、紫云火花龙头、紫云四大寨喜档、紫云猴场大田；第二土语区的紫云白石岩岩上；第三土语区的镇宁募役发恰和镇宁江龙朵卜陇。读作vut⁷的有1个语言点，分布在第二土语区的镇宁沙子弄染。读作xuɯt⁷的有1个语言点，分布在第三土语区的镇宁扁担山革佬坟。读作xut⁷的有4个语言点，分布在第一土语区的望谟平洞洛郎、望谟蔗香新寨、望谟桑郎和安龙万峰湖港湾。这一词汇在布依语中表达"骂、咒骂"的含义，但是语义程度较轻。布依语标准音点将这一语音形式标注为"xut⁷"，在其他地区语音发生了演变，总体规则是舌面后、清、擦音/x/与唇齿、浊、擦音/v/相对应，舌面后、高、圆唇元音/u/与舌面后、高、展唇元音/ɯ/对应。

类型2共有3种语音形式，分别是ʔda⁵、ʔdæ⁵、ʔdæʔ⁷，以上3种语音形式是同源词，分布在第一、二、三土语区的25个语言点，其中第一土语区15个语言点，第二土语区2个语言点，第三土语区8个语言点。读作ʔda⁵的有22个语言点，分布在第一土语区的望谟昂武渡邑、册亨冗渡威旁、贞丰沙坪尾列、贞丰沙坪者坎、贞丰鲁贡打嫩、兴义洛万一心、兴义南盘江南龙、镇宁简嘎翁解、安龙招堤顶庙、安龙兴隆排拢、贞丰岩鱼、贞丰长田瓦铺、贞丰长田瓦厂、贞丰平街顶岸、镇宁六马板腰；第二土语区的关岭断桥木城、贞丰鲁贡烂田湾；第三土语区的关岭新铺大盘江、晴隆花贡新寨、晴隆鸡场紫塘、普安茶源细寨、普安龙吟石古。读作ʔdæ⁵的有2个语言点，分布在第三土语区的镇宁丁旗杨柳和望谟打易长田。读作ʔdæʔ⁷的有1个语言点，分布在第三土语区的镇宁双龙山簸箩。这一词汇表达"骂"的含义，语义程度较轻，这一语音形式在贵州西南地区的语言点中分布最为广泛。《布依—汉词典》收录的语音形式是"ʔda⁵",在镇宁双龙山簸箩读作"ʔdæʔ",这个词本来就没有塞音韵尾,镇宁双龙山的读法是元音的发音特征所致,是区域性语音特征。这一词汇的分布特点是舌面前、低、展唇元音/a/与舌面前、次低、展唇元音/æ/呈现对应分布的特点,塞音韵尾正在不断弱化甚至消失。

类型3共有1种语音形式,为ɕa:i⁵,分布在第一土语区的4个语言点,分别是册亨百口弄丁、册亨秧坝大伟、册亨弼佑秧佑、册亨巧马沿江。这一语音形式集中分布在册亨,是指非常生气且带有恶意的骂,语义程度重。

类型4共有1种语音形式,为mjaŋ¹,分布在第一土语区1个语言点,为安龙坡脚者干。这一语音形式出现频率较低,含有"诅咒"的含义,完全是贬义,多用在两者产生矛盾时,以前多出现在宗教里,有"诅咒"的意思。

类型5共有1种语音形式,为tan¹,分布在第一土语区3个语言点,为兴义仓更下寨、安龙龙山肖家桥、兴仁屯脚铜鼓。

有些地区会同时出现至少三种类型,表示"骂"的不同方式和语义程度,如第一土语贞丰长田一带的布依语中有ʔda⁵、vɯt⁷、tan¹并存的情况。

《布依语调查报告》中"骂"一词仅有1种语音形式,为"ʔda⁵",分布在40个语言点中的26个语言点,另有14个语言点未标注。[①] 从同语支来看,壮语中"骂"一词主要使用ʔda⁵、ɕai⁵、wet⁹、kjo:i¹、hut⁷、ha:i⁵等语音形式。[②] 此词在壮侗语族壮傣语支中具有高度一致性,"ʔda⁵"的使用范围最为广泛。李方桂先生为"责骂"构拟的原始台语声母是*ʔd-,

---

① 中国科学院少数民族语言研究所编:《布依语调查报告》,北京:科学出版社,1959年,第257页。

② 张均如等合著:《壮语方言研究》,成都:四川民族出版社,1999年,第718页。

原始台语声母 *ʔd- 是前带喉塞音的，发音时通常喉头收紧而且下降，但在很多地方喉塞音已经消失。① 梁敏、张均如根据语言材料，将"骂"的原始台语声母形式形式构拟为 *ʔd-。② 由此可见李方桂先生与梁敏先生对此词的构拟具有高度一致性，均将"ʔda⁵"的原始台语声母形式构拟为 *ʔd-。

综上所述，布依语表达"骂"含义的词汇共时分布与来源主要有以下方面特点：第一，表达"骂"含义的词为多源词，不同地区存在差别，可按照同源关系分为五种类型。第二，类型1共有4种语音形式，分别是 vuɯt⁷、vut⁷、xɯt⁷、xut⁷，内部差异特征是舌面后、清、擦音 /x/ 与唇齿、浊、擦音 /v/ 相对应，舌面后、高、圆唇元音 /u/ 与舌面后、高、展唇元音 /ɯ/ 对应，主要分布在第一土语和部分第三土语区。第三，类型2共有3种语音形式，分别是 ʔda⁵、ʔdæ⁵、ʔdæʔ⁷，内部差异特征是舌面前、低、展唇元音 /a/ 与舌面前、次低、展唇元音 /æ/ 呈现对立分布，塞音韵尾正在不断弱化甚至消失，广泛分布在第一、三土语区。第四，类型3共有1种语音形式，为 ɕa:i⁵，是指非常生气且带有恶意的骂，语义程度重。第五，类型4共有1种语音形式，为 mjaŋ¹，含有"诅咒"的含义。第六，类型5共有1种语音形式，为 tan¹，分布在第一土语区。第七，"ʔda⁵"的原始台语声母形式为 *ʔd-，但很多语言点前面的喉塞音已经弱化甚至消失。

---

① （美）李方桂：《比较台语手册》，北京：清华大学出版社，2011年，第95页。
② 梁敏、张均如：《侗台语族概论》，北京：中国社会科学出版社，1996年，第260页。

## 第二节　动物词

### 一、蜻蜓

"蜻蜓"是动物类名词。《现代汉语词典》认为"蜻蜓是一种昆虫,身体细长,胸部的背面有两对膜状的翅,生活在水边,捕食蚊子等小飞虫,能高飞。"《布依—汉词典》收录了2例"蜻蜓"的词汇,分别是 pi⁶、tuə²pi⁶,其中 tuə² 是动物类名词词头,共有三个义项,一是指动物的泛称,二是动物类量词,三是指动物类名词词头。为了便于分析,我们仅讨论 pi⁶ 及其相关形式,动物类名词词头 tuə² 我们单独讨论。在布依语西南地区南北盘江流域语言调研点中,"蜻蜓"一词共有4种语音形式,这4种语音形式均是同源词,具体如下:

表 5-4：布依语"蜻蜓"的语音形式

| 类型 | 1 | 2 | 3 | 4 |
| --- | --- | --- | --- | --- |
| 语音形式 | pei⁶ | pi⁶ | pin⁶ | piŋ⁶ |
| 分布数量 | 2 | 24 | 5 | 14 |

布依语中表达"蜻蜓"含义的词汇共有4种语音形式,分别是 pei⁶、pi⁶、pin⁶、piŋ⁶,这是两种不同来源的词汇,我们将其分为三种类型,调研数据总计含45个语言点,具体分布如下:

布依语"蜻蜓"的语音形式与地理分布

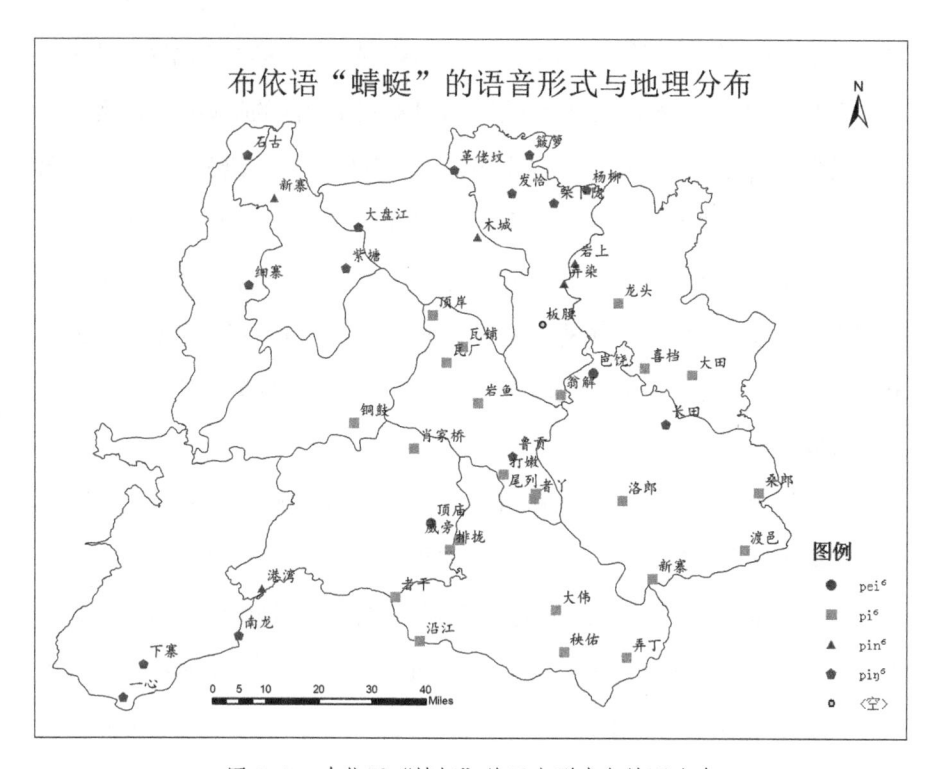

图5-4：布依语"蜻蜓"的语音形式与地理分布

类型1"pei⁶"，共分布在2个语言点，均在第一土语区。具体分布在望谟边饶邑饶和安龙招堤顶庙。

类型2"pi⁶"，共分布在24个语言点，均在第一土语区。具体分布在望谟平洞洛郎、望谟蔗香新寨、望谟桑郎、望谟昂武渡邑、册亨百口弄丁、册亨秧坝大伟、册亨弼佑秧佑、册亨冗渡威旁、册亨巧马沿江、安龙坡脚者干、贞丰沙坪尾列、贞丰沙坪者坎、贞丰鲁贡打嫩、紫云火花龙头、紫云四大寨喜档、紫云猴场大田、镇宁简嘎翁解、安龙兴隆排拢、安龙龙山肖家桥、兴仁屯脚铜鼓、贞丰岩鱼、贞丰长田瓦铺、贞丰长田瓦厂和贞丰平街顶岸。

类型3"pin⁶"，共分布在5个语言点，其中第一土语1个，第二土语3个，第三土语1个。分布在第一土语区的安龙万峰湖港湾，第二土语区的紫云白石岩岩上、关岭断桥木城、镇宁沙子弄染和第三土语区的晴隆花贡新寨。

类型4"piŋ⁶"，共分布在14个语言点，其中第一土语3个，第二土语区1个，第三土语10个。分布在第一土语的兴义仓更下寨、兴义洛万一心、兴义南盘江南龙，第二土语区的贞丰鲁贡烂田湾，第三土语区的镇宁扁担山革佬坟、镇宁丁旗杨柳、镇宁双龙山簸箩、镇宁募役发恰、望谟打易长田、镇宁江龙朵卜陇、关岭新铺大盘江、晴隆鸡场紫塘、普安茶源细寨、普安龙吟石古。

布依语表达"蜻蜓"含义的词汇共时分布特点主要有以下方面，第一，表达"蜻蜓"含义的词均为同源词，不同地区语音形式存在差别，分别是pei⁶、pi⁶、pin⁶、piŋ⁶。第二，声母和声调一致，这也是确定其为同源词的重要依据。第三，韵母呈现/ei/ — /i/ — /in/ — /iŋ/对应分布的特点，其中/ei/、/i/主要分布在第一土语区，/in/在第一、二、三土语区均有分布，处在第一土语区和第三土语区的过渡地带。/iŋ/主要分布在第三土语区。

《布依语调查报告》中"蜻蜓"一词共有4种语音形式，分别是pi⁶、pi⁵、pei⁶、pei²。① 从同语支来看，壮语中"蜻蜓"一词主要使用piəŋ²pai⁶、pləm⁴plei⁶、pum⁴pi⁴、po:n⁴pi⁶、pi⁶piŋ⁶、tə ²ti ²、po:ŋ²pi⁶、po:ŋ²pat⁸、poŋ⁵pei⁶等语音形式。② 壮语中这一语音形式较布依语形式更为复杂，布依语的构词方式是表示动物类词头加核心词，但是壮语中构成方式要更为复杂，与布依语地区地理上较为接近的地点，两种语言语音形式更为接近。就目前语言材料来看，此词在壮侗语族壮傣语支中具有高度一致性，具有同源发生关系。李方桂先生未构拟"蜻蜓"一词的原始台

---

① 中国科学院少数民族语言研究所编：《布依语调查报告》，北京：科学出版社，1959年，第198页。

② 张均如等合著：《壮语方言研究》，成都：四川民族出版社，1999年，第617页。

语形式。梁敏、张均如构拟了2例"蜻蜓"的原始形式，第1例其古声母为 *b，古韵母为 ei*，即 *bei，主要依据版纳"bi³"、德宏"mi³"、傣拉"mi³"、龙州"fi⁴"、武鸣"pai⁶"、柳江"pi⁶"等语言材料所构拟的；第2例其古声母为 *d，古韵母为 in*，即 *din，主要依据的是侗南"tən⁶"、仫佬"kɣən⁶"、水语"tjən³"等语言材料所构拟的。① 梁敏先生构拟了两种原始形式，明显是根据不同语支语言情况所构拟的，其中原始台语 *bei 是根据台语支语言构拟的，*din 则是根据侗语支语言构拟的，这两个词缺少发生学关系，是两个非同源词。

综上所述，布依语表达"蜻蜓"含义的词汇 pei⁶、pi⁶、pin⁶、piŋ⁶ 均是同源词。声母和声调一致。韵母呈现 /ei/ — /i/ — /in/ — /iŋ/ 对应分布的特点，其中 /ei/、/i/ 主要分布在第一土语区，/in/ 在第一、二、三土语区均有分布，处在第一土语区和第三土语区的过渡地带。/iŋ/ 主要分布在第三土语区。布依语"蜻蜓"一词是本族固有词，且与壮语等同语支语言属于同源关系，来源于原始台语 *bei。

## 二、蝴蝶

"蝴蝶"是动物类名词。《现代汉语词典》认为"蝴蝶是一种昆虫，翅膀阔大，颜色美丽，静止时四翅竖立在背部，腹部瘦长，吸花蜜，也叫蝶。"《布依—汉词典》收录了5例"蝴蝶"的词汇，分别是 tuə²ʔba⁴、ʔba⁴、ʔbi⁵ʔba⁴、ʔbu³ʔba⁴、ʔbuŋ⁵ʔba⁴，其中 tuə²ʔba⁴ 是名词"蝴蝶"，tuə² 是动物类名词词头。ʔba⁴ 是名词"蝴蝶"，此外还有"飞蛾"的意思。ʔbi⁵ʔba⁴ 为名词"蝴蝶"。ʔbu³ʔba⁴ 为名词"蝴蝶"和"飞蛾"的含义，

---

① 梁敏、张均如：《侗台语族概论》，北京：中国社会科学出版社，1996年，第190、211、616、707页。

ʔbu³单独不表义。ʔbuŋ⁵ʔba⁴，为名词"蝴蝶"的含义。在布依语西南地区南北盘江流域语言调研点中，"蜻蜓"一词共有24种语音形式，具体如下：

表 5-5：布依语"蝴蝶"的语音形式

| 类型 | 1 | 2 | 3 |
|---|---|---|---|
| 语音形式 | mi³ma⁴<br>muk⁷ʔba⁴<br>mum⁶ʔba⁴ | tə²muk⁷ʔba⁴<br>tə²ʔba⁴<br>tu²ʔba⁴<br>tuə²ʔba⁴<br>te²ʔbuŋ⁵ʔba⁴<br>tu²ʔbaŋ⁵ʔba⁴<br>tu²ʔbum¹ʔba⁴<br>tu²ʔbuŋ⁵ʔba⁴<br>tu²ʔbuŋ⁵ʔbæ⁴<br>tu²ʔbi⁵ʔba⁴<br>tu²ʔbu⁵ʔba⁴ | ʔbi³ʔba⁴<br>ʔbi⁵ʔba⁴<br>ʔbu⁵ʔba⁴<br>ʔbuk⁷ʔba⁴<br>ʔbut⁷ʔba⁴<br>ʔbaŋ⁵ʔba¹<br>ʔbum¹ʔba⁴<br>ʔbum⁵ʔba⁴<br>ʔbuŋ⁵ʔba⁴<br>ʔbon⁵ʔba⁴ |
| 分布数量 | 3 | 25 | 21 |

布依语中表达"蝴蝶"含义的词汇共有24种语音形式，我们将其分为三种类型，调研数据总计含45个语言点，具体分布如下：

图 5-5：布依语"蝴蝶"的语音形式与地理分布

类型1共有3种语音形式，分别是mi³ma⁴、muk⁷ʔba⁴、mum⁶ʔba⁴。其中mi³ma⁴分布在第一土语区的镇宁江龙朵卜陇，muk⁷ʔba⁴分布在第一土语区的贞丰长田瓦厂，mum⁶ʔba⁴分布在第一土语区的安龙招堤顶庙。以上三个词分布较为分散，分布在三个不同的地区，但他们的共同特点是喉塞音已经脱落。

类型2共有11种语音形式，其共同特点是以动物类名词词头为前缀，可细分为5种小类型，小类1为tə²muk⁷ʔba⁴，分布在第一土语区的贞丰长田瓦铺。小类2为tə²ʔba⁴、tu²ʔba⁴、tuə²ʔba⁴，其中tə²ʔba⁴分布在第一土语区的镇宁简嘎翁解；tu²ʔba⁴分布在第一土语区的望谟桑郎、紫云火花龙头、紫云四大寨喜档、紫云猴场大田和第二土语区的贞丰鲁贡烂田湾；tuə²ʔba⁴分布在第一土语区的望谟平洞洛郎、蔗香新寨、边饶邑饶和昂武渡邑。小类3为te²ʔbuŋ⁵ʔba⁴、tu²ʔbaŋ⁵ʔba⁴、tu²ʔbum¹ʔba⁴、tu²ʔbuŋ⁵ʔba⁴、tu²ʔbuŋ⁵ʔbæ⁴，其中te²ʔbuŋ⁵ʔba⁴分布在第一土语区的兴义洛万一心；tu²ʔbaŋ⁵ʔba⁴分布在第一土语区的安龙万峰湖港湾和兴义仓更下寨；tu²ʔbum¹ʔba⁴分布在第一土语区的安龙兴隆排拢；tu²ʔbuŋ⁵ʔba⁴分布在第一土语区的安龙坡脚者干和兴义南盘江南龙；tu²ʔbuŋ⁵ʔbæ⁴分布在第三土语区的望谟打易长田。小类4为tu²ʔbi⁵ʔba⁴，分布在第三土语区的镇宁双龙山簸箩。小类5为tu²ʔbu⁵ʔba⁴，分布在第一土语区的安龙龙山肖家桥和兴仁屯脚铜鼓。

类型3共有10种语音形式，可细分为4种小类型，小类1为ʔbi³ʔba⁴、ʔbi⁵ʔba⁴，其中ʔbi³ʔba⁴分布在第三土语区的关岭新铺大盘江；ʔbi⁵ʔba⁴分布在第二土语区的紫云白石岩岩上、关岭断桥木城和镇宁沙子弄染以及第三土语区的镇宁扁担山革佬坟、镇宁丁旗杨柳、镇宁募役发恰。小类2为ʔbu⁵ʔba⁴，分布在第三土语区的晴隆花贡新寨。小类3为ʔbuk⁷ʔba⁴、ʔbɯt⁷ʔba⁴，其中ʔbuk⁷ʔba⁴分布在第一土语区的册亨冗渡威旁、贞丰岩鱼和贞丰平街顶岸；ʔbɯt⁷ʔba⁴分布在第三土语区的晴隆鸡场紫塘。小类4为ʔbaŋ⁵ʔba¹、ʔbum¹ʔba⁴、ʔbum⁵ʔba⁴、ʔbuŋ⁵ʔba⁴、ʔbon⁵ʔba⁴，其中ʔbaŋ⁵ʔba¹分布在第一土语区的册亨巧马沿江；ʔbum¹ʔba⁴分布在第一土语区的贞丰沙坪尾列、贞丰沙坪者坎；ʔbum⁵ʔba⁴分布在第三土语区的普安茶源细寨；ʔbuŋ⁵ʔba⁴分布在第一土语区的册亨百口弄丁、册亨秧坝大伟、贞丰鲁贡打嫩和第三土语区的普安龙吟石古；ʔbon⁵ʔba⁴分布在第一土语区的册亨弼佑秧佑。

布依语表达"蝴蝶"含义的词汇共时分布特点主要有以下方面。第一，表达"蝴蝶"含义的词形式复杂，共有24种语音形式，可大体分为三种类型。第二，类型1的分布较为分散，他们的共同特点是喉塞音已经脱落。第三，类型2的共同特点是以动物类名词词头为首，可细分为5种小类型，主要分布在第一土语区和部分第三土语区。第四，类型3的特点是由两个音节构成，第一个音节都有喉塞音成分。

《布依语调查报告》中"蝴蝶"一词共有7种语音形式，分别是boŋ⁵ba⁴、tu²ba⁴、tvɯə²ba⁴、bu⁴ba⁴、buŋ⁵pi⁶、bi⁵ba³、tu²ba³。[①] 这一词汇语音形式较为复杂，《报告》中望谟蔗香语言点的语音形式为tu²ba⁴，我们在这一地区调研记录的语音形式为tuə²²ʔba⁴。从同语支来看，壮语中"蝴蝶"一词主要使用ba³、bəm³ba³、mum³ma³、kuŋ⁵ba⁴、buŋ⁵ba⁴、bi³等语音形式。[②] 壮语中这一语音形式较布依语形式更为复杂，壮语北部方言中的一些语音形式与布依语是同源关系。泰语中为sɯɯ³，傣语为bə³或mə³，可见此词在壮侗语族壮傣语支中具有一定的关联性，均具有同源发生关系，但是语音演变形式较为多样。李方桂先生为"蝴蝶、蛾"构拟的原始台语声母是

---

① 中国科学院少数民族语言研究所编：《布依语调查报告》，北京：科学出版社，1959年，第356页。

② 张均如等合著：《壮语方言研究》，成都：四川民族出版社，1999年，第617页。

*ʔb-。① 梁敏、张均如构拟了"蝴蝶"的原始形式，其古声母为 *ʔbw-，古韵母 *-ɯa，即 *ʔbwɯa 主要依据的是版纳"ba:ŋ¹"、柳江"ba³"、侗南"ma³"、侗北"ma⁵"、毛南"ba⁴"等语言材料所构拟的。② 李方桂先生构拟的原始台语声母是 *ʔb-，梁敏先生构拟的原始形式是即 *ʔbwɯa。目前来看，学界对此词的原始台语声母构拟形式观点较为一致，就是在声母中含有紧喉成分，在布依语很大一部分地区仍然保留着紧喉音，这个音往往都是阴调类，在布依语中体现为第1调或第5调。但是在有些地方也发生了演变，在龙州等方言中变成了浊塞音 /b/，在贞丰、镇宁的调查点也发现没有 /ʔb/ 而发成鼻音 /m/ 的情况，这就说明在演变中喉塞音 /ʔ/ 与鼻音 /m/ 发生了合流的现象。紧喉成分是这个音节中最为强势的成分，在各支语言中得到了不同程度的保留。

综上所述，布依语表达"蝴蝶"含义的词汇共有24种语音形式。我们将其分为三种类型，类型1的特点是喉塞音和鼻音 /m/ 发生了合流的现象。类型2的第一个音节是表示动物类的词头，呈现 tə² — tuə² — tu² 对应分布的特点，第二个音节多数保留着鼻音韵尾，但是有一部分鼻音韵尾已经呈现脱落的迹象。类型3均是两个音节，不含表示动物类的词头，前一个音节有些保留着鼻音韵尾，个别地点鼻音韵尾脱落，还有一部分则演变为塞音 /k/ 和 /t/。布依语"蝴蝶"一词的原始台语声母可构拟为 *ʔb-。目前在布依语中仍保留着喉塞音，部分地区也发生了喉塞音 /ʔ/ 与鼻音 /m/ 发生了合流的现象。

---

① （美）李方桂：《比较台语手册》，北京：清华大学出版社，2011年，第63页。
② 梁敏、张均如：《侗台语族概论》，北京：中国社会科学出版社，1996年，第250、803页。

## 三、秧鸡

"秧鸡"是动物类名词，是一种生活在沼泽、秧田的鸟类，在贵州西南地区较为常见。但随着这一动物的逐渐减少，现在很多青年人已经不能准确说出这个词汇，但年龄较大的人对此词的掌握能力较好。《现代汉语词典》并未收录此词，《布依—汉词典》收录了4例"秧鸡"义的词汇，分别是kai⁵ðiən⁶、ðiən⁶、ðok⁸kan¹、ðok⁸wak⁷。在布依语西南地区南北盘江流域语言调研点中，"秧鸡"一词共有17种语音形式，我们按照词源关系分类，将其分为两种类型，具体如下：

表 5-6：布依语"秧鸡"的语音形式

| 类型 | 1 | | | |
|---|---|---|---|---|
| 语音形式 | ðɔk⁸vak⁷ | ðɔk⁸ʔwak⁷ | ðok⁸vak⁷ | ðok⁸ʔwak⁷ |
| 分布数量 | 3 | 1 | 1 | 1 |

| 类型 | 2 | | | | | | |
|---|---|---|---|---|---|---|---|
| 语音形式 | ðɔk⁸kai⁵kan¹ | dɔk⁸kan¹ | ðɔk⁸kan¹ | ðok⁸ka⁵kan¹ | ðok⁸kai⁵kan¹ | ðok⁸kan¹ | jok⁸kan¹ |
| 分布数量 | 1 | 1 | 4 | 1 | 1 | 5 | 11 |

| 类型 | 2 | | | | | |
|---|---|---|---|---|---|---|
| 语音形式 | tə²jok⁸kan¹ | tu²ðɔk⁸kan¹ | zok⁸kai⁵kan¹ | zok⁸kan¹ | zok⁸kan¹ | zok⁸kaŋ¹ |
| 分布数量 | 1 | 1 | 1 | 4 | 4 | 4 |

从上表可以看出，贵州西南地区布依语中"秧鸡"主要有两个来源，为什么叫做秧鸡，这与当地布依语、壮族稻作耕种文化有着密切关系，秧鸡经常出现在秧田附近，以谷物和昆虫为主要食物来源，所以称作为秧鸡。在46个语言点中，有效调研语言点为43个。按照不同类型地理分布

如下：

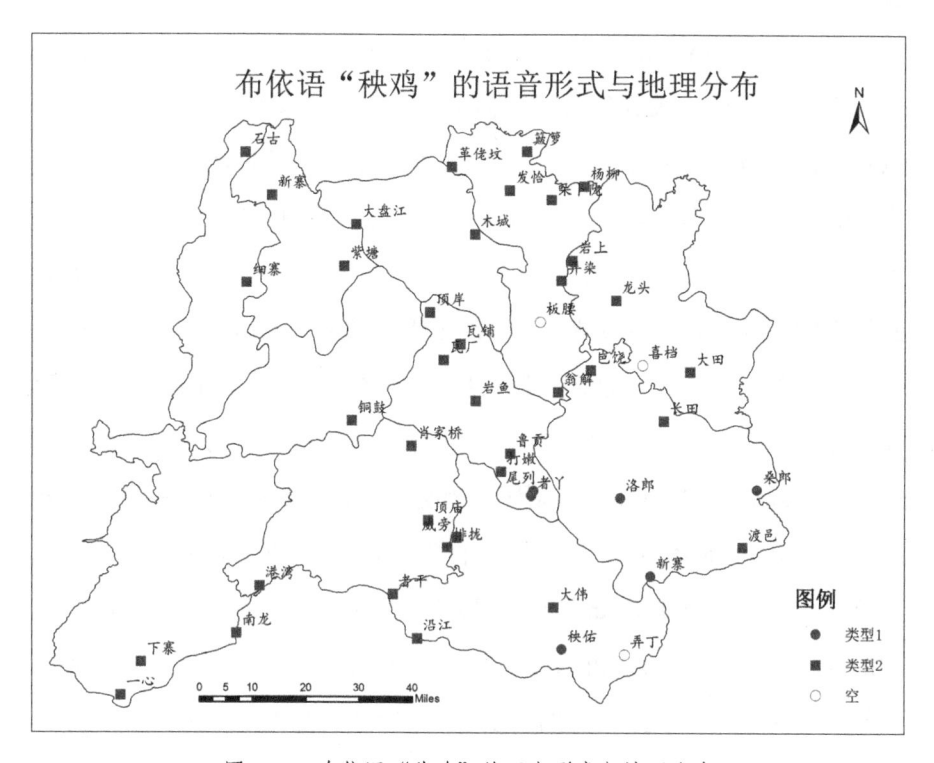

图 5-6：布依语"秧鸡"的语音形式与地理分布

  类型1共有4种语音形式，分别是ðɔk⁸vak⁷、ðɔk⁸ʔwak⁷、ðok⁸vak⁷、ðok⁸ʔwak⁷，以上4种语音形式是同源词，其中ðɔk⁸是"鸟"的含义，同时也是表达"鸟"类名词的词头。类型1分布在第一土语区的6个语言点，其中"ðɔk⁸vak⁷"分布在望谟平洞洛郎、望谟蔗香新寨和望谟桑郎；"ðɔk⁸ʔwak⁷"分布在贞丰沙坪尾列；"ðok⁸vak⁷"分布在册亨弼佑秧佑；"ðok⁸ʔwak"分布在贞丰沙坪者坎。由此可见，分布在望谟、贞丰、册亨一带的这一词汇是将其归属为"鸟"类的。从整体地理分布来看，这一说法目前在这一区域范围内较为通行。其语音差异主要体现在舌面后、高、圆唇元音/o/和舌面后、次低、圆唇元音/ɔ/的对应分布以及喉塞音的有无。

类型2共有13种语音形式，分布在第一、二、三土语的37个语言点。由于语音形式较为复杂，我们选择分布点数量较多的形式进行重点讨论。在以上语音形式中，有的是两个音节，有的是三个音节，其中"jok⁸kan¹"分布数量最多，为11个语言点，其中第二土语区4个语言点，第三土语区7个语言点，分别是第二土语的紫云白石岩岩上、关岭断桥木城、贞丰鲁贡烂田湾、镇宁沙子弄染和第三土语区的镇宁募役发恰、镇宁江龙朵卜陇、关岭新铺大盘江、晴隆花贡新寨、晴隆鸡场紫塘、普安茶源细寨、普安龙吟石古。布依语"ðok⁸kan¹"则分布在5个语言点，"ðɔk⁸kan¹"集中在第一土语区的望谟、册亨、安龙、贞丰一带。此外ðɔk⁸kai⁵kan¹、tə²jok⁸kan¹等三音节分布数量较少，但在壮语中却有很多三音节词，其中"ðɔk⁸kai⁵kan¹"中的"kai⁵"则是"鸡"的含义，tə²jok⁸kan¹中的"tə²"则是动物类别前缀。"秧鸡"一词在第三土语区则较为整齐地读作"jok⁸kan¹"，与第一土语区的共时差异体现在齿间、浊、擦音/ð/和舌面中、浊、擦音/j/的对应分布上。

《布依语调查报告》收录了10个语言点的数据，"秧鸡"一词共有9种语音形式，分别是zok⁸kai⁵zi:k⁸、zɔk⁸kan¹、zo⁷⁸kan¹、zok⁸kan¹、zo⁷⁸ka³kai、zuak⁸kan¹、juak⁸kan¹、nok⁷kan⁵、zua⁷⁸kan¹。[①] 这九种语音形式虽然有所差别，但都具有同源关系，与我们所归纳的类型2属于同源词。从同语支来看，壮语中"秧鸡"一词的语音形式如下：

---

[①] 中国科学院少数民族语言研究所编：《布依语调查报告》，北京：科学出版社，1959年，第263页。

表 5-7：壮语"秧鸡"的语音形式

| 地点 | 武鸣 | 平果 | 宾阳 | 忻城 | 贺州 | 三江 | 上思 | 德保 |
|------|------|------|------|------|------|------|------|------|
| 语音形式 | ɣok⁸kai⁵na² | lok⁸kai⁵na² | ðok⁸kai⁵na² | ðok⁸kau¹vak⁸ | kai⁵hau⁴ | lok⁸kau¹vak⁸ | nok⁸ku⁵va¹ | nɔk⁸θan¹ |

可见壮语与布依语中的此词具有同源关系，其中"ðok⁸"是鸟类的名词词头，"kai⁵"是"鸡"的含义。从壮语的分布来看，三音节词较多，但在布依语中三音节词已经不同程度的弱化，以双音节词为主。从学界目前考古发现来看，普遍认为壮侗语族各民族最早应该是生活在广西、广东一带，然后向四周迁徙，那么很有可能布依语中三音节词是较为古老的词形，且与壮语同源，后来由于语言经济原则制约，开始逐渐简化为两个音节。梁敏、张均如构拟了"秧鸡"的原始台语形式，其古声母为*kl，古韵母为*en，即*klen，依据柳江"kan¹"、布依语"kan¹"等语言构拟的。①

综上所述，布依语表达"秧鸡"含义的词汇共有17种语音形式，我们按照词源关系分类，将其分为两种类型。类型1共有4种语音形式，分别是ðɔk⁸vak⁷、ðɔk⁸ʔwak⁷、ðok⁸vak⁷、ðok⁸ʔwak⁷，其中ðok⁸是"鸟"类名词的词头，共时差异主要体现在舌面后、高、圆唇元音/o/和舌面后、次低、圆唇元音/ɔ/的对应分布以及喉塞音的有无，地理上主要分布在第一土语区的望谟、贞丰、册亨。类型2共有13种语音形式，分布在第一、二、三土语的37个语言点，地理上则分布在第一、二、三土语区的大部分地区，分布在第三土语区的均读作"jok⁸kan¹"，共时差异体现在齿间、浊、擦音/ð/和舌面中、浊、擦音/j/的对应分布上。

---

① 梁敏、张均如：《侗台语族概论》，北京：中国社会科学出版社，1996年，第171、623页。

## 第三节 植物词

### 一、蕨菜

"蕨菜"是植物类名词,广泛生长在布依族生活的地方,是较为常见的植物之一。《现代汉语词典》认为"蕨是多年生草本植物,生长在山野菜地里,根状茎长,横生地下,羽状复叶,嫩叶可以吃,叫蕨菜。"《布依—汉词典》收录了1例"蕨菜"的词汇,为pjak⁷kut⁷,其中pjak⁷是表示蔬菜类的名词,此外还有3例"蕨"类的词汇,分别是蕨草"kut⁷",蕨苔"pjak⁷θan³",蕨草的根茎"ʔdak⁷pum¹liŋ²"。在布依语西南地区南北盘江流域语言调研点中,"蕨菜"一词共有6种语音形式,具体如下:

表 5-8:布依语"蕨菜"的语音形式

| 类型 | 1 | 2 | 3 |
| --- | --- | --- | --- |
| 语音形式 | pak⁷kut⁷、pjak⁷kut⁷、tɔk⁸kut⁷ | pjak⁷san³、pak⁷san³ | pjak⁷θan³ |
| 分布数量 | 20 | 9 | 16 |

布依语中表达"蕨菜"含义的词汇共有6种语音形式,我们将其分为三种类型,是按照核心语素的语音差异进行区分的,调研数据总计含45个语言点,具体分布如下:

布依语"蕨菜"的语音形式与地理分布

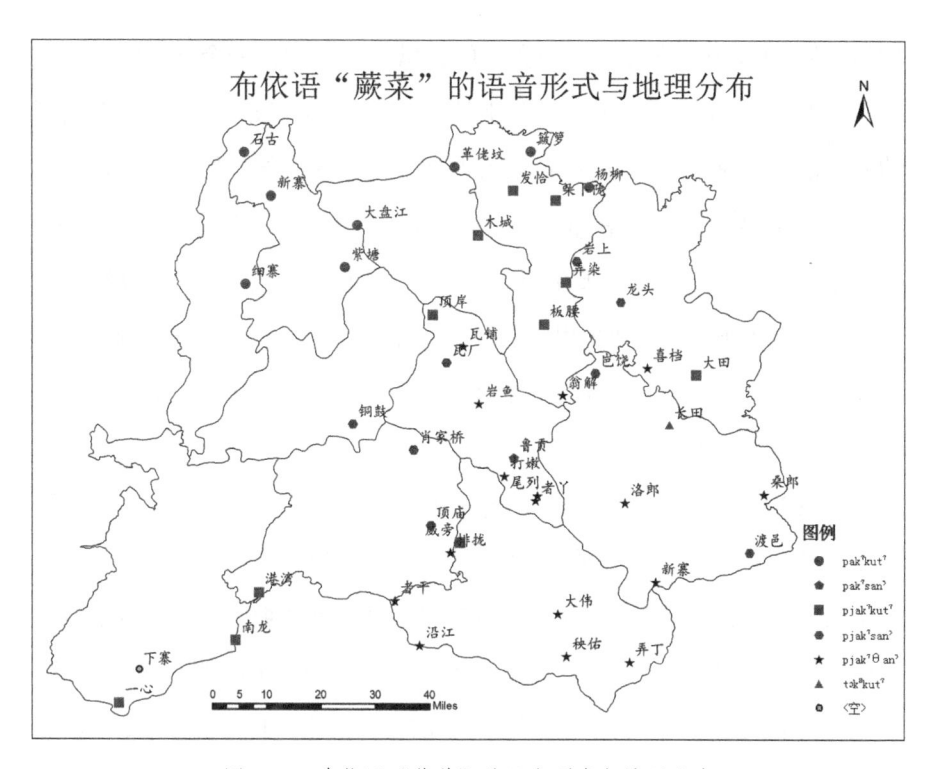

图5-7：布依语"蕨菜"的语音形式与地理分布

类型1共有3种语音形式，分别是pak⁷kut⁷、pjak⁷kut⁷、tɔk⁸kut⁷，以上三个词汇的核心语素均是kut⁷。其中pak⁷kut⁷分布在第三土语区的8个语言点，分别是镇宁扁担山革佬坟、镇宁丁旗杨柳、镇宁双龙山簸箩、关岭新铺大盘江、晴隆花贡新寨、晴隆鸡场紫塘、普安茶源细寨和普安龙吟石古。pjak⁷kut⁷分布在11个语言点，其中第一土语区7个，第二土语区2个，第三土语区2个，分布在第一土语区的册亨冗渡威旁、紫云猴场大田、安龙万峰湖港湾、兴义洛万一心、兴义南盘江南龙、贞丰平街顶岸、镇宁六马板腰；第二土语区的关岭断桥木城、镇宁沙子弄染；第三土语区的镇宁募役发恰、镇宁江龙朵卜陇。tɔk⁸kut⁷分布在第三土语区的望谟打易长田。调研发现"kut⁷"主要用在第三土语和部分第一土语区，tɔk⁸kut⁷这一说法较为少见，tɔk⁸在布依语中"菜薹"的意思，tɔk⁸kut⁷是一个合成词。

类型2共有2种语音形式，分别是pjak⁷san³、pak⁷san³，以上三个词汇的核心语素均是san³。san³在布依语中是"杆、茎、苔"的意思，是从形状上来给植物命名。其中pjak⁷san³分布在8个语言点，其中第一土语区7个，第二土语区1个，分布在第一土语区的望谟边饶岜饶、望谟昂武渡邑、紫云火花龙头、安龙招堤顶庙、安龙龙山肖家桥、兴仁屯脚铜鼓、贞丰长田瓦厂和第二土语区的紫云白石岩岩上。pak⁷san³分布在第三土语区的贞丰鲁贡烂田湾。

类型3共有1种语音形式，是pjak⁷θan³，分布在第一土语区的16个语言点，分别是望谟平洞洛郎、望谟蔗香新寨、望谟桑郎、册亨百口弄丁、册亨秧坝大伟、册亨弼佑秧佑、册亨巧马沿江、安龙坡脚者干、贞丰沙坪尾列、贞丰沙坪者坎、贞丰鲁贡打嫩、紫云四大寨喜档、镇宁简嘎翁解、安龙兴隆排拢、贞丰岩鱼、贞丰长田瓦铺。根据以上比较分析，san³与θan³是同源形式，只是在不同地区声母发生了演变，均是清擦音，区别在于/s/发音部位是舌尖前，/θ/发音部位在齿间。

布依语表达"蕨菜"含义的词汇共时分布特点主要有以下方面。第一，表达"蕨菜"含义的词共有6种语音形式，可大体分为三种类型。第二，类型1有3种语音形式，分别是pak⁷kut⁷、pjak⁷kut⁷、tɔk⁸kut⁷，主要分布在第三土语区和部分第一土语区，分布在第一土语区的主要是pjak⁷kut⁷这一语音形式，核心成分为"kut⁷"，在布依语中是"蕨草"的意思。第三，类型2有2种语音形式，分别是pjak⁷san³、pak⁷san³。第四，类型3共有1种语音形式，是pjak⁷θan³，其核心成分是"θan³"，布依语中"蕨苔"是"pjak⁷θan³"，舌尖前清擦音/s/与齿间清擦音/θ/是对应分布关系。可见在西南地区的布依语中，有些时候会将"蕨菜"与"蕨苔"两个词汇混用，有些调研点两个词汇都有分布，这也说明有些地方已经不再详细区分植物不同部位的具体名称，转而使用某一常用词汇取代另一词汇。

《布依语调查报告》中"蕨菜"一词主要有4种语音形式，分别是pjak⁷san³、pjak⁷kut⁷、pak⁷kut⁷、tuk⁸kut⁷。①《报告》中共有10个语言点的调查数据，核心成分共有两种语音形式，分别是"san³"和"kut⁷"，其中共有2个语言点是pjak⁷san³的说法，此词严格来说应该是"蕨苔"，但现在也泛指"蕨菜"，或者在一些当地的文化观念中，二者是没有区分的。从同语支来看，壮语中"蕨草"一词主要使用kut⁷、kyt¹⁰、kot⁷、kət⁷等语音形式。②需要说明的是壮语材料中的"蕨草"与布依语中的"蕨菜"是同一个词汇。这一词汇在壮语与布依语中的语音形式一致，是同源关系。李方桂先生未构拟此词的原始台语形式。梁敏、张均如构拟了2例"蕨菜"的原始形式，例1其古声母为*k-，古韵母*-ut，即*kut，主要依据的是版纳"kut⁹"、德宏"kut⁷"、傣拉"kut⁸"、武鸣"kut⁷"、布依"kut⁷"等语言材料所构拟的。例2其古声母为*j-，古韵母*-iu，即*jiu，主要依据的是侗南"iu³"、侗北"iu⁵"、毛南"hi:u³"等语言材料所构拟的。③梁敏先生构拟了两种原始形式，其中*kut主要是依据壮语、布依语等台语支语言所构拟的，在台语支中此词均是同源词，语音形式具有高度一致性，且词形较为稳定，历时演变较小，构拟的第2例原始形式*jiu则主要是依据侗语支语言所构拟的，所以侗语支和台语支这两个词有各自的来源和演变历史。邢公畹将台语kut⁷与汉语"蕨"，广州话"khy:t⁷（蕨）< kjwɐt < *kjuat"进行了比较分析。④

---

① 中国科学院少数民族语言研究所编：《布依语调查报告》，北京：科学出版社，1959年，第362页。

② 张均如等合著：《壮语方言研究》，成都：四川民族出版社，1999年，第631页。

③ 梁敏、张均如：《侗台语族概论》，北京：中国社会科学出版社，1996年，第155、376、702、750页。

④ 邢公畹：《汉台语比较手册》，北京：商务印书馆，1999年，第234页。

综上所述，布依语表达"蕨菜"含义的词汇共有6种语音形式。类型1分别是pak⁷kut⁷、pjak⁷kut⁷、tɔk⁸kut⁷，核心成分为"kut⁷"，在布依语中是"蕨草"的意思，语音形式较为统一。此外还有pjak⁷san³、pak⁷san³、pjak⁷θan³等语音形式，其核心成分是"θan³"，布依语中"蕨苔"是"pjak⁷θan³"，这个词除了指"蕨菜"之外，在一些地区还指油菜的菜苔。舌尖前清擦音/s/与齿间清擦音/θ/是对应分布关系，此词严格来说应该是"蕨苔"，但现在也泛指"蕨菜"，或者在一些当地的文化观念中，二者是没有区分的。我们认为"kut⁷"的原始形式是*kut，壮傣语支中此词是同源词，此词与侗语支是非同源关系。

## 二、花

"花"是植物类名词，在各地区均有分布，是较为常见的植物之一。《现代汉语词典》认为"花有各种颜色，有的很艳丽，有香味，是一种可供观赏的植物。"《布依—汉词典》收录了2例"花"的词汇，其一为ʔdo⁵wa¹，其中ʔdo⁵一方面是表示花蕾的名词，另一方面也是量词"朵"；其二为wa¹，有三个义项，一是名词"花"；二是形容词"花色的"；三是形容词"眼睛昏花"。在布依语西南地区南北盘江流域语言调研点中，"花"一词共有16种语音形式，具体如下：

表 5-9：布依语"花"的语音形式

| 类型 | 1 | 2 |
| --- | --- | --- |
| 语音形式 | ko¹wa¹、wa¹、ʔdo¹wa¹、ʔdo⁵va¹、ʔdo⁵wa¹、ʔdok⁷wa¹ | ʔda:i⁵、ʔdai⁵、ʔde⁵、ʔdɛ⁵、ʔdo⁵ʔda:i⁵、ʔdo⁵ʔdai⁵、ʔdok⁷ʔe¹、ʔduə⁵ʔdai⁵、ʔduə⁵ʔde⁵、ʔduə⁵ʔie⁵ |

布依语表达"花"含义的词汇共有16种不同的语音形式，我们将其分为两种类型，类型一"wa¹"及其相关语音形式是早期汉语借词，类型二"ʔdai⁵"及其相关语音形式是本族固有词，调研数据总计含45个语言点，具体分布如下：

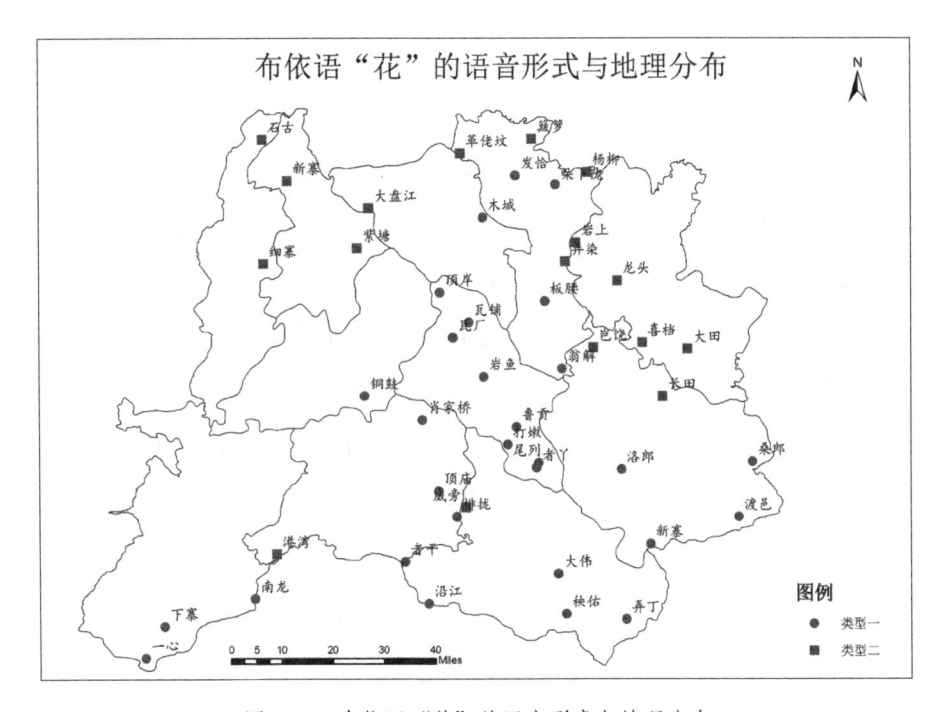

图 5-8：布依语"花"的语音形式与地理分布

类型1共有6种语音形式，分别是ko¹wa¹、wa¹、ʔdo¹wa¹、ʔdo⁵va¹、ʔdo⁵wa¹、ʔdok⁷wa¹，以上词汇的词根均是wa¹，这是一个中古汉语借词。其中ko¹wa¹分布在第一土语区的1个语言点，即安龙坡脚者干。wa¹分布在第一土语区的5个语言点，分别是望谟平洞洛郎、望谟蔗香新寨、望谟桑郎、望谟昂武渡邑、册亨百口弄丁，wa¹是表达"花"这一含义的词根，可以单独使用，是中古汉语借词。ʔdo¹wa¹分布在第一土语区的兴仁屯脚铜鼓。ʔdo⁵va¹分布在第一土语区的6个语言点，分别是镇宁简嘎翁解、安龙招堤顶庙、贞丰岩鱼、贞丰长田瓦厂、贞丰平街顶岸、镇宁六马板腰。ʔdo⁵wa¹分布在13个语言点，其中第一土语9个，第二土语区2个，第三土语2个，第一土语区为册亨秧坝大伟、册亨弼佑秧佑、册亨巧马沿江、贞丰沙坪尾列、贞丰沙坪者坎、贞丰鲁贡打嫩、安龙兴隆排拢、安龙龙山肖家桥、贞丰长田瓦铺；第二土语区为关岭断桥木城和贞丰鲁贡烂田湾；第三土语区的镇宁募役发恰、镇宁江龙朵卜陇。ʔdok⁷wa¹分布在第一土语区的兴义仓更下寨、兴义洛万一心和兴义南盘江南龙。

类型2共有10种语音形式，ʔda:i⁵、ʔdai⁵、ʔde⁵、ʔdɛ⁵、ʔdo⁵ʔda:i⁵、ʔdo⁵ʔdai⁵、ʔdok⁷ʔe¹、ʔduə⁵ʔdai⁵、ʔduə⁵ʔde⁵、ʔduə⁵ʔie⁵。以上词汇的词根均是dai⁵及其相关语音变体形式，这是布依语本族固有词，第三土语的很多地方和第一土语的部分地区仍然保留这种语音形式，有些地方也有早期汉语借词和本族固有词同时使用的情况。ʔda:i⁵分布在6个语言点，其中第一土语区4个，第二土语区2个，分布在第一土语区的望谟边饶邑饶、紫云火花龙头、紫云四大寨喜档、紫云猴场大田，第二土语区的紫云白石岩岩上、镇宁沙子弄染。ʔdai⁵分布在第三土语区的普安茶源细寨。ʔde⁵分布在第三土语区的普安龙吟石古。ʔde⁵分布在第三土语区的普安龙吟石古。ʔdɛ⁵分布在第三土语区的镇宁双龙山簸箩。ʔdo⁵ʔda:i⁵分布在第一土语区的册亨冗渡威旁。ʔdo⁵ʔdai⁵分布在第三土语区的晴隆鸡场紫塘。ʔdok⁷ʔe¹分布在第一土语区的安龙万峰湖港湾。ʔduə⁵ʔdai⁵分布在第三土语区的关岭新铺大盘江。ʔduə⁵ʔde⁵分布在第三土语区的晴隆花贡新寨。ʔduə⁵ʔie⁵分布在第三土语区的镇宁扁担山革佬坟、镇宁丁旗杨柳、望谟打易长田。以上词汇均是布依语固有词汇dai⁵及其演变形式，但是《布依—汉词典》未收录此词，因为在很多地方多使用汉语借词wa¹指"花"，有些地方也存在两者同时使用的情况。

布依语表达"花"含义的词汇共时分布特点主要有以下方面。第一，表达"花"含义的词共有16种语音形式，可大体分为两种类型，类型1 "wa¹"及其相关语音变体形式是古汉语借词，类型2 "dai⁵"及其相关语音变体形式是布依语本族固有词。第二，类型1有6种语音形式，分别是ko¹wa¹、wa¹、ʔdo¹wa¹、ʔdo⁵va¹、ʔdo⁵wa¹、ʔdok⁷wa¹，多数地区读作"wa¹"，在贞丰、安龙、镇宁等6个语言点读作"va¹"，主要分布在第一土语区和部分第三土语区，声母呈现半元音/w/与浊擦音/v/对应分布的特点。第三，类型2有10种语音形式，分别是ʔda:i⁵、ʔdai⁵、ʔde⁵、ʔdɛ⁵、ʔdo⁵ʔda:i⁵、ʔdo⁵ʔdai⁵、ʔdok¹ʔe¹、ʔduə⁵ʔdai⁵、ʔduə⁵ʔde⁵、ʔduə⁵ʔie⁵，主要分布在第三土语区和部分第一、二土语区，声母多具有喉塞音/ʔ/，韵母呈现/a:i/、/ai/、/e/、/ɛ/对应分布的特点。

《布依语调查报告》中"花"一词主要有5种语音形式，分别是va¹、wa¹、dai⁵、de⁵、duə⁵jie⁵。① 可见《报告》中的va¹与wa¹是汉语早期借词，dai⁵与de⁵是本族固有词，这是两类来源完全不同的词，有些地区均有使用，有些则单独使用。从同语支来看，壮语中"花"一词主要使用wa¹、duə⁵wa¹、bjo:k⁷、dɔk⁹等语音形式。② 壮语中多个调查地点使用wa¹来表达"花"的含义。李方桂先生为"花"构拟的原始台语声母是*ʔbl-。③ 梁敏、张均如构拟了"花"的原始形式，其古声母为*ʔmbl-，古韵母*-uɔk，主要依据的是泰语"dɔ:k⁹"、老挝"dɔ:k⁹"、版纳"dɔk⁹"、德宏"mɔk⁹"、傣拉"jɔu⁵"等语言材料所构拟的。④ 李方桂先生和梁敏先生所做的构拟

---

① 中国科学院少数民族语言研究所编：《布依语调查报告》，北京：科学出版社，1959年，第770页。

② 张均如等合著：《壮语方言研究》，成都：四川民族出版社，1999年，第628页。

③ （美）李方桂：《比较台语手册》，北京：清华大学出版社，2011年，第82页。

④ 梁敏、张均如：《侗台语族概论》，北京：中国社会科学出版社，1996年，第334、671页。

是以台语支 dɔk⁹ 为依据，是台语支固有词汇，是"花朵"的含义，在原始形式中最为显著的是喉塞音成分，且在布依语中得到了较好保留。邢公畹将台语"花"与汉语"芣"相比较，广州 fau²（芣）< cbjəu < *cbjəg。①《说文》："芣，花盛也。"可以推断台语支的 wa¹ 是来自古汉语借词。

综上所述，布依语表达"花"含义的词汇共有16种语音形式，可按照词根形式分为两种类型。类型1的词根是 wa¹，是古汉语借词，主要分布在第一土语区和部分第三土语区，声母呈现半元音 /w/ 与浊擦音 /v/ 对应分布的特点。类型2的词根是 dai⁵，是布依语本族固有词，主要分布在第三土语区和部分第一土语区，声母多具有喉塞音 /ʔ/，韵母呈现 /a:i/、/ai/、/e/、/ɛ/ 对应分布的特点。布依语本族固有词"花"其原始台语声母是 *ʔbl–。汉语借词 wa¹ 与汉语 fau² 具有发生学关系。

### 三、玉米棒子

玉米是一种草本植物，原产地为墨西哥或中美洲，于400多年前的明代传入中国，是布依族生活地区的一种常见作物。《布依—汉词典》收录了6例"玉米"的词汇，分别为：puŋ²、xau⁴pun²、xau⁴wɯəŋ²、xuk⁷、xau⁴tai⁵、xau⁴ xuk⁷。但此处我们重点讨论"玉米棒子"的地理分布问题，"玉米棒子"主要指玉米的棒芯部分，在布依语西南地区南北盘江流域语言点中，"玉米棒子"一词共有18种语音形式，我们按照核心语素的同源差异进行分类，将其分为七种类型，具体如下：

---

① 邢公畹：《汉台语比较手册》，北京：商务印书馆，1999年，第123页。

## 表 5-10：布依语"玉米棒子"的语音形式

| 类型 | 1 | 2 | 3 |
|---|---|---|---|
| 语音形式 | xuk⁷xau⁴tai⁵、ɣuk⁷xau⁴ | tɕen⁶tai⁵、tɕen⁶fuk⁷、tɕen⁶ɣau⁴tai⁵、tɕen⁶vuk⁷、tɕen⁶xau⁴tai⁵、sai³ xau⁴tai⁵、tɕen⁶pau³³ku³¹、tɕen⁶vuŋ²ɬu⁵、tɕan⁶puŋ²、tɕen⁶vuŋ² | nok⁸tei⁵ |
| 分布数量 | 2 | 22 | 1 |

| 类型 | 4 | 5 | 6 | 7 |
|---|---|---|---|---|
| 语音形式 | ŋu² | ken⁶xau⁴xuk⁷、khaŋ¹ta:i⁵puŋ⁴ | sai³xau⁴tai⁵ | θe³ɣa:u⁴tai⁵ |
| 分布数量 | 1 | 18 | 1 | 1 |

布依语"玉米棒子"的地理分布如下：

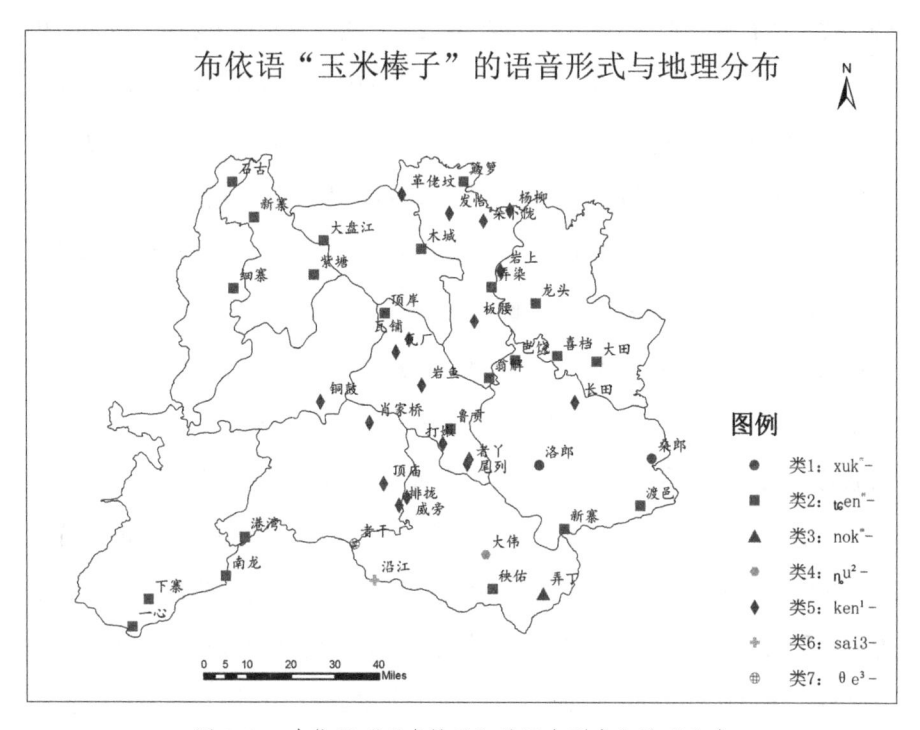

图 5-9：布依语"玉米棒子"的语音形式与地理分布

类型1共有2种语音形式，分别是xuk⁷xau⁴tai⁵、ɣuk⁷xau⁴。其中"xuk⁷"是"棒子"的含义，"xau⁴tai⁵"是"玉米"的含义，分布在第一土语区的一个语言点，即望谟平洞洛郎；ɣuk⁷xau⁴中的"tai⁵"也是指"玉米"的含义，同样分布在第一土语区的一个语言点，为望谟桑郎。这个词其实指整个玉米，包括叶片状的壳。用来指玉米棒芯，可能是发音人理解上的错误。这也说明发音人在使用意义相近的词汇时会出现词汇混淆和误用的情况，随着语言使用频率的降低和语言接触的不断加强，有些意义相近的词是词汇混淆和误用的重要方面。

类型2共有10种语音形式，分布在第一、二、三土语区的22个语言点，其中第一土语区13个，第二土语区2个，第三土语区7个。这10种语音形式虽然有所差别，但都具有同源关系，其核心语素均为tɕen⁵，义为"棒芯"，语音形式的不同主要受语素"玉米"的语音形式影响。我们以此影响因素为基础，讨论不同语音形式的分布状况。在第一土语区的13个语言点中，有7种不同的语音形式，其中tɕen⁶tai⁵主要分布在望谟蔗香新寨；tɕen⁶fuk⁷主要分布在望谟边饶岜饶；tɕen⁶ɣau⁴tai⁵主要分布在望谟昂武渡邑、册亨弼佑秧佑；tɕen⁶vuk⁷主要分布在紫云火花龙头、紫云四大寨喜档、紫云猴场大田、镇宁简嘎翁解；tɕen⁶xau⁴tai⁵主要分布在安龙万峰湖港湾、兴义仓更下寨、兴义洛万一心、兴义南盘江南龙。需要注意的是，在安龙万峰湖港湾、兴义仓更下寨还可以读作sai³xau⁴tai⁵；tɕen⁶pau³³ku³¹主要分布在贞丰平街顶岸。在第二、三土语区的9个语言点中，主要有3种不同的语音形式，其中tɕan⁶puŋ²分布最为广泛，包括第二土语区的关岭断桥木城、贞丰鲁贡烂田湾，第三土语区的关岭新铺大盘江，同时在晴隆花贡新寨、普安龙吟石古也可读作tɕen⁶pau³³ku³¹；tɕen⁶vuŋ²主要分布在晴隆鸡场紫塘、普安茶源细寨，同时在镇宁双龙山簸箩也可表达为tɕen⁶vuŋ²ɫu⁵。

类型5有两种语音形式，分别是ken⁶xau⁴xuk⁷、khaŋ¹ta:i⁵puŋ⁴，共分布在第一、第二和第三土语区共18个语言点。其中前者 ken⁶xau⁴xuk⁷ 分布最为广泛，以 ken¹ 为核心语素，是"棒子"的含义，主要分布在第一土语区的册亨冗渡威旁、贞丰沙坪尾列、沙坪者坎、鲁贡打嫩、岩鱼、长田瓦铺、长田瓦厂，安龙招堤顶庙、兴隆排拢、龙山肖家桥，兴仁屯脚铜鼓，镇宁六马板腰、募役发恰、江龙朵卜陇，以及第二个土语区的紫云白石岩岩上共15个语言点。后者 khaŋ¹ta:i⁵puŋ⁴ 以 khaŋ¹ 为核心语素，主要分布在镇宁扁担山革佬坟、镇宁丁旗杨柳、望谟打易长田共3个语言点。ken⁶xau⁴xuk⁷ 与 khaŋ¹ta:i⁵puŋ⁴ 之间的共时差异主要体现在清音 /k/ 与浊音 /kh/ 的对应分布上。

类型3、4、6、7分别有1种语音形式。类型3是 nok⁸tei⁵，其中"nok⁸"是指条状的东西，在此处可以引申为"棒子"的含义，属于词义转移，主要分布在第一土语的册亨百口弄丁；类型4是 ŋu²，是玉米棒子的专有名词，主要分布在第一土语区的册亨秧坝大伟；类型6是 sai³xau⁴tai⁵，其中"sai³"本义是"肠子"的含义，在此处引申为"棒子"，主要分布在第一土语区的册亨巧马沿江；类型7是 θe³ɣa:u⁴tai⁵，其中"θe³"原义是植物杆茎的"海绵状轴芯"，此处转指玉米轴芯，主要分布在第一土语区的安龙坡脚者干。

综上所述，布依语表达"玉米棒子"含义的词汇共有18种语音形式，可以将其分为7种类型。类型1的 xuk⁷xau⁴tai⁵、ɣuk⁷xau⁴ 指整个玉米，包括叶片状的壳。类型2的核心语素为 tɕen⁵，表达"棒芯"的含义。类型3的核心语素为"nok⁸"是指条状的东西。类型4为 ŋu²，是指稻杆，此处用来指玉米棒子。类型5以"ken⁶"为核心语素，表达"棒子"的含义。类型6的核心语素为"sai³"本义是"肠子"的含义，在此处引申为"棒子"。类型7的核心语素为"θe³"原义是植物杆茎的"海绵状轴芯"，此处转指玉米轴芯。

# 第六章　贵州西南地区布依语部分语法特征地理分布

布依语内部语法差别小，布依语不同土语之间的差别主要体现在语音和词汇方面，地理语言学研究需要基于语言地理差异对语言现象进行探讨和分析，布依语语法地理差异研究就显得成果薄弱。《布依语调查报告》整理了三十四个语言点的语法材料，认为各语言点之间只有个别的次序不同或者一些虚词歧义的现象，布依语各个地区语法规则大体上是一致的。通过这次调查也进一步明确布依语各方言土语之间语法的基本一致性，《报告》共列举了三十条相同的语法条例，八条各地歧义的语法条例。

布依语内部具有统一性的语法规则可以参阅相关语法书，《布依语调查报告》中列举了八条歧异的语法条例：第一，"红的红""绿的绿"各地有六种不同说法，有的用"kai$^5$"，相当于汉语的"者"；有的用"的"，是第二类汉语借词；第二，"全村的人"这个短语有的"人"在前，有的"全村"在前；第三，"咱们、我们、你们、他们"的"们"有kai$^5$、ho$^6$、tɕoŋ$^5$、po$^2$、sau$^3$几种说法；第四，表示被动的"被"字有tuk$^8$、tso$^2$、ko$^6$、ŋai$^4$、tsau$^2$、taŋ$^1$、se$^1$等几种说法；第五，"再去一次"的"再"有的用tem$^1$，在谓语末；有的用tsai$^1$（第二类汉语借词）或leŋ$^6$，在谓语开头；

第六，短语"较好"中"较"如果是本族固有词就在"好"后，如果是第二类汉语借词就在"好"前；第七，短语"更高"中"更"如果是本族固有词就在"高"后，如果是第二类汉语借词就在"高"前；第八，短语"最快"中"最"如果是本族固有词就在"快"后，如果是第二类汉语借词就在"快"前。①

布依语内部语法规则具有较高统一性，内部差异很小，从《布依语调查报告》和我们的调研数据来看，语法方面的差异多体现在两个方面，一方面是词类差异，另一方面则是句法差异。词类差异较为明显的就是副词的位置和量词的语音形式与省略等，句法差异主要体现在处置标记和体标记的差异方面。词法和句法方面的差异并非是布依语本身所具有的，多是由于语言接触，受汉语表达方式影响而产生的。

## 第一节　部分词类

布依语词类可根据词的功能和作用分为实词和虚词，实词具有实在的意义，能够充当句子成分，能够独立回答问题；虚词意义较为虚化，充当句法成分的能力较弱。布依语中的介词、连词、助词、语气词使用规则统一性较高，实词中名词、动词、形容词等语法功能也具有统一的规则性。从地理语言学角度出发，量词和副词在使用上稍有差异，我们具体分析具有代表性的量词和副词在地理分布方面的差异。

---

① 中国科学院少数民族语言研究所编：《布依语调查报告》，北京：科学出版社，1959年，第160页。

## 一、指称青少年女性的个体量词

量词是表示事物类别或动作时间数量的称述单位，是非形态语言特有的语法现象。① 布依语中量词表达系统丰富，总体可以分为名量词和动量词两大类，其中名量词又可分为有生量词和无生量词两类，动量词从关系上也可分为个体动量词和集体动量词。名量词在语法功能上主要充当句子的主语、谓语、宾语和定语，动量词与数词结合后可以充当句子的补语，一般情况下不能单独充当句子成分。

语法部分调研数据仅有45个语言点，缺失兴仁屯脚语言点的调研数据。在贵州西南地区南北盘江流域45个语言点中，我们以"三个布依族小姑娘"为调研例句考察指称青少年女性个体量词"个"的语法分布情况，布依语量词"个"共有四种表达形式，分别是mai⁴、pu⁴、ɕoi⁴、tuə²，在句法表现上量词有时可以省略。

表 6-1：量词"个"的句子形式

| 类型 | 量词 | 例句（三个布依族小姑娘） | 分布地点数量 |
| --- | --- | --- | --- |
| 一 | mai⁴ | θa:m¹ mai⁴ luɯk⁸ʔbuɯk⁷ pu⁴ʔjai⁴<br>三　个　姑娘　布依族 | 29 |
| 二 | pu⁴ | θa:m¹ pu⁴ luɯk⁸ʔbuɯk⁷ pu⁴ʔjoi⁴<br>三　个　姑娘　布依族 | 3 |
| 三 | ɕoi⁴ | θa:m¹ ɕoi⁴ luɯk⁸ʔbuɯk⁷ pu⁴ʔjai⁴<br>三　个　姑娘　布依族 | 7 |
| 四 | tuə² | θa:m¹ tu² luɯk⁸ʔbuɯk⁷ pu⁴ʔjai⁴<br>三　个　姑娘　布依族 | 1 |

---

① 周国炎、刘朝华：《布依语参考语法》，北京：中国社会科学出版社，2018年，第140页。

续表

| 类型 | 量词 | 例句（三个布依族小姑娘） | 分布地点数量 |
|---|---|---|---|
| 五 | pu⁴/mai⁴ | θa:m¹ pu⁴ luɯk⁸ʔbɯk⁷ pu⁴ʔjoi⁴<br>三　个　姑娘　布依族<br>sa:m¹ mai⁴ ʔjai⁴ luɯk⁸ʔbɯk⁷<br>三　个　布依族　姑娘 | 2 |
| 六 | 省略量词 | saŋ¹ luɯk⁸ʔbɯk⁷ pu⁴ʔi⁴<br>三　姑娘　布依族<br>saŋ¹ pəu⁸ʔi⁷ sau³ŋe⁵<br>三　布依族　姑娘 | 3 |

我们将布依语量词"个"大致分为以上六种类型，从词的选择上看共使用四个不同词汇来表示，从句法上看"个"多与数词结合在句子中做主语，有些地方量词省略。具体地理分布如下：

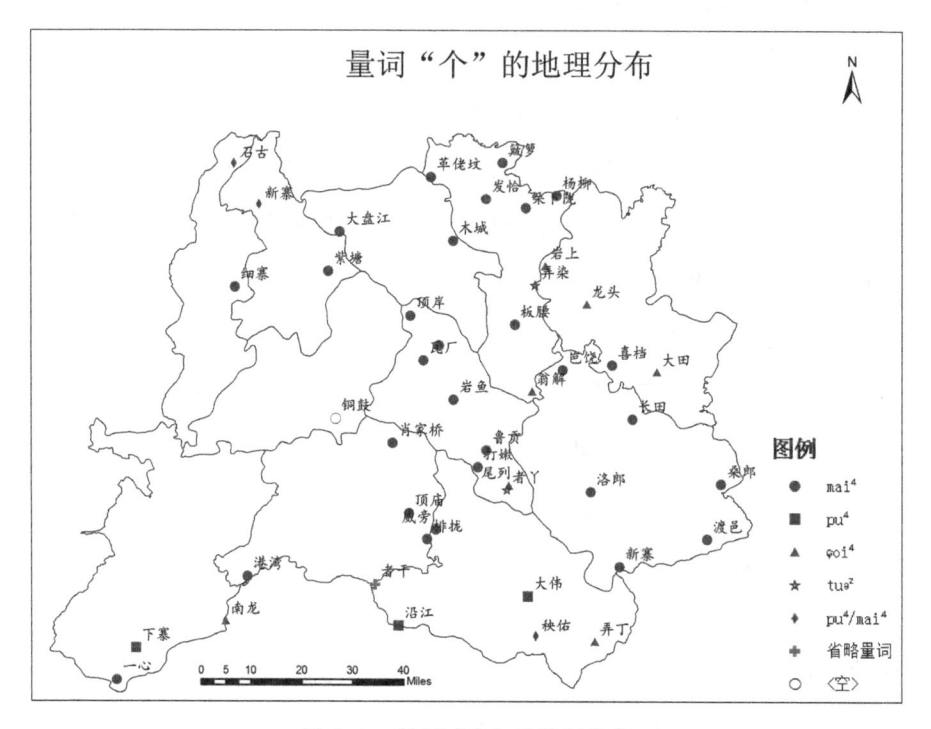

图 6-1：量词"个"的地理分布

类型一用"mai⁴"表达量词"个",在45个语言点中占29个,分布在第一土语区和第三土语区的大部分地区。布依语中"mai⁴"是表示青年女性量词"个",此外还有名词"姑娘"的含义。例如:

1) θa:m¹ mai⁴ luɨk⁸ʔbuɨk⁷ pu⁴ʔjai⁴.
　　　三　　个　　姑娘　　布依族

三个布依族小姑娘。(望谟平洞洛郎)

类型二用"pu⁴"表达量词"个",分布在第一土语区的3个语言点,分别是册亨秧坝大伟、册亨巧马沿江、兴义仓更下寨。这3个语言点地理上临近南盘江流域,与广西壮族自治区相邻。布依语中"pu⁴"是表示"人"的通称量词"个",此外还有名词"人""族"等含义。例如:

2) θa:m¹ pu⁴ luɨk⁸ʔbuɨk⁷ pu⁴ʔjoi⁴.
　　　三　　个　　姑娘　　布依族

三个布依族小姑娘。(册亨巧马沿江)

类型三用"ɕoi⁴"表达量词"个",分布在7个语言点,其中第一土语区6个,第二土语区1个。具体分布在第一土语区的册亨百口弄丁、贞丰沙坪尾列、紫云火花龙头、紫云猴场大田、兴义南盘江南龙、镇宁简嘎翁解和第二土语区的紫云白石岩岩上。布依语中"ɕoi⁴"是用于表未婚青少年,偶尔也可以用于年纪较小的已婚青年的量词"个"。例如:

3) θa:m¹ ɕoi⁴ luɨk⁸ʔbuɨk⁷ pu⁴ʔjai⁴.
　　　三　　个　　姑娘　　布依族

三个布依族小姑娘。(册亨百口弄丁)

类型四用"tuə²"表达量词"个",目前仅发现1例,分布在第一土语区的安龙坡脚者干。布依语中"tuə²"是表示动物的量词"只"或"个",此外也是动物的泛称和动物类的名词词头,已经很少将其用在表示"人"的量词表达系统中。但从生物学中来看,人也属于动物,所以在一些语言点使用"tuə²"表示"人"的量词"个"也在语言逻辑之中,但使用频率已经很低,就我们调研地点而言,45个调研地点仅有1例这种情况。例如:

4)θa:m¹ tu² luɯk⁸ʔbuɯk⁷ pu⁴jai⁴.

　　　三　个　姑娘　布依族

三个布依族小姑娘。(安龙坡脚者干)

类型五是指同时使用"pu⁴/mai⁴"表达量词"个",分布在第一土语区的贞丰沙坪者坎和第二土语区的镇宁沙子弄染。例如:

5)θa:m¹ pu⁴ luɯk⁸ʔbuɯk⁷ pu⁴ʔjoi⁴.

　　　三　个　姑娘　布依族

三个布依族小姑娘。(贞丰沙坪者坎)

6)sa:m¹ mai⁴ ʔjai⁴　luɯk⁸ʔbuɯk⁷.

　　　三　个　布依族　姑娘

三个布依族小姑娘。(贞丰沙坪者坎)

类型六是省略量词的例句,主要分布在第一土语区的册亨弼佑秧佑和第三土语区的晴隆花贡新寨和普安龙吟石古。例如:

7)saŋ¹ luɯk⁸ʔbuɯk⁷ pu⁴ʔi⁴.

　　　三　姑娘　布依族

三个布依族小姑娘。(晴隆花贡新寨)

8)saŋ¹ pəu⁸ʔi⁷　sau³ŋe⁵.

　　　三　布依族　姑娘

三个布依族小姑娘。(普安龙吟石古)

从句法层面来看,布依语例句"三个布依族小姑娘"中的量词"个"共有四种表达方式,这四种词汇在语法方面均表现为量词与数词结合使用做句子的主语,数词与量词构成数量结构。有些语言点出现了省略量词

"个"的用法，这一用法在口语中使用较多，这也是受到"语言经济"原则的影响，用较少词汇表达完整含义。在布依语语法结构中，布依族姑娘应表达为"lɯk⁸ʔbɯk⁷ pu⁴ʔjai⁴"，也就是"姑娘"在前，"布依族"在后，但是在第二土语区的镇宁沙子弄染语言点出现了"pu⁴ʔjai⁴ lɯk⁸ʔbɯk⁷"这一用法，"布依族"在前，"姑娘"在后，这一表达方式明显是由于语言接触，受汉语句式表达方式影响产生的。

## 二、副词

副词通常是表示修饰、限制动词和形容词的词语，表示程度、范围、时间等意义。布依语副词较为复杂，布依语有的副词跟典型的实词没有多大区别，因为有明确的词汇意义；而有的则词义比较虚化，不能单独使用，跟虚词比较接近。[1] 布依语副词具有自身的特点，但也受汉语的影响，在各地副词系统中，借用汉语副词的情况也广泛存在。布依语副词大体可分为频度副词、程度副词、范围副词、语气副词、否定副词、方式副词等。

### （一）频度副词"再"的地理分布

布依语中副词多在句子中充当状语，作为动词和形容词的修饰成分。从地理语言学角度来看，布依语本族固有副词在句法结构中可位于中心语之前或之后，多数是位于中心语之后的，但是从现代汉语中借用的副词则都位于中心语之前。

语法部分调研数据仅有45个语言点，缺失兴仁屯脚语言点的调研数据。在贵州西南地区南北盘江流域45个语言点中，我们以"我们再去一

---

[1] 周国炎、刘朝华：《布依语参考语法》，北京：中国社会科学出版社，2018年，第143页。

次"为调研例句考察频度副词"再"的语法分布情况。布依语副词"再"共有四种表达形式，分别是 tem¹、mo⁵、tsai²⁴、ta:u⁵。具体分布如下：

表 6-2：频度副词"再"的句子形式

| 类型 | 副词 | 例句（我们再去一次） | 分布地点数量 |
|---|---|---|---|
| 一 | tem¹ | ðau² pai¹ ta:u⁵ ʔdeu¹ tem¹<br>我们 去 次 一 再<br>xo³ðau² pai¹ ta:u⁵ tem¹<br>我们 去 次 再 | 22 |
| 二 | mo⁵ | ðau² tsai¹ pai¹ ta:u⁵ ʔdeu¹ mo⁵<br>我们 再 去 次 一 再 | 4 |
| 三 | tsai¹ | zau² tsai¹ pai¹ to⁵ ʔdiau¹<br>我们 再 去 次 一 | 4 |
| 四 | ta:u⁵ | jau² ta:u⁵ pai¹ ta:u⁵ yo³³<br>我们 再 去 次 一 | 1 |
| 五 | 副词共现 | zau² ta:u⁵ pai¹ ta:u⁵ mo⁵<br>我们 再/又 去 次 再<br>jau² tsai¹ pai¹ tau⁵ ʔdiau¹ tiam¹<br>我们 再 去 次 一 再 | 14 |

就词类方面而言，我们将布依语副词"再"分为以上三种类型，就句法而言"再"可用在中心语之后，现代汉语借词"tsai²⁴"则用在中心语之前，也有副词共现的情况，即两个副词同时修饰一个中心成分的情况。具体地理分布如下：

布依语副词"再"的地理分布

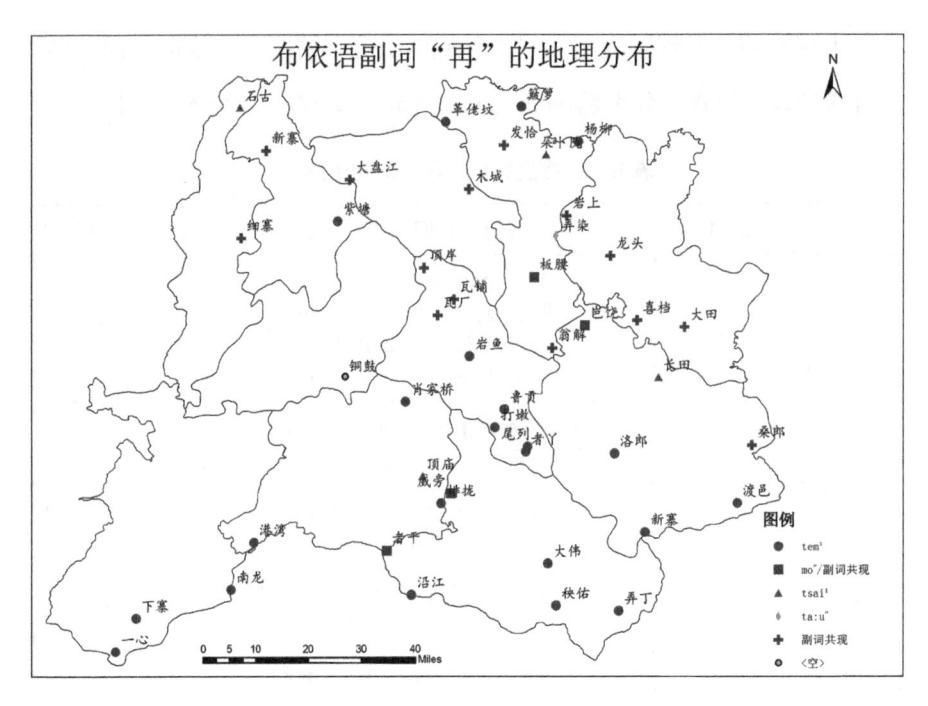

图6-2：频度副词"再"的地理分布

类型一用"tem¹"表达副词"再"的含义，在45个语言点中占22个，主要分布在第一、二、三土语区，包括第一土语区的望谟平洞洛郎、望谟蔗香新寨、望谟昂武渡邑、册亨百口弄丁、册亨秧坝大伟、册亨弼佑秧佑、册亨巧马沿江、贞丰沙坪尾列、贞丰沙坪者坎、贞丰鲁贡打嫩、安龙万峰湖港湾、兴义仓更下寨、兴义洛万一心、兴义南盘江南龙、安龙兴隆排拢、安龙龙山肖家桥、贞丰岩鱼；第二土语区的贞丰鲁贡烂田湾以及第三土语区的镇宁扁担山革佬坟、镇宁丁旗杨柳、镇宁双龙山簸箩、晴隆鸡场紫塘。副词"tem¹"是本族固有词，一般情况下位于所修饰的中心语之后，如：

9）ðau² pai¹ ta:u⁵ ʔdeu¹ tem¹.　我们再去一次。（望谟渡邑）
　　我们　去　次　一　再

10) xo³ðau² pai¹ ta:u⁵ tem¹ .　我们再去一次。（册亨弼佑）
　　　我们　去　次　再

比较以上例句，副词"tem¹"修饰"pai¹ ta:u⁵ ʔdeu¹"，位于所修饰成分之后，有时也会出现省略数词"ʔdeu¹"的情况，副词"tem¹"直接修饰"pai¹ ta:u⁵"。

类型二用"mo⁵"，"mo⁵"本义为"新"，形容词，置于句尾时作副词用，义为"再"，共有4个点以"mo⁵"，均在第一土语，分别是分布在第一土语区的望谟边饶邑饶、册亨冗渡威旁、安龙坡脚者干、镇宁六马板腰。调研发现含有副词"mo⁵"的的例句均出现副词共现的情况，也就是用两个意义相同或相近的副词共同修饰一个中心成分，例如：

11) ðau² tsai¹ pai¹ ta:u⁵ ʔdeu¹ mo⁵ .　我们再去一次。（册亨威旁）
　　　我们　再　去　次　一　再

以上例句中，出现了副词"tsai¹"和"mo"，其中"tsai²⁴"是汉语借词，"mo"是本族固有词，以上两个副词共同修饰中心成分，但是其具体承担的句法功能有所差别，其中副词"tsai²⁴"修饰动词"pai¹"，副词"mo⁵"修饰"pai¹ ta:u⁵ ʔdeu¹"。

类型三用"tsai²⁴"表达副词"再"的含义，独立使用此词表达含义的有4个语言点，分别是第三土语区的望谟打易长田、镇宁江龙朵卜陇、普安龙吟石古和第一土语区的安龙招堤顶庙。此外含有此词的例句还与类型五中的10个语言点具有副词共现的现象，我们将在类型五中讨论。例如：

12) zau² tsai²⁴ pai¹ to⁵ ʔdiau¹.　我们再去一次。（望谟打易）
　　　我们　再　去　次　一

布依语中的副词"tsai²⁴"是汉语借词，其所在的位置均是所修饰的名词前，例句中"tsai²⁴"修饰动词"pai²⁴"，并位于所修饰成分之前。布依语本族固有词修饰词通常在中心成分之后，产生这样的变化是由于受到汉语语法规则的影响，汉语中副词修饰动词时，副词位于动词前。

　　类型四用"ta:u⁵"表达副词"再"的含义，独立使用此词表达"再"这一含义的有1个语言点，第二土语区的镇宁沙子弄染，例如：

13）jau² ta:u⁵ pai¹ ta:u⁵ ɣo¹。我们再去一次。（镇宁沙子）
　　　我们　再　去　次　一

　　例句中"ta:u⁵"修饰动词"pai¹"，"ta:u⁵"是本族固有词，且语义较为丰富，一是量词"次、回"，二是副词"再、又"，所以此例句中并不是副词共现，而是"ta:u⁵"表达了不同的语义。

　　类型五是副词共现的情况，共分布在14个语言点，其中第一土语区8个，第二土语区1个，第三土语区5个，分布在第一土语区的望谟桑郎、紫云火花龙头、紫云四大寨喜档、紫云猴场大田、镇宁简嘎翁解、贞丰长田瓦铺、贞丰长田瓦厂、贞丰平街顶岸，第二土语区的紫云白石岩岩上、关岭断桥木城，第三土语区的镇宁募役发恰、关岭新铺大盘江、晴隆花贡新寨、普安茶源细寨。例如：

14）zau² ta:u⁵ pai¹ ta:u⁵ mo⁵。我们再去一次。（望谟边饶）
　　　我们　再/又　去　次　再

15）jau² tsai²⁴ pai¹ tau⁵ ʔdiau¹ tiam¹．我们再去一次。（普安茶源）
　　　我们　再　去　次　一　再

　　以上例句中均出现了副词共现的情况，从地理语言学视角来看，副词共现广泛出现在第三土语区和距离第三土语区较近的第一土语区。在副词共现的例句中，汉语借词"tsai¹"则出现在9个语言点，且主要集中在第三土语区，其中最主要的原因就是这一地区自古以来与汉族交往较多，受到了汉语的影响。从句法层面看，副词共现产生的原因主要是"语义邻近原则"和"可别度领前原则"。语音邻近原则是指在语义上具有修饰关系的词在表达时处于邻近位置。从例句来看，两个意义相同或相近的副词共同来修饰一个中心成分。那么为什么出现副词共现呢？按照布依语语法规则，往往修饰成分在中心语之后，在副词共现句子中，这一句法形式也得到了保留，但在动词前增加了另一个表达同一含义的副词，其产生的原因应该是可别度领前原则，也就是说为了更好地强调和增加可识别度，在中心成分前再加一个修饰成分共同表达语义。

综上所述，布依语副词形式复杂多样，我们选择含有副词"再"的例句"我们再去一次"来探讨其地理分布情况。第一，就词类而言，贵州西南地区南北盘江流域能够表达"再"的词共有四种类型，分别是 tem¹、mo⁵、tsai²⁴、ta:u⁵，其中 tsai²⁴ 是汉语借词，其余为布依族固有词。第二，就句法而言，副词"再"一般修饰动词做句子的状语，均表示动作行为的重复或继续，一般位于中心成分之后，也可以用两个意义相同或相近的副词同时修饰一个中心语，也就是副词共现现象。从地理角度看，副词共现多出现在第三土语区及其邻近的第一土语区。

### （二）程度副词"太"的地理分布

副词通常用来限制、修饰动词和形容词，表示程度、范围等意义。程度副词通常是用来修饰和限制其中心成分的程度量，常常伴有语义量的变化，且具有较强的主观性。对于程度副词所表达的程度量往往是通过话语主体主观比较之后做出的判定。对于程度量的区分，不同语言中还存在着差别。英语中的副词和形容词可以根据程度量的差异区分为原级、比较级、最高级，并通过构词形态变化实现。布依语中对副词程度量的表达并不是通过构词形态，而是通过语法手段来表达不同的程度量。

语法部分调研数据有44个语言点，缺失兴仁屯脚语言点的调研数据，紫云火花点的语言材料缺乏准确性，暂不计入讨论范畴。在贵州西南地区南北盘江流域44个语言点中，我们以"你们太好了"为调研例句考察程度副词"太"的语法分布情况，布依语副词"太"共有八种表达形式，分别是 ta²ða:i⁴、tɕa²ɕi²、lau⁴²xo⁴²、kwa⁵、tai²⁴、thəu⁵、tɕi³ja:i¹、xau⁴²。具体分布如下：

表 6-3：程度副词"太"的句子形式

| 类型 | 副词 | 例句（你们太好了） | 分布地点数量 |
|---|---|---|---|
| 一 | ta²ða:i⁴ | po²θu¹ ʔdi¹ ta²ða:i⁴ pai⁰<br>你们 好 非常 了 | 6 |
| 二 | tɕa²ɕi² | xo³su¹ ʔdi¹ tɕa²ɕi² pai⁰<br>你们 好 特别 了 | 4 |
| 三 | lau⁴²xo⁴² | ɣo³səu¹ ʔdei¹ lau⁴²xo⁴² pai⁰<br>你们 好 特别 了 | 6 |
| 四 | kwa⁵ | po²θu¹ ʔdi¹ kwa⁵ pe⁰<br>你们 好 过 了 | 1 |
| 五 | tai²⁴ | ɣo³ðiə¹ tai²⁴ ʔdi¹ ləu⁰<br>你们 太 好 了 | 22 |
| 六 | thəu⁵ | səu¹ ʔdei¹ thəu⁵ ɣo⁰<br>你们 好 很 了 | 3 |
| 七 | tɕi³la:i¹ | səu¹ ʔdei¹ tɕi³ja:i¹ pai⁰<br>你们 好 很多 了 | 1 |
| 八 | xau⁴² | kei⁵səu¹ xau⁴² ʔdei¹ ɣo⁰<br>你们 很 好 了 | 1 |

就词类方面而言，调研地区语言点共存在以上八种类型表达"太"含义的程度副词，其中类型一"ta²ða:i⁴"和类型七"tɕi³la:i¹"为本族固有词，其余均是汉语借词。就句法位置而言，本族固有的程度副词在被修饰成分之后，从汉语中借用的程度副词则在被修饰成分之前。但"lau⁴²xo⁴²"虽为西南官话汉语借词，但是其句法位置与布依语本族固有副词的位置相同，在中心语之后，由此可以判断其借入到布依语中的历史层次较早，已经融入到布依语的句法结构中，而"tai²⁴"和"xau⁴²"的句法结构则完全借用了汉语的表达方式，程度副词位于被修饰成分之前。具体地理分布

如下：

**布依语程度副词"太"的地理分布**

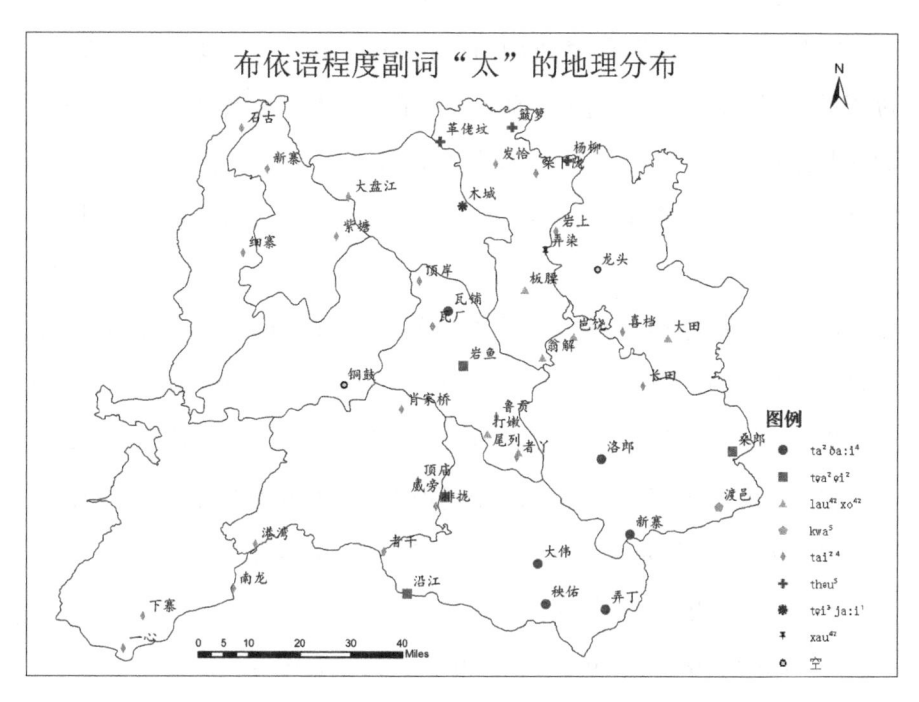

图 6-3：程度副词"太"的地理分布

类型一"ta²ða:i⁴"本义是"非常"，可用来表达程度副词"太"，是本族固有词。依据陈娥（2016）对布依语程度副词的分类，其属于绝对程度副词中的次高级。[①] 在44个语言点中占6个语言点，主要分布在第一土语区，其中望谟2个，册亨3个，贞丰1个，分别是望谟平洞洛郎、望谟蔗香新寨，册亨百口弄丁、册亨秧坝大伟、册亨弼佑秧佑和贞丰长田瓦铺。该程度副词分布较为集中，邻近南盘江流域，地理位置上靠近广西壮族自治区。例如：

---

[①] 陈娥著：《布依语副词研究》，北京：科学出版社，2016年，第173页。

16）po²θu¹ ʔdi¹ ta²ða:i⁴ paiº. 你们太好了。（望谟平洞）
　　 你们　好　非常　了

以上例句为"形容词+程度副词（ta²ða:i⁴）"结构，程度副词"ta²ða:i⁴"位于形容词后，语气词"pai"前，从句子成分上看是做状语，修饰其前面的形容词。有时句末语气词"pai"可以省略，但在我们6个语言点中均没有省略现象，这说明程度副词"ta²ða:i⁴"可以与语气词"pai"连用。

类型二"tɕa²ɕi²"借自汉语"扎实"可以用作副词，表达"非常、很、太"等含义，其属于绝对程度副词中的次高级。在44个语言点中占4个语言点，主要分布在第一土语区，其中望谟1个，贞丰1个，册亨2个，分别是望谟桑郎、册亨冗渡威旁、册亨巧马沿江和贞丰岩鱼。从地理分布上看，这几个语言点分布较为分散，且跨越多个，呈现点状分布。例如：

17）xo³su¹ ʔdi¹ tɕa²ɕi² paiº. 你们太好了。（望谟桑郎）
　　 你们　好　特别　了

18）kai⁵ði¹ ʔdi¹ tɕa²ɕi². 你们太好了。（贞丰岩鱼）
　　 你们　好　特别

以上例句为"形容词+程度副词（tɕa²ɕi²）"结构，程度副词"tɕa²ɕi²"位于形容词后，有时句尾会出现语气词"pai"，但有时没有这个语气词。所以程度副词"tɕa²ɕi²"其后可接语气词，也可以不接语气词。从句子成分上看是做状语，修饰其前面的形容词。

类型三"lau⁴²xo⁴²"借自汉语"老火"，用作副词，有"极其、特别"的含义，用来表示程度的进一步加深。在44个语言点中占6个语言点，主要分布在第一土语区，其中望谟1个，贞丰1个，紫云2个，镇宁2个，分别是望谟边饶岜饶、贞丰沙坪尾列、贞丰鲁贡打嫩、紫云猴场大田、镇宁简嘎翁解和镇宁六马板腰。例如：

19）ɣo³səu¹ ʔdei¹ lau⁴²xo⁴² pai⁰. 你们太好了。（望谟边饶）

　　你们　好　特别　了

20）ɣo³ðiə¹ ʔdi¹ lau⁴²xo⁴². 你们太好了。（贞丰鲁贡打嫩）

　　你们　好　特别

以上例句为"形容词+程度副词（lau⁴²xo⁴²）"结构，程度副词"lau⁴²xo⁴²"位于形容词后，有时句尾会出现语气词"pai⁰"，但有时没有这个语气词。所以我们判定程度副词"tɕa²ɕi²"其后可接语气词，也可以不接语气词。布依语中lau⁴²xo⁴²是西南官话汉语借词，但是我们认为其借入的时间较早，布依语程度副词与形容词的修饰关系通常为"形容词+程度副词"结构，而汉语程度副词与形容词的修饰关系通常为"程度副词+形容词"，lau⁴²xo⁴²虽然是汉语借词，但使用了布依语的程度副词与形容词的构式关系，这说明其借入时间较早，已经被布依语语法结构吸纳。

类型四"kwa⁵"为"太、过于"的含义，其属于绝对程度副词中的超高级。在44个语言点中占1个语言点，分布在第一土语区的望谟昂武渡邑。例如：

21）po²θu¹ ʔdi¹ kwa⁵ pe⁰. 你们太好了。（望谟渡邑）

　　你们　好　过　了

布依语中"kwa⁵"多用来表达程度超过了平均限度，在调研中仅出现一例，其结构形式为"形容词+程度副词"，相当于汉语的"过于"，程度副词语义指向其所修饰的形容词。

类型五"tai²⁴"为汉语借词"太"，其属于绝对程度副词中的超高级。在44个语言点中占22个语言点，分布最为广泛，分布在第一、二、三土语区，其中第一土语12个语言点，分别是安龙坡脚者干、贞丰沙坪者坎、紫云四大寨喜档、安龙万峰湖港湾、兴义仓更下寨、兴义洛万一心、兴义南盘江南龙、安龙招堤顶庙、安龙兴隆排拢、安龙龙山肖家桥、贞丰长田瓦厂和贞丰平街顶岸；第二土语2个语言点，为紫云白石岩岩上、贞丰鲁贡烂田湾；第三土语8个语言点，为镇宁募役发恰、望谟打易长田、镇宁江龙朵卜陇、关岭新铺大盘江、晴隆花贡新寨、晴隆鸡场紫塘、普安茶源细寨、普安龙吟石古。从地理上看，汉语借词"tai²⁴"的使用范围较广，仅有册亨和望谟保留布依语本族固有程度副词，其他地区都不同程度受到了汉语的影响，这是语言接触导致的。例如：

22）ɣo³ðiə¹ tai²⁴ ʔdi¹ ləu⁰. 你们太好了。（贞丰沙坪者坎）
　　　 你们　太　好 了

汉语借词"tai²⁴"多用来表达程度超过了平均限度，语义上属于绝对程度超高级副词，其结构形式为"程度副词+形容词"，此构式明显是受到了汉语表达形式的影响，程度副词在前，形容词在后，程度副词语义指向其所修饰的形容词。

类型六"thəu⁵"借自汉语"透"，用作副词，有"很、太"的含义，其属于绝对程度副词中的超高级。在44个语言点中占3个语言点，均分布在第三土语区，分别是镇宁扁担山革佬坟、镇宁丁旗杨柳、镇宁双龙山簸箩。例如：

23）səu¹ ʔdei¹ thəu⁵ ɣo⁰. 你们太好了。（镇宁扁担山）
　　　 你们　好　很　了

布依语"thəu⁵"的结构形式为"形容词+程度副词"，且集中分布在第三土语的一些地区，在其他土语中很少使用这一词汇。这个词的本义是"熟透了"，进而引申为程度副词"很、太"，有"过于"的含义，可见布依语固有的程度副词一部分是由语义虚化而来。

类型七"tɕi³la:i¹"本义是"很多"的含义，在此句中引申为"很、太"，是本族固有词。在44个语言点中占1个语言点，分布在第二土语区的关岭断桥木城。例如：

24）səu¹ ʔdei¹ tɕi³la:i¹ pai⁰. 你们太好了。（关岭断桥）

　　　你们　好　很多　了

程度副词"tɕi³la:i¹"为布依语本族固有词，其结构形式为"形容词+程度副词"，出现频率较低，程度副词后可接语气词"pai⁰"。

类型八"xau⁴²"借自汉语的"好"，用作副词，有"很"的意思，在44个语言点中占1个语言点，分布在第二土语区的镇宁沙子弄染。例如：

25）kei⁵səu¹ xau⁴² ʔdei¹ ɣo⁰. 你们太好了。（镇宁沙子）

　　　你们　　很　好　了

汉语借词"xau⁴²"语义上属于绝对程度超高级副词，其结构形式为"程度副词+形容词"，此构式明显是受到了汉语表达形式的影响，程度副词在前，形容词在后，程度副词语义指向其所修饰的形容词。

综上所述，我们选择含有程度副词"太"的例句"你们太好了"来探讨其地理分布情况，并分析其词类和语法方面的特征。第一，就词类而言，贵州西南地区南北盘江流域能够表达"太"含义的程度副词共有八种类型，分别是 ta²ða:i⁴、tɕa²ɕi²、lau⁴²xo⁴²、kwa⁵、tai²⁴、thəu⁵、tɕi³la:i¹、xau⁴²，其中 lau⁴²xo⁴²、tai²⁴、xau⁴² 是汉语借词，其余为本族固有词汇，"lau⁴²xo⁴²"为较早时期西南官话汉语借词，"tai²⁴"和"xau⁴²"是较晚层次的汉语借词。第二，就句法而言，本族固有的程度副词在被修饰成分之后，从汉语中借用的程度副词则在被修饰成分之前，但"lau⁴²xo⁴²"虽为西南官话汉语借词，但是其句法位置与布依语本族固有副词的位置相同，在中心语之后，原因是其借入到布依语中的历史层次较早，已经融入到布依语的句法结构中。第三，就地理分布而言，汉语借词"tai²⁴"属于绝对程度副词中的超高级，在贵州西南地区分布最为广泛，在第一、二、三土语均有分布，而布依语本族固有程度副词分布较为分散。

## 三、连词

连词主要是承担连接词、短语、句子的作用，由连词所连接的各成分之间通常有并列关系、因果关系和转折关系。布依语中表示因果关系和转折关系的连词很大程度上是借自汉语或自造的，而且还很不稳定。在布依语中并列连词"和、跟、与"多使用本族固有词汇表达，我们以例句"他跟我一样大"为调研例句考察并列连词的分布情况。布依语并列连词共有三种表达形式，分别是 ðiəŋ²、ʔdi⁴、laŋ¹。具体分布如下：

表 6-4：布依语连词的句子形式

| 类型 | 连词 | 例句（他跟我一样大） | 分布地点数量 |
|---|---|---|---|
| 一 | ðiəŋ² | te¹ ðiəŋ² ku¹ la:u⁴ tuŋ⁴ θeu⁶<br>他　和　我　大　一样 | 18 |
| 二 | ʔdi⁴ | te¹ ʔdi⁴ ku¹ la:u⁴ tuŋ⁴θa:u⁶<br>他　跟　我　大　一样 | 11 |
| 三 | laŋ¹ | te¹ laŋ¹ ku¹ la:u⁴ tuŋ⁴lɯm³<br>他　和　我　大　一样 | 16 |

就词类方面而言，《布依—汉词典》共收录了4例连词"和"含义的词汇，分别是 tem¹、laŋ¹、ðeu⁴、ðiəŋ²，收录了5例连词"跟"含义的词汇，分别是 xam⁵、laŋ¹、ʔdi⁴、ðiəŋ²、jiəŋ²，可见同时表达"和、跟"含义的是 laŋ¹、ðiəŋ²，其余词汇则在表达时稍有差异。我们在贵州西南地区南北盘江流域45个语言点调查同一例句，共有三种不同的并列连词表达形式。具体地理分布如下：

# 布依语并列连词的地理分布

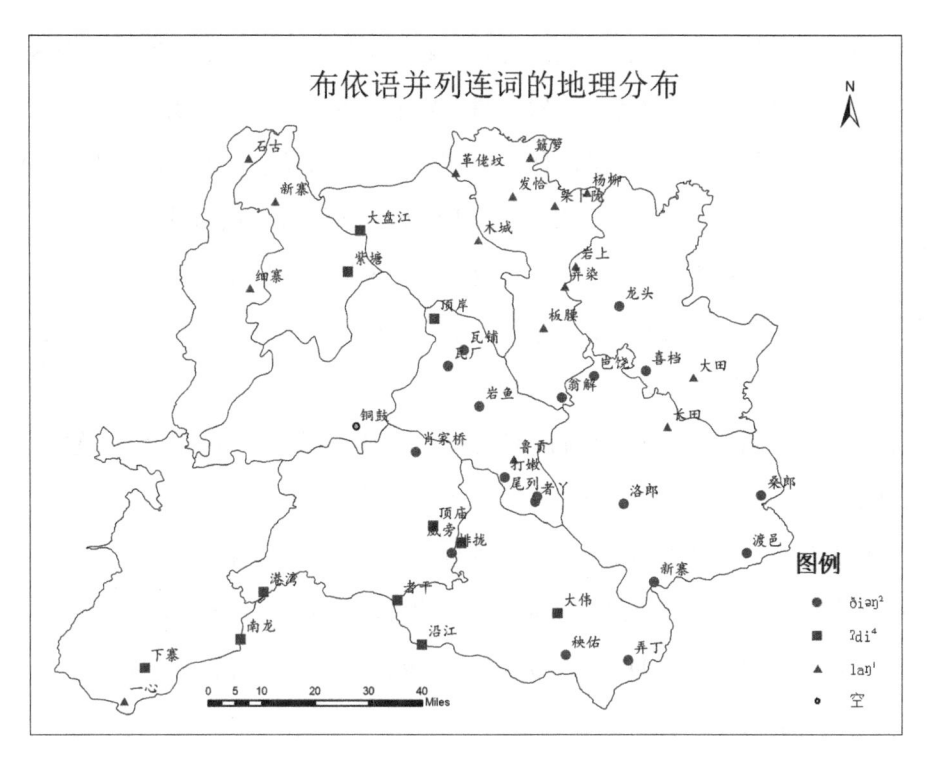

图 6-4：布依语并列连词的地理分布

类型一用"ðiəŋ²"表达连词"和、跟、与"，在45个语言点中占18个，全部分布在第一土语区。其中望谟5个语言点，分别是平洞洛郎、蔗香新寨、桑郎、边饶邕饶、昂武渡邑。册亨2个语言点，分别是百口弄丁、弼佑秧佑。贞丰6个语言点，分别是沙坪尾列、沙坪者坎、鲁贡打嫩、岩鱼、长田瓦铺、长田瓦厂。紫云2个语言点，分别是火花龙头、四大寨喜档。镇宁1个语言点为简嘎翁解。安龙2个语言点为兴隆排拢和龙山肖家桥。例如：

26）te¹ ðiəŋ² ku¹ la:u⁴ tuŋ⁴ θeu⁶. 他跟我一样大。（望谟平洞）
　　　他　和　我　大　一样

在布依语中"ðiəŋ²"共有三个义项，一是动词"跟着、跟随"；二是连词"跟、同、和、与";三是介词"跟、同"。在例句中为连词,表达"和、跟"的含义,此句中并列连词"ðiəŋ²"连接两个并列成分"te¹"和"ku¹"。值得注意的是,在含有"ðiəŋ²"的表达句式中,多数情况下形容词在第二个并列要素之后,"ðiəŋ²"对连接成分没有限制和修饰作用。

类型二"ʔdi⁴"为连词"跟",在45个语言点中占11个,其中第一土语区9个,第三土语区2个。分布在第一土语区的有9个语言点,其中册亨3个,分别是秧坝大伟、冗渡威旁、巧马沿江;安龙3个,分别是坡脚者干、万峰湖港湾、招堤顶庙;兴义2个,分别是仓更下寨、南盘江南龙;贞丰1个,为平街顶岸。分布在第三土语区的有2个语言点,分别是关岭新铺大盘江和晴隆鸡场紫塘。从地理分布来看,多位于第一土语区南盘江流域附近,仅有第三土语区的大盘江、紫塘未分布在集中区域。例如:

27) te¹ ʔdi⁴ ku¹ la:u⁴ tuŋ⁴θa:u⁶. 他跟我一样大。(册亨秧坝)
   他 跟 我 大  一样

在布依语中"ʔdi⁴"仅表示连词"跟",虽然同为并列连词,但在很多地点并没有"和"的含义。此句中并列连词"ʔdi⁴"连接两个并列成分"te¹"和"ku¹",与含有"ðiəŋ²"所构成的句式有所不同。含有"ʔdi⁴"的表达句式中,形容词"la:u⁴"作为修饰成分位于被连接成分"ku¹"之后,表示并列关系,"ʔdi⁴"对连接成分没有限制和修饰作用。

类型三"laŋ¹"为连词"和、跟、与、同",在45个语言点中占16个,其中第一土语区3个,第二土语区1个,第三土语区12个。分布在第一土语区的有3个语言点,分别是紫云猴场大田、兴义洛万一心、镇宁六马板腰。分布在第二土语区的有1个语言点,为紫云白石岩岩上。分布在第三土语区的有12个,镇宁有6个,分别是扁担山革佬坟、丁旗杨柳、双龙山簸箩、募役发恰、江龙朵卜陇、沙子弄染;望谟有1个,为打易长田;晴隆有1个,为花贡新寨;普安有2个,分别是茶源细寨、龙吟石古;关岭有1个，为断桥木城；贞丰有1个，为鲁贡。从地理分布来看，并列连词"laŋ¹"主要分布在第三土语区或与其较为接近的第一土语区的部分语言点。例如：

28）te¹ laŋ¹ ku¹ la:u⁴ tuŋ⁴lɯm³.　他跟我一样大。（紫云猴场）
　　　他　跟　我　大　　一样

在布依语中"laŋ¹"表示连词"和、跟、与、同"，包含了并列连词的主要义项。此句中并列连词"laŋ¹"连接两个并列成分"te¹"和"ku¹"，与含有"ʔdi⁴"所构成的句式相同，但与含有"ðiəŋ²"所构成的句式存在差异。含有"laŋ¹"的表达句式中，形容词"la:u⁴"作为修饰成分位于被连接成分"ku¹"之后，表示并列关系，"laŋ¹"对连接成分没有限制和修饰作用。

综上所述，贵州西南地区南北盘江流域布依语并列连词地理分布特点主要有三方面。第一，就词类而言，贵州西南地区南北盘江流域能够表达并列连词"跟、和"的词共有三种类型，分别是ðiəŋ²、ʔdi⁴、laŋ¹，均为布依族固有词。第二，就句法而言，并列连词ðiəŋ²、ʔdi⁴、laŋ¹起到连接作用，对连接成分没有限制和修饰作用，"laŋ¹"与含有"ʔdi⁴"所构成的句式相同，并列连词位于两个连接成分之间，但与含有"ðiəŋ²"所构成的句式存在差异，形容词"la:u⁴"作为修饰成分位于被连接成分"te¹"之后。第三，从地理角度看，并列连词ðiəŋ²和ʔdi⁴主要分布在第一土语区，并列连词laŋ¹则主要分布在第三土语区。

## 第二节　部分语法标记

　　句法的地理分布部分选择了具有地理差异的处置标记、经历体标记、被动标记、否定比较标记例句，并从地理分布、标记形式、差异比较、形成原因等方面进行分析。布依语处置标记"把"共有两种表达形式，分别是 ʔau¹、pa⁴²，其中"pa⁴²"是汉语借词，"ʔau¹"是本族固有词；处置标记词主要有两类来源，一种是动词虚化而来，二是汉语借词；处置句句法结构形式是"处置词+处置对象+实义动词"。经历体标记共有两种表达形式，分别是 ʔiə⁵、kwa⁵，其中"kwa⁵"是汉语借词，"ʔiə⁵"是本族固有词，还有一些语言点省略了体标记；经历体标记主要有两类来源，一种是动词演化而来，如"ʔiə⁵"；二是汉语借词，如"kwa⁵"；经历体标记可位于句子末尾、动词后，有时也可以省略。被动标记共有五种表达形式，分别是 tɕo²（变体形式为 tsau³¹、tso³¹、sau³¹）、ŋai²¹、tuk⁸、ɕap⁷、teŋ¹（变体形式为 tian¹），其中 tɕo² 及其变体形式、ŋai²¹ 是从汉语贵州方言中借入的，tɕo² 借入的时间更早，tsau³¹、tso³¹、sau³¹ 借入的时间要晚；被动标记词位于受事主语和施事宾语中间，其构成形式为"受事主语+被动标记词+施事宾语+谓语动词+（趋向词）+助词（了）"。否定比较标记共有三种表达形式，分别是 mi² li⁴、mi²、mi²ʔju⁵，均为布依语本族固有词；"mi² li⁴"所构成的句式是"比较主体+否定比较标记+比较客体+比较结果"；mi² 所构成的句式形式相对复杂，主要有"比较主体+比较结果+否定比较标记（程度）+比较客体"和"比较主体+否定比较标记（程度）+比较客体+比较结果"两种形式；mi²ʔju⁵ 所构成的句式形式是"比较主体+否定比较标记+比较客体+比较结果"。

## 一、处置标记

处置句是通过特定的虚义动词或介词对谓语涉及的对象进行处置,并对整个句子描述的内容作出结果评价的一种句式。① 布依语处置句是一个完成的事件行为,处置句必须含有具有"处置义"的动词,这一动词主要由虚义动词或"把"字等充当。周国炎(1999)认为布依语处置式有7种句式类型,其来源一是由连动结构中的一个动词虚化后演变而来,二是借自汉语"把"字句。②

在贵州西南地区南北盘江流域45个语言点中,我们以"他把书放在桌子上"为调研例句考察处置标记"把"的语法分布情况,布依语处置标记"把"共有两种表达形式,分别是 $ʔau^1$、$pa^{42}$。具体分布如下:

表 6-5:布依语处置标记的句子形式

| 类型 | 标记词 | 例句（他把书放在桌子上） | 分布地点数量 |
| --- | --- | --- | --- |
| 一 | $ʔau^1$ | te¹ ʔau¹ θɯ¹ tiə⁵ kɯn²ɕoŋ²<br>他 拿 书 放 桌子上 | 43 |
| 二 | $pa^{42}$ | te¹ pa⁴² θɯ¹ ʔau¹ ɕo⁵ kɯn²soŋ²<br>他 把 书 拿 放 桌子上<br>te¹ pa⁴² sɯ¹ su⁵ kɯn² soŋ²<br>他 把 书 放 桌子上 | 2 |

就词类方面而言,我们将布依语处置标记"把"分为以上两种类型。

---

① 周国炎、刘朝华:《布依语参考语法》,北京:中国社会科学出版社,2018年,第232页。
② 周国炎:《布依语处置式的来源及其发展》,《中央民族大学学报》,1999年第03期,第84页。

就句法而言，其构成形式是"处置义动词+处置对象+实义动词"，具体地理分布如下：

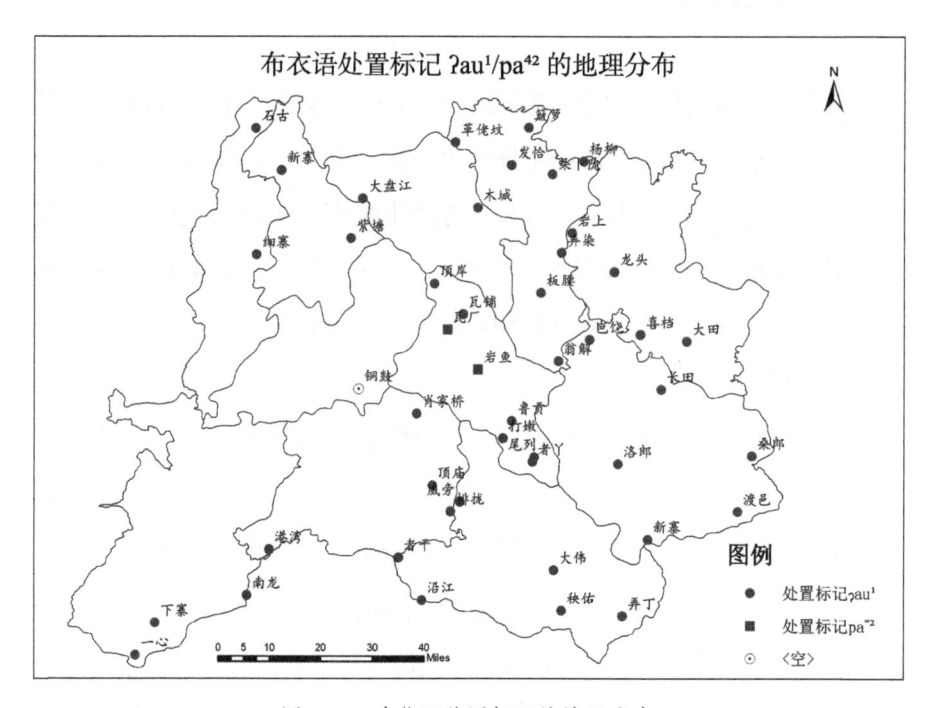

图 6-5：布依语处置标记的地理分布

类型一"ʔau¹"字处置句是布依语中最常见的句式，分布在贵州西南地区南北盘江流域43个语言点中，涵盖各土语区，使用范围较为广泛，地理分布具有一致性。例如：

29）te¹ ʔau¹ θɯ¹ tiə⁵ kun²ɕoŋ². 他把书放在桌子上。（望谟平洞）

　　他　拿　书　放　桌子上

布依语中"ʔau¹"的本义是"拿"，在我们调研的例句中可以表达"把"的含义。"ʔau¹"字处置句句法结构形式是"处置词+处置对象+实义动词"。

类型二 "pa⁴²" 是汉语借词，来源于汉语 "把"，在句式中充当处置介词。例如：

30) te¹ pa⁴² θɯ¹ ʔau¹ ɕo⁵ kɯn²soŋ². 他把书放在桌子上。（贞丰岩鱼）
    他　把　书　拿　放　桌子上

31) te¹ pa⁴² suɯ¹ su⁵ kɯn²soŋ². 他把书放在桌子上。（贞丰长田坪寨）
    他　把　书　放　桌子上

类型二是使用汉语借词 "pa⁴²" 为处置句标记的，分布在第一土语区的贞丰岩鱼和贞丰长田瓦厂两个语言点，这两个语言点也有发音人使用处置标记词 "ʔau¹"。处置句标记词 "pa⁴²" 与 "ʔau¹" 在句法结构上基本相同。但前一个例句中使用两个处置标记词 "pa⁴²" 和 "ʔau¹"，这属于处置标记共现的现象，在调研中较少分布。

综上所述，我们以 "他把书放在桌子上" 为调研例句考察处置标记 "把" 的语法分布情况。第一，表达布依语处置标记 "把" 共有两种表达形式，分别是 ʔau¹、pa⁴²，其中 "pa⁴²" 是汉语借词，"ʔau¹" 是本族固有词。第二，处置标记词主要有两类来源，一种是动词虚化而来，二是汉语借词。第三，处置句句法结构形式是 "处置词+处置对象+实义动词"。

## 二、经历体标记

周国炎（2009）认为布依语动词的体范畴是通过动词加虚词的形式来实现的。[①] 布依语中的时体标记主要是通过一些词汇与动词组合实现的，布依语中并没有通过词汇的形态变化来区分时体的标记性词汇。时体范畴概念源自西方语言学，广泛应用在印欧语系中。时体范畴概念进入我国语

---

① 周国炎：《布依语完成体及其体助词研究》，《中央民族大学学报（哲学社会科学版）》，2009年第02期，第102页.

言研究领域后，众多学者也逐渐使用这一理念研究汉藏语系语言。时是指句子表达的时间，主要包含"过去时""现在时""将来时"。体是动作的状态，主要有"一般体""进行体""完成体""经历体""反复体""起始体"等。

在贵州西南地区南北盘江流域45个语言点中，我们以"我去过上海"为调研例句考察经历体标记的语法分布情况，布依语经历体标记共有两种表达形式，分别是 ʔiə⁵、kwa⁵，具体分布如下：

表 6-6：布依语经历体标记的句子形式

| 类型 | 标记词 | 例句（我去过上海） | 分布地点数量 |
| --- | --- | --- | --- |
| 一 | ʔiə⁵ | ku¹ pai¹ saŋ²⁴xai⁵³ ʔiə⁵<br>我　去　　上海　　完 | 7 |
| 二 | kwa⁵ | ku¹ pai¹ taŋ² saŋ²⁴xai⁵³ kwa⁵<br>我　去　到　　上海　　过<br>ku¹ pai¹ kwa⁵ saŋ²⁴xai⁴²<br>我　去　过　　上海 | 35 |
| 三 | 无标记 | ku¹ pau¹ saŋ²⁴xai⁴² ma¹<br>我　去　　上海　　来<br>kəu¹ pai¹ taŋ² saŋ²⁴xai⁴² ta:u¹<br>我　去　到　　上海　　回来 | 3 |

就词类方面而言，我们将布依语完成体标记分为以上两种类型，其中"ʔiə⁵"为本族固有词，"kwa⁵"是中古汉语借词，具体地理分布如下：

图 6-6：布依语经历体标记的地理分布

类型一"ʔiə⁵"表示"完"的含义，由"结束"义演化而来。该词分布在第一土语区的望谟平洞洛郎、望谟蔗香新寨、望谟桑郎、望谟边饶岜饶、望谟昂武渡邑、册亨百口弄丁、册亨秧坝大伟。在布依语中"ʔiə⁵"既可以用来表示完成体标记，又可以用来表达经历体标记。完成体和经历体均表示动作已经完成，完成体与现在时间具有一定关系，经历体与现在的时间没有关系。我们选用例句"我去过上海"表示曾经去到过上海，与现在的时间没有关系，所以属于经历体范畴。如果表达为"我去过上海五年了"则应属于完成体，因为句子中的时间词"五年"是从现在的时间开始计算的，属于完成体范畴。例如：

32）ku¹　pai¹　saŋ²⁴xai⁵³　ʔiə⁵. 我去过上海。（望谟平洞）
　　 我 　去　 上海 　　完

例句中经历体标记"ʔiə⁵"位于句子末尾，是时态助词，表示动作曾经经历，并且是完成的状态。

类型二"kwa⁵"表示"过"的含义，是汉语借词。该词分布在西南地区第一、二、三土语的大部分地区。时态助词"kwa⁵"表示动作完成或已经经历。例如：

33）ku¹ pai¹ taŋ² saŋ²⁴xai⁵³ kwa⁵. 我去过上海。（册亨威旁）

  我　去　到　　上海　　过

34）ku¹ pai¹ kwa⁵ saŋ²⁴xai⁴². 我去过上海。（贞丰鲁贡打嫩）

  我　去　过　　上海

从以上例句可知，时态助词"kwa⁵"在句子中有两个不同位置，一是位于句子末尾，同"ʔiə⁵"的用法；二是位于动词"pai¹"之后，这是其主要差别。从地理分布角度来看，时态助词"kwa⁵"位于动词之后的情况主要分布在第三土语区和与其邻近的第一、二土语区，具体是第三土语区的镇宁丁旗杨柳、双龙山簸箩、募役发恰、江龙朵卜陇，望谟打易长田，关岭新铺大盘江，普安茶源细寨，第二土语区的紫云白石岩岩上、镇宁沙子弄染和第一土语区的紫云四大寨喜档，安龙万峰湖港湾、兴隆排拢，兴义仓更下寨、洛万一心、南盘江南龙，贞丰长田瓦厂。时态助词"kwa⁵"位于句尾则主要分布在第一土语区。

类型三是无经历体标记的句子，主要分布在第一土语区的紫云火花龙头、猴场大田和第二土语区的贞丰鲁贡烂田湾。例如：

35）ku¹ pau¹ saŋ²⁴xai⁴² ma¹. 我去过上海。（紫云火花）

  我　去　　上海　　来

36）kəu¹ pai¹ taŋ² saŋ²⁴xai⁴² ta:u⁵. 我去过上海。（贞丰鲁贡烂田湾）

  我　去　到　　上海　　回来

以上两个例句中，没有较为明显的经历体标记，主要是通过词汇组合的方式表达经历体。前一个例句用"来 ma¹"表达动作的完成，后一个例句用"回来 ta:u¹"表达动作的完成，没有使用体标记。在调研地区经历体标记省略的现象较为少见。

综上所述，我们以"我去过上海"为调研例句考察经历体标记的语法分布情况。第一，经历体标记共有两种表达形式，分别是 ʔiə⁵、kwa⁵，其中"kwa⁵"是汉语借词，"ʔiə⁵"是本族固有词，还有一些语言点省略了体标记。第二，经历体标记主要有两类来源，一种是动词演化而来，如"ʔiə⁵"；二是汉语借词，如"kwa⁵"。第三，经历体标记可位于句子末尾、动词后，有时也可以省略。

## 三、被动标记

周国炎（2003）认为布依语的被动意义可通过两种形式来表现，一种是无被动结构标志词的语句，另一种是有标志词的语句。标志词各地分别有 teŋ³³（不同地区分别又变读为 ti:ŋ¹¹、tiaŋ³³ 等）、tɯk³³、tso³¹（有些地区又变读为 tɕo¹¹）。其中的 teŋ³³ 和 tɯk³³ 是布依语固有词，而 tso³¹ 及其变读形式 tɕo¹¹ 则是从汉语贵州土语中借入的，即来源于汉语的"遭"。含标志词的被动句从结构上看大致可以分为6种类型，而所表示的意义可以概括为三条。① 布依语被动句主要通过被动标记来表现被动含义，布依语中被动句可分为有被动标记和无被动标记两种句式。在贵州西南地区46个语言点中，调研共发现5种被动标记。被动标记词分别是 tɕo²（变体形式为 tsau³¹、tso³¹、sau³¹）、ŋai²¹、tɯk⁸、ɕap⁷、teŋ¹（变体形式为 tiaŋ¹），其中 tɕo² 及其变体形式、ŋai²¹ 是从汉语贵州方言中借入的。

---

① 周国炎：《布依语被动句研究》，《中央民族大学学报》，2003年第05期，第101-106页。

在贵州西南地区南北盘江流域45个语言点中，我们以"牛被小偷偷了"为调研例句考察被动标记的语法分布情况，布依语被动标记共有5种表达形式。具体分布如下：

表 6-7：布依语被动标记的语音形式

| 类型 | 被动标记 | 例句（牛被小偷偷了） | 分布地点数量 |
|---|---|---|---|
| 一 | tɕo² （tsau³¹、tso³¹、sau³¹） | tuə²ɕiə² tɕo² pu⁴ðak⁸ ðak⁸ pai¹ paiº<br>牛　　被　小偷　偷　去　了<br>tu²ɕiə² tsau³¹ pu⁴zak⁸ zak⁸ paiº<br>牛　　被　小偷　偷　了<br>tu²ɕiə² tso³¹ pu⁴zak⁸ zak⁸ paiº<br>牛　　被　小偷　偷　了<br>tu²ɕiə² sau³¹ pu⁴zak⁸ zak⁸ paiº<br>牛　　被　小偷　偷　了 | 26 |
| 二 | ŋai²¹ | tu² ɕiə² ŋai²¹ pu⁴ðak⁸ ðaɯ⁸ pai¹ leuº<br>牛　被　小偷　偷　去　了 | 4 |
| 三 | tɯk⁸ | tu² ɕiə² tɯk⁸ pu⁴ðak⁸ ðak⁸ pai¹ paiº<br>牛　被　小偷　偷　去　了 | 1 |
| 四 | ɕap⁷ | tu²tuə² ɕap⁷ pu⁴ðak⁸ ðak⁸ pai¹ leuº<br>牛　被　小偷　偷　去　了 | 2 |
| 五 | teŋ¹ | tuə²tuə² teŋ¹ pu⁴ðak⁸ ðak⁸ pai¹ paiº<br>牛　被　小偷　偷　去　了 | 12 |

从句法位置来看，主语"tuə²ɕiə²"为受事者，宾语"pu⁴ðak⁸"为施事者，被动标记词位于受事主语和施事宾语中间，且句法位置各语言点均较为统一，没有差异，其构成形式为"受事主语+被动标记词+施事宾语+谓语动词+（趋向词）+助词（了）"。被动标记词存在差异，我们将布依语被动标记词分为以上五种类型，具体地理分布如下：

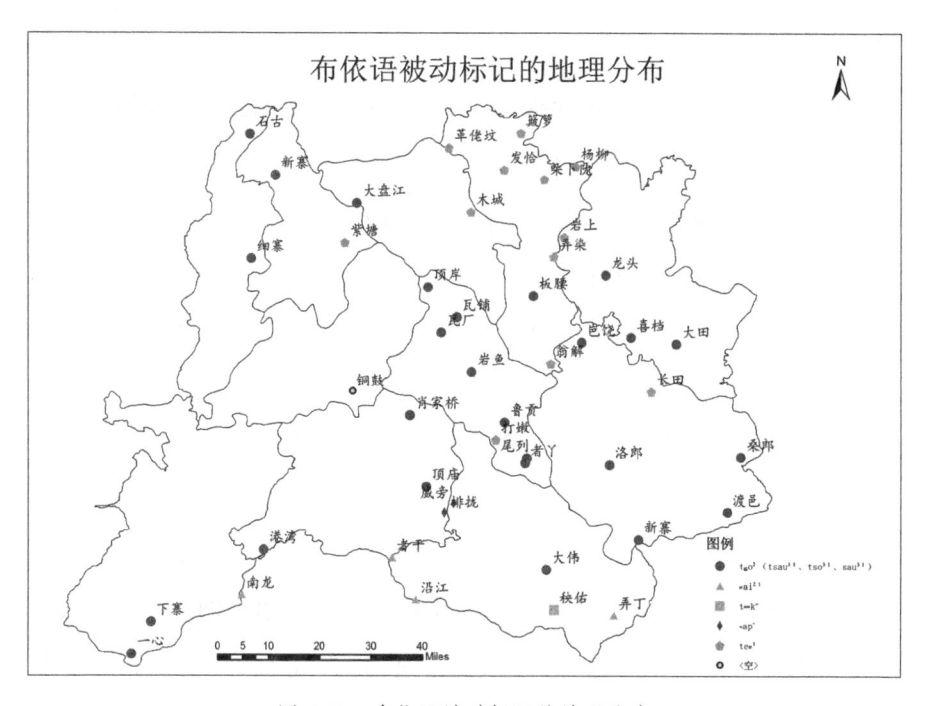

图 6-7：布依语被动标记的地理分布

类型一"tɕo²"表达"被"的含义，为介词。该词分布在26个语言点，其中第一土语21个，第三土语5个。其中"tɕo²"分布在第一土语区的8个语言点，分别是望谟平洞洛郎、望谟蔗香新寨、望谟桑郎、望谟昂武渡邑、册亨秧坝大伟、贞丰沙坪者坎、紫云四大寨喜档和安龙招堤顶庙。被动标记词"tsau³¹"分布在4个语言点，分别是第一土语区的望谟边饶邑饶、兴义仓更下寨和第三土语区的关岭新铺大盘江、晴隆花贡新寨。

被动标记词"tso³¹"分布在13个语言点，分别是第一土语区的贞丰沙坪尾列、紫云猴场大田、安龙万峰湖港湾、兴义洛万一心、安龙龙山肖家桥、贞丰岩鱼、贞丰长田瓦铺、贞丰长田瓦厂、贞丰平街顶岸、镇宁六马板腰，第二土语区的贞丰鲁贡烂田湾和第三土语普安茶源细寨、普安龙吟石古。被动标记词"sau³¹"分布在1个语言点，分布在紫云火花龙头。

例如：

37）tuə²ɕiə² tɕo² pu⁴ðak⁸ ðak⁸ pai¹ pai⁰. 牛被小偷偷去了。（望谟平洞）
　　　牛　被　小偷　偷　去 了

38）tu²ɕi² tsau³¹ pu⁴zak⁸ zak⁸ pai⁰. 牛被小偷偷了。（望谟边饶）
　　　牛　被　小偷　偷 了

39）tu²ɕiə² tso³¹ pu⁴zak⁸ zak⁸ pai⁰. 牛被小偷偷了。（紫云猴场）
　　　牛　被　小偷　偷 了

40）tu²ɕiə² sau³¹ pu⁴zak⁸ zak⁸ pai⁰. 牛被小偷偷了。（紫云火花）
　　　牛　被　小偷　偷 了

我们将 tɕo²、tsau³¹、tso³¹、sau³¹ 归为一类，是因为以上表达"被"含义的被动标记词均是从汉语贵州方言中借入到布依语中的。但以上被动标记借入的时间层次也是存在差别的，我们认为 tɕo² 借入的时间更早，tsau³¹、tso³¹、sau³¹ 借入的时间要晚，原因是"tɕo²"的声母"tɕ"为舌面前、清、不送气、塞擦音，是布依语语音系统中固有声母，而舌尖前、清、不送气、塞擦音"ts"在布依语中多用于拼读汉语借词，所以是后起的，"sau³¹"则是"tsau³¹"的变体形式。

类型二"ŋai²¹"为汉语借词"挨"，是动词。该词分布在第一土语区的4个语言点，分别是册亨百口弄丁、册亨巧马沿江、安龙坡脚者干和兴义南盘江南龙。以上词汇的分布特点是沿着南盘江流域分布，且具有高度一致性，并非为布依语固有词汇，而是汉语借词。例如：

41）tu² ɕiə² ŋai²¹ pu⁴ðak⁸ ðau⁸ pai¹ leu⁰. 牛被小偷偷去了。（册亨百口）
　　　牛　被　小偷　偷　去 了

以上例句中的被动标记词为汉语借词"ŋai²¹"，是"挨"的含义，主要从西南官话中借入，这一被动标记目前仅在南盘江沿线流域语言点使用，其他语言点未出现，在布依语中使用了其引申义，体现了词义扩大化的特点。

类型三"tuɯk⁸"为布依语本族固有词，本义为"被、挨、受"，此词原义是判断动词"是"，其被动标记特征也是由"被、挨、受"演化而来。此被动标记词仅分布在1个语言点，为册亨弼佑秧佑。这是布依族本族固有被动标记词，但是在贵州西南地区南北盘江流域语言点中呈现弱化的趋势，目前占据优势地位的是汉语借词被动标记词。例如：

42）tu² ɕiə² tuɯk⁸ pu⁴ðak⁸ ðak⁸ pai¹ pai⁰. 牛被小偷偷去了。（册亨弼佑）
　　　牛　被　小偷　偷　去　了

布依语"tuɯk⁸"在例句中为被动标记词，其作为动词为判断动词"是"，此外也可以表示"遭受""挨"的含义，作一般动词时也可以表示为"碰"等含义，"tuɯk⁸"为被动标记词是从"遭受""挨"发展演变而来的。

类型四"ɕap⁷"为布依语本族固有词，本义为动词"碰上、遇上"，但在句子中表达为被动标记。此被动标记词分布在第一土语区的2个语言点，分别是册亨冗渡威旁和安龙兴隆排拢。例如：

43）tu²tuə² ɕap⁷ pu⁴ðak⁸ ðak⁸ pai¹ leu⁰. 牛被小偷偷去了。（册亨威旁）
　　　牛　被　小偷　偷　去　了

在《布依—汉词典》中"ɕap⁷"一词并没有被动标记这一义项，在例句中实际上表达的是动词"碰上、遇上"的含义，这种用法出现在2个语言调查点，威旁语言点和排拢语言点，虽然二者分别属于册亨和安龙，但就地理位置而言，两个语言点距离较近，在被动标记选择上具有一致性。

类型五"teŋ¹"一词为介词"被、受"，是布依语固有词。此词分布在12个语言点，其中第一土语2个语言点，第二土语3个语言点，第三土语7个语言点，分别是第一土语区的贞丰鲁贡打嫩、镇宁简嘎翁解，第二土语区的紫云白石岩岩上、关岭断桥木城、镇宁沙子弄染和第三土语区的镇宁扁担山革佬坟、镇宁丁旗杨柳、镇宁双龙山簸箩、镇宁募役发恰、望谟打易长田、镇宁江龙朵卜陇、晴隆鸡场紫塘。例如：

44）tuə²tuə² teŋ¹ pu⁴ðak⁸ ðak⁸ pai¹ pai⁰. 牛被小偷偷去了。（镇宁简嘎）
　　　牛　被　小偷　偷　去　了

布依语中"teŋ¹"一词具有判断动词"是"和动词"遭受、受到"的含义，在例句中"teŋ¹"一词已经虚化为被动标记词，我们认为其是由动词"遭受、受到"而逐步演变发展而来的。

综上所述，我们以"牛被小偷偷去了"为调研例句考察被动标记的语法分布情况。第一，表达被动标记的共有五种表达形式，分别是tɕo²（变体形式为tsau³¹、tso³¹、sau³¹）、ŋai²¹、tɯk⁸、ɕap⁷、teŋ¹（变体形式为tiaŋ¹），其中tɕo²及其变体形式、ŋai²¹是从汉语贵州方言中借入的，我们认为tɕo²借入的时间更早，tsau³¹、tso³¹、sau³¹借入的时间要晚。第二，从地理分布上来看，tɕo²及其变体形式分布在26个语言点，主要分布在第一土语区和部分第三土语区；teŋ¹分布在12个语言点，主要分布在第三土语区；ŋai²¹分布在4个语言点，主要集中在第一土语区的册亨、安龙、兴义；ɕap⁷分布在2个语言点，为第一土语区的册亨和安龙；tɯk⁸分布在1个语言点，为第一土语区的册亨弼佑秧佑。第三，从句法位置来看，被动标记词位于受事主语和施事宾语中间，且句法位置各语言点均较为统一，没有差异，其构成形式为"受事主语+被动标记词+施事宾语+谓语动词+（趋向词）+助词（了）"。

## 四、否定比较标记

周国炎（1998）认为按句子所表明的语义，布依语的比较句可分为相等式、不等式和突出式三种。① 否定比较句是布依语差比句式中的一种类型，属于不等式比较句，主要由比较主体、比较客体、否定比较标记词等构成。对于否定比较标记词的词性目前学界主要有两种观点，分别是动词说、介词说，我们认为否定比较句中的比较标记词应该是动词。

语法部分有效调研数据有44个语言点，缺失兴仁屯脚调研数据，贞丰长田坪寨语言点的语言材料缺乏准确性，暂不计入讨论范畴。在贵州西南地区南北盘江流域44个语言点中，我们以"今天没有昨天冷"为调研例句考察否定比较标记的语法分布情况，共有三种否定比较标记，分别是 mi² li⁴、mi²、mi²ʔju⁵。具体分布如下：

表 6-8：布依语否定比较标记的句子形式

| 类型 | 否定比较标记 | 例句（今天没有昨天冷） | 分布地点数量 |
| --- | --- | --- | --- |
| 一 | mi² li⁴ | ŋɔn² ni⁴ mi² li⁴ ŋɔn²liən² ɕeŋ⁴<br>今天 没有 昨天 冷 | 11 |
| 二 | mi² | ŋɔn²ni⁴ ɕeŋ⁴ mi² lau⁵ wan²lin²<br>今天 冷 不过 昨天<br>ŋɔn²ni⁴ mi² pan² ŋɔn²liən² ɕeŋ⁴<br>今天 不 成 昨天 冷 | 18 |
| 三 | mi²ʔju⁵ | ŋɔn²ni⁴ mi²ʔju⁵ wan²lin² tɕot⁴<br>今天 没有 昨天 冷 | 15 |

就词类方面而言，调研地区语言点共存在以上三种表达否定比较标记"没有"含义的词，其中mi² li⁴、mi²、mi²ʔju⁵ 均为本族固有词汇。就句法位置而言，"mi² li⁴"所构成句式是"比较主体+否定比较标记+比较客体+比较结果"；mi²所构成句式形式相对复杂，主要有"比较主体+比较结果+否定比较标记（程度）+比较客体"和"比较主体+否定比较标记（程度）+比较客体+比较结果"等形式；mi²ʔju⁵所构成句式形式是"比较主

---

① 周国炎：《布依语比较句的结构类型》，《布依学研究》，1998年，第269–283页。

体+否定比较标记+比较客体+比较结果"。具体地理分布如下：

布依语否定比较标记的地理分布

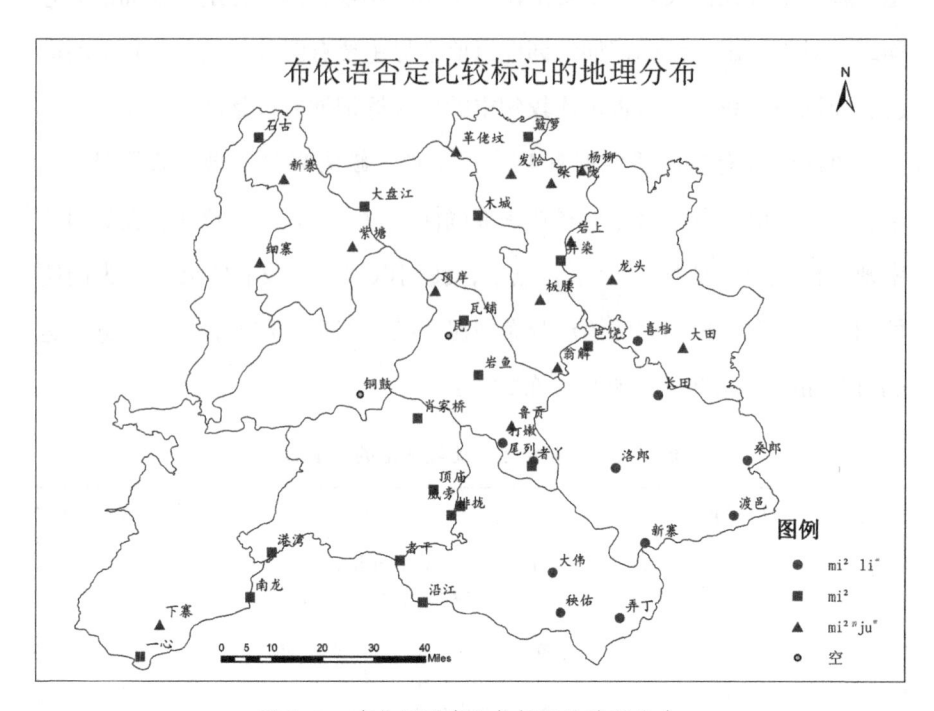

图 6-8：布依语否定比较标记的地理分布

类型一"mi² li⁴"是"没有"的含义，在此句中为否定比较句标记词。该词分布在11个语言点，其中第一土语10个，第三土语1个，其中望谟5个点，册亨3个点，贞丰2个点，紫云1个点，分布在第一土语区望谟平洞洛郎、望谟蔗香新寨、望谟桑郎、望谟昂武渡邑、册亨百口弄丁、册亨秧坝大伟、册亨弼佑秧佑、贞丰沙坪尾列、贞丰鲁贡打嫩、紫云四大寨喜档和第三土语的望谟打易长田。否定比较句标记词"mi² li⁴"地理分布较为集中，分布在调研区域的东南部。例如：

45）ŋɔn² ni⁴ mi² li⁴ ŋɔn²liən² ɕeŋ⁴. 今天没有昨天冷。（贞丰鲁贡打嫩）
　　今天　没有　昨天　冷

否定比较句标记词"mi² li⁴"是由单音节词"mi²"为词根构成的双音节词,"mi² li⁴"的含义相当于汉语的"没有",在此句中是表达否定的标记词。在11个语言点中其含有否定比较句标记词"mi² li⁴"所构成的否定比较句式较为统一,均是"比较主体+否定比较标记+比较客体+比较结果"。

类型二"mi²"是"没有、不"的含义,具有副词和动词两种词性。该词分布在18个语言点,其中第一土语13个,第二土语区2个,第三土语3个,第一土语区有望谟边饶岜饶、册亨冗渡威旁、册亨巧马沿江、安龙坡脚者干、贞丰沙坪者坎、安龙万峰湖港湾、兴义洛万一心、兴义南盘江南龙、安龙招堤顶庙、安龙兴隆排拢、安龙龙山肖家桥、贞丰岩鱼、贞丰长田瓦铺;第二土语区有关岭断桥木城、镇宁沙子弄染;第三土语区有镇宁双龙山簸箩、关岭新铺大盘江、普安龙吟石古。否定比较句标记词"mi²"的分布最为广泛,主要分布在第一土语区和部分第三土语区。例如:

46) ŋɔn²ni⁴ ɕeŋ⁴ mi² lau⁵ wan²lin². 今天没有昨天冷。(镇宁沙子)

　　　今天　冷　不　过　昨天

47) ŋɔn²ni⁴ mi² pan² ŋɔn²liən² ɕeŋ⁴. 今天没有昨天冷。(册亨冗渡威旁)

　　　今天　不　成　昨天　冷

否定比较句标记词"mi²"相当于汉语的"没有、不",在此句中是表达否定的标记词。mi²所构成句式形式相对复杂,主要有"比较主体+比较结果+否定比较标记(程度)+比较客体"和"比较主体+否定比较标记(程度)+比较客体+比较结果"等形式。

类型三"mi²ʔju⁵"是"不在"的意思,在此句中表达"没有"的含义,为否定比较句标记词。该词分布在15个语言点,其中第一土语6个,第二土语2个,第三土语7个,第一土语有紫云火花龙头、紫云猴场大田、兴义仓更下寨、镇宁简嘎翁解、贞丰平街顶岸、镇宁六马板腰；第二土语有紫云白石岩岩上和贞丰鲁贡烂田湾；第三土语有镇宁扁担山革佬坟、镇宁丁旗杨柳、镇宁募役发恰、镇宁江龙朵卜陇、晴隆花贡新寨、晴隆鸡场紫塘、普安茶源细寨。例如：

48）ŋɔn²ni⁴ mi²ʔju⁵ wan²lin² tɕot⁴. 今天没有昨天冷。（镇宁简嘎）
　　　今天　没有　昨天　　冷

否定比较句标记词"mi²ʔju⁵"相当于汉语的"没有"，在此句中是表达否定的标记词。"mi²ʔju⁵"所构成句式形式较为统一，均是"比较主体+否定比较标记+比较客体+比较结果"。

综上所述，我们以"今天没有昨天冷"为调研例句考察否定比较标记的语法分布情况。第一，表达否定比较标记的共有三种表达形式，分别是mi² li⁴、mi²、mi²ʔju⁵，均为布依语本族固有词。第二，从地理分布上来看，"mi² li⁴"主要分布在第一土语区；"mi²"主要分布在第一土语区和部分第三土语区；"mi²ʔju⁵"主要分布在第三土语区和部分第一土语区。第三，从句法位置来看，"mi² li⁴"所构成的句式是"比较主体+否定比较标记+比较客体+比较结果"；mi²所构成的句式形式相对复杂，主要有"比较主体+比较结果+否定比较标记（程度）+比较客体"和"比较主体+否定比较标记（程度）+比较客体+比较结果"两种形式；mi²ʔju⁵所构成的句式形式是"比较主体+否定比较标记+比较客体+比较结果"。

# 结　语

## 第一节　本文主要结论

　　本文以贵州西南地区南北盘江流域黔西南布依族苗族自治州和安顺市的镇宁布依族苗族自治县、关岭布依族苗族自治县、紫云苗族布依族自治县的46个语言点调查语料为基础，通过构建布依语语音、词汇、语法数据库的形式，比较其地理差异，重点探讨其共时分布差异、历史来源与演变过程等。本文不涉及方言土语的重新划分，所以在文中未涉及同言线相关内容。

　　第一，语音方面。声母部分，送气清塞音主要分布在第三土语区和与其邻近的第一、二土语区部分语言点，不送气清塞音主要分布在第一土语区，布依语中一部分存在送气音而另一部分没有送气音是非线性分布的。先喉塞音有发音弱化的趋势，先喉塞音 /ʔb/ 变读为不送气清塞音 /p/ 或鼻音 /m/，先喉塞音 /ʔd/ 变读为舌尖中不送气清塞音 /t/ 或鼻音 /n/ 或边音 /l/。塞音、塞擦音、擦音存在不同程度的对应分布；唇齿擦音和舌根音都有清浊对立分布；第一土语区的腭化音声母较第三土语区丰富。韵母部分，第三土语单元音数量较第一土语数量丰富；单元音 /a/ 存在多种变体形式；

单元音 /ɯ/ 呈现舌尖化和央化的特点；第三土语区鼻音尾韵在不同程度上弱化，其中 /-m/ 尾韵弱化和脱落最为严重，/-n/ 尾韵和 /-ŋ/ 尾韵相对稳定。声调部分，第三土语出现调类合并现象，通常情况下，第3调和第4调合并，第3调和第5调合并，以及第5调和第6调合并。布依语语音差异形成的内部原因是音韵调内部结构的演变，外部原因是在语言接触过程中，其他语言语音、声调的借入。

第二，词汇方面。首先，布依语核心词汇与同语族词汇同源关系明显，如布依语中"太阳"有 van²、ŋon²、ŋuan²、ŋon² 等语音形式，壮语则是"ŋoŋ²"等形式。其次，布依语不同土语区、不同地区词汇差异明显，如布依语"秧鸡"一词在第一土语区读作"ðok⁸vak⁷"，在第三土语区读作"jok⁸kan¹"。再次，在义域方面呈现出词义扩大、词义转移、词义混淆、词义缺失等特点。最后，不同的词汇可以反映不同的历史文化观念，与一个民族的生产生活方式存在着密切联系，且布依族是以农业为主的民族，所以其农业生产生活方面的词汇较为丰富。词汇地理差异的内部原因主要是语音、语义、词汇、语法之间既相适应又相矛盾，外部原因主要与不同民族之间的语言接触、词汇借贷、社会文化发展等现象有关。

第三，语法方面。词类部分，布依语各土语之间语法差别不大，各土语区在不同程度上均有借用汉语词汇和表达句式的现象，第三土语区较为明显。其中副词"再"一般修饰动词做句子的状语，位于中心成分之后，也可以用两个意义相同或相近的副词同时修饰一个中心语，也就是副词共现现象。语法标记部分，语法标记词有不同的来源，句式在不同程度上受到汉语影响。其中处置标记词主要由动词虚化而来或使用汉语借词。经历体标记有句子末尾、动词后两种句法位置，有时也可以省略。被动标记词位于受事主语和施事宾语中间，其构成形式为"受事主语+被动标记词+施事宾语+谓语动词+（趋向词）+助词（了）"。否定比较标记词"mi² li⁴"构式为"比较主体+否定比较标记+比较客体+比较结果";"mi²"构式相对复杂,主要有"比较主体+比较结果+否定比较标记(程度)+比较客体"和"比较主体+否定比较标记(程度)+比较客体+比较结果"两种形式;"mi²ʔju⁵"主要分布在第三土语区和部分第一土语区,其构式为"比较主体+否定比较标记+比较客体+比较结果"。布依语语法差异的形成一方面由非同源词导致,另一方面是语言接触,借用汉语词类和句式所致。

## 第二节 不足与展望

地理语言学研究首先需要有大量的语言调查材料,准确记录语音、词汇、语法等调查条目。本文以贵州西南地区南北盘江流域为调研语言点,分别从语音、词汇、语法三个角度分析其地理差异,探讨其来源,本文可能存在以下不足:

其一,本文在地理语言学理论建构上面还存在缺失。地理语言学的理论和方法对于语言差异研究、语言分区、方言区划分具有重要意义。地理语言学研究是以大量的语言材料为基础的,地理语言学产生于历史比较语言学研究过程中,但是其理论体系发展较慢,本文在地理语言学理论建构上面还存在缺失,在地理语言学理论发展上还有更大的空间可以开拓。

其二,各土语调查语料不甚平衡,语法部分比重较弱。本文以贵州西南地区南北盘江流域为调研范围,其中主要包含第一土语和第三土语,第二土语仅有4个语言点,第一、三土语之间存在很多差异,这是本文的主要论述之处,各土语调研点数量不够均衡。此外布依语各土语间语法差别较小，而地理语言学则主要强调语言的差异，所以导致本论文语法部分比重较轻。

其三，词汇是地理语言学的研究重点之一，为了形成完整的论文体系，本文分别从语音、词汇、语法三方面来论述不同地域地理上的差别，这就导致各部分虽然都有涉及，但可能存在来源探讨不够充分和理论深度不足的问题。本文讨论和分析了布依语共时分布和历时演变的关系，但是历时分析方面多以李方桂等先生的构拟为主要参考依据，缺乏自身的构拟体系。

由于调查点数量较多，数据处理任务量较大，再加上地图绘制繁琐，国际音标很多时候不能有效识别，需要多种方式进行后期修改，难免会有不妥、疏漏和不足之处。

未来的地理语言学研究还可以考虑从地理信息语义视角出发，通过语义基准、语义参考系等方法探讨地理信息原子、相似度度量、概念空间等。此外还可以考虑从地理加权回归（Geographically Weighted Regression，GWR）空间分析技术出发，探索空间语言时域的语言演变及相关驱动因素，并可用于对语言演变趋势和走向的判断。

# 参考文献

## 一、中文著作类

[1]（比）贺登崧著；石汝杰，岩田礼译.汉语方言地理学[M].上海：上海教育出版社，2012.

[2]（法）罗朗·布洛东（Roland Breton）著；祖培，唐珍译.语言地理[M].北京：商务印书馆，2000.

[3]（加）杰克·钱伯斯，（瑞士）彼得·德鲁吉尔著".方言学教程[M].北京大学出版社，2016.

[4]（美）霍凯特（Hockett, C.F.）著；叶蜚声，索振羽译.现代语言学教程 上[M].北京：北京大学出版社，1986.

[5]（美）李方桂著.比较台语手册[M].北京：清华大学出版社，2011.

[6]（美）王士元主编；李葆嘉主译.汉语的祖先[M].北京：中华书局，2005.

[7]（日）柴田武著；崔蒙译.语言地理学方法[M].北京：商务印书馆，2018.

[8]（日）桥本万太郎著；余志鸿译.语言地理类型学[M].世界图书出版公司北京公司，2008.

[9]（日）岩田礼著.中国语学研究开篇单刊 中国江苏·安徽·上海两省一市境内亲属称谓词的地理分布[M].好友出版社,1989.

[10]（瑞士）费尔迪南·德·索绪尔（Ferdinand de Saussure）著；高名凯译.普通语言学教程[M].北京：商务印书馆,1980.

[11]（苏）A.C.契科巴瓦著；高名凯译.语言学概论 第1编 下[M].北京：高等教育出版社,1955.

[12]曹志耘.汉语方言的地理语言学研究[M].北京：商务印书馆,2013.

[13]曹志耘.汉语方言地图集[M].北京：商务印书馆,2008.

[14]曹志耘著.南部吴语语音研究[M].北京：商务印书馆,2002.

[15]陈娥著；戴庆厦主编.布依语副词研究[M].北京：科学出版社,2016.

[16]陈孝玲著.侗台语核心词研究[M].成都：巴蜀书社,2011.

[17]陈章太,李行健主编.普通话基础方言基本词汇集[M].北京：语文出版社,1996.

[18]戴庆厦,罗仁地,汪锋主编.到田野去——语言学田野调查的方法语实践[M].北京：民族出版社,2008.

[19]戴庆厦主编.语言国情调查概论[M].北京：中国社会科学出版社,2017.

[20]丁文江,翁文灏,曾世英编.中华民国新地图[M].上海：申报馆,1934.

[21]河北省昌黎县县志编纂委员会、中国科学院语言研究所编.昌黎方言志[M].北京：科学出版社,1960.

[22]侯精一,温端政主编.山西方言调查研究报告[M].太原：山西高校联合出版社,1993.

[23]江苏省地方志编纂委员会.江苏省志 89 方言志[M].南京：南京大

学出版社，1998.

[24] 江苏省上海市方言调查指导组编.江苏省和上海市方言概况[M].南京：江苏人民出版社，1960.

[25] 金理新著.汉藏语系核心词[M].北京：民族出版社，2012.

[26] 金有景主编.中国拉祜语方言地图集[M].天津：天津社会科学院出版社，1992.

[27] 蓝庆元著.壮汉同源词与借词研究[M].北京：中央民族大学出版社，2005.

[28] 梁敏，张均如著.侗台语族概论[M].北京：中国社会科学出版社，1996.

[29] 刘纶鑫主编.客赣方言比较研究[M].北京：中国社会科学出版社，1999.

[30] 罗黎明主编.广西民族语言方音词汇[M].北京：民族出版社，008.

[31] 马学良主编；中国民族语言学会编.民族语文研究新探[M].成都：四川民族出版社，1992.

[32] 蒙元耀，关仕京主编.壮汉词汇[M].南宁：广西民族出版社，2018.

[33] 莫俊卿著.壮侗语民族历史文化研究[M].北京：中央民族大学出版社，2010.

[34] 彭泽润.地理语言学和衡山南岳方言地理研究[M].北京：商务印书馆，2017.

[35] 钱乃荣著.当代吴语研究[M].上海：上海教育出版社，1992.

[36] 山东省地方史志编纂委员会编.山东省志方言志[M].济南：山东人民出版社，1993.

[37] 覃晓航著.壮侗语族语言研究[M].北京：民族出版社，2012.

[38] 王贵生，张雄等.黔东南方言地理学研究[M].北京：中央民族大学出版社，2015.

[39] 王文胜.处州方言的地理语言学研究[M].北京：中国社会科学出版社，2007.

[40] 吴安其著.汉藏语同源研究[M].北京：中央民族大学出版社，2002.

[41] 吴安其著.历史语言学[M].上海：上海教育出版社，2006.

[42] 吴启禄，贵阳布依语[M].贵阳：贵州民族出版社，1992.

[43] 项梦冰，曹晖.汉语方言地理学——入门与实践[M].北京：中国书籍出版社，2012.

[44] 邢公畹著.汉台语比较手册[M].北京：商务印书馆，1999.

[45] 喻翠蓉.布依语简志[M].北京：民族出版社，1980.

[46] 詹伯慧，张日升主编.粤西十县市粤方言调查报告[M].广州：暨南大学出版社，1998.

[47] 詹伯慧，张日升主编；甘于恩，伍巍，邵宜等编纂.粤北十县市粤方言调查报告[M].广州：暨南大学出版社，1994.

[48] 詹伯慧主编；张日升，甘于恩等编纂.珠江三角洲方言综述[M].广州：新世纪出版社，1987.

[49] 占升平著.布依语语音研究[M].桂林：广西师范大学出版社，2012.

[50] 张均如，梁敏等合著.壮语方言研究[M].北京：民族出版社，1999.

[51] 中国科学院少数民族语言研究所.布依语调查报告[M].北京：科学出版社，1959.

[52] 中国社会科学院和澳大利亚人文科学院.中国语言地图集（第2

版）[M].北京：商务印书馆，2012.

[53]中国社会科学院民族研究所语言研究室等编.汉藏语系语言学论文选译[M].中国民族语言学术讨论会秘书处，1980.

[54]中国社会科学院语言研究所词典编辑室编.现代汉语词典 第7版[M].北京：商务印书馆，2016.

[55]中央民族学院少数民族语言研究所第五研究室编.壮侗语族语言词汇集[M].北京：中央民族学院出版社，1985.

[56]周国炎，刘朝华著.布依语参考语法[M].北京：中国社会科学出版社，2018.

[57]周国炎.布依语基础教程[M].北京：中央民族大学出版社，2016.

[58]周国炎著.布依－汉词典[M].贵阳：贵州民族出版社，2011.

[59]周耀文，罗美珍著.傣语方言研究[M].北京：民族出版社，2001.

[60]周振鹤，游汝杰著，方言与中国文化[M].上海：上海人民出版社，2019.

## 二、中文期刊类

[1]蔡华祥，万久富.略谈南通方言研究概况[J].文教资料，2010（31）：25-26.

[2]曹广衢.从布依语的方音对比研究考察布依语声母和声调相互制约的关系[J].贵州民族研究，1984（03）：74-85.

[3]曹志耘.《汉语方言地图集》前言[J].语言教学与研究，2008（02）：1-8.

[4]曹志耘.读岩田礼编《汉语方言解释地图》[J].方言，2010（04）：353-361.

[5] 曹志耘.汉语方言的地理分布[J].云南师范大学学报（哲学社会科学版），2014，46（02）：49.

[6] 曹志耘.老枝新芽：中国地理语言学研究展望[J].语言教学与研究，2002（03）：1-6.

[7] 陈荣泽.近十年汉语方言研究的新发展[J].安康学院学报，2011，23（02）：40-44.

[8] 冯青青.汉语方言地理学研究探索与分歧[J].常州工学院学报（社科版），2014，32（04）：69-73+90.

[9] 甘于恩，曾建生.广东地理语言学研究之若干思考[J].暨南学报（哲学社会科学版），2010，32（03）：110-114.

[10] 甘于恩.潮汕方言地理类型学研究的一些设想[J].韩山师范学院学报，2010，31（01）：1-5.

[11] 甘于恩.台湾地理语言学研究之我见[J].集美大学学报（哲学社会科学版），2010，13（03）：17-22.

[12] 和智利，赵文英.纳系族群父辈女性亲属称谓的类型及地理分布[J].云南师范大学学报（哲学社会科学版），2016，48（04）：22-29.

[13] 胡迪，闾国年，温永宁，林伯工.我国方言地理学发展演变及问题分析[J].南京师大学报（自然科学版），2012，35（03）：106-110.

[14] 黄保丹，田如云.布依语地理语言学研究意义[J].长江丛刊，2020（25）：62-63.

[15] 金理新.侗台语的长短元音[J].语言研究，2011，31（04）：42-56.

[16] 柯西钢.地理语言学视域下黄河两岸秦晋方言的接触及演变——评《秦晋两省沿河方言比较研究》[J].中国教育学刊，2017（12）：141.

[17] 李冬香.湖南方言古浊上今读的地理语言学研究[J].广东技术师范

学院学报，2015，36（03）：63-69+140.

[18] 李立林，伍巍.深莞惠粤方言的地理语言学研究意义[J].佛山科学技术学院学报（社会科学版），2017，35（01）：41-47.

[19] 李琼，李仙娟，赵锦秀，黎秋阳.我校文学院加快语言研究国际化进程[J].陕西师范大学学报（哲学社会科学版），2016，45（05）：177.

[20] 李如龙.汉语方言的地理语言学研究大有可为——喜读《汉语方言地图集》[J].方言，2009，31（02）：117-125.

[21] 李仲民.Glottogram在地理语言学研究中的一个实例[J].语言教学与研究，2011（05）：40-47.

[22] 梁朝文.贵阳布依语与布依语标准音差异对照研究[N].贵州民族报，2014-11-17（B03）.

[23] 铃木博之.藏语方言学研究与语言地图：如何看待"康方言"[J].民族学刊，2016，7（02）：1-13+92-94.

[24] 刘梅.浅谈汉语方言学与音韵学研究方向[J].语文建设，2013（05）：70-71.

[25] 龙海燕.布依语标准音四十年音变[J].黔南民族师范学院学报，2013，33（03）：11-16.

[26] 卢芳.望谟布依语与普定布依语的语音比较[J].三峡论坛（三峡文学.理论版），2013（03）：115-119.

[27] 吕俭平，李馨.理论和实践结合的地理语言学著作——彭泽润《地理语言学和衡山南岳方言地理研究》评论[J].江西科技师范大学学报，2017（05）：7-12.

[28] 潘悟云.汉语方言学与音韵学研究方向的前瞻[J].暨南学报（哲学社会科学版），2005（05）：104-107.

[29] 彭泽润,鲍厚星.衡山南岳方言的地理语言学研究[J].语言文字应用,2005(01):144.

[30] 彭泽润,崔安慧.湖南江永土话声调的地理语言学研究[J].武陵学刊,2017,42(05):129-133.

[31] 彭泽润,胡月.从地理语言学看湖南语言分布格局[J].铜仁学院学报,2019,21(04):112-117.

[32] 彭泽润,王梦梦.湖南方言声调的地理语言学研究[J].湖南师范大学社会科学学报,2016,45(02):135-140.

[33] 彭泽润,周鑫琳.地理语言学和湖南方言地理[J].湖南师范大学社会科学学报,2015,44(01):126-133.

[34] 彭泽润.地理和语言的启示——衡山南岳350个村子高密度的地理语言学研究[J].湖南社会科学,2004(03):102-105.

[35] 邱春安.语音演变的研究方法:现状与发展趋势[J].当代外语研究,2015(02):13-17+62+77.

[36] 邱盼盼."真的"在湖南分布状况的地理语言学研究[J].现代语文(语言研究版),2014(05):134-136.

[37] 仁增旺姆.藏语存在动词的地理分布调查[J].中央民族大学学报(哲学社会科学版),2012,39(06):110-113.

[38] 山述兰.地理语言学视域下现代汉语方言演变的原因及其与共同语的关系[J].教育评论,2015(03):137-139.

[39] 舍秀存.Glottogram在地理语言学研究中的应用——以撒拉语为例[J].伊犁师范学院学报(社会科学版),2013,32(01):96-101.

[40] 沈明.汉语地理语言学研究七十年[J].方言,2019,41(03):273-282.

[41] 石汝杰.语言地理学前途无量——首届中国地理语言学国际学

术研讨会总结发言[J].语言教学与研究，2011（01）：8-10.

[42] 孙益民.湖南东北部父亲称谓的地理语言学研究[J].赤峰学院学报（汉文哲学社会科学版），2018，39（09）：98-101.

[43] 孙益民.湖南东北部母亲称谓的地理语言学研究[J].河池学院学报，2011，31（03）：15-22.

[44] 孙益民.湖南东北部外祖父母称谓的地理语言学研究[J].中南林业科技大学学报（社会科学版），2014，8（06）：129-134+150.

[45] 孙益民.湘东北曾祖父母称谓的地理分布[J].语言科学，2012，11（06）：635-643.

[46] 孙益民.湘东北及湘中部分地区"祖母"称谓的生态考察[J].中南林业科技大学学报（社会科学版），2010，4（03）：25-30.

[47] 覃远雄.汉语方言"窝"类词的地理分布考察[J].民族语文，2018（03）：49-58.

[48] 田玉静.美洲西班牙语中voseo现象及其地理语言学分析[J].才智，2013（28）：255.

[49] 王丹丹，崔山佳.常山话的框式状语"死……死"[J].汉字文化，2017（20）：47-51.

[50] 王文胜."蜘蛛"的地理语言学研究[J].丽水学院学报，2005（01）：70-74.

[51] 王文胜.从地理语言学看处州方言本字考[J].绍兴文理学院学报（哲学社会科学版），2009，29（02）：85-88.

[52] 王文胜.吴语处州方言非组声母读音历史层次的地理语言学分析[J].浙江师范大学学报，2006（06）：14-19.

[53] 王文胜.吴语处州方言豪肴二韵的分合[J].台州学院学报，2007（04）：40-45+59.

[54] 韦景云.壮语"玉米"方言词分布及其传播[J].中央民族大学学报（哲学社会科学版），2018，45（05）：147-152.

[55] 邢凯.侗台语族带前置喉塞音的声母[J].民族语文，1999（01）：11-20.

[56] 邢向东.论陕南方言的调查研究[J].西北大学学报（哲学社会科学版），2008（02）：127-133.

[57] 邢向东.西北地区汉语方言地图集的绘制[J].汉语学报，2017（04）：61-67+96.

[58] 熊霄，杨希.从地理语言学和语系的角度审视汉语与英语的差异[J].湖北函授大学学报，2015，28（14）：123-124.

[59] 徐越.地理语言学视角下的浙北杭嘉湖方言[J].江西社会科学，2007（11）：178-181.

[60] 杨芬.龙岗壮语腭化音声母探源[J].语文学刊，2010（08）：40-43.

[61] 杨露.阿昌语塞音韵尾方言差异的地理语言学分析[J].云南师范大学学报（哲学社会科学版），2017，49（04）：34-41.

[62] 鄢卓，曾晓渝.壮语"太阳"的地理语言学分析[J].民族语文，2019（04）：15-23.

[63] 张均如.壮侗语族塞擦音的产生和发展[J].民族语文，1983（01）：19-29.

[64] 周国炎，王跃杭.布依语"鼠"义词的方言地理学研究[J].贵州工程应用技术学院学报，2020，38（05）：77-83.

[65] 周国炎.从通解度看布依族方言土语的划分[N].贵州民族报，2017-06-20（C04）.

[66] 周国炎.布依语被动句研究[J].中央民族大学学报，2003（05）：101-106.

[67] 周国炎.布依语比较句的结构类型[J].布依学研究,1998(00): 269-283.

[68] 周国炎.布依语处置式的来源及其发展[J].中央民族大学学报, 1999(03):88-96.

[69] 周国炎.布依语完成体及其体助词研究[J].中央民族大学学报(哲学社会科学版),2009,36(02):102-108.

[70] 周学文.内爆音发音机理的声学表现——壮语内爆音的声学分析[J].南开语言学刊,2010(01):37-44+186.

## 三、中文学位论文

[1] 蔡燕华.中山粤方言的地理语言学研究[D].暨南大学,2006.

[2] 郭风岚.宣化方言变异与变化研究[D].北京语言大学,2005.

[3] 和智利.纳系族群亲属称谓系统的语言地理研究[D].云南师范大学,2016.

[4] 黄沙.陕西省方志中的方言词研究[D].西南交通大学,2018.

[5] 黄珊.南康客家方言地理语言学研究[D].江西师范大学,2016.

[6] 黄欣欣.湖南宁乡方言的地理语言学研究[D].中南大学,2012.

[7] 雷群香.湖南江永兰溪土话的地理和社会研究[D].湖南师范大学,2014.

[8] 李菲.梅州客家方言语音的地理语言学研究[D].暨南大学,2018.

[9] 李日晴.湖南江永粗石江土话的地理和社会研究[D].湖南师范大学,2014.

[10] 李婉.湖北潜江方言语音及其地理语言学研究[D].湖南师范大学,2016.

[11] 李吴芬.赣东北徽语的地理语言学考察[D].南昌大学，2016.

[12] 廖丽红.宁都客家方言地理语言学研究[D].江西师范大学，2018.

[13] 刘存雨.江宁方言的地理语言学研究[D].南昌大学，2008.

[14] 刘芳芳.地理语言学视角下的东海方言研究[D].江苏师范大学，2013.

[15] 彭泽润.衡山南岳方言的地理研究[D].湖南师范大学，2003.

[16] 祁小芹.宿迁方言类型分布的地理语言学研究[D].江苏师范大学，2014.

[17] 汪菁.地理语言学视角下的磁县方言语音研究[D].天津师范大学，2018.

[18] 王婧.湖南江永黄甲岭土话的地理和社会研究[D].湖南师范大学，2013.

[19] 王文胜.处州方言的地理语言学研究[D].北京语言大学，2004.

[20] 王晓莹.滨州方言文白异读地理语言学研究[D].云南师范大学，2016.

[21] 吴碧珊.广东翁源客家话语音研究[D].暨南大学，2017.

[22] 吴菲.保定市区及周边四县亲属称谓用法调查[D].河北大学，2007.

[23] 吴莉.泗洪方言地理语言学研究[D].江苏师范大学，2012.

[24] 武建娉.平遥方言语音研究[D].天津师范大学，2017.

[25] 杨慧君.汉语方言零声母问题研究[D].北京语言大学，2009.

[26] 姚芳.湖南江永允山土话的地理和社会研究[D].湖南师范大学，2014.

[27] 易小成.湖南江永回龙圩土话的地理和社会研究[D].湖南师范大学，2014.

[28] 张春秀.地理语言学视角下的徐州方言研究[D].江苏师范大学，

2014.

[29] 张晋龙. 山东方言词汇地理研究[D]. 山东大学, 2019.

[30] 张玉林. 湖南江永夏层铺土话的地理和社会研究[D]. 湖南师范大学, 2014.

[31] 周倩妮. 湖南长沙到宁乡汉语方言的地理语言学研究[D]. 湖南师范大学, 2016.

[32] 周琴. 湖南安化与涟源交界位置汉语方言语音的地理语言学研究[D]. 湖南师范大学, 2016.

## 四、外文文献

[1] AMBROSE, J.E. & WILLIAMS, C.H., 1987, The geographical processing of linguistic data. Paper presented to the International Seminar on Geolinguistics, North Staffordshire Polytechnic, May.

[2] Chambers J. K & Peter Trudgill（1980）. Dialectology. Cambridge Textbooks in Linguistics. Cambridge University Press

[3] Trudgill, P.（1974）"Linguistic change and diffusion: description and explanation in sociolinguistic dialect geography", in: Language in Society 2, 215–246.

[4] Van der Merwe, I J（1993）, The Urban Geolinguistics of Cape Town. GeoJournal 31, 4 409–417

[5] Williams, C. H.（1988）"An introduction to geolinguistics", in: Language in Geographic Context, in: Williams, C. H., ed., Clevedon, 1–19.

[6] Williams, Colin H. Language in Geographic Context. MULTILINGUAL MATTERS LTD Clevedon Philadelphia（1988）

# 附　录

## 一、贵州西南地区南北盘江流域各代表点音系

### （一）第一土语：望谟县蔗香新寨调查点语音系统

#### 1.声母

该语言点共有声母30个，其中唇音声母7个，舌尖音声母8个，舌面音声母6个，舌根音声母6个，喉音声母3个。

唇音：p、ʔb、m、f、v、w、pj

舌尖音：s、z、t、ʔd、n、l、sw、lw

舌面音：tɕ、ȵ、ɕ、j、tɕw、ɕw

舌根音：k、ŋ、x、ɣ、kw、ŋw

喉音：ʔ、ʔj、ʔw

声母例词：

| | | | | | |
|---|---|---|---|---|---|
| p | puɯt⁵⁵ 肺 | ʔb | ʔbeŋ²⁴ 薄 | m | ma:n³³ 辣 |
| f | fɯət³³ 翅膀 | v | va:t³³ 挥手 | pj | pjɔm²⁴ 枯瘦 |
| w | wa²⁴ 花 | s | xo²¹sai²⁴ 喉 | z | zom³³ 明天 |
| θ | θam²⁴ 心 | ð | ðiən²⁴ 尾巴 | t | ta:i⁴² 臂 |
| ʔd | ʔdo³⁵ 骨 | l | la:n²⁴ 孙 | n | na³⁵ 箭 |

| sw  swa⁵³ 锁 | zw  zwa:m²⁴（ðw）抬 | lw  lwa:u³⁵ 耽搁 |
| tɕ  tɕau⁵³ 头 | ȵ  ȵiə²⁴ 江 | ɕ  ɕa⁵³ 等候 |
| j  ja³³ 妻 | tɕw  tɕwa³³ 抓 | ɕw  ɕwe³⁵ 一堆 |
| k  kuə²⁴ 盐 | ŋ  ŋa:ŋ⁴² 仰 | kw  kwa³⁵ 过 |
| x  xɯət⁵⁵ 腰 | ɣ  ɣɔm³⁵ 盖，蒙 | ŋw  ŋwi³¹ 骨髓 |
| ʔ  ʔeu²⁴ 颈 | ʔj  ʔjam²⁴ 隐瞒 | ʔw  ʔwa³¹ 呆，笨 |

声母说明：

（1）本族语固有词和早期汉语借词音系没有送气塞音和塞擦音，该组声母仅见于现代汉语借词，限于语料，未见相关例词；

（2）双唇音组有颚化音，但限于语料，目前仅见 /pj/，未见 /mj/ 等；

（3）唇化音声母比较丰富，有 /kw/、/ŋw/、/ʔw/、/sw/、/zw/、/lw/、/tɕw/ 和 /ɕw/ 等；

（4）双唇擦音存在清浊对立，但浊音 /v/ 与半元音 /w/ 可自由变读；

（5）本族语固有词有齿间擦音 /θ/、/ð/，也有舌尖擦音 /s/ 和 /z/，这两组音经常互混，本音系将齿间音处理为舌尖音的变体；

（6）本族语固有词音系有舌根擦音有清浊的对立。

### 2.韵母

该语言点共有韵母75个，其中单元音韵母7个，复合元音韵母12个，带鼻音韵尾的韵母31个，带塞音韵尾的韵母25个。

单元音韵母：a、e、o、i、u、ɯ、ə

复合元音韵母：ai、a:i、au、a:u、aɯ、eu、oi、iu、iə、ui、uə、ɯə

带鼻音韵母：am、a:m、an、a:n、aŋ、a:ŋ、em、en、eŋ、om、ɔm、on、ɔn、oŋ、ɔŋ、im、iəm、in、iən、iŋ、iəŋ、um、uəm、un、uən、uŋ、uəŋ、ɯn、ɯən、ɯəm、ɯm

带塞音韵尾：ap、a:p、at、a:t、ak、ep、et、ek、op、ɔp、ot、

ɔk、ip、iəp、it、iət、ik、up、ut、uət、uk、ɯt、ɯət、ɯk

声母例词：

| a | pa³⁵ 嘴 | ai | tai⁵³ 哭 | a:i | pja:i²⁴ 梢 |
|---|---|---|---|---|---|
| au | tau⁴² 撑 | a:u | ɕa:u⁵³ 炒 | aɯ | xaɯ⁵³ 给 |
| am | θam²⁴ 心 | a:m | θa:m²⁴ 三 | an | lan⁵³ 曾孙 |
| a:n | xa:n³³ 汗 | aŋ | naŋ³³ 坐 | a:ŋ | ta:ŋ³⁵ 各 |
| ap | θap³⁵ 插 | a:p | xa:p³³ 盒 | at | pat⁵⁵ 扫 |
| a:t | va:t³³ 招手 | ak | θak³³ 洗涤 | e | me³¹ 鼻涕 |
| eu | ðeu²⁴ 笑 | em | zem⁵³ 烧 | en | xen²¹ 侧边 |
| eŋ | ɕeŋ³¹ 冷 | ep | nep³⁵ 压 | et | tɕet⁵⁵ 痛 |
| ek | tɔk³⁵tek³⁵ 溅 | o | po³³ 父 | oi | ðoi²⁴ 梳 |
| om | zom³³ 早 | ɔm | tɔm³⁵ 心脏 | on | ðon³⁵ 割（肉） |
| ɔn | kɔn³¹ 割 | oŋ | ɕoŋ²¹ 桌子 | ɔŋ | ðɔŋ³⁵ 鸭笼 |
| op | pop³⁵ 水疱 | ɔp | tɕɔp³⁵ 斗笠 | ot | xot³⁵ 削 |
| ɔt | ʔɔt³⁵ 塞住 | ɔk | fɔk³³ 肿 | i | ði³³ 土地 |
| iu | ðiu⁵³ 拿 | iə | ziə²¹ 耳朵 | im | ɕim²⁴ 看 |
| iəm | ʔdo³⁵ʔdiəm²⁴ 麻痒 | in | ðin²⁴ 石 | iən | ðiən²¹ 震动 |
| iŋ | ʔdiŋ²⁴ 红 | iəŋ | ðiəŋ²⁴ 尾巴 | ip | ʔdip³⁵ 生 |
| iəp | tiəp³³ 踩 | it | ɕit⁵⁵ 扔 | iət | liət³³ 血 |
| ik | tɕik³³ 单数 | u | ɕu³¹ 接 | ui | ɕui²⁴ 推 |
| uə | ðuə³¹ 瞎 | um | pum²¹ 阴 | uəm | ðuəm³¹/⁴² 熛烤 |
| un | ɕxun²¹ 人 | uən | juən²⁴ 愿 | uŋ | tuŋ³¹ 肚子 |
| uəŋ | ðuəŋ²¹ 行 | up | ɕup⁵⁵ 吻 | ut | xut⁵⁵ 骂 |
| uət | ʔuət³⁵ 擦 | uk | ɕuk³³ 熟 | ɯ | nɯ³³ 想 |
| ɯə | wɯə⁵³ 云 | ɯn | ʔɯn³⁵ 别的 | ɯən | pɯən³⁵ 半斤 |

ɯŋ  mɯŋ²¹ 你      ɯəŋ       vɯəŋ²⁴ 缝      tɯ        fɯt⁵⁵ 抽

ɯət  fɯət³³ 翅膀   ɯk       lɯk³³ 儿子     ə        kə²¹ 处所

韵母说明：

（1）单元音共7个，均可以单独充当韵母；

（2）/a/单独充当韵母时读作央元音/A/，带韵尾时有长短区分，其中长/a/的舌位略高，接近/æ/；

（3）鼻音韵尾有/-m/、/-n/和/-ŋ/，未出现韵尾脱落的情况；

（4）塞音韵尾有/-p/、/-t/和/-k/，目前尚未发现塞音韵尾脱落的现象，三个韵尾的发音都比较清晰；

（5）主要元音/i/和/u/带塞音和鼻音韵尾时，中间有流音过渡的现象，但由于语料有限，这类韵母不是很多，且缺乏系统性。

### 3. 声调

该语言点共有8个声调，其中舒声调6个，促声调2个，详见下表：

| 调类 | 调值 | 调型 | 例词1 | 例词2 | 例词3 |
| --- | --- | --- | --- | --- | --- |
| 第一调 | 24 | 低升调 | ta²⁴ 眼睛 | kau²⁴ 角 | ʔben²⁴ 薄 |
| 第二调 | 21 | 低降调 | ðum²¹ 风 | xam²¹ 苦 | mɯŋ²¹ 你 |
| 第三调 | 53 | 高降调 | tɕoi⁵³ 芭蕉 | xɯəŋ⁵³ 回音 | θai⁵³ 肠子 |
| 第四调 | 31 | 中降调 | ðam³¹ 水 | ɕeŋ³¹ 冷 | fai³¹ 树 |
| 第五调 | 35 | 中升调 | kwa³⁵ 过 | tɯŋ³⁵ 一串 | pa³⁵ 嘴 |
| 第六调 | 33 | 中平调 | naŋ³³ 坐 | nau³³ 腐烂 | me³³ 母亲 |
| 第七调 | 35 | 中升调 | ʔdip³⁵ 生 | vɯət³⁵ 涩味 | lup³⁵ 湿 |
| 第八调 | 33 | 中平调 | mit³³ 刀 | fɔk³³ 肿 | ðak³³ 偷盗 |

声调说明：

（1）第二调主要调值为21，少数词读作31调；

（2）第四调主要调值为31调，少数词读作42调；

（3）第六调主要调值为33调，少数词读作44调；

（4）第七调主要调值为35调，部分词读作55调。

### （二）第二土语：紫云白石岩岩上调查点语音系统

#### 1. 声母

该语言点共有声母26个，其中唇音声母7个，舌尖音声母7个，舌面音声母4个，舌根音声母6个，喉音声母2个。

唇音：p、ʔb、m、f、v、w、pj

舌尖音：ts、tsh、s、t、ʔd、n、l

舌面音：tɕ、ȵ、ɕ、j

舌根音：k、kh、ŋ、x、ɣ、kw

喉音：ʔ、ʔj

声母例词：

| p | puɯt³⁵ 肺 | ʔb | ʔboŋ³⁵ 钻 | m | məu³³ 嚼 |
| f | fuɯt³⁵ 抽打 | v | vuɯt³⁵ 骂 | w | wan³³ 用力捏 |
| pj | pjɔk³⁵ 叫醒 | ts | tsu³¹ 蜡烛 | tsh | tshuɯn³⁵ 寸 |
| s | sa³⁵ 等候 | t | tɑ³³ 胯 | ʔd | ʔdo³⁵ 骨 |
| n | nuɯ³⁵ 箭 | l | la:i²⁴ 怀疑 | tɕ | tɕen³³ 臂 |
| ȵ | ȵa:i⁴² 嚼喂 | j | jəu²¹ 油 | ɕ | ɕep³⁵ 插 |
| k | kwə²⁴ 肿 | ŋ | ŋa:ŋ⁴² 仰 | x | xau³³ 嗅 |
| ɣ | ɣa³⁵ 牛油 | kw | kweŋ³⁵ 扔 | ŋw | ʔdo³⁵ŋwi²¹ 骨髓 |
| ʔ | ʔi²⁴ 饿 | ʔj | ʔja:m²⁴ 步伐 | | |

声母说明：

（1）本族语固有词及早期汉语借词音系没有送气音声母，该组声母主要拼读现代汉语借借词，如tshuɯn³⁵寸；

（2）颚化音声母只有 /pj/，未发现其他颚化音声母；

（3）舌尖擦音只有清音 /s/，没有浊擦音 /z/，其他地区的 /z/ 声母词在该语言点多读作半元音 /j/；

（4）无齿间擦音组；

（5）有舌尖清不送气塞擦音 /ts/，但只拼读现代汉语借词，如 tsu³¹ 蜡烛；

（6）唇化音不发达，目前仅发现 /kw/ 和 /ŋw/ 两个；

（7）双唇擦音和舌根擦音也存在清浊对立，但双唇擦音的例词都很少。

### 2.韵母

该语言点共有韵母84个，其中，单元音韵母10个，复合元音韵母15个，带鼻音韵尾的韵母33个，带塞音韵尾的韵母26个。

单元音韵母：a、ɑ、e、o、i、ɿ、y、u、ɯ、ə

复合元音韵母：ai、a:i、au、a:u、ei、eu、oi、iau、ie、iu、iə、uai、ui、ɯə、əu

带鼻音韵尾韵母：am、a:m、an、a:n、aŋ、a:ŋ、ɛn、en、eŋ、om、ɔm、on、oŋ、ɔŋ、im、iem、iəm、in、yn、ian、ien、iŋ、iaŋ、uam、un、uan、uɛn、uən、uŋ、uaŋ、ɯm、ɯn、ɯŋ

带塞音韵尾韵母：ap、a:p、at、a:t、ak、ep、et、ek、ot、ok、ɔk、ip、iep、it、iet、ik、iʔ、ut、uat、uət、uk、uak、ɯp、ɯt、ɯk、əʔ

韵母例词：

| a | wa³⁵ 裤子 | ɑ | tɑ³³ 胯 | ai | tɕai²¹ 吻 |
| a:i | ŋa:i⁴² 嚼喂 | au | ŋau³⁵ 摇动 | a:u | ja:u³³ 估量 |
| am | sam³⁵ 戴 | a:m | ʔja:m²⁴ 步伐 | an | kan²¹ 杆 |
| a:n | pa:n⁴² 挣扎 | aŋ | kaŋ⁴² 时 | a:ŋ | ta:ŋ³³ 阻挡 |

| | | | | | | | |
|---|---|---|---|---|---|---|---|
| ap | tap³⁴ 折叠 | a:p | ɣa:p²⁴ 盒 | at | pat³⁵ 扫 | | |
| a:t | pa:t³⁵ 抽打 | ak | wak¹¹ 孵 | e | je²¹ 鞋 | | |
| ei | nei³⁵ 债 | eu | jeu³³ 青 | ɛn | jɛn²⁴ 逼米汤 | | |
| en | tɕen³³ 臂 | eŋ | kweŋ³⁵ 仍 | ep | ɕep³⁵ 插 | | |
| et | tɕet³⁵ 痛 | ek | jek³⁵ 侧边 | o | po³⁵ 吻 | | |
| oi | joi³³tɕau³⁵ 梳 | om | ʔjom³³ 隐瞒 | ɔm | jɔm³³ 积蓄 | | |
| on | jon³⁵ 半担 | oŋ | ʔboŋ³⁵ 钻 | ɔŋ | pɔŋ⁴² 拍 | | |
| ot | jot²⁴ 削 | ok | ʔjok³⁵ 抠 | ɔk | pjɔk³⁵ 叫醒 | | |
| i | ʔi²⁴ 饿 | ɿ | sɿ³⁵ 媒 | iau | miau²⁴ 猫 | | |
| ie | niep³⁵ 小 | iu | ʔdiu³⁵ 看 | iə | ɕiə²¹man³³ 不生子的母牛 | | |
| im | ɣa:u⁴²ɕim³³ 粘米 | iəm | tiəm³⁵ 看 | iem | ʔiem³³ 巴茅草 | | |
| in | jin³³ 裙子 | yn | jyn²¹ 钻 | ian | tian²⁴ 处所 | | |
| ien | pien³⁵ 板 | iŋ | piŋ⁴² 超度 | iaŋ | ɕiaŋ⁴² 冷 | | |
| ip | jip³⁵ 蚊帐 | iep | niep³⁵ 瘪 | it | ʔit³⁵ 一 | | |
| iet | ʔiet³⁵ 十一 | ik | tɕik²⁴ 单数 | iʔ | jiʔ¹¹vɯŋ²¹ 指甲 | | |
| u | wu³⁵ 云 | uai | suai²⁴ 修理 | ui | kui²¹ 婿 | | |
| uam | tuam³⁵ 心脏 | un | tun⁴² 甜 | uan | kuan²¹ 割 | | |
| uɛn | juɛn²⁴ 愿 | uən | juɛn²⁴ 愿 | uŋ | suŋ³⁵ 放 | | |
| uaŋ | muaŋ³³ 灰尘 | ut | ʔut³⁵ 擦 | uat | luat³⁵ 迟到 | | |
| uət | sa:m³³ŋuət¹¹ 三月 | uk | kan²¹vuk³⁵ 玉米棒子 | uak | luak²⁴ 绿色 | | |
| ɯ | pɯ⁵¹ 向右 | ɯm | sɯm³³ 看 | ɯn | tshɯn³⁵ 寸 | | |
| ɯŋ | vɯŋ²¹ 手 | ɯp | jɯp²⁴ 收拾 | ɯt | pɯt³⁵ 肺 | | |
| uk | luk²⁴ 儿子 | ə | kə³⁵ 个 | əu | səu²¹ 绸缎 | | |
| əʔ | ləʔ¹¹ 个 | | | | | | |

韵母说明：

（1）单元音共10个，除舌尖前高圆唇元音/y/之外可单独充当韵母；

（2）/ɑ/是舌面后不圆唇低元音，对应于其他地区的/aɯ/或/ai/；

（3）前低元音/a/有长短音之分，其中短元音音值近似于央元音/ə/，长元音音值近似前半低元音/æ/；

（4）舌尖前元音/ɿ/只出现在现代汉语借词中，不能带韵尾；元音/y/只出现在鼻音韵尾/-n/之前，且不单独充当韵母；

（5）卷舌央元音/ɚ/只拼读现代汉语借词，且不能带韵尾；

（6）鼻音韵尾有/-m/、/-n/和/-ŋ/，/-m/尾韵只出现展唇元音之后，部分归入/-ŋ/；

（7）塞音韵尾只有/-p/、/-t/、/-k/和/-ʔ/，其中/-ʔ/尾韵出现频率较低，是其他三个塞音韵尾的弱化。

### 3.声调

该语言点共有8个声调，其中舒声调6个调值，促声调4个调值。详见下表：

| 调类 | 调值 | 调型 | 例词1 | 例词2 | 例词3 |
| --- | --- | --- | --- | --- | --- |
| 第一调 | 33 | 中平调 | tɑ³³ 胗 | tɕen³³ 臂 | ja:u³³ 估量 |
| 第二调 | 21 | 低降调 | vuŋ²¹ 手 | jəu²¹ 油 | je²¹ 鞋 |
| 第三调 | 35 | 中升调 | ɣa³⁵ 牛油 | wu³⁵ 云 | jon³⁵ 半担 |
| 第四调 | 42 | 次高降 | pa:n⁴² 挣扎 | tau⁴² 撑 | ŋa:ŋ⁴² 仰 |
| 第五调 | 35 | 中升调 | ʔdo³⁵ 骨 | tuam³⁵ 心脏 | ʔboŋ³⁵ 钻 |
| 第六调 | 24 | 次低升 | no²⁴ 肉 | ɣa:n²⁴ 汗 | suai²⁴ 修理 |
| 第六调 | 11 | 低平调 | jo¹¹ 一窝（猪）| ku¹¹sam²¹ 游玩 | jei¹¹ 旱地 |
| 第七调 | 35 | 中高调 | puɯt³⁵ 肺 | tɕet³⁵ 痛 | ʔdip³⁵ 想 |
| 八调（短）| 24 | 低升调 | jak²⁴ 偷盗 | jup²⁴ 收拾 | jat²⁴ 剪刀 |
| 八调（长）| 11 | 低平调 | ŋok¹¹ 瞌（睡）| wak¹¹ 孵 | sa:t¹¹ 辣味 |

声调说明：

（1）第三和第五调部分词调值合并，均读作35；

（2）第八调根据主要元音的长短分化为两个调值，即24调和11调。

### （三）第三土语：晴隆鸡场紫塘调查点语音系统

#### 1. 声母

该语言点共有声母32个，其中唇音声母8个，舌尖音声母10个，舌面音声母5个，舌根音声母6个，喉音声母3个。

唇音：p、ph、ʔb、m、f、v、w、pj

舌尖音：ts、tsh、s、z、t、ʔd、n、l、lj、lw

舌面音：tɕ、tɕh、ȵ、ɕ、j

舌根音：k、kh、ŋ、x、ɣ、kw

喉音：ʔ、ʔj、ʔw

声母例词：

| | | | | | |
|---|---|---|---|---|---|
| p | piŋ²⁴ 平 | ph | tə²¹phiŋ²¹ 蜻蜓 | ʔb | ʔbit³⁵ 歪 |
| m | muŋ²⁴ 看 | f | ka³³fai³⁵ 拦水坝 | v | vu³⁵ 云 |
| w | wɯn³³ 雨 | pj | pjau³⁵ 燎烤 | ts | tsuŋ²⁴ 纵 |
| tsh | tshɯn²⁴ 寸 | s | san³³ 三 | z | zu³¹ko⁴² 如果 |
| t | tsɿ²¹ 时 | ʔd | ʔduŋ²⁴ 扔 | n | nei³⁵ 债 |
| l | lɯn²⁴ 论 | lj | ljəu²¹ 油 | lw | lwai³⁵ 坏 |
| tɕ | tɕi²¹ 处所 | tɕh | tɕhen²¹ 钱 | ȵ | ȵin²⁴ 脏 |
| ɕ | ɕen³⁵ 迁移 | j | jet¹³ 群 | k | ku³³ 盐 |
| kh | taŋ³⁵khau³⁵ 仰 | ŋ | ŋoŋ²¹ 说 | x | xəu³³ 搓 |
| ɣ | ɣo²⁴ 竹节 | kw | kwa³⁵ 过 | ʔ | ʔau³³ 拿 |
| ʔj | ʔjo³³ 举 | ʔw | ʔwan²⁴jɛn²⁴ | | |

声母说明：

（1）本族语固有词音系中有送气音声母，包括送气塞音和塞擦音，如 khau³⁵ 头，tɕheʰ³⁵no²⁴ 割（肉）；

（2）颚化音声母只有 /pj/、/lj/ 两个；

（3）唇齿擦音有清浊对立，但限于语料，声母 /f/ 例词较少，/v/ 和 /w/ 有自由变读的情况；

（4）舌尖擦音有清浊对立，但浊擦音 /z/ 仅出现于现代汉语借词；

（5）唇化音不发达，仅有 /kw/、/lw/ 和 /ʔw/ 三个；

（6）舌根擦音存在清浊对立。

### 2. 韵母

该语言点共有韵母 63 个，其中，单元音韵母 9 个，复合元音韵母 14 个，带鼻音韵尾的韵母 22 个，带塞音韵尾的韵母 18 个。

单元音韵母：a、ɑ、e、o、i、ɿ、u、ɯ、ə

复合元音韵母：ai、a:i、au、a:u、ei、eu、iau、ie、iu、uai、uei、ui、ɯə、əu

带鼻音韵尾韵母：am、an、a:n、a:ŋ、aŋ、em、ɛn、en、ɔŋ、oŋ、im、iɛn、in、yn、ien、iən、iŋ、iaŋ、un、uan、uŋ、uaŋ、ɯm、ɯn、ɯŋ

带塞音韵尾韵母：ap、at、a:t、ak、ɛt、et、ok、ip、it、ik、iak、ut、uat、uət、uk、uʔ、ɯp、ɯt、ɯk

韵母例词：

| | | | | | |
|---|---|---|---|---|---|
| a | tɕa²⁴ 架 | ɑ | ŋɑ²⁴ 甜 | ai | ʔai³³ 甜酒 |
| a:i | pa:i³⁵ 走 | au | xau³³ 嗅 | a:u | xa:u³³ 白 |
| am | kam³³ 一把 | an | xan³⁵ 咸 | a:n | xa:n²⁴ 汗 |
| a:ŋ | sa:ŋ³⁵ 震动 | aŋ | tsaŋ⁴² 凉 | ap | tɕak³⁵tap¹³ 板 |
| at | ʔdat³⁵ 喝 | a:t | ta:t³⁵ 削 | ak | ʔbak³⁵ 行 |

| | | | | | | | |
|---|---|---|---|---|---|---|---|
| e | ŋe³⁵ 小 | ei | ʔdei³³ 好 | eu | leu⁴² 了 | | |
| em | tɕem³⁵ʔbuaŋ²⁴ 酒窝 | ɛn | jɛn³³ 隔开 | en | jen³⁵ 黄 | | |
| ɛt | jɛt²⁴ 剪 | et | tɕet³⁵ 痛 | o | ʔo³⁵ 出 | | |
| ɔŋ | pau²⁴tɔŋ²¹ 老庚 | oŋ | soŋ³³ 二 | ok | tok³⁵ 掉 | | |
| i | ʔi³⁵ 饿 | ɿ | tsɿ²¹ 时 | iau | ʔdiau³³ 一 | | |
| ie | tie³³ 是 | iu | liu²⁴ta²⁴ 游水 | im | jim²¹ 风 | | |
| in | ŋin²⁴ 脏 | yn | jyn²¹ 爬行 | iɛn | ɕiɛn³³ 先 | | |
| ien | vien³³ 吊挂 | iən | tiən²⁴ko²⁴ 哪里 | iŋ | piŋ²⁴ 平 | | |
| iaŋ | ʔdiaŋ³³ 推 | ip | tə²¹ɕi³⁵ɕip³⁵ 蜈蚣 | it | ʔbit³⁵pa³⁵ 努嘴 | | |
| ik | ʔdik³⁵ 生 | iak | piak¹³ 瘪 | u | vu³⁵ 云 | | |
| uai | suai³⁵ 耳环 | uei | luɯk¹³kuei²¹ 婿 | ui | tsuŋ²⁴sui³³ 呼吸 | | |
| un | sun²⁴ 数 | uan | tuan³⁵ 阻挡 | uŋ | vuŋ²¹ 话，语言 | | |
| uaŋ | juaŋ³³ 积蓄 | ut | kut³⁵sai²⁴ 郎鸡草 | uat | luat³⁵ 迟，晚 | | |
| uət | juət¹³ 削 | uk | tsuk¹³ 熟 | uʔ | tuʔ³¹muɯk³⁵ 太阳穴 | | |
| ɯ | vɯ²¹ 荒 | ɯə | pɯə²⁴ 叫牛向左 | ɯm | tsɯm²¹ 尝 | | |
| ɯn | nɯn²¹ 躺 | ɯŋ | ʔdɯŋ³³ 红 | ɯp | tsɯp³⁵ 吻 | | |
| ɯt | vɯt¹³ 翅膀 | uk | xuk¹³ 五寸 | | | | |
| ə | nə³¹ 想 | əu | təu³³ 我们 | | | | |

韵母说明：

（1）单元音共9个，均可单独充当韵母；

（2）/ɑ/是舌面后不圆唇低元音，对应于其他地区的 /aɯ/ 或 /ai/；

（3）舌尖前元音 /ɿ/ 出现在本族语固有词，只与舌尖擦音和塞擦音结合，不能带韵尾；

（4）鼻音韵尾只有 /-m/、/-n/ 和 /-ŋ/，/-m/ 尾韵个别词读作 /-ŋ/，塞音韵尾只有 /-t/、/-k/ 和 /-ʔ/，/-p/ 尾韵演变为 /-k/ 尾，部分 /-k/ 尾韵弱化

为 /-ʔ/。

### 3.声调

该语言点共有9个声调，其中舒声调5个调值，促声调3个调值。详见下表：

| 调类 | 调值 | 调型 | 例词1 | 例词2 | 例词3 |
| --- | --- | --- | --- | --- | --- |
| 第一调 | 33 | 低升调 | jau³³ 绿色 | kau³³ 角 | ʔbaŋ³³ 薄 |
| 第二调 | 21 | 低降调 | jiŋ²¹ 风 | mɯŋ²¹ 你 | ju²¹ 船 |
| 第三调 | 35 | 次高平 | xa³⁵ 五 | xɑ³⁵ 给 | kaŋ³⁵ 敢 |
| 第四调 | 42 | 次高降 | jam⁴² 水 | na⁴² 舅 | tɕaŋ⁴² 冷 |
| 第五调 | 24 | 中升调 | pan²⁴ 转 | tuŋ²⁴ 串 | sə²⁴ 媒 |
| 第六调 | 24 | 中平调 | jaŋ²⁴ 坐 | la:ŋ²⁴ 拴 | mie²⁴ 母亲 |
| 第七调 | 35 | 高升调 | xɯt³⁵ 腰 | mok³⁵ 埋 | pat³⁵ 扫 |
| 第八调 | 13 | 低平调 | jok¹³ 鸟 | lɯt¹³ 拆 | xak¹³ 咬 |
| 第九调 | 24 | 低升调 | jɛt²⁴ 剪 | tsat²⁴ 辣（味） | lut²⁴ 血 |

声调说明：第五、六调值合并，均读作24调。

## 二、贵州西南地区南北盘江流域词汇调查表

| 序号 | 调查点 \ 词 | 太阳 | 女人（成年） | 女人（未成年） | 男人 | 鱼 | 狗 | 根 |
| --- | --- | --- | --- | --- | --- | --- | --- | --- |
| 1 | 望谟平洞洛郎 | ʔdan¹ʔda:t⁷ | ɕi²ja⁶ | lɯk⁸ʔbɯk⁷ | lɯk⁸θa:i¹ | tu²pja¹ | tu²ma¹ | za⁶fai⁴ |
| 2 | 望谟蔗香新寨 | ʔdan¹ʔda:t⁷ | ɕi²ja⁶ | lɯk⁸ʔbɯk⁷ | lɯk⁸sa:i¹ | tuə²pja¹ | tə²ma¹ | ða⁶ |
| 3 | 望谟桑郎 | taŋ¹wan² | ɕi²ja⁶ | lɯk⁸ʔbɯk⁷ | lɯk⁸sa:i¹ | pja¹ | ma¹ | ða⁶fai⁴ |
| 4 | 望谟边饶岜饶 | tɕa:ŋ³van² | ɕi²ja⁶ | lɯk⁸ʔbɯk⁷ | lɯk⁸sa:i¹ | tu²pja¹ | tu²ma¹ | za⁶fai⁴ |

续表

| 序号 | 调查点 词 | 太阳 | 女人（成年） | 女人（未成年） | 男人 | 鱼 | 狗 | 根 |
|---|---|---|---|---|---|---|---|---|
| 5 | 望谟昂武渡邑 | tɕa:ŋ¹nɔn² | ɕi²ja⁶ | luɯk⁸ʔbuɯk⁷ | luɯk⁸sa:i¹ | tu²pja¹ | tu²ma¹ | za⁶ |
| 6 | 册亨百口弄丁 | tɕa³ŋɔn² | ɕi²ja⁶ | luɯk⁸ʔbuɯk⁷ | ɕi²pau⁵ | tu²pja¹ | tu²ma¹ | ða⁶ |
| 7 | 册亨秧坝大伟 | tɕa³ŋɔn² | ɕi²ja⁶ | luɯk⁸ʔbuɯk⁷ | ɕi²pau⁵ | tu²pja¹ | tu²ma¹ | ða⁶ |
| 8 | 册亨弼佑秧佑 | tɕaŋ¹nɔn² | ɕɯ²ja⁶ | luɯk⁸ʔbuɯk⁷ | ɕɯ²pau⁵ | tə²pja¹ | tə²ma¹ | ða⁶ |
| 9 | 册亨冗渡威旁 | ʔdan¹²da:t⁷ | — | luɯk⁸ʔbuɯk⁷ | luɯk⁸sa:i¹ | tu²pja¹ | tu²ma¹ | Ra⁶ |
| 10 | 册亨巧马沿江 | tɕaŋ¹wan² | ɕau³ja⁶ | luɯk⁸ʔbuɯk⁷ | ɕau³pau⁵ | tɕa¹ | ma¹ | ða:k⁸ |
| 11 | 安龙坡脚者干 | vaŋ²ŋɔn² | ɕi²ja⁶ | luɯk⁸ʔbuɯk⁷ | ɕi²pau⁵ | tu²pja¹ | tu²ma¹ | ðak⁸mai⁴ |
| 12 | 贞丰沙坪尾列 | taŋ¹nɔn² | — | luɯk⁸ʔbuɯk⁷ | pu⁴θa:i¹ | tɯ¹pja¹ | tɯ¹ma¹ | ða⁶ |
| 13 | 贞丰沙坪者坎 | tɕa³ŋɔn² | — | luɯk⁸ʔbuɯk⁷ | luɯk⁸θa:i¹ | tə²pja¹ | tə²ma¹ | ða⁶ |
| 14 | 贞丰鲁贡打嫩 | tɕa³ŋɔn² | — | luɯk⁸ʔbuɯk⁷ | luɯk⁸θa:i¹ | tə²pja¹ | tə²ma¹ | ða⁶fai⁴ |
| 15 | 紫云火花龙头 | taŋ¹van² | ɕi²ja⁶ | luɯk⁸ʔbuɯk⁷ | luɯk⁸sa:i¹ | tə²pja¹ | tə²ma¹ | za⁶ |
| 16 | 紫云四大寨喜档 | tɕi³ŋɔn² | ɕi²ja⁶ | luɯk⁸ʔbuɯk⁷ | luɯk⁸θa:i¹ | tə²pja¹ | tə²ma¹ | ða⁶fai⁴ |
| 17 | 紫云猴场大田 | ʔdan¹²da:t⁷ | — | luɯk⁸ʔbuɯk⁷ | luɯk⁸sa:i¹ | tə²pja¹ | tə²ma¹ | za⁶ |
| 18 | 安龙万峰湖港湾 | ʔdan¹²da:t⁷ | — | luɯk⁸ʔbuɯk⁷ | luɯk⁸sa:i¹ | tu²pja¹ | tu²ma¹ | za⁶mai⁴ |
| 19 | 兴义仓更下寨 | ta¹wan² | ɕau³ja⁶ | luɯk⁸ʔbuɯk⁷ | ɕau⁴pau¹ | pja¹ | ma¹ | za:k⁸mai⁴ |
| 20 | 兴义洛万一心 | ʔdan¹²da:t⁷ | — | mai⁴ʔbuɯk⁷ | ɕau⁴pau⁵ | tu²pja¹ | tu²ma¹ | ða:k⁸mai⁴ |
| 21 | 兴义南盘江南龙 | ʔdan¹²da:t⁷ | ɕau³ja⁶ | luɯk⁸ʔbuɯk⁷ | ɕau³ʔbau¹ | tu²pja¹ | tu²ma¹tu¹ | za:k⁸mai⁴ |
| 22 | 镇宁简嘎翁解 | taŋ¹nɔn² | — | luɯk⁸ʔbuɯk⁷ | luɯk⁸θa:i¹ | tə²pja¹ | tə²ma¹ | ða⁶ |
| 23 | 安龙招堤顶庙 | tɕa:ŋ¹wan² | — | mai⁴ʔbuɯk⁷ | pu⁴sa:i¹ | tə²pja¹ | tə²ma¹ | za⁶fai⁴ |
| 24 | 安龙兴隆排拢 | ʔdan¹²da:t⁷ | — | luɯk⁸ʔbuɯk⁷ | ɕe²pau⁵ | tu²pja¹ | tu²ma¹ | za⁶fai⁴ |
| 25 | 安龙龙山肖家桥 | ʔdan¹²da:t⁷ | — | luɯk⁸ʔbuɯk⁷ | luɯk⁸sa:i¹ | tu²pja¹ | tu²²au⁴ | za⁶vai⁴ |

续表

| 序号 | 调查点 | 太阳 | 女人（成年） | 女人（未成年） | 男人 | 鱼 | 狗 | 根 |
|---|---|---|---|---|---|---|---|---|
| 26 | 兴仁屯脚铜鼓 | ʔdan¹ʔda:t⁷ | — | mai⁴²ɓɯk⁷ | pu⁴sa:i¹ | tu²pja¹ | tu²ʔau⁴ | za⁶vai⁴ |
| 27 | 贞丰岩鱼 | tɕa³wan² | sa²ja⁶ | lɯk⁸²ɓɯk⁷ | sa²pau¹ | tə²pja¹ | tə²ma¹ | ða⁶ |
| 28 | 贞丰长田瓦铺 | ta¹ŋuan² | sa²ja⁶ | — | sa²pau¹ | tə²pja¹ | tə²ma¹ | ða⁶vai⁴ |
| 29 | 贞丰长田瓦厂 | ʔdan¹ʔda:t⁷ | sa²ja⁶ | tsa²mai⁴ | sa²pau¹ | tə²pja¹ | tə²ma¹ | ða⁶vai⁴ |
| 30 | 贞丰平街顶岸 | ʔdan¹ʔda:t⁷ | tsa²ja⁶ | mai⁴²ɓɯk⁷ | pu⁴sa:i¹ | tə²pja¹ | tə²ma¹ | ja⁶vai⁴ |
| 31 | 镇宁六马板腰 | taŋ¹van² | — | lɯk⁸²ɓɯk⁷ | lɯk⁸sa:i¹ | tu²pja¹ | tu²ma¹ | ja⁶ |
| 32 | 镇宁扁担山革佬坟 | ʔdan¹ʔdɯt⁷ | tsa²za⁶ | — | tsa²pau⁵ | tu²pa¹ | tu²ma¹ | za⁶wai⁴ |
| 33 | 镇宁丁旗杨柳 | ʔdan¹ʔdɯt⁷ | tsa²za⁶ | — | tsa²pau⁵ | tu²pa¹ | tu²ma¹ | za⁶ |
| 34 | 镇宁双龙山簸箩 | ʔdan¹ʔdɛt⁷ | tsa²za⁶ | — | tsa²pau⁵ | tu²pa¹ | tu²ma¹ | za⁶vai⁴ |
| 35 | 镇宁募役发恰 | ʔdan¹ʔdɯt⁷ | — | lɯk⁸²ɓɯk⁷ | lɯk⁸se¹ | tu²pja¹ | tu²ma¹ | ja⁶ |
| 36 | 望谟打易长田 | taŋ¹van² | — | lɯk⁸²ɓɯk⁷ | lɯk⁸le⁵ | tu²pæ¹ | tu²mæ¹ | ja⁶vai⁴ |
| 37 | 镇宁江龙朵卜陇 | ʔdə¹ʔdɛt⁷ | — | lɯk⁸²ɓɯk⁷ | lɯk⁸sɛ¹ | tu²pja¹ | tu²ma¹ | ja⁶ |
| 38 | 关岭新铺大盘江 | ʔdan¹ʔdɯt⁷ | — | mai⁴²ɓɯk⁷ | pu⁴sai¹ | tu²pa¹ | tu²ma¹ | ja⁶wai⁴ |
| 39 | 晴隆花贡新寨 | taŋ¹ŋuan² | — | lɯk⁸²ɓɯk⁷ | lɯk⁸se¹ | tə²pa¹ | tu²ma¹ | ja⁶ve⁴ |
| 40 | 晴隆鸡场紫塘 | ʔdan¹ʔdat⁷ | — | mai⁴²ɓɯk⁷ | pəu⁴sai¹ | tə²pa¹ | tə²ma¹ | ja⁶vai⁴ |
| 41 | 普安茶源细寨 | ʔdan¹ʔdɯt⁷ | — | mai⁴²ɓɯk⁷ | pəu⁴sai¹ | tə²pa¹ | tə²ma¹ | ja⁶vai⁴ |
| 42 | 普安龙吟石古 | taŋ¹wan² | tsa²ja⁶ | — | tsa²pau⁵ | tə²pa¹ | tə²ma¹ | ja⁶ve⁴ |
| 43 | 关岭断桥木城 | ʔdan¹ʔda:t⁷ | — | lɯk⁸²ɓɯk⁷ | lɯk⁸sa:i¹ | tu²pja¹ | tə²ma¹ | ja⁶vai⁴ |
| 44 | 贞丰鲁贡烂田湾 | ʔdan¹ʔda:t⁷ | — | lɯk⁸²ɓɯk⁷ | lɯk⁸sa:i¹ | tə²pa¹ | tə²ma¹ | ja⁶ |
| 45 | 镇宁沙子弄染 | ʔdan¹ʔdat⁷ | — | lɯk⁸²ɓɯk⁷ | lɯk⁸sa:i¹ | tu²pa¹ | tu²ma¹ | ja⁶wai⁴ |
| 46 | 紫云白石岩岩上 | taŋ¹wan² | — | lɯk⁸²ɓɯk⁷ | lɯk⁸sa:i¹ | tu²pja¹ | tə²ma¹ | ja⁶ |

续表

| 序号 | 词 调查点 | 喝 | 咬 | 听见 | 多 | 长 | 小 |
|---|---|---|---|---|---|---|---|
| 1 | 望谟平洞洛郎 | kɯn¹ | xa:p⁸ | zo⁴ŋiə¹ | la:i¹ | ðai² | ni⁵ |
| 2 | 望谟蔗香新寨 | ʔdot⁷ | xap⁸ | zo⁴ŋiə¹ | la:i¹ | ðai² | ni⁵ |
| 3 | 望谟桑郎 | ʔdot⁷ | xa:p⁸ | ðo⁴ŋiə¹ | la:i¹ | zai² | ne⁵ |
| 4 | 望谟边饶邑饶 | ʔdat⁷ | ɣap⁸ | zo⁴ŋi¹ | la:i¹ | zai² | ne⁵ |
| 5 | 望谟昂武渡邑 | kɯn¹ | xap⁸ | zo⁴ŋiə¹ | la:i¹ | zai² | ne⁵ |
| 6 | 册亨百口弄丁 | ʔdot⁷ | xap⁸ | ðo⁴ŋiə¹ | la:i¹ | ðai² | ni⁵ |
| 7 | 册亨秧坝大伟 | ʔdot⁷ | xap⁸ | ðo⁴ŋiə¹ | la:i¹ | ðai² | ni⁵ |
| 8 | 册亨弼佑秧佑 | ʔdot⁷ | xap⁸ | ðo⁴ŋiə¹ | la:i¹ | ðai² | ni⁵ |
| 9 | 册亨冗渡威旁 | ʔduɯt⁷ | xa:p⁸ | ðo⁴ŋiə¹ | la:i¹ | ðai² | ni⁵ |
| 10 | 册亨巧马沿江 | kɯn¹/ʔdɯt⁷ | xap⁸ | ðo⁴ŋiə¹ | la:i¹ | ðai² | ʔi⁵ |
| 11 | 安龙坡脚者干 | kɯn¹/ʔdɯt⁷ | ɣap⁸ | ðo⁴ŋiə¹ | la:i¹ | ðai² | ʔi⁵ |
| 12 | 贞丰沙坪尾列 | ʔdot⁷ | ɣap⁸ | ðo⁴ŋiə¹ | la:i¹ | ðai² | ne⁵ |
| 13 | 贞丰沙坪者坎 | ʔdot⁷ | ɣa:p⁸ | ðo⁴ŋiə¹ | la:i¹ | ðai² | ni⁵ |
| 14 | 贞丰鲁贡打嫩 | ʔdot⁷ | ɣa:p⁸ | ðo⁴ŋiə¹ | la:i¹ | ðai² | ni⁵ |
| 15 | 紫云火花龙头 | kɯn¹/ʔduat⁷ | xap⁸ | zo⁴ŋi¹ | la:i¹ | zai² | ne⁵ |
| 16 | 紫云四大寨喜档 | ʔduat⁷ | xap⁸ | kau⁴ŋiə¹ | la:i¹ | ðai² | ne⁵ |
| 17 | 紫云猴场大田 | kɯn¹/ʔdat⁷ | ɣap⁸ | zo⁴ŋi¹ | la:i¹ | zai² | ne⁵ |
| 18 | 安龙万峰湖港湾 | ʔdɯt⁷ | xap⁸ | zo⁴ŋiə¹ | la:i¹ | zai² | ʔi⁵ |
| 19 | 兴义仓更下寨 | ʔdɯt⁷ | xap⁸ | zo⁴ŋiə¹ | la:i¹ | zai² | ʔi⁵ |
| 20 | 兴义洛万一心 | ʔdɯt⁷ | xap⁸ | zo⁴ŋiə¹ | la:i¹ | zai² | ʔi⁵ |
| 21 | 兴义南盘江南龙 | ʔdɯt⁷ | xap⁸ | zo⁴ŋiə¹ | la:i¹ | zai² | ʔi⁵ |
| 22 | 镇宁简嘎翁解 | ʔdɔt⁷ | ɣap⁸ | ðo⁴ŋiə¹ | la:i¹ | ðai² | ne⁵ |
| 23 | 安龙招堤顶庙 | ʔdɯt⁷ | kat⁷ | zo⁴ŋi¹ | la:i¹ | zai² | ne⁵ |
| 24 | 安龙兴隆排拢 | kɯn¹/ʔdɯt⁷ | kat⁷ | ðo⁴ŋiə¹ | la:i¹ | ðai² | ni⁵ |

续表

| 序号 | 调查点 | 喝 | 咬 | 听见 | 多 | 长 | 小 |
|---|---|---|---|---|---|---|---|
| 25 | 安龙龙山肖家桥 | kɯn¹/ʔdɯt⁷ | kat⁷ | zo⁴ɲiə¹ | la:i¹ | zai² | ne⁵ |
| 26 | 兴仁屯脚铜鼓 | ʔdat⁷ | kat⁷ | zo⁴ɲiə¹ | la:i¹ | zai² | ne⁵ |
| 27 | 贞丰岩鱼 | ʔdat⁷ | ɣap⁸ | ðo⁴ɲi¹ | la:i¹ | ðai² | ne⁵ |
| 28 | 贞丰长田瓦铺 | ʔdot⁷ | ɣak⁸ | ðo⁴ɲi¹ | la:i¹ | ðai² | ne⁵ |
| 29 | 贞丰长田瓦厂 | ʔdat⁷ | ɣak⁸ | ðo⁴ɲi¹ | la:i¹ | zai² | ne⁵ |
| 30 | 贞丰平街顶岸 | kɯn¹/ʔdat⁷ | ɣak⁸ | jo⁴ɲi¹ | le¹ | jai² | ne⁵ |
| 31 | 镇宁六马板腰 | kɯn¹/ʔduat⁷ | ka:m² | jo⁴ɲi¹ | la:i¹ | jai² | ne⁵ |
| 32 | 镇宁扁担山革佬坟 | kɯn¹/ʔdat⁷ | kaʔ⁷ | ŋi¹ | lɛ¹ | zai² | nie⁵ |
| 33 | 镇宁丁旗杨柳 | ʔdaʔ⁷ | kaʔ⁷ | zuə⁴ŋi¹ | lɛ¹ | zai² | nie⁵ |
| 34 | 镇宁双龙山簸箩 | ʔdaʔ⁷ | kaʔ⁷ | zuə⁴ŋi¹ | lɛ¹ | zai² | nie⁵ |
| 35 | 镇宁募役发恰 | ʔdat⁷ | kat⁷ | jo⁴ɲɯ¹ | lɛ¹ | jai² | ne⁵ |
| 36 | 望谟打易长田 | kɯn¹/ʔdat⁷ | kat⁷ | zuə⁴ɲi¹ | lɛ¹ | zai² | nie⁵ |
| 37 | 镇宁江龙朵卜陇 | ʔdat⁷ | ka:ŋ² | jo⁴ɲi¹ | lɛ¹ | jai² | ne⁵ |
| 38 | 关岭新铺大盘江 | ʔdat⁷ | xak⁸ | juə⁴ɲi¹ | lai¹ | jai² | ŋe⁵ |
| 39 | 晴隆花贡新寨 | ʔdat⁷ | xak⁸ | juə⁴ɲi¹ | le¹ | jai² | ŋe⁵ |
| 40 | 晴隆鸡场紫塘 | ʔdat⁷ | xak⁸ | jo⁴ɲi¹ | lai¹ | jai² | ŋe⁵ |
| 41 | 普安茶源细寨 | ʔdat⁷ | xak⁸ | jəu⁴ɲi¹ | lai¹ | jai² | ŋe⁵ |
| 42 | 普安龙吟石古 | ʔdat⁷ | xak⁸ | juə⁴ɲi¹ | le¹ | jai² | ŋe⁵ |
| 43 | 关岭断桥木城 | ʔdat⁷ | ɣap⁸ | jo⁴ɲi¹ | la:i¹ | jai² | ŋe⁵ |
| 44 | 贞丰鲁贡烂田湾 | kɯn¹/ʔdat⁷ | xap⁸ | jo⁴ɲi¹ | la:i¹ | jai² | ni⁵ |
| 45 | 镇宁沙子弄染 | ʔdat⁷ | ka:m² | jo⁴ɲi¹ | la:i¹ | jai² | ni⁵ |
| 46 | 紫云白石岩岩上 | kɯn¹/ʔduat⁷ | ɣap⁸ | jo⁴ɲi¹ | la:i¹ | jai² | nie⁵ |

续表

| 序号 | 调查点 | 心脏 | 太阳穴 | 骂 | 蜻蜓 | 蝴蝶 | 秧鸡 | 蕨菜 | 花 | 玉米棒子 |
|---|---|---|---|---|---|---|---|---|---|---|
| 1 | 望谟平洞洛郎 | tɔm⁵ | mik⁷ | xut⁷ | tuə²pi⁶ | tuə²ʔba⁴ | ðɔk⁸vak⁷ | pjak⁷θan³ | wa¹ | xuk⁷xau⁴tai⁵ |
| 2 | 望谟蔗香新寨 | tɔm⁵ | mik⁷ | xut⁷ | tuə²pi⁶ | tuə²ʔba⁴ | ðɔk⁸vak⁷ | pjak⁷θan³ | wa¹ | tɕen⁶tai⁵ |
| 3 | 望谟桑郎 | tɔm⁵ | mik⁷ | xut⁷ | tu²pi⁶ | tu²ʔba⁴ | ðɔk⁸vak⁷ | pjak⁷θan³ | wa¹ | ɣuk⁷xau⁴ |
| 4 | 望谟边饶芭饶 | tɔm⁵ | — | vuɯt⁷ | tu²pei⁶ | tuə²ʔba⁴ | ðɔk⁸kan¹ | pjak⁷san³(θ) | ʔda:i⁵ | tɕen⁶fuk⁷ |
| 5 | 望谟昂武渡邑 | tɔm⁵ | ʔbɯp⁷ | ʔda⁵ | tuə²pi⁶ | tuə²ʔba⁴ | zɔk⁸kai⁵kan¹ | pjak⁷san³(θ) | wa¹ | tɕen⁶ɣau⁴tai⁵ |
| 6 | 册亨百口弄丁 | ʔdan¹ tɔm⁵ | mik⁷ | ɕai⁵ | tu²pi⁶ | ʔbuŋ⁵ʔba⁴ | — | pjak⁷θan³ | wa¹ | nok⁸tei⁵ |
| 7 | 册亨秧坝大伟 | tɔm⁵ | — | ɕai⁵ | tu²pi⁶ | ʔbuŋ⁵ʔba⁴ | ðɔk⁸kai⁵kan¹ | pjak⁷θan³ | ʔdo⁵wa¹ | ŋu² |
| 8 | 册亨弼佑秧佑 | tɔm⁵ | — | ɕai⁵ | tu²pi⁶ | ʔbon⁵ʔba⁴ | ðɔk⁸vak⁷ | pjak⁷θan³ | ʔdo⁵wa¹ | tɕen⁶xau⁴tai⁵ |
| 9 | 册亨冗渡威旁 | θam¹ | — | ʔda⁵ | tu²pi⁶ | ʔbuk⁷ʔba⁴ | ðɔk⁸kan¹ | pjak⁷kut⁷ | ʔdo⁵ʔda:i⁵ | ken¹xau⁴xuk⁷ |
| 10 | 册亨巧马沿江 | θam¹ | ʔbok⁷ | ɕai⁵ | tuə²pi⁶ | ʔbaŋ⁵ʔba⁴ | ðɔk⁸kan¹ | pjak3lθan³ | ʔdo⁵wa¹ | sai3xau4tai⁵ |
| 11 | 安龙坡脚者干 | ʔdan¹ θam¹ | mik⁷ | mjaŋ¹ | tu²pi⁶ | tu²ʔbuɯ⁵ʔba⁴ | ðɔk⁸kan¹ | pjak⁷θan³ | ko¹wa¹ | θe³ɣa:u⁴tai⁵ |
| 12 | 贞丰沙坪尾列 | tɔm⁵ | mik⁷ | ʔda⁵ | tu²pi⁶ | ʔbuɯn¹ʔba⁴ | ðɔk⁸ʔwak⁷ | pjak⁷θan³ | ʔdo⁵wa¹ | ken¹ɣuk⁷ |
| 13 | 贞丰沙坪者坎 | tom⁵ | mik⁷ | ʔda⁵ | tu²pi⁶ | ʔbuɯn⁵ʔba⁴ | ðɔk⁸ʔwak⁷ | pjak⁷θan³ | ʔdo⁵wa¹ | keŋ¹ɣuk⁷ |
| 14 | 贞丰鲁贡打嫩 | θam¹ | — | ʔda⁵ | tu²pi⁶ | ʔbuŋ⁵ʔba⁴ | ðɔk⁸ka⁵kan¹ | pjak⁷θan³ | ʔdo⁵wa¹ | ken¹vuk⁷ |
| 15 | 紫云火花龙头 | tuam⁵ | ʔbɯp⁷ | vuɯt⁷ | pi⁶fuɯ⁶ | tu²ʔba⁴ | zɔk⁸kan¹ | pjak⁷san³(θ) | ʔda:i⁵ | tɕen⁶vuk⁷ |
| 16 | 紫云四大寨喜档 | tuam⁵ | — | vuɯt⁷ | tu²pi⁶ | tu²ʔba⁴ | — | pjak⁷θan³ | ʔda:i⁵ | tɕen⁶vuk⁷ |

续表

| 序号 | 词\调查点 | 心脏 | 太阳穴 | 骂 | 蜻蜓 | 蝴蝶 | 秧鸡 | 蕨菜 | 花 | 玉米棒子 |
|---|---|---|---|---|---|---|---|---|---|---|
| 17 | 紫云猴场大田 | tuam⁵ | ʔbɯp⁷ | vuɯt⁷ | tu²pi⁶ | tu²ʔba⁴ | zok⁸kan¹ | pjak⁷kut⁷ | ʔdaːi⁵ | tɕen⁶vuk⁷ |
| 18 | 安龙万峰湖港湾 | ɕɯ¹ | mik⁷ | xut⁷ | tuŋ²piŋ⁶ | tu²ʔbaŋ⁵ ʔba⁴ | zok⁸kan¹ | pjak⁷kut⁷ | ʔdok¹ʔe¹ | tɕen⁶xau⁴tai⁵/ sai³ xau⁴tai⁵ |
| 19 | 兴义仓更下寨 | tɕau³ ɕɯ¹ | mik⁷ | tan¹ | tu²piŋ⁶ | tu²ʔbaŋ⁵ ʔba⁴ | zok⁸kan¹ | pjak⁷po¹ | ʔdok¹ wa¹ | tɕen⁶xau⁴tai⁵ sai³ xau⁴tai⁵ |
| 20 | 兴义洛万一心 | tom⁵ | mik⁷ | ʔda⁵ | te²piŋ⁶ | te²ʔbuŋ⁵ ʔba⁴ | ðok⁸kan¹ | pjak³³ kut⁷ | ʔdok⁷ wa¹ | tɕen⁶xau⁴tai⁵ |
| 21 | 兴义南盘江南龙 | θin¹ | to⁵ miʔ⁷ | ʔda⁵ | tu²piŋ⁶ | tu²ʔbuŋ⁵ ʔba⁴ | zok⁸kan¹ | pjak²⁴ kut⁷ | ʔdok⁷wa¹ | tɕen⁶xau⁴tai⁵ |
| 22 | 镇宁简嘎翁解 | tom⁵ | ʔbut⁷ | ʔda⁵ | tə²pi⁶ | tə²ʔba⁴ | ðok⁸kai⁵ kan¹ | pjak⁷θan³ | ʔdo⁵va¹ | tɕen⁶yuk⁷ |
| 23 | 安龙招堤顶庙 | ɕin¹ | — | ʔda⁵ | tu²pei⁶ | mum⁶ ʔba⁴ | ðok⁸kan¹ | pjak⁷san³ | ʔdo⁵va¹ | ken¹ɣaːu⁴yuk⁷ |
| 24 | 安龙兴隆排拢 | θam¹ | mik⁷ | ʔda⁵ | tu²pi⁶ | tu²ʔbum¹ ʔba⁴ | ðok⁸kan¹ | pjak⁷θan³ | ʔdo⁵wa¹ | ken¹xuk⁷ |
| 25 | 安龙龙山肖家桥 | ʔdan¹ ɕin¹ | mik⁷ | tan¹ | pi⁶tɕi³ | tu²ʔbu⁵ ʔba⁴ | zok⁸kan¹ | pjak⁷san³ | ʔdo⁵wa¹ | ken¹vuk⁷ |
| 26 | 兴仁屯脚铜鼓 | ʔdan¹ ɕin¹ | mik⁷ | tan¹ | pi⁶ɕy³ | tu²ʔbu⁵ ʔba⁴ | zok⁸kan¹ | pjak⁷san³ | ʔdo¹wa¹ | ken¹ɣaːu⁴waŋ² |
| 27 | 贞丰岩鱼 | ʔdə¹ θam¹ | ʔbap⁷ | ʔda⁵ | tu²pi⁶ | ʔbuk⁷ ʔba⁴ | ðok⁸kan¹ | pjak⁷θan³ | ʔdo⁵va¹ | ken¹ku⁴ |
| 28 | 贞丰长田瓦铺 | ʔdan¹ sɯ¹ | — | ʔda⁵ | tə²pi⁶ | tə²muk⁷ ʔba⁴ | ðok⁸kan¹ | pjak⁷θan³ | ʔdo⁵wa¹ | ken¹vuk⁷ |
| 29 | 贞丰长田瓦厂 | ʔdan¹ sɯ¹ | — | ʔda⁵ | tə²pi⁶ | muk⁷ʔba⁴ | ðok⁸kan¹ | pjak⁷san³ | ʔdo⁵ va¹ | ken¹ɣaːu4vuk⁷ |
| 30 | 贞丰平街顶岸 | — | — | ʔda⁵ | po¹pi⁵ | ʔbuk⁷ ʔba⁴ | tə²jok⁸ kan¹ | pjak⁷kut⁷ | ʔdo⁵ va¹ | tɕen⁶pau³³ku³¹ |
| 31 | 镇宁六马板腰 | ʔdə¹ tom⁵ | ʔbɯp⁷ | ʔda⁵ | ɕi²ɕo⁶ | sep⁷ʔi¹ | — | pjak⁷kut⁷ | ʔdo⁵ va¹ | keŋ¹yuk⁷ |

续表

| 序号 | 调查点 | 心脏 | 太阳穴 | 骂 | 蜻蜓 | 蝴蝶 | 秧鸡 | 蕨菜 | 花 | 玉米棒子 |
|---|---|---|---|---|---|---|---|---|---|---|
| 32 | 镇宁扁担山革佬坟 | ʔdan¹tuaŋ⁵ | — | xuɯt⁷ | puŋ⁶piŋ² | ʔbi⁵ʔba⁴ | zok⁸kan¹ | pak⁷kut⁷ | ʔduɔ⁵ʔie⁵ | khaŋ¹ta:i⁵puŋ⁴ |
| 33 | 镇宁丁旗杨柳 | ʔdan¹toŋ⁵ | — | ʔdæ⁵ | puŋ⁶piŋ⁶ | ʔbi⁵ʔba⁴ | zok⁸kan¹ | pak⁷kut⁷ | ʔduɔ⁵ʔie⁵ | khaŋ¹łu⁵ |
| 34 | 镇宁双龙山蕨箩 | ʔdɑ¹toŋ⁵ | — | ʔdæʔ⁷ | təu²puŋ⁶piŋ⁶ | tu²²biʔba⁴ | zok⁸kan¹ | pak⁷kut⁷ | ʔdɛ⁵ | tɕen⁶vuŋ²łu⁵ |
| 35 | 镇宁募役发恰 | ʔdan¹toŋ⁵ | — | vuɯt⁷ | paŋ⁴piŋ⁶ | ʔbi⁵ʔba⁴ | jok⁸kan¹ | pjak⁷kut⁷ | ʔdo⁵wa¹ | kan¹puŋ⁴ |
| 36 | 望谟打易长田 | tuaŋ⁵ | — | ʔdæ⁵ | tu²puŋ⁶piŋ⁶ | tu²²buŋ⁵ʔbæ⁴ | tu²ðok⁸kan¹ | tɔk⁸kut⁷ | ʔduɔ⁵ʔie⁵ | khaŋ¹ vu²xəu⁵ |
| 37 | 镇宁江龙朵卜陇 | ʔdɑ¹toŋ⁵ | — | vuɯt⁷ | paŋ⁴piŋ⁶ | mi3ma⁴ | jok⁸kan¹ | pjak⁷kut⁷ | ʔdo⁵wa¹ | kan¹puŋ⁴ |
| 38 | 关岭新铺大盘江 | ʔdan¹tuaŋ⁵ | mik⁷ | ʔda⁵ | pau⁴piŋ⁶ | ʔbi³ʔba⁴ | jok⁸kan¹ | pak⁷kut⁷, ko¹kut⁷ | ʔduɔ⁵ʔdai⁵ | tɕan⁶puŋ² |
| 39 | 晴隆花贡新寨 | ʔdan¹tuaŋ⁵ | mɯk⁷ | ʔda⁵ | pin⁶pəu⁴ | ʔbu⁵ʔba⁴ | jok⁸kan¹ | pak⁷kut⁷ | ʔduɔ⁵ʔdɛ⁵ | tɕen⁶pau³³ku³¹ |
| 40 | 晴隆鸡场紫塘 | ʔdan¹tuaŋ⁵ | mɯk⁷ | ʔda⁵ | tə²piŋ⁶ | ʔbuɯtʔʔba⁴ | jok⁸kan¹ | pak⁷kut⁷, tuk⁸kut⁷ | ʔdo⁵ʔdai⁵ | tɕen⁶vuŋ² |
| 41 | 普安茶源细寨 | ʔdan¹tuaŋ⁵ | — | ʔda⁵ | pəu⁴piŋ⁶ | ʔbɯɯnʔʔba⁴ | jok⁸kan¹ | pak⁷kut⁷, tuk⁸kut⁷ | ʔdai⁵ | tɕen⁶vuŋ² |
| 42 | 普安龙吟石古 | — | ʔbaʔ⁷ | ʔda⁵ | pəu⁴piŋ⁶ | ʔbuŋ⁵ʔba⁴ | jok⁸kan¹ | pak⁷kut⁷ | ʔdɛ⁵ | tɕen⁶pau³³ku³¹ |
| 43 | 关岭断桥木城 | ʔdan¹tuam⁵ | mɯk⁷ | ʔda⁵ | tu²pin⁶ | ʔbi⁵ʔba⁴ | jok⁸kan¹ | pjak⁷kut⁷, pjak⁷san³ | ʔdo⁵wa¹ | tɕen⁶puŋ² |
| 44 | 贞丰鲁贡烂田湾 | — | ʔɯp⁷ | ʔda⁵ | puŋ2piŋ⁶ | tu²²ba⁴ | jok⁸kan¹ | pak⁷san³ | ʔdo⁵wa¹ | tɕen⁶puŋ2 |
| 45 | 镇宁沙子弄染 | ʔdan¹tom⁵ | — | vut⁷ | pau⁴pin⁶ | ʔbi⁵ʔba⁴ | jok⁸kan¹ | pjak⁷kut³ | ʔda:i⁵ | tɕen⁶ɣuk⁷ |
| 46 | 紫云白石岩岩上 | tuam⁵ | — | vuɯt⁷ | pam⁴pin⁶ | ʔbi⁵ʔba⁴ | jok⁸kan¹ | pjak⁷san³ | ʔda:i⁵ | kan¹vuk⁷ |

## 三、贵州西南地区南北盘江流域语法调查表

| 序号 | 句子 点 | 三个布依族小姑娘（量词） |
|---|---|---|
| 1 | 望谟平洞洛郎 | θa:m¹ mai⁴ luɯk⁸ʔbuɯk⁷ pu⁴ʔjai⁴ |
| 2 | 望谟庶香新寨 | θa:m¹ mai⁴ luɯk⁸ʔbuɯk⁷ ni⁵ pu⁴ʔjai⁴ |
| 3 | 望谟桑郎 | sa:m¹ mai⁴ luɯk⁸ʔbuɯk⁷ ne⁵ pu⁴ʔjai⁴ |
| 4 | 望谟边饶岜饶 | sa:m¹ mai⁴ luɯk⁸ʔbuɯk⁷ pu⁴ʔjei⁴ |
| 5 | 望谟昂武渡邑 | θa:m¹ mai⁴ luɯk⁸ʔbuɯk⁷ ne⁵ pu⁴ʔjai⁴ |
| 6 | 册亨百口弄丁 | θa:m¹ ɕoi⁴ luɯk⁸ʔbuɯk⁷ pu⁴²jai⁴ |
| 7 | 册亨秧坝大伟 | θa:m¹ pu⁴ ɕi²ja⁴ pu⁴²joi⁴. /θa:m¹ ja⁶ ʔjoi⁴ |
| 8 | 册亨弼佑秧佑 | sa:m¹ pai⁴ luɯk⁸ʔbuɯk⁷ pu⁴ʔjoi⁴ |
| 9 | 册亨冗渡威旁 | θa:m¹ mai⁴ ʔjai⁴ |
| 10 | 册亨巧马沿江 | θa:m¹ pu⁴ luɯk⁸ʔbuɯk⁷ pu⁴ʔjoi⁴ |
| 11 | 安龙坡脚者干 | θa:m¹ tu² luɯk⁸ʔbuɯk⁷ pu⁴jai⁴ |
| 12 | 贞丰沙坪尾列 | θa:m¹ ɕoi⁴ luɯk⁸ʔbuɯk⁷ pu⁴²jai⁴ |
| 13 | 贞丰沙坪者坎 | θa:m¹ pu⁴ luɯk⁸ʔbuɯk⁷ pu⁴²jai⁴（θa:m¹ mai⁴ ʔjai⁴） |
| 14 | 贞丰鲁贡打嫩 | θa:m¹ mai⁴ ʔjai⁴ |
| 15 | 紫云火花龙头 | sa:m¹ ɕoi⁴ luɯk⁸ʔbuɯk⁷ pu⁴ʔji⁴ |
| 16 | 紫云四大寨喜档 | sa:m¹ mai⁴ luɯk⁸ʔbuɯk⁷ pu⁴²ji⁴ |
| 17 | 紫云猴场大田 | sa:m¹ ɕoi⁴ luɯk⁸ʔbuɯk⁷ pu⁴²ji⁴ |
| 18 | 安龙万峰湖港湾 | θa:m¹ mai⁴ ʔjai⁴ |
| 19 | 兴义仓更下寨 | sa:m¹ pu⁴²jai⁴ ɕau²ja⁶. |
| 20 | 兴义洛万一心 | θa:m¹ mai⁴ ʔjai⁴. |
| 21 | 兴义南盘江南龙 | sa:m¹ ɕoi⁴ ʔjoi⁴. |
| 22 | 镇宁简嘎翁解 | θa:m¹ ɕoi⁴ luɯk⁸ʔbuɯk⁷ ʔjai⁴ |

续表

| 序号 | 点 / 句子 | 三个布依族小姑娘（量词） |
|---|---|---|
| 23 | 安龙招堤顶庙 | sa:m¹ mai⁴ ʔjei⁴ pu⁴z（ɾ）eŋ² |
| 24 | 安龙兴隆排拢 | θa:m¹ mai⁴（ɕoi⁴）ʔjoi⁴ |
| 25 | 安龙龙山肖家桥 | sa:m¹ mai⁴ zau³ |
| 26 | 兴仁屯脚铜鼓 | — |
| 27 | 贞丰岩鱼 | θa:m¹ mai⁴ luɯk⁸ʔbuɯk⁷ pu⁴ʔjai⁴ |
| 28 | 贞丰长田瓦铺 | θa:ŋ¹ mai⁴ ʔjai⁴ ne⁵ne⁵ |
| 29 | 贞丰长田瓦厂 | sa:ŋ¹ mai⁴ ʔjai⁴ |
| 30 | 贞丰平街顶岸 | sa:ŋ¹ mai⁴ ʔji⁴ |
| 31 | 镇宁六马板腰 | sa:m¹ mai⁴ luɯk⁸ʔbuɯk⁷ pu⁴ʔjai⁴ |
| 32 | 镇宁扁担山革佬坟 | sa:ŋ¹ mai⁴ luɯk⁸ʔbuɯk⁷ pu⁴ʔji⁴/ sa:ŋ¹ mai⁴ ʔji⁴ |
| 33 | 镇宁丁旗杨柳 | sa:ŋ¹ mai⁴ ʔji⁴ |
| 34 | 镇宁双龙山簸箩 | sæŋ¹ mai⁴ ʔji⁴ |
| 35 | 镇宁募役发恰 | saŋ¹ mai⁴luɯk⁸ʔbuɯk⁷ pəu⁴ʔji⁴ |
| 36 | 望谟打易长田 | ɬem¹ mai⁴ luɯk⁸ʔbuɯk⁷ pəu⁴ʔji⁴ |
| 37 | 镇宁江龙朵卜陇 | saŋ¹ mai⁴ luɯk⁸ʔbuɯk⁷ pəu⁴ ʔji⁴ |
| 38 | 关岭新铺大盘江 | sam¹ mai⁴sau¹ pu⁴ʔi⁴ |
| 39 | 晴隆花贡新寨 | saŋ¹ luɯk⁸ʔbuɯk⁷ pu⁴ʔi⁴ |
| 40 | 晴隆鸡场紫塘 | saŋ¹ mai⁴ ʔi⁴ |
| 41 | 普安茶源细寨 | saŋ¹ mai⁴ ʔi⁴ |
| 42 | 普安龙吟石古 | saŋ¹ pəu⁴ʔi⁴sau¹ŋe⁵ |
| 43 | 关岭断桥木城 | sa:m¹ mai⁴ ʔi⁴ |
| 44 | 贞丰鲁贡烂田湾 | sa:m¹ mai⁴ ʔjai⁴ |
| 45 | 镇宁沙子弄染 | sa:m¹ pu⁴ʔji⁴ luɯk⁸ʔbuɯk⁷ / sa:m¹ mai⁴ ʔjai⁴ luɯk⁸ʔbuɯk⁷ |
| 46 | 紫云白石岩岩上 | sa:m¹ ɕoi⁴ luɯk⁸ʔbuɯk⁷ pu⁴ʔji⁴ |

续表

| 序号 | 句子 点 | 我们再去一次（频度副词） |
| --- | --- | --- |
| 1 | 望谟平洞洛郎 | ðau² pai¹ ta:u⁵ tem¹ |
| 2 | 望谟蔗香新寨 | ðau² θai¹ pai¹ ta:u⁵ tem¹ |
| 3 | 望谟桑郎 | zau² ta:u⁵ pai¹ ta:u⁵ tem¹ |
| 4 | 望谟边饶邑饶 | zau³ ta:u⁵ pai¹ ta:u⁵ mo⁵ |
| 5 | 望谟昂武渡邑 | zau² pai¹ ta:u⁵ ʔdeu¹ tem¹ |
| 6 | 册亨百口弄丁 | xo³ðau² pai¹ ta:u⁵ ʔdeu¹ tem¹ |
| 7 | 册亨秧坝大伟 | xo³ðau² pai¹ ta:u⁵ ʔdeu¹ tem¹ |
| 8 | 册亨弼佑秧佑 | xo³ðau² pai¹ ta:u⁵ tem¹ |
| 9 | 册亨冗渡威旁 | ðau² tsai²⁴ pai¹ ta:u⁵ ʔdeu¹ mo⁵ |
| 10 | 册亨巧马沿江 | xo³ðau² pai¹ ta:u⁵ ʔdeu¹ tem¹ |
| 11 | 安龙坡脚者干 | ma¹ ðau² pai¹ ta:u⁵ ʔdeu¹ mo⁵ |
| 12 | 贞丰沙坪尾列 | ma¹ ðau² pai¹ ta:u⁵ ʔdeu¹ tem¹ |
| 13 | 贞丰沙坪者坎 | ðau² pai¹ ta:u⁵ lo⁶ tem¹ |
| 14 | 贞丰鲁贡打嫩 | ðau² pai¹ ta:u⁵ ʔdeu¹ tem¹ |
| 15 | 紫云火花龙头 | zau² ta:u⁵ pai¹ ta:u⁵ ʔdeu¹ tem¹ |
| 16 | 紫云四大寨喜档 | ðau² ta:u⁵ pai¹ ta:u⁵ ʔdeu¹ tem¹ |
| 17 | 紫云猴场大田 | zau² tsai²⁴ pai¹ ta:u⁵ ʔdiau¹ tem¹ |
| 18 | 安龙万峰湖港湾 | ðau² pai¹ ta:u⁵ ʔdeu¹ tem¹ |
| 19 | 兴义仓更下寨 | zau² pai¹ ʔba:t⁷ ʔdeu¹ tem¹ |
| 20 | 兴义洛万一心 | ðau² pai¹ ta:u⁵ ʔdeu¹ tem¹ |
| 21 | 兴义南盘江南龙 | zau² pai¹ ta:u⁵ ʔdeu¹ tem¹ |
| 22 | 镇宁简嘎翁解 | ðau² tsuŋ²¹ɕin³³ pai¹ pa:n¹ lo⁶ tem¹ |
| 23 | 安龙招堤顶庙 | kei⁵z（ɾ）au² tsai²⁴ pai¹ pai¹ lo⁶ |
| 24 | 安龙兴隆排拢 | kai⁵ða² pai¹ ta:u⁵ ʔdeu¹ tem¹ |

续表

| 序号 | 点 / 句子 | 我们再去一次（频度副词） |
|---|---|---|
| 25 | 安龙龙山肖家桥 | zau² pai¹ la:t⁸ ʔdeu¹ tem¹ |
| 26 | 兴仁屯脚铜鼓 | — |
| 27 | 贞丰岩鱼 | kai⁵ðau² pai¹ ta:u⁵ lo⁶ tem¹ |
| 28 | 贞丰长田瓦铺 | ðau² pai¹ ta:u⁵ lo¹ tem¹ /ðau² tsai²⁴ pai¹ ta:u⁵ lo⁶ tem¹ / ðau² tsai²⁴ pai¹ ta:u⁵ lo⁶ |
| 29 | 贞丰长田瓦厂 | ma¹ ðau² tsai²⁴pai¹ ta:u⁵ lo⁶ teŋ¹ |
| 30 | 贞丰平街顶岸 | jau² tsai²⁴ pai¹ twa² ɣo⁶ tem¹ |
| 31 | 镇宁六马板腰 | jau² ta:u⁵ pai¹ ta:u⁵ lo⁶ ta:u⁵mo⁵ / jau² pai¹ ta:u⁵ lo⁶ tem¹ |
| 32 | 镇宁扁担山革佬坟 | zau² pai¹ to⁵ ʔdiau¹ tiam¹ |
| 33 | 镇宁丁旗杨柳 | zau²mə⁶ pai¹ pai¹ ɣo¹ tiam¹ |
| 34 | 镇宁双龙山簸箩 | zau² pai¹ vei¹³ ɣo¹ tiaŋ¹ |
| 35 | 镇宁募役发恰 | jau² tsai²⁴ pai¹ sa:u³¹ ɣo⁶ tiaŋ¹ |
| 36 | 望谟打易长田 | zau² tsai¹ pai¹ to⁵ ʔdiau¹ |
| 37 | 镇宁江龙朵卜陇 | jau² tsai²⁴ pai¹ sa³¹ ɣo⁶ |
| 38 | 关岭新铺大盘江 | jau² tsai²⁴ pai¹ tau⁵ ɣo⁶ tiam¹ |
| 39 | 晴隆花贡新寨 | jau² tsai²⁴ pai¹ to⁵ ɣau¹ tiaŋ¹ |
| 40 | 晴隆鸡场紫塘 | jau² pai¹ pai¹ lau¹ʔdiau¹ tiam¹ |
| 41 | 普安茶源细寨 | jau² tsai²⁴ pai¹ tau⁵ ʔdiau¹ tiam¹ |
| 42 | 普安龙吟石古 | ma¹ jau² tsai²⁴ pai¹ pok⁷ jau¹ |
| 43 | 关岭断桥木城 | jau² tsai²⁴ pai¹ ta:u⁵ lo⁶ tem¹ |
| 44 | 贞丰鲁贡烂田湾 | ma³³ jau² pai¹ ta:u⁵ ɣo⁶ tem¹ |
| 45 | 镇宁沙子弄染 | jau² ta:u⁵ pai¹ ta:u⁵ ɣo⁶ |
| 46 | 紫云白石岩岩上 | jau² ta:u⁵ pai¹ pai¹ ʔdeu¹ tem¹ |

续表

| 序号 | 点 \ 句子 | 你们太好了（程度副词） |
| --- | --- | --- |
| 1 | 望谟平洞洛郎 | po²θu¹ ʔdi¹ ta²ða:i⁴ pai⁰ |
| 2 | 望谟蔗香新寨 | xo³θu¹ ʔdi¹ ta²ða:i⁴ pai⁰ |
| 3 | 望谟桑郎 | xo³θu¹ ʔdi¹ tɕa²ɕi² pai⁰ |
| 4 | 望谟边饶邑饶 | ɣo³səu¹ ʔdei¹ lau⁴²xo⁴² pai⁰ |
| 5 | 望谟昂武渡邑 | po²θu¹ ʔdi¹ kwa⁵ pe⁰ |
| 6 | 册亨百口弄丁 | xo³ðɯə¹ ʔdi¹ ta²ða:i⁴ pai⁰ |
| 7 | 册亨秧坝大伟 | xo³ðɯə² ʔdi¹ ta²ða:i⁴ pai⁰ |
| 8 | 册亨弼佑秧佑 | xo³ðiə¹ ʔdi¹（ta²ða:i⁴）pai⁰ |
| 9 | 册亨冗渡威旁 | ðɯ¹ ʔdi¹ tɕa²ɕi⁴ lou⁰ |
| 10 | 册亨巧马沿江 | xo³ðiə¹ ʔdi¹ tɕa²ɕi⁴ |
| 11 | 安龙坡脚者干 | kai⁵ðɯə¹ tai²⁴ ʔdi¹ lo⁰ |
| 12 | 贞丰沙坪尾列 | ɣo³ðiə¹ ʔdi¹ lau⁴²xo⁴² pai⁰ləu⁰ |
| 13 | 贞丰沙坪者坎 | ɣo³ðiə¹ tai²⁴ ʔdi¹ ləu⁰ |
| 14 | 贞丰鲁贡打嫩 | ɣo³ðiə¹ ʔdi¹ lau⁴²xo⁴² |
| 15 | 紫云火花龙头 | — |
| 16 | 紫云四大寨喜档 | ɣo³θu¹ ɕɯ²⁴ ʔdi¹ la:i²⁴ pai⁰ |
| 17 | 紫云猴场大田 | ɣo³su¹ ʔdi¹ lau⁴²xo⁴² |
| 18 | 安龙万峰湖港湾 | kai⁵θu¹ tai²⁴ ʔdi¹ lo⁰ |
| 19 | 兴义仓更下寨 | kai⁵zɯə¹ tai²⁴ ʔdi¹ la⁰ |
| 20 | 兴义洛万一心 | kai⁵ðɯə¹ tai²⁴ ʔdi¹ lo⁰ |
| 21 | 兴义南盘江南龙 | xo⁵zɯə¹ tai²⁴ ʔdi¹ lo⁰ |
| 22 | 镇宁简嘎翁解 | kai⁵θu¹ ʔdi¹ lau⁴²xo⁴² |
| 23 | 安龙招堤顶庙 | kei⁵z（ð）ɯə¹ tai²⁴ ʔdi¹ leu⁰ |
| 24 | 安龙兴隆排拢 | xo³ðɯə¹ tai²⁴ ʔdi¹ pai⁰ |

续表

| 序号 | 点 / 句子 | 你们太好了（程度副词） |
|---|---|---|
| 25 | 安龙龙山肖家桥 | kai⁵su¹ tai²⁴ ʔdi¹ lo⁰ |
| 26 | 兴仁屯脚铜鼓 | — |
| 27 | 贞丰岩鱼 | kai⁵ði¹ ʔdi¹ tɕa²ɕi² |
| 28 | 贞丰长田瓦铺 | kai⁵ði¹ ʔdi¹ ða:i⁴ lo⁰ |
| 29 | 贞丰长田瓦厂 | kai⁵ði¹ thai²⁴ ʔdi¹ la⁰ |
| 30 | 贞丰平街顶岸 | kei⁵səu¹ sɿ²⁴ tai²⁴ ʔdei¹ la⁰ |
| 31 | 镇宁六马板腰 | ɣo⁵su¹ ʔdi¹ lau⁴²xo⁴² |
| 32 | 镇宁扁担山革佬坟 | səu¹ ʔdei¹ thəu⁵ ɣo⁰ |
| 33 | 镇宁丁旗杨柳 | ɬəu¹ ʔdei¹ thəu⁵ the3¹ |
| 34 | 镇宁双龙山簸箩 | ki⁵ɬəu¹ ʔdei¹ thəu⁵ ɣo⁰ |
| 35 | 镇宁募役发恰 | səu¹ thai²⁴ ʔdei¹ lo⁰ |
| 36 | 望谟打易长田 | kə⁵ɬəu¹ thai²⁴ ʔdei¹ pai⁰（ɬəu¹ ʔdei¹ lau⁴²fuə⁴² pai⁰） |
| 37 | 镇宁江龙朵卜陇 | səu¹ thai²⁴ ʔdei¹ lo⁰ |
| 38 | 关岭新铺大盘江 | kei⁵səu¹ tai²⁴ʔdei¹ la⁰ |
| 39 | 晴隆花贡新寨 | kei⁵səu¹ thai⁴²ʔdei¹ la⁰（ʔdei¹ təu⁵ la⁰） |
| 40 | 晴隆鸡场紫塘 | kei⁵səu¹ ʔdei¹ təu⁵ la⁰ |
| 41 | 普安茶源细寨 | kei⁵səu¹ thai²⁴ ʔdei¹ la⁰ |
| 42 | 普安龙吟石古 | kei⁵səu¹ tai²⁴ ʔdei¹ la⁰ |
| 43 | 关岭断桥木城 | səu¹ ʔdei¹ tɕi³la:i¹ pai⁰ |
| 44 | 贞丰鲁贡烂田湾 | kei⁵səu¹ tai²⁴ʔdei¹ ɣo⁰ |
| 45 | 镇宁沙子弄染 | kei⁵səu¹ xau⁴² ʔdei¹ ɣo⁰ |
| 46 | 紫云白石岩岩上 | səu¹ tai²⁴ ʔdei¹ lau⁴²xo⁴² |

续表

| 序号 | 句子<br>点 | 他跟我一样大（连词） |
|---|---|---|
| 1 | 望谟平洞洛郎 | te¹ la:u⁴ ðiəŋ² ku¹ tuŋ⁴ θeu⁶ |
| 2 | 望谟蔗香新寨 | te¹ ziəŋ² ku¹ la:u⁴ tuŋ⁴lum³ |
| 3 | 望谟桑郎 | te¹ jiəŋ² ku¹ la:u⁴ tuŋ⁴sa:u⁶ |
| 4 | 望谟边饶岜饶 | te¹ ziəŋ² kəu¹ la:u⁴ tuŋ⁴pe⁶ |
| 5 | 望谟昂武渡邑 | te¹ ðiəŋ² ku¹ la:u⁴ tuŋ⁴lum³ |
| 6 | 册亨百口弄丁 | te¹ ðiəŋ² ku¹ la:u⁴ tuŋ⁴θeu⁶ |
| 7 | 册亨秧坝大伟 | te¹ ʔdi⁴ ku¹ la:u⁴ tuŋ⁴θeu⁶ |
| 8 | 册亨弼佑秧佑 | te¹ðiəŋ² ku¹ la:u⁴ tuŋ⁴ θeu⁶ |
| 9 | 册亨冗渡威旁 | te¹ ʔdi⁴ ku¹la:u⁴ tuŋ⁴θa:u⁶ |
| 10 | 册亨巧马沿江 | te¹ ʔdi⁴ ku¹ la:u⁴ tuŋ⁴θa:u⁶ |
| 11 | 安龙坡脚者干 | te¹ ʔdi⁴ ku¹ la:u⁴ ku¹ʔdeu¹ |
| 12 | 贞丰沙坪尾列 | te¹ ðiəŋ² ku¹ la:u⁴ tuŋ⁴θa:u⁶ |
| 13 | 贞丰沙坪者坎 | te¹ ðiəŋ² ku¹ la:u⁴ tuŋ⁴θa:u⁶ |
| 14 | 贞丰鲁贡打嫩 | te¹ ðiəŋ² ku¹ la:u⁴ tuŋ⁴θa:u⁶ |
| 15 | 紫云火花龙头 | te¹ ziu² ku¹ la:u⁴ tuŋ⁴lɯm³ |
| 16 | 紫云四大寨喜档 | te¹ ðiəŋ² ku¹ la:u⁴ tuŋ⁴pe⁶ |
| 17 | 紫云猴场大田 | te¹ laŋ² ku¹ la:u⁴ tuŋ⁴lɯm³ |
| 18 | 安龙万峰湖港湾 | te¹ ʔdi⁴ ku¹ la:u⁴ tuŋ⁴ðeu⁶ |
| 19 | 兴义仓更下寨 | te¹ ʔdi⁴ ku¹ la:u⁴ tuŋ⁴ɕam⁶ |
| 20 | 兴义洛万一心 | te¹ laŋ¹ ku¹ la:u⁴ pan⁴ ʔdeu⁶ |
| 21 | 兴义南盘江南龙 | te¹ ʔdi⁴ ku¹ la:u⁴ tuŋ⁴lɯm³ |
| 22 | 镇宁简嘎翁解 | te¹ ðiəŋ² ku¹ la:u⁴ tuŋ⁴pe⁶ |
| 23 | 安龙招堤顶庙 | te¹ ʔdi⁴ ku¹ la:u⁴ tuŋ⁴lɯm³ |

续表

| 序号 | 点 / 句子 | 他跟我一样大（连词） |
|---|---|---|
| 24 | 安龙兴隆排拢 | te¹ ðiəŋ² ku¹ la:u⁴ tuŋ⁶lɯm³ |
| 25 | 安龙龙山肖家桥 | te¹ ziau² ku¹ la:u⁴ tuŋ⁴lɯm³ |
| 26 | 兴仁屯脚铜鼓 | — |
| 27 | 贞丰岩鱼 | te¹ ðiau² ku¹ la:u⁴ tuŋ⁴ θa:u⁶ |
| 28 | 贞丰长田瓦铺 | te¹ ðiau² ku¹ la:u⁴ tuŋ⁴lɯm³ |
| 29 | 贞丰长田瓦厂 | te¹ ðiaŋ² ku¹ la:u⁴ tuŋ⁴ lɯm³ |
| 30 | 贞丰平街顶岸 | le¹ ʔdi⁴² kəu¹ lwa⁴ tuŋ⁴lɯm³ |
| 31 | 镇宁六马板腰 | ʔde¹ laŋ¹ ku¹ la:u⁴ tuŋ⁴ pe⁶ |
| 32 | 镇宁扁担山革佬坟 | ti¹ laŋ¹ ku¹ lo⁴ tuŋ⁴ pie⁶ |
| 33 | 镇宁丁旗杨柳 | ti¹ laŋ¹ kəu¹ lø⁴ pie⁶ ʔdiau¹ |
| 34 | 镇宁双龙山簸箩 | ti¹ laŋ¹ kəu¹ lɛu⁴ tuŋ³ lɯŋ³ |
| 35 | 镇宁募役发恰 | te¹ laŋ¹ kəu¹ lwa⁴ tuŋ⁴lɯŋ³ |
| 36 | 望谟打易长田 | tei¹ laŋ¹ kəu¹ lo⁴ tuŋ⁴ pie⁶ |
| 37 | 镇宁江龙朵卜陇 | te¹ laŋ¹ kəu¹ lwo⁴ tuŋ⁴ pe⁶ |
| 38 | 关岭新铺大盘江 | lie¹ ʔdei⁴ kəu¹ lau⁴ tuŋ⁴lɯm³ |
| 39 | 晴隆花贡新寨 | tei¹ laŋ¹ kəu¹ lo⁴ tuŋ⁴lɯŋ³ |
| 40 | 晴隆鸡场紫塘 | lie¹ ʔdi⁴ kəu¹ lau⁴ tuŋ⁴lɯŋ³ |
| 41 | 普安茶源细寨 | lie¹ laŋ¹ kəu¹ lau⁴ tuŋ⁴lɯŋ³ |
| 42 | 普安龙吟石古 | te¹ laŋ¹ kəu¹ lo⁴ tuŋ⁴lɯŋ³ |
| 43 | 关岭断桥木城 | tei¹ laŋ¹ kəu¹ la:u⁴ tuŋ⁴lɯm³ |
| 44 | 贞丰鲁贡烂田湾 | te¹ jiŋ²¹ kəu¹ la:u⁴ tuŋ⁴lɯm³ |
| 45 | 镇宁沙子弄染 | te¹ laŋ¹ kəu¹ la:u⁴ tuŋ⁴pe⁶ |
| 46 | 紫云白石岩岩上 | te¹ laŋ¹ kəu¹ la:u⁴ tuŋ⁴lɯm³ |

续表

| 序号 | 句子　点 | 他把书放在桌子上（处置标记） |
|---|---|---|
| 1 | 望谟平洞洛郎 | te¹ ʔau¹ θɯ¹ tiə⁵ kɯn²ɕoŋ² |
| 2 | 望谟蔗香新寨 | te¹ ʔau¹ pɯn3θɯ¹ tiə⁵ co⁵ kɯn²ɕoŋ² |
| 3 | 望谟桑郎 | te¹ ʔau¹ sɯ¹ tiə⁵ kɯn²ɕoŋ² |
| 4 | 望谟边饶岜饶 | te¹ ʔau¹ sɯ¹ ɕo⁵ kɯn²ɕoŋ² |
| 5 | 望谟昂武渡邑 | te¹ ʔau¹ sɯ¹ tiə⁵ kɯn²ɕoŋ² |
| 6 | 册亨百口弄丁 | te¹ ʔau¹ pɯn3 θɯ¹ tiə⁵ kɯn² ɕoŋ² |
| 7 | 册亨秧坝大伟 | te¹ ʔau¹ θɯ¹ tiə⁵ kɯn²ɕoŋ² |
| 8 | 册亨弼佑秧佑 | te¹ ʔau¹ θɯ¹ tiə⁵ kɯn²ɕoŋ² |
| 9 | 册亨冗渡威旁 | te¹ ʔau¹ θɯ¹ ɕo⁵ kɯn²ɕoŋ² |
| 10 | 册亨巧马沿江 | te¹ ʔau¹ θɯ¹ ɕu⁵ kɯn²ɕoŋ² |
| 11 | 安龙坡脚者干 | te¹ ʔau¹ θɯ¹ ɕo⁵ kɯn²ɕoŋ² |
| 12 | 贞丰沙坪尾列 | te¹ ʔau¹ θɯ¹ so⁵ kɯn² soŋ² |
| 13 | 贞丰沙坪者坎 | te¹ ʔau¹ θɯ¹ tiə⁵ kɯn² soŋ² |
| 14 | 贞丰鲁贡打嫩 | te¹ ʔau¹ θɯ¹ ɕo⁵ kɯn²ɕoŋ² |
| 15 | 紫云火花龙头 | te¹ ʔau¹ sɯ¹ tiə⁵ kɯn² ɕoŋ² |
| 16 | 紫云四大寨喜档 | te¹ ʔau¹ sɯ¹ tiə⁵ kɯn² ɕoŋ² |
| 17 | 紫云猴场大田 | te¹ ʔau¹ sɯ¹ ɕo⁵ kɯn² ɕuaŋ² |
| 18 | 安龙万峰湖港湾 | te¹ ʔau¹ θɯ¹ ɕi⁵ kɯn²ɕoŋ² |
| 19 | 兴义仓更下寨 | te¹ ʔau¹ sɯ¹ ɕo⁵ kɯn²ɕoŋ² |
| 20 | 兴义洛万一心 | ten¹ ʔau¹ θɯ¹ ɕo⁵ kɯn²ɕoŋ² |
| 21 | 兴义南盘江南龙 | te¹ ʔau¹ sɯ¹ ɕo⁵ kɯn²ɕoŋ² |
| 22 | 镇宁简嘎翁解 | te¹ ʔau¹ θɯ¹ ( sŋ¹ ) ɕo⁵ kɯn²ɕoŋ² |
| 23 | 安龙招堤顶庙 | te¹ ʔau¹ sɯ¹ ɕo⁵ tɕai²4 kɯn²ɕoŋ² |

续表

| 序号 | 句子 / 点 | 他把书放在桌子上（处置标记） |
|---|---|---|
| 24 | 安龙兴隆排拢 | te¹ ʔau¹ θɯ¹ ɕo⁵ kɯn²ɕoŋ² |
| 25 | 安龙龙山肖家桥 | te¹ ʔau¹ sɯ¹ ti⁵ kɯn²soŋ² |
| 26 | 兴仁屯脚铜鼓 | — |
| 27 | 贞丰岩鱼 | te¹ pa4² θɯ¹ ʔau¹ ɕo⁵ kɯn²soŋ² |
| 28 | 贞丰长田瓦铺 | te¹ ʔau¹ θɯ¹ ti⁵ kɯn²soŋ² |
| 29 | 贞丰长田瓦厂 | te¹ pa4² sɯ¹ su¹ kɯn² soŋ² |
| 30 | 贞丰平街顶岸 | te¹ ʔau¹ sɯ¹ ja:t⁸ kɯn² tsoŋ² |
| 31 | 镇宁六马板腰 | te¹ ʔau¹ sɯ¹ ɕo⁵ kɯn² ɕoŋ² |
| 32 | 镇宁扁担山革佬坟 | ti¹ ʔau¹ ɬə¹ tsuo⁵ kɯn² tsuaŋ² |
| 33 | 镇宁丁旗杨柳 | ti¹ ʔau¹ pɯn3ɬə¹ tsu⁵ kɯn²tsoŋ² |
| 34 | 镇宁双龙山簸箩 | ti¹ ʔau¹ pɯn3ɬə¹ tsu⁵ kɯn² tsoŋ² |
| 35 | 镇宁募役发恰 | te¹ ʔau¹ sɿ¹ tso⁵ kɯn²tsoŋ² |
| 36 | 望谟打易长田 | tei¹ ʔau¹ ɫɯ¹ tsu⁵ kɯn² tsuaŋ² |
| 37 | 镇宁江龙朵卜陇 | te¹ ʔau¹ sɯ¹ ti⁵ kɯn² tsuŋ² |
| 38 | 关岭新铺大盘江 | lie¹ ʔau¹ pɯn3sɿ¹ lie33 tsuə⁵ kɯn²tsoŋ² |
| 39 | 晴隆花贡新寨 | tei¹ ʔau¹ sɯ¹ tsuə⁵ kɯn²tsoŋ² |
| 40 | 晴隆鸡场紫塘 | lie¹ ʔau¹ pɯn3sɯ¹ tso⁵ kɯn²tsoŋ² |
| 41 | 普安茶源细寨 | te¹ ʔau¹ puk⁸ sɯ¹ ɣo⁶ tai⁵ kɯn²tsoŋ² |
| 42 | 普安龙吟石古 | te¹ ʔau¹ sɯ¹ tso⁵ kɯn²tsoŋ² |
| 43 | 关岭断桥木城 | tei¹ ʔau¹ sɿ¹ so⁵ kɯn²soŋ² |
| 44 | 贞丰鲁贡烂田湾 | te¹ ʔau¹ sɯ¹ tso⁵ kɯn² tsoŋ² |
| 45 | 镇宁沙子弄染 | te¹ ʔau¹ sɿ¹ su⁵ kɯn² soŋ² |
| 46 | 紫云白石岩岩上 | te¹ ʔau¹ sɯ¹ kweŋ3 su⁵ kɯn² soŋ² |

续表

| 序号 | 句子 点 | 我去过上海（经历体标记） |
|---|---|---|
| 1 | 望谟平洞洛郎 | ku¹ pai¹ saŋ²⁴xai⁵³ ʔiə⁵ |
| 2 | 望谟蔗香新寨 | ku¹ pai¹ taŋ² saŋ²⁴xai⁵³ ʔiə⁵ |
| 3 | 望谟桑郎 | kə¹ku¹ pai¹ saŋ²⁴xai⁵³ ʔiə⁵ |
| 4 | 望谟边饶邑饶 | ku¹ pai¹ saŋ²⁴xai⁵³ ʔi⁵ |
| 5 | 望谟昂武渡邑 | ku¹ pai¹ taŋ² saŋ²⁴xai⁵³ ʔiə⁵ |
| 6 | 册亨百口弄丁 | ku¹ pai¹ saŋ²⁴xai⁴² ʔiə⁵ |
| 7 | 册亨秧坝大伟 | ku¹ pai¹ saŋ²⁴xai⁴² ta:u⁵ ʔdeu¹ |
| 8 | 册亨弼佑秧佑 | te¹ pai¹ taŋ² saŋ²⁴xai⁴² kwa⁵ |
| 9 | 册亨冗渡威旁 | te¹ pai¹ taŋ² saŋ²⁴xai⁵³ kwa⁵ |
| 10 | 册亨巧马沿江 | ku¹ pai¹ taŋ² saŋ²⁴xai⁴² kwa⁵ |
| 11 | 安龙坡脚者干 | ku¹ ʔdai⁴ pai¹ saŋ²⁴xai⁴² kwa⁵ |
| 12 | 贞丰沙坪尾列 | ku¹ pai¹ saŋ²⁴xai⁴² kwa⁵ |
| 13 | 贞丰沙坪者坎 | ku¹ pai¹ saŋ²⁴xai⁴² kwa⁵ |
| 14 | 贞丰鲁贡打嫩 | ku¹ pai¹ kwa⁵ saŋ²⁴xai⁴² /ku¹ pai¹ taŋ² saŋ²⁴xai³⁵ kwa⁵ |
| 15 | 紫云火花龙头 | ku¹ pau¹ saŋ²⁴xai⁴² ma¹ |
| 16 | 紫云四大寨喜档 | ku¹ pai¹ kwa⁵ saŋ²⁴xai⁴² |
| 17 | 紫云猴场大田 | ku¹ pai¹ saŋ²⁴xai⁴² ma¹ |
| 18 | 安龙万峰湖港湾 | ku¹ pai¹ kwa⁵ saŋ²⁴xai⁴² |
| 19 | 兴义仓更下寨 | ku¹ pai¹ kwa⁵ saŋ²⁴xai⁴² |
| 20 | 兴义洛万一心 | ku¹ pai¹ kwa⁵ saŋ²⁴xai⁴² |
| 21 | 兴义南盘江南龙 | ku¹ pai¹ kwa⁵ saŋ²⁴xai⁴² |
| 22 | 镇宁简嘎翁解 | ku¹ pai¹ saŋ²⁴xai⁴² kwa⁵ / ku¹ pai¹ kwa⁵ saŋ²⁴xai⁴² |
| 23 | 安龙招堤顶庙 | ku¹ pai¹ saŋ²⁴xai⁴² kwa⁵ |
| 24 | 安龙兴隆排拢 | ku¹ pai¹ kwa⁵ saŋ²⁴xai⁴²（ku¹ pai¹ saŋ²⁴xai⁴² kwa⁵） |

续表

| 序号 | 句子 / 点 | 我去过上海（经历体标记） |
|---|---|---|
| 25 | 安龙龙山肖家桥 | ku¹ pai¹ kwa⁵ saŋ²⁴xai⁴² （ku¹ pai¹ saŋ²⁴xai⁴² kwa⁵） |
| 26 | 兴仁屯脚铜鼓 | — |
| 27 | 贞丰岩鱼 | ku¹ pai¹ saŋ²⁴xai⁴² kwa⁵ |
| 28 | 贞丰长田瓦铺 | ku¹ pai¹ saŋ²⁴xai⁴² kwa⁵ |
| 29 | 贞丰长田瓦厂 | ku¹ pai¹ kwa⁵ saŋ²⁴xai⁴² |
| 30 | 贞丰平街顶岸 | ku¹ pai¹ taŋ² saŋ²⁴xai⁴² kwa⁵ /ku¹ pai¹ taŋ² saŋ²⁴xai⁴² ma¹ |
| 31 | 镇宁六马板腰 | ku¹ pai¹ taŋ² saŋ²⁴xai⁴² kwa⁵ pai0 /ku¹ pai¹ kwa⁵ saŋ²⁴xai⁴² |
| 32 | 镇宁扁担山革佬坟 | ti¹ pai¹ saŋ³⁵xai⁴¹ kwa⁵ |
| 33 | 镇宁丁旗杨柳 | kəu¹ pai¹ kwa⁵ saŋ³⁵xai⁴¹ /kəu¹ pai¹ saŋ³⁵xai⁴¹ kwa⁵ |
| 34 | 镇宁双龙山籔箩 | kəu¹ pai¹ kwa⁵ saŋ³⁵xai⁴¹ /kəu¹ pai¹ saŋ³⁵xai⁴¹（ma¹）kwa⁵ |
| 35 | 镇宁募役发恰 | kəu¹ pai¹ kwa⁵ saŋ²⁴xai⁴¹ /kəu¹ pai¹ saŋ²⁴xai⁴¹ kwa⁵ |
| 36 | 望谟打易长田 | kəu¹ pai¹ kwæ⁵ saŋ²⁴xai⁴² |
| 37 | 镇宁江龙朵卜陇 | kəu¹ pai¹ kwa⁵ saŋ²⁴xai⁴¹ |
| 38 | 关岭新铺大盘江 | kəu¹ pai¹ kwa⁵ saŋ²⁴xai⁴²（kəu¹ pai¹ saŋ²⁴xai⁴² kwa⁵） |
| 39 | 晴隆花贡新寨 | kəu¹ pai¹ taŋ² saŋ²⁴xai⁴² kwa⁵ |
| 40 | 晴隆鸡场紫塘 | kəu¹ pai¹ saŋ²⁴xai⁴² kwa⁵ |
| 41 | 普安茶源细寨 | kəu¹ pai¹ kwa⁵ saŋ²⁴xai⁴²（saŋ²⁴xai⁴² kwa⁵） |
| 42 | 普安龙吟石古 | kəu¹ pai¹ taŋ² saŋ²⁴xai⁴² kwa⁵ |
| 43 | 关岭断桥木城 | kəu¹ pai¹ taŋ² saŋ²⁴xai⁴² kwa⁵ |
| 44 | 贞丰鲁贡烂田湾 | kəu¹ pai¹ taŋ² saŋ²⁴ xai⁴² ta:u¹ |
| 45 | 镇宁沙子弄染 | kəu¹ pai¹ kwa⁵ saŋ²⁴xai⁴² |
| 46 | 紫云白石岩岩上 | kəu¹ pai¹ kwa⁵ saŋ³³xai⁴² |

续表

| 序号 | 句子点 | 牛被小偷偷了（被动标记） |
|---|---|---|
| 1 | 望谟平洞洛郎 | tu²ɕiə² tɕo² pu⁴ðak⁸ ðak⁸ pai¹ pai⁰ |
| 2 | 望谟蔗香新寨 | tuə²ɕiə² tɕo² pu⁴ðak⁸ ðak⁸ pai¹ pai⁰ |
| 3 | 望谟桑郎 | tuə²ɕiə² tɕo² pu⁴zak⁸ zak⁸ pai⁰ |
| 4 | 望谟边饶邑饶 | tu²ɕi² tsau³¹ pu⁴zak⁸ zak⁸ pai⁰ |
| 5 | 望谟昂武渡邑 | tuə²ɕiə² tɕo² pu⁴zak⁸ zak⁸ pe⁰ |
| 6 | 册亨百口弄丁 | tu²ɕiə² ŋai²¹ pu⁴ðak⁸ ðaɯ⁸ pai⁸ leu⁰ |
| 7 | 册亨秧坝大伟 | va:i² tɕo² pu⁴ðak⁸ ðak⁸ pai¹ pai⁰ |
| 8 | 册亨弼佑秧佑 | tu²ɕiə² tuuk⁸ pu⁴ðak⁸ ðak⁸ pai¹ pai⁰ |
| 9 | 册亨冗渡威旁 | tu²tuə² ɕap⁷ pu⁴ðak⁸ ðak⁸ pai¹ leu⁰ |
| 10 | 册亨巧马沿江 | wa:i² ŋai²¹ pu⁴ðak⁸ ðak⁸ leu⁰ |
| 11 | 安龙坡脚者干 | tu²ɕiə² ŋai²¹ fɯə⁴ ðak⁸ pai¹ leu⁰ |
| 12 | 贞丰沙坪尾列 | tuə²ɕiə² tso³¹ pu⁴ðak⁸ ðak⁸ leu⁰ |
| 13 | 贞丰沙坪者坎 | tu²ɕi² tɕo² pu⁴ðak⁸ ðak⁸ pai¹ pai⁰ |
| 14 | 贞丰鲁贡打嫩 | tu²ɕiə² teŋ¹ pu⁴ðak⁸ ðak⁸ pai¹ pai⁰ |
| 15 | 紫云火花龙头 | tu²ɕiə² sau³¹ pu⁴zak⁸ zak⁸ pai⁰ |
| 16 | 紫云四大寨喜档 | tu²ɕiə² tɕo² pu⁴ðak⁸ ðak⁸ pai⁰ |
| 17 | 紫云猴场大田 | tu²ɕiə² tso³¹ pu⁴zak⁸ zak⁸ pai⁰ |
| 18 | 安龙万峰湖港湾 | tu²va:i² tso³¹ pu⁴ðak⁸ ðak⁸ pai¹ pai⁰ |
| 19 | 兴义仓更下寨 | tu²ɕie² tɕau³¹ vɯ⁴ zak⁸ leu⁰ |
| 20 | 兴义洛万一心 | tu²va:i² tso³¹ pu⁴ðak⁸ ðak⁸ pai¹ leu⁰ |
| 21 | 兴义南盘江南龙 | tu²va:i² ŋai²¹ pu⁴zak⁸ zak⁸ leu⁰ |
| 22 | 镇宁简嘎翁解 | tuə²tuə² teŋ¹ pu⁴ðak⁸ ðak⁸ pai¹ pai⁰ |
| 23 | 安龙招堤顶庙 | tu²ɕi² tɕo² pu⁴z（ð）ak⁸ z（ð）ak⁸ leu⁰ |
| 24 | 安龙兴隆排拢 | tu²va:i² ɕap⁷ fɯə⁴ ðak⁸ leu⁰ |

续表

| 序号 | 句子 / 点 | 牛被小偷偷了（被动标记） |
|---|---|---|
| 25 | 安龙龙山肖家桥 | tu²va:i² tso³¹ pu⁴zak⁸ zak⁸ pai¹ pai⁰ |
| 26 | 兴仁屯脚铜鼓 | — |
| 27 | 贞丰岩鱼 | tu²ɕi² tso³¹ pu⁴ðak⁸ ðak⁸ lo⁰ |
| 28 | 贞丰长田瓦铺 | tu²ɕi² tso³¹ pu⁴ðak⁸ ðak⁸ pai¹ lo⁰ /pu⁴ðak⁸ ðak⁸ tə²ɕi² pai¹ lo⁰ |
| 29 | 贞丰长田瓦厂 | tə²ɕi² tso³¹ pu⁴ðak⁸ ðak⁸ pai¹ lo⁰ |
| 30 | 贞丰平街顶岸 | tu²tɕi² tso³¹ pu⁴jak⁸ jak⁸ pai¹ ɣo⁴ |
| 31 | 镇宁六马板腰 | tu²ɕi² tso³¹ ( teŋ¹ ) pu⁴jak⁸ jak⁸ pai¹ pai⁰ |
| 32 | 镇宁扁担山革佬坟 | tu²tɕi² tiaŋ¹ pu⁴zak⁸ zak⁸ ɣo⁰ |
| 33 | 镇宁丁旗杨柳 | tu²tɕi² tiaŋ¹ pu⁴zak⁸ zak⁸ pai¹ ɣo⁰ |
| 34 | 镇宁双龙山簸箩 | tu²tɕi² tiaŋ¹ pəu⁴zak⁸ zak⁸ pai¹ ɣo⁰ |
| 35 | 镇宁募役发恰 | tu² ve² tiaŋ¹ pu⁴jak⁸ jak⁸ pai⁰ |
| 36 | 望谟打易长田 | tu²tɕi² tiaŋ¹ pəu⁴zak⁸ zak⁸ liau⁰ |
| 37 | 镇宁江龙朵卜陇 | tu²tɕi² tiaŋ¹ pəu⁴jak⁸ jak⁸ ɣo⁰ |
| 38 | 关岭新铺大盘江 | tə²tɕi² tsau³¹ pu⁴jak⁸ jak⁸ pai¹ liau⁰ |
| 39 | 晴隆花贡新寨 | tə²tɕi² tsau³¹ pu⁴jak⁸ jak⁸ pai¹ liau⁰ |
| 40 | 晴隆鸡场紫塘 | tə²tɕi² tiaŋ¹ pu⁴jak⁸ jak⁸ lo⁰ |
| 41 | 普安茶源细寨 | tə²vai² tso³¹ ( xei³³ ) pəu⁴jak⁸ jak⁸ lo⁰ |
| 42 | 普安龙吟石古 | tə²ve² tso³¹ pəu⁴jak⁸ jak⁸ lo⁰ |
| 43 | 关岭断桥木城 | tu²wa:i² tiaŋ¹ pu⁴jak⁸ jak⁸ pai¹ pai⁰ |
| 44 | 贞丰鲁贡烂田湾 | tu²wa:i² tso³¹ pu⁴jak⁸ jak⁸ pai¹ lo⁰ |
| 45 | 镇宁沙子弄染 | tu²wa:i² tiaŋ¹ pu⁴jak⁸ jak⁸ pai¹ pai⁰ |
| 46 | 紫云白石岩岩上 | tu² tiaŋ¹ pu⁴jak⁸ jak⁸ pai⁰ |

续表

| 序号 | 句子 点 | 今天没有昨天冷（否定比较标记） |
|---|---|---|
| 1 | 望谟平洞洛郎 | ŋɔn²ni⁴ mi²ʔju⁵ wan²lin² tɕot⁴ |
| 2 | 望谟蔗香新寨 | ŋɔn²ni⁴ mi²ʔju⁵ wan²lin² ɕaŋ⁴ |
| 3 | 望谟桑郎 | ŋɔn²ni⁴ ʔbɯn³³ mi²ʔju⁵ wan²lɯən² ɕeŋ⁴ |
| 4 | 望谟边饶邑饶 | wan²nei⁴ mei²ʔju⁵ wan²lian² tɕaŋ⁴ |
| 5 | 望谟昂武渡邑 | ŋɔn²ni⁴ mi² ʔju⁵ wan²lɯən² ɕeŋ⁴ |
| 6 | 册亨百口弄丁 | wan²ni⁴ mi²ʔjəu⁵ wan²lɯn² ɣak⁴ |
| 7 | 册亨秧坝大伟 | wan²ni⁴ mi² ʔjəu⁵ wan²lin² ɣaʔ⁴ |
| 8 | 册亨弼佑秧佑 | wan²nei⁴ mei² ʔjəu⁵ wan²lun² kaŋ⁴ |
| 9 | 册亨冗渡威旁 | wan²ni⁴ mei²ʔjəu⁵ wan²lɯn² tɕiaŋ⁴ |
| 10 | 册亨巧马沿江 | ŋuan²ni⁴ mei²ʔjəu⁵ ŋuan²lɯn² tɕaŋ⁴ |
| 11 | 安龙坡脚者干 | ŋɔn²ni⁴ mi²ʔjəu⁵ wan²lɯn² tɕaŋ⁴ |
| 12 | 贞丰沙坪尾列 | ŋɔn²ni⁴ mi²ʔjəu⁵ wan²lɯn² tɕaŋ⁴ |
| 13 | 贞丰沙坪者坎 | ŋuan²ni⁴ mi² ʔjəu⁵ ŋuan²lian² tɕiaŋ⁴ |
| 14 | 贞丰鲁贡打嫩 | wan²nei⁴ mi²ʔju⁵ wan²lin² ɕeŋ⁴ |
| 15 | 紫云火花龙头 | — |
| 16 | 紫云四大寨喜档 | ŋɔn²ni⁴ mi²ʔju⁵ wan²lin² tɕot⁴ |
| 17 | 紫云猴场大田 | ŋɔn²ni⁴ mi²ʔju⁵ wan²lin² ɕaŋ⁴ |
| 18 | 安龙万峰湖港湾 | ŋɔn²ni⁴ ʔbɯn³³ mi²ʔju⁵ wan²lɯən² ɕeŋ⁴ |
| 19 | 兴义仓更下寨 | wan²nei⁴ mei²ʔju⁵ wan²lian² tɕaŋ⁴ |
| 20 | 兴义洛万一心 | ŋɔn²ni⁴ mi² ʔju⁵ wan²lɯən² ɕeŋ⁴ |
| 21 | 兴义南盘江南龙 | wan²ni⁴ mi²ʔjəu⁵ wan²lɯn² ɣak⁴ |
| 22 | 镇宁简嘎翁解 | wan²ni⁴ mi² ʔjəu⁵ wan²lin² ɣaʔ⁴ |
| 23 | 安龙招堤顶庙 | wan²nei⁴ mei² ʔjəu⁵ wan²lun² kaŋ⁴ |
| 24 | 安龙兴隆排拢 | wan²ni⁴ mei²ʔjəu⁵ wan²lɯn² tɕiaŋ⁴ |

续表

| 序号 | 句子 / 点 | 今天没有昨天冷（否定比较标记） |
|---|---|---|
| 25 | 安龙龙山肖家桥 | ŋuan²ni⁴ mei²ʔjəu⁵ ŋuan²luɯ² tɕaŋ⁴ |
| 26 | 兴仁屯脚铜鼓 | ŋon²ni⁴ mei²ʔjəu⁵ wan²luɯ² tɕaŋ⁴ |
| 27 | 贞丰岩鱼 | ŋon²ni⁴ mei²ʔjəu⁵ wan²luɯ² tɕaŋ⁴ |
| 28 | 贞丰长田瓦铺 | ŋuan²ni⁴ mi² ʔjəu⁵ ŋuan²lian² tɕian⁴ |
| 29 | 贞丰长田瓦厂 | wan²nei⁴ mi²ʔju⁵ wan²lin² ɕeŋ⁴ |
| 30 | 贞丰平街顶岸 | — |
| 31 | 镇宁六马板腰 | ŋon²ni⁴ mi²ʔju⁵ wan²lin² tɕot⁴ |
| 32 | 镇宁扁担山革佬坟 | ŋon²ni⁴ mi²ʔju⁵ wan²lin² ɕaŋ⁴ |
| 33 | 镇宁丁旗杨柳 | ŋon²ni⁴ ʔbɯn³³ mi²ʔju⁵ wan²lɯən² ɕeŋ⁴ |
| 34 | 镇宁双龙山簸箩 | wan²nei⁴ mei²ʔju⁵ wan²lian² tɕaŋ⁴ |
| 35 | 镇宁募役发恰 | ŋon²ni⁴ mi² ʔju⁵ wan²lɯən² ɕeŋ⁴ |
| 36 | 望谟打易长田 | wan²ni⁴ mei²ʔju⁵ wan²lɯɯ² ɣak⁴ |
| 37 | 镇宁江龙朵卜陇 | wan²ni⁴ mi² ʔjəu⁵ wan²lin² ɣaʔ⁴ |
| 38 | 关岭新铺大盘江 | wan²nei⁴ mei² ʔjəu⁵ wan²lun² kaŋ⁴ |
| 39 | 晴隆花贡新寨 | wan²ni⁴ mei²ʔju⁵ wan²lɯɯ² tɕian⁴ |
| 40 | 晴隆鸡场紫塘 | ŋuan²ni⁴ mei²ʔjəu⁵ ŋuan²lun² tɕaŋ⁴ |
| 41 | 普安茶源细寨 | ŋon²ni⁴ mei²ʔjəu⁵ wan²lɯɯ² tɕaŋ⁴ |
| 42 | 普安龙吟石古 | ŋon²ni⁴ mei²ʔjəu⁵ wan²lɯɯ² tɕaŋ⁴ |
| 43 | 关岭断桥木城 | ŋuan²ni⁴ mi² ʔjəu⁵ ŋuan²lian² tɕian⁴ |
| 44 | 贞丰鲁贡烂田湾 | wan²nei⁴ mi²ʔju⁵ wan²lin² ɕeŋ⁴ |
| 45 | 镇宁沙子弄染 | — |
| 46 | 紫云白石岩岩上 | ŋon²ni⁴ mi²ʔju⁵ wan²lin² tɕot⁴ |

# 致　谢

　　行文至此，意味着三年的博士研究生学习生活即将结束。回首这三年，我心中满怀感恩、感谢和感激。感恩导师周国炎先生、丁石庆先生、戴庆厦先生、王世凯先生、夏中华先生等诸位老师在我求学路上的指引和教诲。感谢在我各阶段求学过程中给予我理解和支持的老师、同学、朋友、家人。感激祖国的繁荣昌盛，感激生活中的美好岁月，让我们带着这份美好勇往直前！

　　感恩导师周国炎先生。我在博士入学前对民族语言了解甚少，先生考虑到我的实际情况，允许我提前来到民族大学学习布依语基础教程、语言调查等相关课程，这使我对布依语、对民族语言有了初步了解。博士入学后我先后多次跟随先生到贵州多地调查民族语言或协助开展语言资源保护工程，田野调查让我对民族语言有了更为深入的了解。进入论文选题阶段后，先生让我考虑以"贵州西南地区布依语地理语言学研究"为博士毕业论文选题，在论文的框架设计、语言调查、语料转写等方面先生都倾注了大量心血，在论文初稿完成后，先生逐字逐句进行修改，让我真切感受到了先生对学术的严谨态度。感恩丁石庆先生的指导和帮助，我多次跟随丁先生及其团队调研和参加学术会议，先生对我学习和生活方面都给予了无私的帮助和关怀。感恩戴庆厦先生、王铁琨先生的关心和照顾，两位先生先后多次赠与我大量专业课相关书籍，感恩两位先生对晚辈无私的帮助和提携。感恩金炳镐教授的帮助和指导！感恩南开大学曾晓渝教授的帮助和鄢卓博士的互相勉励！

感恩天津师范大学王世凯先生和渤海大学夏中华先生。王世凯先生是我的硕士研究生导师，夏中华先生是我的师爷。我就读本科时并没有想过自己将来会考取研究生，当时我的志向就是将来到基层做一名中学语文老师，那时我对研究生还没有过多了解，更不知道继续求学的重要意义。王世凯先生多次鼓励我考取硕士研究生，给我讲解继续求学的意义，是我求学路上的引路人，还记得世凯先生办公室的灯常常亮到深夜，我们当时对先生刻苦专研、严谨治学的态度都钦佩不已。在我决定考博士之后，王世凯先生和夏中华先生给我提供了很多帮助和指导，夏中华先生对我学习和生活上都提供了很多关心和支持，感恩两位先生在我求学道路上的帮助和提携。感谢大外曹波师兄、北外田欣彤师姐的帮助！

感谢李云兵、黄成龙、李锦芳、石德富、胡素华、朱德康、杨梅、康跃南等各位老师在我论文各环节中提出宝贵意见并付出艰辛努力。感谢中央民族大学研究生院吴应辉、薛寒冰、向晨老师的信任和支持。感谢黑龙江大学尹铁超老师、齐齐哈尔大学方香玉老师和多文忠叔叔的指导和帮助。感谢尹淑芬、李泽光、邓守权、王丽娟、何庆超、王玉玺、高秀红、朱冬浩、赵博、刘洪志等各位老师在我求学各阶段对我的指导和帮助。

感谢王印娟、侯玥、覃慧、王跃杭、于晓、王菁菁等各位同门兄弟姐妹的照顾。尤其感谢王封霞和吴佳欣两位同学，在我论文写作过程中，封霞师妹作为母语人，对语料进行了多次校对，论文完成后，佳欣师妹多次阅读论文并指出了不足之处，再次特别感谢她们的辛勤付出。感谢我的室友敖日格乐、马雅琦、龚帅、宋天博，在大家的共同努力下营造了一个和谐、快乐、舒适的住宿环境。中央民族大学是一个多民族交融的地方，在这里我认识了很多朋友和我同届的同学们，分别是刘广盈、姚小云、张丹、王斯文、次林央珍、胡淇研、特尼格尔、伦静、赵哲、冯诗涵、王印娟、史冬梅、姚欣、张瑶、王琳、赫如意、海霞、朱恩毓、黄莹洪、王彬、其丽木格、莫廷婷、蒋仁龙、昂晋、刘建波、于秀娟。此外我还有幸认识了迪丽妮嘎尔·菲达、王燕、斯格尔、张雨晨、阿依努尔、杨龙贺、程志浩、朱鹏飞、高蕊、师文佳、李侠、何洪霞、李静、乔明明、牟鸽、尹博、王一宁、吕洋、阿吐、刘思雨、邢楚晨等诸位好友。祝福我的同学和朋友们身体健康，前程似锦！

　　感谢我的父母和家人，我的父母通过自己的努力拼搏为我创造了良好的生活条件，这才能够让我有幸不断在学习道路上不断深造，他们对我的希望就是有一个好身体，有一份自己喜欢的工作，有一个幸福的家庭，我也正沿着这个方向不断努力并尽自己努力回报他们。感谢我的叔叔清华大学葛正宇博士给予我的指导和关怀。感谢从小把我带大的爷爷奶奶，他们已经不在了，遗憾我还没能来得及再多尽一份孝心。

　　感激祖国的繁荣昌盛！感激生活的美好！2020年突如其来的新冠肺炎疫情打乱了很多人的节奏，也给我们的就业增添了些许压力，但也正是在这次疫情中，我们再次看到了中国共产党领导的中国特色社会主义制度的优越性，伟大时代呼唤伟大精神，崇高事业需要榜样引领，在疫情中涌现了一大批为人民利益甘愿奉献的勇士，他们的品质深深影响着我，感染着我，是我学习的榜样。2021年是中国共产党成立100周年，我有幸聆听了90岁高龄的胡振华教授为我们所作的党史学习报告，从先生的教诲中我体会到了要有一个平衡的心态去对待生活中的成绩与缺失。

三十而立正当年，劈波斩浪会有期。宠辱不惊，看庭前花开花落；去留无意，望天空云卷云舒！祝福大家生活美满！祝福各位老师身体健康、工作顺利！祝福母校中央民族大学蒸蒸日上！

葛东雷于中央民族大学西门留学生公寓1205室

2021年5月17日